北京大学课程思政丛书

丛书主编：郝 平　龚旗煌
丛书组编：北京大学课程思政教学研究中心

北京大学课程思政示范课程案例集

北京大学课程思政教学研究中心 ◎编

图书在版编目(CIP)数据

北京大学课程思政示范课程案例集/北京大学课程思政教学研究中心编.—北京:北京大学出版社,2023.6

(北京大学课程思政丛书)

ISBN 978-7-301-34159-9

Ⅰ.①北… Ⅱ.①北… Ⅲ.①高等学校—思想政治教育—教案(教育)—中国 Ⅳ.①G641

中国国家版本馆CIP数据核字(2023)第119048号

书　　　名	北京大学课程思政示范课程案例集 BEIJING DAXUE KECHENG SIZHENG SHIFAN KECHENG ANLI JI
著作责任者	北京大学课程思政教学研究中心　编
责任编辑	曹　月　李　娟
标准书号	ISBN 978-7-301-34159-9
出版发行	北京大学出版社
地　　　址	北京市海淀区成府路205号　100871
网　　　址	http://www.pup.cn
微信公众号	北京大学经管书苑(pupembook)
电子邮箱	编辑部 em@pup.cn　　总编室 zpup@pup.cn
电　　　话	邮购部 010-62752015　发行部 010-62750672　编辑部 010-62752926
印　刷　者	三河市北燕印装有限公司
经　销　者	新华书店
	787毫米×1092毫米　16开本　20.25印张　447千字 2023年6月第1版　2024年5月第2次印刷
定　　　价	68.00元

未经许可,不得以任何方式复制或抄袭本书之部分或全部内容。
版权所有,侵权必究
举报电话: 010-62752024　电子邮箱: fd@pup.cn
图书如有印装质量问题,请与出版部联系,电话: 010-62756370

总　序

　　立德树人是教育的根本任务，深化思政育人是推动民族复兴的重要基础工程、战略工程。习近平总书记2018年在北京大学师生座谈会上明确指出，"古今中外，每个国家都是按照自己的政治要求来培养人的，世界一流大学都是在服务自己国家发展中成长起来的。我国社会主义教育就是要培养社会主义建设者和接班人"。党的二十大报告强调，"教育是国之大计、党之大计。培养什么人、怎样培养人、为谁培养人是教育的根本问题。育人的根本在于立德"。以习近平同志为核心的党中央立足民族复兴伟业，把教育事业摆在"国之大计、党之大计"的重要战略位置，围绕"培养什么人、怎样培养人、为谁培养人"这一根本问题提出了一系列新理念新思想新观点，为做好新时代教育工作、培养堪当大任的时代新人提供了根本遵循。

　　2019年3月，习近平总书记在学校思想政治理论课教师座谈会上发表重要讲话，强调"要坚持显性教育和隐性教育相统一，挖掘其他课程和教学方式中蕴含的思想政治教育资源，实现全员全程全方位育人"。同年8月，中共中央办公厅、国务院办公厅印发《关于深化新时代学校思想政治理论课改革创新的若干意见》，明确提出高校要全面推进课程思政建设。2020年6月，教育部印发《高等学校课程思政建设指导纲要》，对高校课程思政建设工作进行具体部署。

　　在党和国家大政方针指引下，北京大学坚守"为党育人、为国育才"的初心使命，全面贯彻党的教育方针，深入落实立德树人根本任务，把加强学生思想政治教育作为培育时代新人的关键举措，扎实推进习近平新时代中国特色社会主义思想进课堂、进教材、进头脑，大力促进思政教育与专业教育紧密结合，完善兼具学科性和思政性的课程思政内容，深入挖掘各类课程育人功能，紧密结合北京大学光荣革命传统和红色校史，把理想信念教育和社会主义核心价值观教育有机融入教育教学全过程各环节,把政治认同、国家意识、文化自信、人格养成等思想政治教育导向与各类课程的知识、技能传授等环节有机融合,把"四史"教育和党的二十大精神有机融入课堂教学、学术研究、课外实践等育人全过程,在课程思政建设上进行了新探索,形成了新经验。

一是建立党委统一领导、教学管理部门牵头、相关部门联动、院系落实推进的课程思政建设体系。为进一步加强对课程思政建设的支持,全方位构建具有北大特色的课程思政育人体系,2020年7月北京大学成立了思想政治理论课和课程思政建设领导小组,之后又建设了北京大学课程思政教学研究中心,从顶层设计上推进思政课与课程思政协同发展,统筹协调全校课程思政建设工作,将课程思政建设范围覆盖到学校各学科、各院系。在课程思政建设过程中,学校多次组织召开研讨会,征求专家学者和一线教学科研人员意见建议,总结阶段性经验,并于2020年10月出台《北京大学深化推进课程思政建设实施方案》,持续提升课程思政建设质量。2021年9月,学校进一步整合资源,在教务长办公室设立思政课与课程思政办公室,负责协调、统筹全校课程思政建设工作。

二是在全校范围内开展课程思政示范课程建设和评优推荐工作。2021年5月,学校启动了课程思政示范院系和示范课程建设培育项目,通过课程观摩、咨询指导、共建资源库等方式,全面支持和引导教师完成课程思政的内涵建设及课程的系统化设计。2021年以来,学校组织评定了8个课程思政示范院系、6个示范院系建设单位和66门课程思政示范课程。其中,"田野考古实习"等3门课程获评教育部课程思政示范课程,"口腔修复学"等8门课程获评北京市课程思政示范课程。学校还建设了网上平台对示范课程进行展示,建设课程思政示范课程案例库,出版课程思政示范课程案例集,并举办北京大学"课程思政示范课程"建设经验分享会,通过推广示范课程的典型经验和特色做法,发挥示范引领作用,以点带面,更好地促进课程思政建设。

三是全方位开展课程思政教师队伍培育工作。办好课程思政的关键在教师,为充分发挥教师的积极性、主动性和创造性,学校以整体提升教师开展课程思政建设的意识和能力为目标,制定了《北京大学课程思政教师培训工作办法》,明确了课程思政教师培训的要求和内容。2020年以来,学校举办了六十多场多种形式的课程思政教师培训活动,建设北京大学课程思政教师培训平台(https://training.pku.edu.cn/kcsz/),通过线上和线下相结合的方式,基本实现课程思政教师培训全覆盖。课程思政教师培训平台整合汇总了近年来学校开展课程思政培训的示范案例和视频资源,方便教师随时随地开展课程思政线上学习,助力教师找准育人角度,提升育人能力,高质量开展课程思政建设。

四是编写《课程思政教学指南/设计》,更加科学地指导教师开展课程思政教学。北京大学组织各个示范院系深入梳理各专业核心课程的教学内容,结合不同课程的特点、思维方法和价值理念,深入挖掘课程思政元素,编写了《课程思政教学指南/设计》(以下简称《教学指南/设计》),通过将课程思政建设的目标要求与教师自身的教学经验深度结合,提供可参考、可执行的教学设计、教学方法与手段、教学组织与管理、教学评价与考核策略,构建课程思政教学框架。《教学指南/设计》是具有高度实用性的课程思政教学手册,也是北京大学课程思政教学研究的有益尝试。

以上四个方面的经验是我们在课程思政建设实践中的初步探索。在这个过程中,一大批教学经验丰富的教师奋斗在立德树人工作一线,他们聚焦课程思政的教学实践和理论研究,探索课程思政的建设路径和教学方法等,形成了一批高质量研究成果和生动的教学实践案例,在北京大学课程思政教学研究中心组织推动下,现作为"北京大学课程思政丛书"出版。我们希望这套丛书介绍的经验和案例能为课程思政教学一线的教师提供借鉴,促进我国高校不断深化思政育人成效,提高人才培养质量,努力办好人民满意的教育,培养德智体美劳全面发展的社会主义建设者和接班人。

同时,由于我校课程思政建设还在探索和完善的过程中,欢迎各位读者与教育界同仁多提宝贵意见和建议。我们期待与大家深入交流,共同推动课程思政建设,为党和国家培养更多有理想、有本领、有担当的时代新人。

北京大学课程思政教学研究中心
2023 年 6 月

《北京大学课程思政示范课程案例集》编委会

主　编：孙　华　王小玥

副主编：于　菲　王　春

参编人员（按姓氏拼音首字母排序）：

蔡景一	陈　功	崔　爽	董　琳
段慧玲	赫忠慧	胡晓阳	蒋云赟
金顶兵	雷少华	林丰民	刘　虹
刘建波	刘新立	卢晓东	马青变
蒙吉军	穆良柱	瞿毅臻	沈睿文
史录文	苏彦捷	锁凌燕	唐大仕
王东敏	王世强	王月丹	王志稳
吴艳红	项佐涛	燕继荣	鄢盛明
杨晓雷	姚锦仙	易　霞	詹思延
张　辉	张慧瑜	张久珍	张卫光
周路群	周永胜		

前　言

近年来，北京大学贯彻落实《高等学校课程思政建设指导纲要》(教高〔2020〕3号)和《北京大学深化推进课程思政建设实施方案》(北京大学校发〔2020〕278号)，落实立德树人根本任务，全面深入推进课程思政建设，探索构建课程思政教育体系，形成各类课程协同育人的良好格局。

北京大学通过选树一批课程思政的先行院系、示范课程以及课程思政教学名师和团队，构建抓典型、树标杆、推经验的课程思政建设示范体系，加强示范引领作用的发挥，以点带面，推动各院系各学科课程思政工作的开展，全面形成广泛开展课程思政建设的良好氛围。

2021年起，北京大学开展课程思政示范课程的推荐申报、培育建设和认定工作，最终评选出首批课程思政示范课程66门。其中，3门课程获评教育部课程思政示范课程，8门课程获评北京市课程思政示范课程。党的二十大召开后，北京大学课程思政示范课程的教师们率先将学习贯彻党的二十大精神融入课程思政建设工作，在课程思政建设上进行了新的探索和实践，进一步扩大提升了示范课程的引领作用。

为了进一步推广示范课程教师开展课程思政的先进经验和做法，提升全校教师课程思政建设的意识和能力，北京大学课程思政教学研究中心从首批课程思政示范课程中选取了32门课程凝练成课程思政教学案例，总结开展课程思政的理念和经验。

本书所选课程包括公共基础课程、通识教育课程和专业必修课程，课程类型、授课对象覆盖面广，具有较强的示范性。书中每个课程案例均包含课程概况、课程育人目标、课程思政案例、课程评价、总结与思考五个部分，完整展示了各门示范课程进行课程思政建设的方法和具体举措。其中，课程育人目标概括了课程开展课程思政的总体理念和结合课程内容有机融入思政教育的总体设计；课程思政案例详细介绍了课程思政教学如何开展和实施，阐明了课程蕴含的思政元素、教学方法、教学特色和创新等；课程评价涵盖了学生评价、同行评价和社会评价等内容。本书为高校教师挖掘提炼专业课程中蕴含的思政元素和精神内涵，科学合理地拓展与提升专业课程的深度、广度和温度，提升教学的引领性和时代性提供了一定的借鉴。

在本书付梓之际,感谢所有提供教学案例和参与本书编写的老师。正是因为这些老师的辛勤工作、对案例内容不断的修改和完善,高质量的成果才得以形成。

北京大学将继续深入探索课程思政高质量建设的路径方法,在"大思政课"建设格局下,发挥好每门课程的育人作用,切实提升课程育人成效,落实立德树人根本任务,培养德智体美劳全面发展的社会主义建设者和接班人。

北京大学课程思政教学研究中心

2023 年 6 月

目录·CONTENTS

第一篇
人文社科类

田野考古实习	003
经济改革与发展专题	013
社会保险	026
风险评估与管理	036
太极拳	049
体适能	058
诊所式法律教育	064
中国政治概论	076
中国治理及经验	085
社会工作概论	092
辅助器具与福祉科技	102
信息素养概论	118
基层传播理论与方法	131
阿拉伯报刊文选(一)	139

第二篇
理工类

生理学	149
发展心理学	156
实验心理学	164

人类的性、生育与健康 …………………………………………………… 173

近代物理实验 ……………………………………………………………… 182

热　学 ……………………………………………………………………… 193

计算概论 C ………………………………………………………………… 202

现代工学通论 ……………………………………………………………… 211

层序地层学 ………………………………………………………………… 220

综合自然地理学 …………………………………………………………… 227

| 第三篇 |

医 学 类

人体解剖学 ………………………………………………………………… 241

口腔修复学 ………………………………………………………………… 253

护理研究 …………………………………………………………………… 267

生物化学 …………………………………………………………………… 274

急诊医学概论及新进展 …………………………………………………… 280

流行病学研究方法（Ⅰ） ………………………………………………… 288

医学免疫学 ………………………………………………………………… 294

医药政策专论 ……………………………………………………………… 304

第一篇

人文社科类

田野考古实习

一、课程概况

（一）课程信息

田野考古实习是北京大学考古文博学院为本科三年级学生和研究生开设的田野考古基础实习课程，也是考古专业学生必修的核心课程，主体部分在野外遗址进行。总学时为960学时。

（二）课程简介

北京大学考古专业从1952年正式成立以来，一直注重田野考古的教学，长期坚持教学与田野考古实习紧密结合的方针，涉及的田野考古学理论与方法以及田野考古技术水平均属一流。田野考古实习是将教学、研究和考古发掘紧密结合的主要途径，旨在通过田野考古训练，使有一定考古学基础知识的学生初步掌握调查、发掘、整理、分析、编写考古资料的田野工作方法和技术。该课程把基本训练与学科创新相结合，把基础教学与重大科研相结合，既出人才，又出成果，形成"北大范式"的田野考古教学实习。

田野考古实习课程于2020年获评国家一流本科课程，入选教育部2021年课程思政示范课程，授课教师入选课程思政教学名师和教学团队。

（三）授课团队简介

该课程由学院新石器商周教研室和历史时期考古教研室教师讲授，授课团队由沈睿文、孙庆伟、曹大志、张弛、秦岭、张海、杨哲峰、倪润安组成。学院以三年为一周期，轮流在三个实习基地所在遗址重点发掘。另外，课程还经常延请学院其他教师以及各地高校、考古机构的相关研究者到实习基地考察并授课，扩展学生的学术视野。

二、课程育人目标

田野考古实习课程的总体育人理念是整体提升教师思政的教学意识，打造一支德艺双馨的优秀教学队伍,塑造学生品格。坚持以立德树人为根本,以学生成长为中心,构建课程思政教学体系,结合专业建设,把价值理念和思政元素融入教学之中,把培育和践行社会主义核心价值观融入教书育人全过程,推进课程体系和教育教学创新,深入推动学习习近平总书记回信、讲话、贺信精神常态化、制度化、特色化,打造"全课程育人"。

学院与二十余家单位签署合作协议,依托当地文物文化资源和学院"中华文明国家文物基因库"建设,共建学生思政课程、课程思政实践基地,实现思政育人与学科建设、思政课堂与基地建设、思政教育与专业教学的融合统一。

师生通过田野踏查、走访调研、考古发掘等方式,探索族群文化与文化基因、早期国家与国家发展道路、国家治理体系模式与当今意义等问题,增强中国特色社会主义道路自信、理论自信、制度自信、文化自信,将爱国主义情怀自觉融入实现中华民族伟大复兴的奋斗之中。

为了推动党建工作,结合田野实习的特点,学院于2007年正式建立临时党支部,充分调动党员的积极性,在专业教学和思政教育中都发挥了重要作用。

三、课程思政案例

(一) 田野调查(案例1)

1. 思政要素与设计

在历年的田野考古实习中,田野调查都是不可缺少的一部分,一般为期一周左右,时间安排较为灵活,在实习开始及实习中期都可进行。实习带队教师通过带领学生在遗址区开展实地调查,指导学生学习发现遗址、遗址地面踏查、采集遗物、使用全站仪和无人机等设备测量遗址地形和遗迹、记录调查内容等全部田野调查的方法。图1为2021年盐池考古队进行田野调查。

图1 2021年盐池考古队田野调查

在田野调查的授课中,授课团队设计了以下两大思政教育元素:

(1) 科学精神

田野调查分为普查和专题调查,前者是对一个小流域或区域的全面系统调查,后者则是对单个遗址的详细勘查。田野考古实习课程所采用的通常是专题调查。考古调查不是漫无目的的散步式考察,而是通过科学严谨的调查方法,全面获取遗址的堆积状况、文化性质、景观布局、功能结构等信息,建立遗址档案资料,为考古工作和文化遗产保护提供必备的资料。

(2) 知行合一

在参加田野考古实习之前,学生已学习田野考古概论和田野考古技术两门课,其中包含田野调查的理论和方法介绍。但是课本知识需要在田野中得到检验和强化。在带领学生调查的过程中,带队教师可启发学生回忆此前所学的理论知识,重新检验操作方法,并且在调查结束后撰写调查报告,总结得失。

2. 教学效果

以 2021 年秋季学期在宁夏盐池张家场遗址进行的田野考古实习为例。国庆节期间,课程组织实习学生在张家场古城的东部、南部开展田野调查,采用分组拉网式行走调查的方式,目标是对这两块区域的地表秦汉遗物进行全面了解。学生观察地面遗物,并按照一定比例采集,实际操作时会暴露出一些问题,如采集遗物时没有严格按照地表遗物的比例进行、对遗物坐标和采集信息的记录不够精确等。带队教师在现场及时发现这些问题并予以指导和纠正,借此机会向学生重新强调,在考古工作中不可掉以轻心,一定要保持科学的态度,否则获得数据的可信度就会降低。

"纸上得来终觉浅,绝知此事要躬行。"尽管学生在参加实习之前已有充分的理论知识,但是在田野调查时才会暴露出其实践经验的不足。例如,学生在第一次操作野外定位和测量仪器时,会因为对全球定位系统(GPS)使用不熟练而使实际的调查范围出现偏差,进而无法在地图上准确标注调查点;面对采集的地表遗物时,短时间内也往往无法准确判断器型、时代等信息,所以不能及时准确记录。经过学生多次的实践,这些情况多有改善,学生也明白了理论结合实践的重要性。

(二) 田野发掘(案例 2)

1. 思政要素与设计

田野发掘是田野考古实习课程的重心。发掘以探方为基本单位进行,初始阶段大多将一个 5 m×5 m 的探方分配给一个或两个学生,要求学生从揭开表土开始,亲手发掘各类遗迹、清理遗物并进行现场记录,包含拍照、测量、绘图等,再将出土遗物按照操作规程入库。在田野发掘的思政教学中,主要突出以下五大要素:

(1) 考古发现与政治认同

中华文明在漫长的发展过程中,留下了诸多具有时代特征的遗址。通过发掘和解读这些重要的遗迹、遗物,可以达到"透物见人"的目的,让学生在工作中感受到中国历史之悠久和历史文化之辉煌多样,从而加深对于中华文明是各民族、各地区共同缔造的统一体的认识,提高现实中的政治认同。

(2) 科学精神

与田野调查一样,在田野发掘中,科学精神仍然是必须秉持的第一原则。因为所有的发掘都不可避免地伴随着破坏,所有的考古遗址都不可再生,所以即使在实习中,学生也应当珍惜学习机会,小心操作,认真严谨地对待出露的各种遗迹,做好现场保护,并真实记录遗迹、遗物的信息。

(3) 文化自信

课程所立足的古代遗址都和中华文明的起源、形成有着密切关系,特别是那些完全没有文字记载的史前史,只有依靠考古发掘才能被人们重新认识。在发掘的过程中,学生借助不断深入的探索和体验,能够了解到中华古代文明的发展高度,如城址的巨大规模、手工业的发达、社会复杂化的发展程度等,从中感受到中华文明的持续性与延续性,自觉提高"四个自信",进而增强民族自豪感和自信心。

(4) 群众路线

考古工作是一项扎根基层、联系群众的工作,田野考古实习课程同样如此。一方面,在发掘期间考古队会雇用技工和当地民工,实习师生与群众共同劳动,能够从中获知很多基层群众的生活状况和想法;另一方面,师生也会将考古知识、历史文化和文物保护的法律法规普及给工人,并且向他们传递所在遗址的重要价值。互动体验能够让学生了解到很多在学校里很难触及的基层信息,使其对个人、社会、国家都有更全面、深刻的理解,也对自己的专业知识和应用有更多思考。

(5) 劳动精神

在每年的田野考古实习中,学生都能做到不畏艰难,在艰苦环境中提升自我,在劳动探索中增长才干,与教师、工人一起在考古现场劳动,动手动脑,思考学术前沿问题。和校内课程相比,实习课是典型的劳动教育融合课程,以劳动教育为目的,学生能获得完全不同于校内教育的体验。

2. 教学效果

以 2020 年在陕西周原遗址进行的田野考古实习为例,本次田野工作的重要对象之一是周原王家嘴遗址的先周时期大型夯土建筑基址,由学生负责发掘,如图 2 所示。遗迹内容主要包括灰坑和墙基、柱洞等建筑相关的遗存。由于遗址本身的保存状况欠佳以及学生经验的不足,学生在田野中经常遇到困难,判断遗迹关系不准确,对建筑缺乏全面认识,对田野考古的主观性因素产生怀疑。带队教师通过现场指导和课后讲座的形式及时帮助学生,逐渐让学生掌握操作方法和"手感",对遗迹的掌握能力逐渐增强。另外,由于在发掘过程中难以对整个遗址获得完整的认识,学生常有自我怀疑之感,不理解每天清理发掘的意义。对此,带队教师在田野中有重点地举行"会诊",组织学生就重要且复杂的遗迹现象各自发表意见,带队教师加以点评和指导,结合实例,强调在田野中秉持科学态度的必要性,鼓励学生保持耐心,下好每一铲、画好每一线。随着发掘的推进,遗址的全貌逐渐暴露出来,学生的成就感与日俱增,也更加深刻地明白"不积跬步,无以至千里"的学术真理。田野发掘的训练往往能够让学生更好地理解科学精神在学术研究中的价值。

图 2 2020 年周原考古发掘现场

习近平总书记在给中国现代考古学诞生 100 周年的贺信中指出,"100 年来,几代考古人筚路蓝缕、不懈努力,取得一系列重大考古发现,展现了中华文明起源、发展脉络、灿烂成就和对世界文明的重大贡献,为更好认识源远流长、博大精深的中华文明发挥了重要作用。"考古工作正是通过一个个扎实可信的成果来展示和构建中华民族历史,从而增强文化自信,增加民族认同感和自豪感的。

以河南淮阳平粮台遗址的田野考古实习为例,2014—2019 年,学院多次与河南省文物考古研究院联合发掘,在平粮台龙山文化城址发现了中国最早的城市"中轴线"布局特征,中国最早、最完备的城市排水系统,最早的车辙,另外还发掘出土一批具有多元文化背景的高等级遗物。平粮台遗址的新发现和研究成果表明平粮台龙山文化城址是我国最早的、规划严整的高等级史前城址,开创了中国城市建设规划的先河,在中国城市发展史上具有里程碑式的重要意义。

这些丰硕成果的取得与学生实习有直接关系,很多重要的遗迹、遗物正是学生在田野中亲手发掘出来的。亲身参与探索中华文明源头的工作,对于实习学生而言是难得的经历和锻炼,课本上所学的知识正在通过自己的双手付诸实践,同时得到的成果还会影响学术界乃至整个社会,学生由此更加坚定学术信念,树立起更为远大的志向。

如前所述,田野发掘需要雇用很多的当地工人,也需要和当地的考古单位合作。对于还缺乏社会经验的学生来说,如何做好现场的管理和协调,是一个需要多动脑子的问题,对学生来说也是一次重要的社会实践。根据观察,大部分学生都能够在田野工作中逐渐加深和工人之间的理解,在相互尊重的前提下,很好地完成日常工作的安排、协作。群众工作所发挥的作用不止于此。仍以2021年的宁夏盐池张家场实习为例,在田野发掘阶段,通过和工人的交流,学生能够了解张家场城址曾经的保存状态和以往人员活动所导致的破坏,因而避免了许多可能出现的错误。另外,在田野工作开始之前,团队已调查当地居民的收入情况,优先安排家庭经济困难的人到考古工地工作。学生也很快与各个探方的工人熟悉起来,对当地的风土人情、社会现状都有了更多的了解。

(三) 党员活动与社会活动(案例3)

1. 思政要素与设计

习近平总书记强调,要把立德树人融入思想道德教育、文化知识教育、社会实践教育各环节。田野考古实习课程的教学,除训练学生的专业技能外,凝心铸魂、坚定理想信念也是其必不可少的教育目标。这一目标的实现离不开极具特色的党员活动与社会活动,其基础是北京大学考古实习临时党支部。2006年9月,院党委决定在河南邓州八里岗考古实习基地尝试建立临时党支部,次年正式成立,从此临时党支部成为每年田野考古实习课程的必备组成部分。习近平总书记到北京大学调研高校党建工作时,充分肯定了把"支部建在考古队上"的做法。在党员活动和社会活动中,着重突出以下三点思政要素:

(1) 坚持学习,坚定理想

虽然实习基地远离学校,工作环境艰苦,信息相对闭塞,但是通过临时党支部的构建和各类组织生活,田野考古实习课程的师生依旧能保持思想学习的动力。经过多年的发展,支部陆续建立起党员的学习制度、积极分子的考核制度、党支部与群众联系的制度、党支部会议制度等,保障支部活动的有序开展。通过学习,学生的思想觉悟有显著提高,团队凝聚力和创造力也明显得到发展。

(2) 走向群众,知行合一

"把论文写在祖国的大地上",这不能只是一句口号,而要体现在每一项具体的行动当中。考古队临时党支部充分利用实习基地靠近基层的优势,发动学生走向基层、了解群众,通过科普宣传、社会调研、参观学习等形式,组织学生参加各类党团活动与社会活动,在输出知识和获取社会经验两方面的共同作用下,真正培养有情怀、有胸怀、有责任、有担当、有创造的新一代考古人才。

(3) 多方联动,合作进步

学院考古实习的成功举办,离不开各地考古单位、博物馆和文物行政机构的支持。多方合作的内容除组建联合考古队完成具体的田野工作外,也涵盖党员活动与社会活动。通过面对面交流,学生可以和各地文物工作者交换想法,同时了解行业状态,这对他们未来的职业选择有所帮助。

2. 教学效果

在田野考古实习中,思政学习的重要性不亚于专业技能学习,而且往往与考古发掘紧密结合。以2020年的陕西周原实习为例。实习伊始,周原考古队便成立了由北京大学实习师生党员、周原博物馆党员及国家文物局田野考古实践训练班党员共同组建的临时党支部,之后经常开党会学习政策方针,讨论心得体会,如图3所示。

2020年9月28日,习近平总书记在主持中共中央政治局第二十三次集体学习时强调,要高度重视考古工作,努力建设中国特色、中国风格、中国气派的考古学,更好认识源远流长、博大精深的中华文明,为弘扬中华优秀传统文化、增强文化自信提供坚强支撑。看到这一消息,周原考古队临时党支部组织当时正在基地进行发掘的师生席地而坐,在广袤的黄土地上通过报纸共同学习总书记讲话精神。此类思想学习让学生更加清晰地认识到考古工作的现实意义,纷纷表示要将个人理想与国家发展和民族事业相结合,为努力建设中国特色、中国风格、中国气派的考古学而不懈奋斗。

图3 2020年周原考古队临时党支部活动

在从事田野考古发掘的同时,临时党支部还注重带领学生走出去,发挥专业优势,承担社会责任。例如,在历次考古实习中,学生经常深入当地中小学进行文物科普讲座,并且带领中小学生到考古现场,近距离接触文化遗产,感受传统文化的魅力;实习师生积极为当地干部群众进行宣传培训,协助地方文物保护部门制订保护方案和遗址规划方案;在学院的支持下,实习师生为地方教育捐赠书籍,切实提升农村教育质量,培养振兴乡村的建设人才和后备力量。

除利用专业知识服务大众外,在考古实习期间,临时党支部还注意发掘各地红色文化遗产资源,组织学生参观学习。例如,在河南邓州八里岗实习时,全体师生前往邓州编外雷锋团纪念馆学习,感受雷锋精神;在宁夏盐池实习时,全体师生前往盐池县革命旧址、革命纪念馆等处参观,听当地干部讲述陕甘宁边区的光辉革命历史,如图4所示。这些参观学习就是一堂堂生动的现场党课,和校内党课相比更加直观生动,学生兴致高昂,参与度很高。

图 4　2021 年盐池考古队参观革命旧址

在田野考古实习中,学院与地方文物单位密切合作,党团活动往往联动举行。例如,2021 年 12 月 15 日,宁夏回族自治区文化和旅游厅产业发展处、文物保护处党支部全体党员来到盐池基地,与考古队师生联合举办党日活动,共同学习习近平总书记在全国宗教工作会议上的重要讲话精神以及习近平总书记致仰韶文化发现和中国现代考古学诞生 100 周年的贺信。

(四) 公共考古(案例 4)

1. 思政要素与设计

党的二十大指出,要增强中华文明传播力影响力。"坚守中华文化立场,提炼展示中华文明的精神标识和文化精髓,加快构建中国话语和中国叙事体系,讲好中国故事、传播好中国声音,展现可信、可爱、可敬的中国形象。"

在田野考古实习期间,带队教师与学生开展形式多样的公共考古活动,向社区群众宣传当地悠久的历史文化、优秀传统文化。在公共考古活动中,着重突出以下三点思政要素:

(1) 凝练、宣传优秀文化基因

田野考古实习选择的地点都是中华历史文化中的重要元素,师生们深入社区向当地群众宣传考古知识,特别是当地的历史文化,激发当地群众对所在地历史文化的热爱以及保护历史文化遗产的主动性和积极性。

(2) 发动群众,知行合一

田野考古实习期间,考古工地会多次接待当地群众特别是中小学生的参观,组织师生现场讲解,并让参观者适度参与考古发掘活动,一定程度上融入考古发掘过程,提高当地群众对考古工作的参与感,增加其对当地历史文化的融入感和荣誉感。

(3) 把课堂从田野延伸到校园

田野考古实习结束后,课程会将在考古工地公共考古的结果制成相关图文资料,在燕园赛克勒考古与艺术博物馆展出,邀请考古工地所在社区的中小学生参与燕园的展览活动,进一步强化中小学生对当地历史文化的自信心和自豪感,效果极佳。

2. 教学效果

以 2016 年的河南淮阳平粮台实习为例。2016 年秋季至 2017 年 3 月,北京大学平粮台考古队成功举办了考古工地的社区考古和"回到燕园"的"墙内外:北京大学平粮台考古队 2016 年社区考古展"。社区考古活动主要分为两部分:社区考古调查和社区考古系列活动。实习学生利用一切与当地村民接触的机会,深入了解平粮台社区,也逐步拉近与村民的关系,社区考古调查形成了较为完备的采访记录资料。社区考古系列活动则以当地小学生为主要对象,分为考古课堂、遗址参观、手工互动体验和考古大集四个有机连贯的部分,并在最后以展览形式呈现阶段性结果。2017 年 3 月 24 日,课程举办了"回到燕园"的"墙内外:北京大学平粮台考古队 2016 年社区考古展",请遗址所在地的社区群众走进遗址,让时间延续空间重叠的两群人发生关联(图 5),请河南淮阳的师生和地方领导走进北大,让考古和考古之外的事业不再隔绝。

图 5　受邀前来燕园的平粮台小学生正在展览照片中寻找自己

四、课程评价

田野考古实习课程一直秉持"授业于田野之间,树人于实践之中"的理念,以学生的学习和成长为核心,专业教学与思政教学并举,取得了良好的教学效果和社会评价。大批有志于考古事业的学生在实习之后更加坚定信念,选择继续攻读本专业研究生。考古文博学院的毕业生大多活跃在全国各地文博单位的第一线,近五年毕业的学生中,有 80% 的人从事本专业,成为当地文物、考古、博物馆事业的重要力量,为中国文物与博物馆事业的发展作出重大贡献。

田野考古实习课程在每年的教学评估中取得广泛好评。例如,参加过实习的本科生表示,"四个月的时间里,田野考古学真正地由抽象化为具象,不仅锻炼了我的能力,更磨炼了我的意志。更重要地,我深深认识到,历史需要考古人发掘,过往等着考古人阐释,田野考古的每一锹、每一铲都需要融入责任与担当、理想与信念。在盐池的四个月已然成为我生命中不可磨灭的一部分，我愿意扎根田野、不懈奋斗，将个人的进步融入为考古新百年贡献力量的实践中""田野实习引领我将报国情怀撒在祖国大地、将学科追求落在探方陶瓦、将社会关怀投注生活实践，激励我用脚步丈量田野、用眼睛发现故事、用内心感悟精神，向前追逐、向远发力，将青春梦想置于百年考古的伟大征程当中"。

田野考古实习课程在业内拥有极高的声誉，在针对学生教学的同时，还经常承担国家文物局田野考古实践训练班的任务。除专业训练外，思政教学也给参训的各地学员带来深刻的印象。参加 2021 年训练班的学员表示，"在实地参观考察的过程中，本人切身感受到了盐池历史的深远厚重，北京大学考古文博学院始终坚持将思政教育与田野实习紧密结合，在实践中提高学生的思想觉悟，以红色基因引领考古人的前行方向，牢记使命，不忘初心，为中国文物考古事业贡献力量。"

相比于其他学科，考古学专业的实习课程与群众路线的结合更加紧密，更适合开展群众路线的思政教育。课程用多种形式持续宣传，有的学生还发挥技术优势，帮助群众通过网络销售特产，实实在在解决问题。这些活动为北大考古赢得了广泛支持，群众从最开始不了解考古和北大师生群体，变得具有更强的文物保护意识，对实习工作更加支持，在发现疑似盗掘的活动时会及时告知考古队，将捡到的文物交给考古队。

五、总结与思考

加强文物保护利用和文化遗产保护传承，提高文物研究阐释和展示传播水平，讲好考古故事，让文物真正活起来，成为扩大中华文化国际影响力的重要方向。自 1957 年邯郸发掘开始，田野考古实习课程已走过六十多年的历程，建立的"北大范式"影响深远。在思政教育方面，学院设法克服实习基地相对偏远、实习任务艰苦等客观困难，坚持理论学习、思想学习，把支部建在考古队上已成为常态化做法。临时党支部发挥着积极作用，激励了一批又一批的实习学生，让文化遗产知识和北大精神走出校园，对各地基层干部、中小学生、人民群众产生有益影响。

在专业和思政教育的共同作用下，科学素养、群众路线、文化自信等重要精神已融入这门课程。经过回顾与反思，授课团队认为培养有理想、有水平的新一代考古人是当前工作的重心，为了这一目标的实现，学科发展应做到专业教育与思政教育并重，引导学生在提高专业水平、丰富专业知识的同时，坚定理想信念，树立远大志向，将个人发展与国家和人民的需要紧密联系起来。

在未来的实习授课中，授课团队一方面要继续坚持发扬已有的教学思路和光辉传统，另一方面也要积极探索新的方法，如通过"5G+"、VR 教学等方式，增强实习基地与北京大学和其他研究机构的实时互动，为学生开辟更多的学习渠道，引导学生在实习中不断积累经验，为专业教学和思政教育提供更多的样本和素材。

经济改革与发展专题

一、课程概况

(一)课程信息

经济改革与发展专题课程为北京大学相关专业研究生必修课,每周 2 学时,共 36 学时。

(二)课程简介

课程分为三个板块。

第 1 讲—第 3 讲:从马克思主义政治经济学基本原理出发,结合经济思想史和经济史的知识,详细梳理建党百年以来特别是新中国成立后经济社会的发展历史。

第 4 讲—第 7 讲:立足改革开放进程中所有制结构调整、收入分配演进和资源配置方式转变这三个改革关键点,厘清中国特色社会主义经济运行的制度基础。

第 8 讲—第 18 讲:面向中国特色社会主义进入新时代,系统总结党的十八大以来中国经济发展的理论和实践,展望中国未来全面建设社会主义现代化国家的路径与策略。

课程特色和创新如下:

第一,创建融合性课堂。从专业知识要求出发,对照课程思政教学各级指标,全方位挖掘和梳理课程知识点包含的思政内容,力求使思政教学常态化,实现润物无声的育人效果。将思政教学的重点放在讲清中国故事中的中国逻辑,自然而然地提升学生的家国情怀与责任担当,用专业所学服务于全面建设社会主义现代化国家需要。

第二,创建个性化课堂。课程立足于多本相关教材和授课团队自身专业特长、知识经验,进行个性化挖掘和研讨,加深学生对中国特色社会主义制度本质特征和制度优势等方面的理解和认识。授课内容不仅包含丰富的马克思主义政治经济学基本原理,还注重突出每一专题所涉及的最新现实问题,提供与中国实际相结合的前沿学术方向。这更好地契合了研究生的需要,有助于加强教学内容的专业性与实用性。

第三,创建互动式课堂。课程依托北京大学教学网平台,实现"线下授课+线上讨论"

的特色互动教学,化单向灌输为双向交流,形成教学闭环。一方面,通过论坛研讨,使得学生对问题导向的思政教学方法接受程度更高,鼓励学生运用理论解释实际问题,提升学生的学习兴趣和解决问题的能力;另一方面,通过研讨实时反馈渠道,可以了解学生对课程的意见和看法,能及时评测学生对知识的掌握程度,有利于打造政治性、思想性、学术性兼具的课程体系。

第四,创建开放式课堂。依托"政治经济学工作坊"等系列活动,课程邀请中国经济建设、改革、发展的重要亲历者或中国特色社会主义理论的资深研究者举办专题讲座。一方面,可让学生通过与专家近距离的学术交流和探讨了解相关领域前沿知识、掌握最新研究动态、拓宽自身研究视野;另一方面,可培养学生从理论走向实践,尝试思考解决中国特色社会主义发展过程中出现的新问题和新挑战。积极响应"要把论文写在祖国的大地上"的号召,鼓励学生投身中国特色社会主义建设的伟大事业,用实际行动践行"经世济民"的初心。

课程曾荣获北京大学2017年度教学优秀奖,并被评为2021年教育部课程思政示范课程。

(三)授课团队简介

授课团队由张辉(课程负责人)、董志勇、方敏、锁凌燕、张亚光、郝煜、蒋云赟、吴泽南组成。

课程负责人张辉,中央"马工程"项目首席专家,北京大学经济学专业负责人[该专业1998年入选"国家经济学基础人才培养基地",2008年入选高等学校特色专业建设点,2019年入选国家级一流本科专业建设点,2021年入选教育部基础学科拔尖学生培养基地(拔尖计划2.0)],2018年开始担任北京大学国家经济学基础人才培养基地负责人,曾获2016年全国高校社会主义经济理论与实践研讨会优秀论文奖。

二、课程育人目标

本课程旨在立德树人,在保证学术规范性的前提下做到深入浅出,讲好中国故事中的历史逻辑、理论逻辑、实践逻辑,令学生有所学,从而有所悟;用丰富的知识、深厚的学术功底,激发学生对马克思主义政治经济学的兴趣,砥砺创新,凸显高度,挖掘深度。

本课程授课内容本身就含有丰富的思政元素,可进一步通过探究式、启发式、互动式和开放式的课程教学方式创新予以深化。本课程立足马克思主义政治经济学基本理论,紧密结合中国实际,深入讲解中国经济建设、改革、发展进程中面临重大问题时进行的理论创新与实践突破,将思想政治元素有机融入其中。从历史流变中阐明马克思主义为什么"行"、中国共产党为什么"能"、中国特色社会主义为什么"好",在培养学生"经世济民"理想使命的同时,增强学生的政治认同、思想认同、情感认同;在现实分析中使学生理解马克思主义政治经济学随实践与时俱进、继承发展、兼容并蓄的特点,牢固树立马克思主义世界观、历史观。通过课程学习,学生能坚定对中国特色社会主义的道路自信、理论自信、制度自信、文化自信,深刻理解党的大政方针,关心国计民生,从而厚植爱党、爱国、爱社会主义、爱人民、爱集体的情怀,将理论扎根于祖国大地,用所学解决中国特色社会主义发展过程中出现的新问题和新挑战,为建设社会主义现代化贡献力量。

三、课程思政案例

(一)打造多样性教学体系,落实专业知识与思政元素耦合育人

课程思政的重点在于探索政治性与学理性的内在关联,打通思政元素与专业知识的融通渠道,同时要避免过多灌输教育引发学生主体意识缺失,需善用趣味性的教学方式、互动性的知识传授手段、实用性的评价考核体系,寓价值观引导于专业教学,使学生在探求真知的意趣与热忱中产生共鸣与升华,进而自觉认同。为达到课程思政有的放矢、润物无声、教本务实的成效,授课团队对经济改革与发展专题进行总体设计,如图 1 所示。

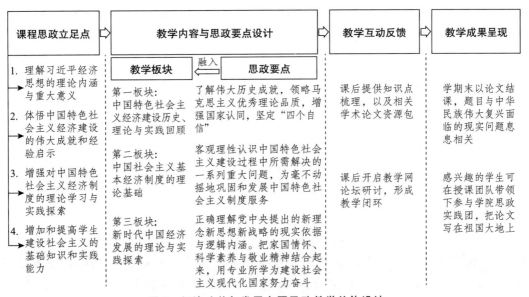

图 1 经济改革与发展专题思政教学总体设计

授课团队经过细致研判,发掘本课程的思政育人立足点,形成下述四条原则:

第一,深入理解习近平新时代中国特色社会主义经济思想的理论内涵与重大意义。其中,本课程涉及内容主要包括:明确中国特色社会主义最本质的特征是中国共产党领导,中国特色社会主义制度的最大优势是中国共产党领导,中国共产党是最高政治领导力量,全党必须增强"四个意识"、坚定"四个自信"、做到"两个维护";明确坚持和发展中国特色社会主义,总任务是实现社会主义现代化和中华民族伟大复兴,在全面建成小康社会的基础上,分两步走在本世纪中叶建成富强民主文明和谐美丽的社会主义现代化强

国,以中国式现代化推进中华民族伟大复兴;明确新时代我国社会主要矛盾是人民日益增长的美好生活需要和不平衡不充分的发展之间的矛盾,必须坚持以人民为中心的发展思想,发展全过程人民民主,推动人的全面发展、全体人民共同富裕取得更为明显的实质性进展;明确中国特色社会主义事业总体布局是经济建设、政治建设、文化建设、社会建设、生态文明建设五位一体,战略布局是全面建设社会主义现代化国家、全面深化改革、全面依法治国、全面从严治党四个全面;明确全面深化改革总目标是完善和发展中国特色社会主义制度、推进国家治理体系和治理能力现代化;明确必须坚持和完善社会主义基本经济制度,使市场在资源配置中起决定性作用,更好发挥政府作用,把握新发展阶段,贯彻创新、协调、绿色、开放、共享的新发展理念,加快构建以国内大循环为主体、国内国际双循环相互促进的新发展格局,推动高质量发展,统筹发展和安全。

第二,带领学生学习中国特色社会主义经济建设的伟大成就和经验启示。面对世界百年未有之大变局和中华民族伟大复兴战略全局,引导学生以理论指导实践,增加对中国特色社会主义建设规律的认识,在新的历史方位中承前启后、继往开来。

第三,重点增强对中国特色社会主义经济制度的理论学习与实践探索。让学生明确中国社会主义基本经济制度的各项内容及客观依据,理解中国特色社会主义制度的本质特征与显著优势。引导学生将自身同我国发展的现实目标和未来方向紧密联系在一起,以人民为中心,为人民服务,为巩固和发展中国特色社会主义制度服务,为改革开放和社会主义现代化建设服务。

第四,积极增加和提高学生建设社会主义的基础知识和实践能力。帮助学生深刻把握中国特色社会主义进入新时代以来经济发展的新特征,正确理解党中央提出的新理念新思想新战略,强化对新时代党的大政方针的理解力与执行力。使学生可以用所学知识正确客观地认识、分析、解决中国特色社会主义发展过程中出现的新问题和新挑战,努力把学生培养为立足中国实践,运用中国经验、中国案例、中国数据,体现中国思想、中国文化、中国精神,讲好中国故事,服务于全面建设社会主义现代化国家需要的实践型、复合型、应用型人才。

在上述四条原则的指引下,课程设置三大教学板块"中国特色社会主义经济建设历史、理论与实践回顾""中国社会主义基本经济制度的理论基础""新时代中国经济发展的理论与实践探索",具体细分为18讲教学专题。授课团队依据自身专业特长、知识经验,进行个性化挖掘形成专题讲义。针对每一讲授课内容,从专业知识要求出发,全方位挖掘和梳理课程知识点包含的思政要点,将其自然融入专题讲义之中。

以课程第一板块"中国特色社会主义经济建设历史、理论与实践回顾"中的第1讲"新中国经济发展的历史与实践"为例。此讲作为课程的开篇,需开宗明义地向学生展现新中国成立以来经济发展波澜壮阔的历史进程,让学生充分认识新中国的伟大历史成就和历史经验,进而增强国家认同感与民族使命感。具体而言,授课教师进行以下设计:此讲的教学导入从长期历史视角出发,援引经济史数据说明在人类社会发展的历史长河中,中国曾长期居于世界文明前列,增强学生的民族自信与文化自信,如图2所示。但从

1759年到1840年,中国经历了由盛转衰的百年,1840年到1949年,中国经历了战乱频仍的百年。伴随着近代的苦难历史,民族复兴的梦想深深地烙印在中华儿女身上。现代化成为无数先进分子、仁人志士孜孜以求的奋斗目标。终于,在中国共产党的坚强领导下,中华民族迎来从站起来、富起来到强起来的伟大飞跃。通过以上设计为学生梳理基本国情,树立正确史观,明确"中国梦"的历史方位与时代内涵,坚定民族复兴的信念。

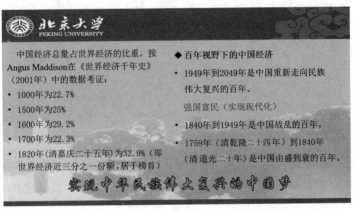

图 2　以百年视野下的中国经济作为教学导入

此讲的教学任务共分为三部分:一是梳理新中国经济发展的历史阶段;二是总结改革开放以来的经济发展成就与路径;三是归纳"中国奇迹"背后成因并展望未来发展潜力。在第一部分的讲解中,适当地加入历史故事讲述及历史物品展示,在增添课程趣味性的同时,廓清历史中的某些政治问题。介绍国民经济恢复时期,正确引导学生理解建国初期经济恢复与朝鲜战争的内外压力,突出这一时期我国社会主义制度建立与国家安全保障的必要性;介绍社会主义改造时期,援引梁漱溟"大小仁政"论争,强调尽快实现工业化是国家独立和富强的当然要求和必要条件,从而正确认识新中国成立初期工业化优先战略的历史意义;介绍"人民公社""大跃进"及调整时期,正确引导学生了解特定历史时期我国社会主义建设的曲折,突出生产力与生产关系的矛盾运动是社会发展的基本规律,生产关系超越生产力水平时会破坏生产力基础;介绍"文革"时期,正确引导学生了解"文革"的背景与影响,强调经济建设在我国社会主义现代化建设中的重要地位;介绍改革开放时期,让学生认识其对于发展我国社会主义事业的历史性意义,同时突出社会主义革命和建设时期与改革开放和社会主义现代化建设新时期的不可分割性与演化递进性,坚决反对历史虚无主义。在第二部分的讲解中,用系统的数据、丰富的图表、鲜明的横纵向对比,从经济增速、资本存量、产业结构、消费贡献、研发创新、就业保障、通货膨胀率、收入分配与扶贫、对外开放成效、世界发展展望等多维度展现我国改革开放以来取得的历史成就,从而让学生自然而然产生道路认同与理论自信。在第三部分的讲解中,强调实现现代化是集合市场化、工业化、城镇化、信息化、国际化等多重转型为一体的艰巨挑战,引导学生积极思考我国在实现社会主义现代化强国的中国梦的进程中,还需要在哪些领域继续奋进,激励学生向着第二个百年奋斗目标奋进,投入全面建成社会主义现代化强国的伟大事业中。图3为课程负责人正对第三部分进行讲解。

图3　课程负责人在授课中注重专业知识与政治思想相统一

授课团队在课后亦重视思政教学成效巩固,教学互动反馈是落实课程思政育人的重要一环。在每讲专题授课后,教师发布知识点梳理以及课程相关问题参考论文,拓展教学的广度和深度,激励学生对不同思想、观点独立思考,同时开放论坛研讨。如图4所示,依托北京大学教学网平台拓展交流广度,搭建线上研讨互动机制,通过发帖、回帖的方式引导学生展开讨论,每学期互动数能达2 500条左右,平均每位学生一学期参与次数达18次左右,形成许多有价值的观点看法。同时邀请有创见的学生在课前进行演讲展示,有兴趣、有能力的学生还可以在此基础上由老师指导形成规范的学术论文,有助于提升学生从理论走向实践的解决问题能力,化单向灌输为双向交流,形成教学闭环。

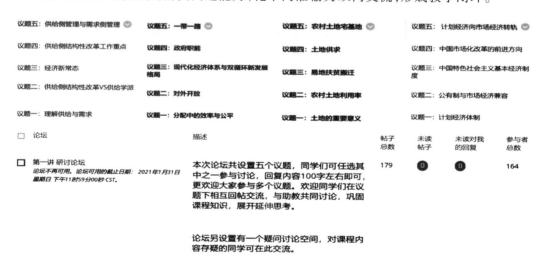

图4　依托北京大学教学网平台化单向灌输为双向交流

课程在学期末以论文结课,积极培育学生个性化探索以及理论联系实际的能力。期末论文主题既与课程的专业知识紧密联系,也与中华民族伟大复兴息息相关,同时给予学生丰富的研究空间。例如,2021—2022 年度期末论文主题为"建设现代化经济体系",如图 5 所示。这是由于在我国迈向全面建设社会主义现代化国家的新征程中,现代化经济体系作为推进现代化的经济基础具有举足轻重的作用,只有形成现代化经济体系才能更好地顺应现代化发展潮流和赢得国际竞争主动,才能为其他领域现代化提供有力支撑。而现代化经济体系是由社会经济活动各个环节、各个层面、各个领域的相互关系和内在联系构成的一个有机整体,包括"六个体系+一个体制"。学生可以任选一个角度出发,坚持兴趣导向,立足专业特长,展开科研探究。同时,课程鼓励学生在实践中了解国情、以行促知、以知践行,授课专题与每年经济学院思政实践团调研主题相配合,学生可利用暑期时间,在教师的带领下,在各地参访、调研、服务,真正把论文写在祖国大地上。

期末论文终稿提交

可用性：项目已对学生隐藏。上次可用日期为 2022-1-31 下午11:59。

已启用：统计跟踪

1、论文研究内容：建设现代化经济体系

2、论文题目形式：题目可自拟，与主题"建设现代化经济体系"相关即可。

3、论文格式要求：论文需提交**初稿**和**终稿**，独立写作，不得抄袭。

论文初稿要求确立论文的主要研究内容，提交完善的论文提纲以及文献综述。**论文终稿**需包括摘要、关键词、正文、参考文献等部分。其中**论文正文字数**要求至少**6000**字，应包括第一部分引言，主要阐述论文的研究背景与选题意义，及最后一部分结论，对论文的主要研究成果进行概述；中间部分根据研究内容自行安排。

4、论文引用要求：引用规范，请参考《经济研究》格式（http://www.erj.cn/cn/Info.aspx?m=20100913105301153616）

5、论文提交时间：论文终稿电子版请于**1月14日（周五）上午12：00前**提交至**教学网—教学内容—作业板块**，提交时以添加附件的形式上传。

6、论文文档命名方式：为便于分类收统，请同学们提交论文**初稿**及**终稿**时以"**特征/全局/产业/市场/分配/区域/绿色/开放/体制—学号—学院（系、所）—专业—姓名—论文题目**"为范式进行文档命名。

示例："**全局-21XXXXXXX-经济学院-金融专业-张三-建设现代化经济体系**"

"**绿色-21XXXXXXX-经济学院-金融专业-李四-以绿色发展引领现代化经济体系建设**"

感谢大家的配合，祝同学们学期顺利！

图 5　期末论文主题浸润思政元素同时给予学生个性化发展空间

(二) 创建开放式课堂,拓展课程思政教学的广度

本课程依托"政治经济学大讲堂""四校一所工作坊""政治经济学工作坊"等系列活动拓展课堂的边界,让学生在专题讲座与学术交流中,把握历史脉络、理论前沿与现实应用,深刻理解中国特色社会主义经济发展的历史逻辑、理论逻辑与实践逻辑,从而学有所思、思有所悟、悟有所行,达到润物于无声的思政育人效果。

如图 6 所示,"政治经济学大讲堂"邀请学界、政界知名专家走进课堂,他们是中国经济建设、改革、发展的重要亲历者,或中国特色社会主义理论的资深研究者,为师生带来高水平的中国特色社会主义政治经济学研究前沿和理论动态。

图 6 左上为国务院学位委员会委员、教育部高等学校经济学类专业教学指导委员会主任委员刘伟教授讲解现代化经济体系与经济发展;右上为中国人民大学习近平新时代中国特色社会主义思想研究院副院长、《资本论》教学与研究中心主任邱海平教授讲解中国特色社会主义政治经济学的若干思考。

图 6 "政治经济学大讲堂"开讲

"四校一所工作坊"是由北京大学经济学院联合中国人民大学、清华大学、南开大学、中国社会科学院经济研究所等相关院所共同发起、搭建的研讨平台,旨在建设政治经济学学科共同体,发挥科研院所教研人员的集体力量,提高政治经济学本科教学水平和专业研究生的培养质量。

"政治经济学工作坊"是由北京大学经济学院与国家发展研究院共同举办的学术活动,邀请广大中青年教师报告科研最新成果,重点讲述习近平经济思想,帮助学生理解和思考当代问题。工作坊的主题与目前中国特色社会主义经济建设的现实需要息息相关,如"中国工业化历程(1860—2020)""产业升级与高质量发展""科技创新与畅通国内大循环""现代化市场体系的微观基础"等。

如图 7 所示,本课程曾邀请北京大学医学人文学院马克思主义理论教研中心的唐琦老师以"社会主义基本经济制度的理论与实践"为题,为选课学生作学术报告,试以该例说明开放式课堂在课程教学和思政教育中的独特作用。

图 7 唐琦老师讲解社会主义基本经济制度

唐琦老师首先从国家治理体系和治理能力角度出发,指出我国国家治理一切工作和活动都依照中国特色社会主义制度展开,而加强制度建设的目的就在于增强国家治理体系构建和治理能力。中国特色社会主义制度体系包括根本制度、基本制度、重要制度。根本制度是管总的、管全局的制度,是我国制度体系之纲,统领着中国特色社会主义制度的坚持和巩固、完善和发展。基本制度具有长期性和稳定性,对我国各方面制度的属性和发展方向起着决定性影响,在我国制度体系中处于基础地位。这在经济领域表现为公有制为主体、多种所有制经济共同发展,按劳分配为主体、多种分配方式并存,社会主义市场经济体制等社会主义基本经济制度。此外,重要制度不是一般制度,对维护根本制度、基本制度,推进根本制度、基本制度的遵守和执行,推动中国特色社会主义制度的坚持和完善发挥着重大作用。

唐琦老师表示,党的十九届四中全会把所有制、分配制度、运行机制三者作为一个有机统一体,构成中国特色社会主义基本经济制度的内涵。这涉及马克思社会再生产过程中生产、分配、交换、消费的各个领域,需要从辩证统一关系上把握其本质特征和突出特点。这体现出我们党在中国特色社会主义基本经济制度认识上的更加科学、更加深化。

唐琦老师回顾了原社会主义国家在建立基本经济制度时的试错历程和经验教训,与我国对所有制、分配制度、社会主义市场经济体制所进行的成功探索和完善形成鲜明对比。进一步地,随着中国特色社会主义进入新时代,我们必须坚持和完善中国特色社会主义的所有制结构,坚持和完善中国特色社会主义的分配制度,坚持和完善社会主义市场经济体制,坚持党的领导,完善基本经济制度。我国社会主义制度不是从资本主义成熟、崩坏的社会内部孕育出来的,而是中国人民在中国共产党领导下自觉地建立起来的。中国共产党领导是中国特色社会主义制度的最大优势,需要把党的领导落实到国家治理各领域各方面各环节。

开放式课堂有效扩展了课堂容量,使教学资源不局限于本授课团队之中,能充分发挥以下效果:

学生能够明晰我国革命、建设、改革过程中取得的历史性成就、发生的历史性变革,理解坚持和发展中国特色社会主义的总任务就是实现社会主义现代化和中华民族伟大复兴。

学生能够深刻理解习近平经济思想的现实意义、内在逻辑,在此基础上学会运用政治经济学的研究范式对中国社会主义基本经济制度进行理论与实践分析,能够系统形成关于中国特色社会主义经济制度建立与完善过程中,理论与实践相结合的重大命题的正确客观认识,从而在未来的学习、工作、生活中自觉坚持和发展中国特色社会主义制度,成为中国特色社会主义经济建设的优秀人才。

学生可以明晰新时代中国特色社会主义经济发展的现实境况,能够运用所学原理认识、分析和解决中国特色社会主义发展过程中出现的新问题和新现象,形成较为系统的看法或创见,从而能够把家国情怀、科学素养与敬业精神结合起来,可以用专业所学为建设社会主义现代化国家献力献策。

可以培养出一部分在学术方面有兴趣、有潜能的学生,以马克思主义为指导,使其立足于中国国情和实践,正确借鉴现代经济学分析工具,吸收中华优秀传统文化,找到探索中国问题的切入口,基于一个领域做深做精,未来有机会结合不断发展的中国经济实践进行理论创新,发展中国特色社会主义政治经济学。

上述案例充分说明了邀请领域内专家学者共同构建开放式课堂的重要作用。一方面,可以让学生通过与专家近距离的学术交流和探讨了解前沿知识、拓宽研究视野;另一方面,可以引导学生从理论走向实践,尝试思考解决中国特色社会主义发展过程中出现的新问题和新挑战。

(三)坚持社会主义核心价值观引领,融入党的二十大精神

党的二十大报告指出,"育人的根本在于立德。全面贯彻党的教育方针,落实立德树人根本任务,培养德智体美劳全面发展的社会主义建设者和接班人"。为教育引领北大经济学院青年学生坚定不移听党话、跟党走,成长为有理想、敢担当、能吃苦、肯奋斗的新时代好青年,本课程坚持社会主义核心价值观引领,结合课程内容融入党的二十大精神。党的二十大报告的科学阐释和系统部署与本课程多部分教学内容紧密相连,授课团队在设计课程知识点和思政要点时注重历史传承性和时代责任感,对标党的二十大报告更新完善教学内容,以生动活泼、易于接受的形式帮助学生全面准确学习党的二十大精神,使学生坚定历史自信,增强历史主动,从而引导其在日后工作中自信自觉地为全面建设社会主义现代化国家贡献力量。

在第 8 讲"新时代中国特色社会主义经济发展的目标与特征"的教学设计中,授课教师及时补充关于"中国式现代化"的最新理论表述,结合课程内容潜移默化地把学生的思想统一到党的二十大精神上来。

课程回溯中国共产党对于社会主义现代化理解日益深化的过程,指出从第三届全国人民代表大会第一次会议首次提出"两步走"的战略步骤,到党的十三大提出"三步走"的发展战略,到党的十五大提出新"三步走"的战略部署,首次明确"两个一百年"的奋斗目标,再到党的十九大对实现第二个百年奋斗目标作出分两个阶段推进的战略安排,中国共产党对于社会主义现代化的战略安排日臻具体、完善。这体现出中国共产党始终践行为人民谋幸福、为民族谋复兴的初心使命,更体现出中国共产党始终坚持与时俱进、开拓创新的优秀品质。如今我们站在全面建成小康社会的新的历史起点,正朝着第二个百年奋斗目标勇毅前行,此时召开的党的二十大进一步强调,"全面建成社会主义现代化强国,总的战略安排是分两步走:从二〇二〇年到二〇三五年基本实现社会主义现代化;从二〇三五年到本世纪中叶把我国建成富强民主文明和谐美丽的社会主义现代化强国。"这持续明确了我国社会主义现代化建设的时间表和路线图,极大程度地指引和激励了全党全国各族人民团结一致、发愤图强,为全面建设社会主义现代化国家、全面推进中华民族伟大复兴而不懈奋斗。

上述课程设计能从以下方面帮助学生更好领会党的二十大报告指出的"以中国式现

代化推进中华民族伟大复兴"的战略部署:

第一,实现社会主义现代化是中国共产党一以贯之的奋斗主题。中国共产党建立百年来,团结带领中国人民所进行的一切奋斗,就是为了把我国建设成为现代化强国,实现中华民族伟大复兴。回顾中国共产党领导革命、建设和改革的历史进程,从新民主主义革命时期提出"为着中国的工业化和农业近代化而斗争",到社会主义革命和建设时期确立"四个现代化"目标,到改革开放和社会主义现代化建设新时期树立"中国式现代化"即"小康"的命题,再到中国特色社会主义新时代接续开启全面建设社会主义现代化国家新征程;从社会主义物质文明和精神文明建设一起抓,到"三位一体"总体布局,到"四位一体"总体布局,再到中国特色社会主义经济建设、政治建设、文化建设、社会建设、生态文明建设的"五位一体"总体布局,中国共产党对于社会主义现代化的目标内涵的理解日益深化、广博。

第二,全面建设社会主义现代化国家必须坚持历史自信,坚定不移地走中国式现代化道路。中国特色社会主义进入新时代以来,以习近平同志为主要代表的中国共产党人,统筹中华民族伟大复兴战略全局和世界百年未有之大变局,提出一系列原创性新理念新思想新战略,成功推进和拓展了中国式现代化。2021 年我国占世界经济比重上升至18.5%,对世界经济增长的平均贡献率超过30%,如今我国 GDP 已突破 120 万亿元大关,人均 GDP 连续四年超过 10 000 美元。与此同时,我国解决了困扰中华民族几千年的绝对贫困问题,建成了世界上规模最大的社会保障体系。这些成就充分证明了中国式现代化道路的正确性。中国式现代化不仅是实现中华民族伟大复兴的必由之路,更打破了"西方中心主义"教条,为广大发展中经济体实现现代化提供了全新选择,为解决世界发展问题贡献了中国智慧、中国方案、中国力量。

第三,全面建设社会主义现代化国家必须增强历史主动,积极掌握历史发展规律和大势,牢牢把握发展的主动权。"主动"一词在党的二十大报告中被多次提及。在党的二十大召开前夕,习近平同志在省部级主要领导干部专题研讨班上发表重要讲话时就强调,坚持把国家和民族发展放在自己力量的基点上,坚持把中国发展进步的命运牢牢掌握在自己手中。坚持独立自主是中华民族的精神之魂,也是中国共产党百年奋斗所积累的宝贵历史经验之一。当前,世界百年未有之大变局加速演进,中华民族伟大复兴进入关键时期。我国发展仍然处于重要战略机遇期,但机遇和挑战都有新的发展变化。我国发展不平衡不充分问题仍然突出,重点领域关键环节改革任务仍然艰巨,结构性、体制性、周期性问题相互交织,加之外部环境影响与新冠病毒感染疫情冲击,带来前所未有的困难和挑战。我们需清醒地认识到,危与机同生并存,要顺势而为,主动求变,方能化危为机,开辟新局。

本讲相关内容与新中国成立以来党带领人民取得的历史性成就是紧密结合的,与中国式现代化和中华民族伟大复兴主题是密切相关的,与党的二十大精神是深刻契合的。窥一斑而知全豹,本课程各讲内容完整呈现了党团结带领全国各族人民推进社会主义现代化建设事业的波澜壮阔历程,能帮助学生更好理解中国式现代化的本质要求,落实立德树人要求,不断增强学生对中国特色社会主义的道路自信、理论自信、制度自信和文化自信,引领学生自觉以党的二十大精神为指导,为全面推进中华民族伟大复兴而勇毅前行。

四、课程评价

(一)学生评价

本课程规模在 160~200 人,除经济学院研究生修习外,还深受北京大学政府与管理学院等十多个院系学生和留学生的喜爱。学生们纷纷表示课程深入浅出,他们不仅储备了专业知识,开拓了科研视野,还在课程学习中进一步明确了人生目标与奋斗方向。

经济学院 2021 级保险硕士梁雅诗课后反馈,学习该门课程后,能更为清晰地理解我国革命、建设、改革的伟大实践,了解中国共产党接续奋斗的历史过程都是为了实现中华民族伟大复兴。如今我们站在全面建成小康社会的新的历史起点,作为生逢盛世的中国青年,必须也必将担当起全面建设社会主义现代化国家的重任。

经济学院 2021 级金融硕士邝江浩表示在该门课程中,不仅学习到了中国特色社会主义政治经济学知识,更树立了大历史观与大时代观,掌握了运用政治经济学研究范式结合现代统计方法来分析中国特色经济发展问题的思路,这对他未来的学习与工作大有帮助。

经济学院 2021 级金融硕士黄兆瑞在结课论文致谢部分表示,感谢授课教师们的系统课程设计与深入浅出的讲解,使其领悟到中国经济发展奇迹背后的"密码",明晰了新时代中国特色社会主义经济发展的新特征、新挑战与新机遇。中国经济发展给予了经济学研究者丰富的科研课题,他愿立足中国实际,解决中国问题,取得一些有理论突破或实践指引意义的成果。

(二)同行评价与辐射效应

本课程受到同行专家广泛认可,具有较强的示范辐射作用。若干专题如"中国经济思想的传统渊源""构建新发展格局""精准扶贫与乡村振兴"等的主讲人曾多次受邀到国内兄弟院校、科研院所举办讲座。在创建开放式课堂的过程中,本课程曾邀请到中国人民大学原校长刘伟教授、中国人民大学习近平新时代中国特色社会主义思想研究院副院长邱海平教授等同行专家进行学术交流,他们在了解课程设置后纷纷表示本课程在全国同类课程设置中更显高度、深度,课程在思政元素设计上匠心独具,探究式、启发式、互动式和开放式的教学方式对学生大有裨益。他们表示通过线上平台搭建,鼓励学生在学习中加强与他人协作,进行知识的分享与讨论,有助于提升学生的主观能动性、思辨能力与应用水平,很适合在类似课程的思政化建设中予以推广。

本课程被评为 2021 年教育部课程思政示范课程,北京大学公众号发布文章《北大这三门课,是示范!》对本课程进行宣传介绍(相关链接:https://mp.weixin.qq.com/s/F1tKwjeJMoFnQLFN4jgH0Q)。本课程的育人原则、思政要点与教学方法对其他课程的思政建设起到启发与示范作用,本课程的建设经验也受到兄弟院校的积极借鉴。

五、总结与思考

本课程改进的具体思路为进一步拓展课堂形式,强化互动、深化思考。本课程拟在教授过程上更加注重灌输性、启发性和交流性相结合,具体方案如下:

在内容讲授上,考虑选取精品视频、影视作品等作为素材。例如,在改革开放的历史成就上,可以部分使用纪录片《我们一起走过——致敬改革开放40周年》中的改革故事,介绍我国的经济成就、扶贫成就等,充分展现社会变革的历史成就与经验启示。

在学习形式上,采用展示、讨论、短评等形式碰撞思维火花。在课堂之外,拟由助教开设小组讨论班,针对课程相关内容,鼓励学生自我搜寻、整理资料,在助教的引导和辅助下,进行内部分享和交流,培养学生的自我思考和学术交流能力。

在考核方式上,拟并行使用读书笔记、课程小论文、研究计划等多种方式,让学生自主选择深入学习的方式,如:可以针对课程讲述的理论框架,分析某一经济现象,得到属于自己的研究结论;可以确定某一命题,有计划地开展相关研究工作,撰写分析思路、预期进展等,以便能够在未来的学习中不断完善,形成自己的研究成果,成熟的也可以形成毕业论文;可以选择相关的几部著作,进行分析式的对比阅读,探讨不同研究的同异之处,通过对比不同的假设、思路、结论,深入理解学术研究的框架和范式,从而更好地培养学生的批判性学习和思考能力。

社会保险

一、课程概况

（一）课程信息

社会保险课程为北京大学相关专业本科三年级学生的专业必修课，适用学时为34学时。

（二）课程简介

社会保险是首批国家级线下一流本科课程和北京市课程思政示范课程。通过学习该课程，学生能准确掌握分析社会保险问题的经济学模型和框架，掌握人口预测以及养老保险和医疗保险收支预测的方法，理解新中国成立以来在社会保险领域取得的巨大进步，熟悉发达国家和发展中国家社会保险制度的发展历程及其特征等内容，并能运用所学的分析框架、理论和政策分析我国社会保险领域的热点和难点问题，初步具备社会保险领域的研究能力。

（三）授课团队简介

授课团队由蒋云赟、郑伟、锁凌燕、袁诚、刘冲组成。

蒋云赟教授是首批国家级线下一流课程"社会保险"主持人，首批国家级课程思政示范课程"经济改革与发展专题"课程团队成员，首批北京市课程思政示范课程主持人，两度获北京大学教学优秀奖。郑伟教授曾荣获北京大学"十佳教师"称号和北京大学首届教学卓越奖等多个教学奖项；主持的"风险管理与保险学"专业建设项目，获国际保险学会"全球优秀保险学科"国际认证。锁凌燕教授多年从事社会保险方面的教学和研究，曾获北京市高等教育教学成果奖一等奖和二等奖。袁诚副教授长期在应用计量经济学和应用公共经济学领域进行教学和研究，主要负责本门课程的统计工具应用指导工作。刘冲副教授于2021年荣获"青年长江学者"称号，并获霍英东教育基金会第十七届高等院校青年教师奖等多项荣誉，主要负责本门课程学生论文的实证分析应用指导工作。

二、课程育人目标

社会科学的研究以马克思主义和习近平新时代中国特色社会主义思想为指导,力争解决中国问题。社会保险研究和关注的问题是进行课程思政建设的直接渠道,将思政建设融入社会保险一流课程的建设,提高课程的创新性、高阶性和挑战性,具有非常重要的价值。习近平总书记曾指出,青年的价值取向决定了未来整个社会的价值取向,而青年又处在价值观形成和确立的时期,抓好这一时期的价值观养成十分重要。《高等学校课程思政建设指导纲要》(以下简称《纲要》)指出,全面推进课程思政建设,就是要寓价值观引导于知识传授和能力培养之中。经济学是研究资源配置和资源分配的学科,价值观的培养应该是经济学专业课程的基础和灵魂。社会保险课程以社会主义核心价值观为指导,将价值观培养融入知识传授,培养学生的民族自豪感和创新意识。社会保险课程思政建设的目标是通过该课程,使学生理解新中国成立以来在社会保险领域取得的巨大进步,坚定"四个自信";引导学生发现我国社会保险领域的创新实践,培育其创新意识;使学生掌握人口预测以及养老保险和医疗保险收支预测的方法,培养其探索精神;通过调研和讨论引领学生了解中国社会保险的现状,关注中国问题,筑牢实践基础。

三、课程思政案例

(一)我国基本养老保险的改革和发展(案例1)

党的二十大报告是指导我国当前及今后一个时期发展的行动纲领,习近平总书记在党的二十大报告中旗帜鲜明地宣告,"中国共产党的中心任务就是团结带领全国各族人民全面建成社会主义现代化强国、实现第二个百年奋斗目标,以中国式现代化全面推进中华民族伟大复兴"。作为一项关系国计民生的制度安排,社会保险的发展关乎中华民族的复兴,从其发展规划中也可以看出我党全心全意为人民服务、全面推进中华民族伟大复兴的决心和正确方法。由于老龄化的深化和资本市场的不稳定,各国的社会保险制度都在探索和完善之中。2016年11月17日,国际社会保障协会在巴拿马举行的第32届全球大会上,授予中华人民共和国政府"社会保障杰出成就奖"。党的二十大报告指出,我国建成世界上规模最大的社会保障体系,"基本养老保险覆盖十亿四千万人,基本医疗保险参保率稳定在百分之九十五"。在教学中,课程不仅要梳理我国社会保险体系存在的问题和面临的困难,更要让学生理解我国经过七十多年的建设和完善,形成了包含养老保险、医疗保险、失业保险和工伤保险的较为全面的社会保险体系的巨大成就。

以讲授基本养老保险的改革和发展为例。教学思政目标为向学生讲解近年来我国养老保险政策的进步,在政策分析中让学生理解一个区域差异性大、人口众多的国家建立养老保险体系的不易,从而产生强烈的民族自豪感和爱国主义精神。

第一步,通过具体数据让学生了解我国面临的养老压力,图1、图2分别展示新中国成立至2020年我国总和生育率和平均预期寿命变化,同时授课团队完成对少儿抚养比、老年抚养比和总抚养比的预测(图3)。通过图表展示和授课向学生强调,21世纪我国需要赡养全球最多的老年人,且老龄化速度不断加快,2000年到2010年65岁以上的老年人比重从7.0%增至8.9%,增加1.9个百分点,而2020年达到13.5%,十年增加4.6个百分点。

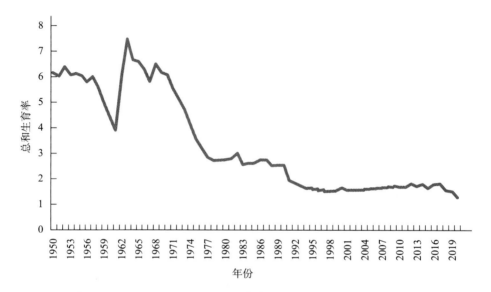

图1　1950—2020年我国总和生育率

资料来源:世界银行。

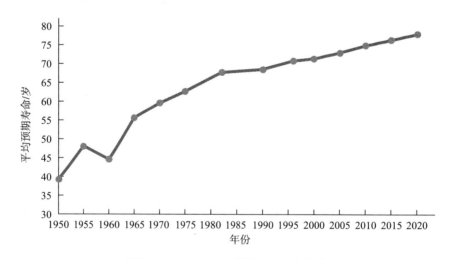

图2　1950—2020年我国平均预期寿命

资料来源:1982—2020年平均预期寿命数据来源于全国人口普查数据,其余年份数据来源于世界银行。

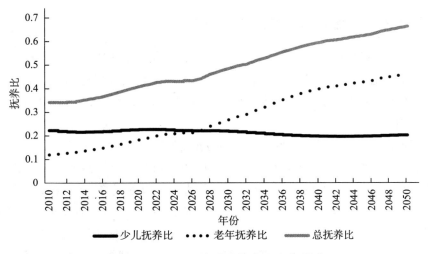

图 3　2010—2050 年我国抚养比变化预测

资料来源：抚养比数据是教师利用队列要素法，基于第六次全国人口普查数据进行人口预测计算得到的。

第二步，讲授我国基本养老保险改革的过程。通过讲授，引导学生在学习中体会，作为人口大国和人口老龄化速度最快的国家，我国始终以提高人民生活水平为目标，不断对自己的社会保险体系进行完善，增强学生的自豪感和制度自信。

以讲授农村医疗保险的改革和发展为例。教学思政目标为向学生讲解我国农村医疗保险的发展历程，在政策分析中让学生理解只要我们坚持全心全意为人民服务，即使改革过程中有阻力，我们也会根据中国的国情不断进行创新，从历史中总结经验，对体系进行完善。

首先，通过政策梳理，让学生总结传统农村合作医疗制度存在的基础。新中国成立初期我国着手在农村地区建立农村合作医疗体系，1978年世界银行和世界卫生组织把我国农村的合作医疗称为"发展中国家解决卫生经费的唯一典范"。改革开放后，由于家庭联产承包责任制的推行，合作医疗保险的合作基础消失，到1986年我国农村合作医疗保险的参保率降为4.8%。1997年我国以自愿参加为原则，保险费用支付以个人支付为主重建合作医疗制度，但未取得好的效果，1998年合作医疗保险的参保率仅为6.5%。我们从这段改革历程中可以总结出，集体经济是合作医疗可以良好运行的重要基础。

其次，讲授新型农村合作医疗制度建立的过程。2003年我国开始试点建立新型农村合作医疗保险体系，吸取了新中国成立后合作医疗的合作优点，并总结20世纪90年代重建合作医疗制度失败的经验。新型农村合作医疗制度由政府组织、引导和支持，农民自愿参加，个人、集体和政府多方筹资。2016年，考虑到人口的流动性，新型农村合作医疗保险和城镇居民医疗保险体系被整合为城乡居民医疗保险体系，覆盖人口达10.28亿，做到了"应保尽保"，基本医疗保险参保率稳定在95%。

（二）我国养老保险的全国统筹（案例2）

《纲要》指出，要"引导学生了解世情国情党情民情，增强对党的创新理论的政治认同、思想认同、情感认同"。我国在七十多年的社会保险创新发展中形成了自己的特色和模式，授课教师在讲授中注重引导学生发现和理解社会保险模式中的中国创新，将知识传授与价值引领有机统一。

以我国养老保险的全国统筹为例。我国的养老保险制度在"文化大革命"之后变为"单位保险"，统筹层次低，抗风险能力差。1986年起，我国开始着手提高养老保险的统筹层次，但由于地区间经济发展差距的拉大，统筹层次一直未能有效提高，真正意义上的省级统筹没有实现。如图4、图5所示，授课团队计算2021年我国各省份养老保险缴费率和基金结余的关系，并配合各省份抚养比的数据让学生理解全国统筹的难点所在，同时计算2020年我国基本养老金和人口迁移之间的关系，如图6所示，让学生理解全国统筹的必要性。2018年我国开始实施养老保险基金中央调剂制度，这是中国针对自己的财政体制和养老保险制度特点提出的新举措，各省份按照本省份的平均工资和在职应参保人数上解一定比例，中央按照各省份离退休人数和全国统一的人均拨付额进行拨付。这样就能有效实现资金在地区间的横向均衡，迈出养老保险全国统筹的一步。在讲授中，授课团队注重对中央调剂制度的讲解，也引导学生根据各省份的财政收入、缴费充足率情况对中央调剂制度进行数据分析，并鼓励学生构建简单的经济学模型对中央调剂制度的效果进行分析。

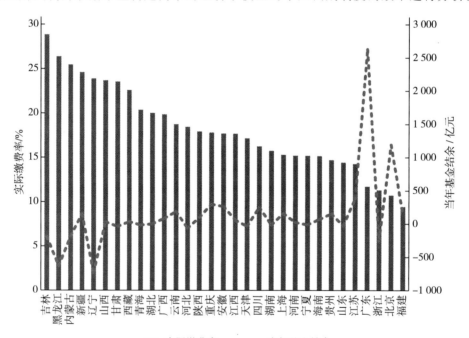

图4　2021年我国各省份基本养老保险实际缴费率与当年基金结余

注：实际缴费率＝养老保险基金收入/（在岗职工平均工资×在职参保人数），各项数据均来源于《中国统计年鉴2022》。

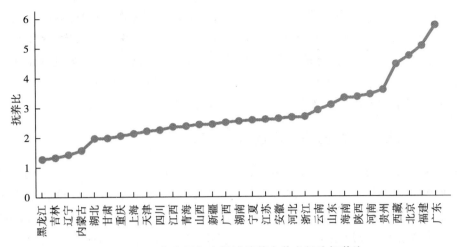

图 5　2021 年我国各省份城镇基本养老保险抚养比

注：抚养比＝参保职工人数/参保离退休人数，各项数据均来源于《中国统计年鉴 2022》。

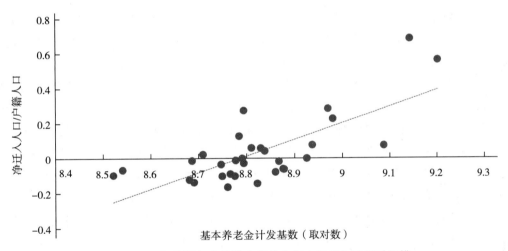

图 6　2020 年我国各省份基本养老金与人口迁入的相对规模

资料来源：各省份城镇企业职工基本养老金数据均来自各省（自治区、直辖市）财政厅（局）、人社厅（局）官网，净迁入人口和户籍人口数据来自第七次全国人口普查。

课程不断引导学生思考西方经济学理论与中国现实的差别，理解马克思列宁主义与中国革命和建设具体实践相结合的伟大意义，吃透"将论文写在祖国的大地上"的深刻含义，提高学生批判性思维能力，培养其创新精神，把批判性地吸收西方理论的营养与中国特色社会主义新的发展阶段相结合。世代交叠模型是分析社会保险问题最常用的框架，作为动态模拟多代的经济学框架，对分析中国社会保险的改革也有指导意义。我国有城职保和城居保两大社会保险体系，城职保缴费水平和待遇程度都较高。从中短期看，我国社会保险的参保同时采用户籍标准和常住地标准，农民工既可以参加城居保，也可以参加城职保，作为我国城镇化的排头兵，农民工是减少我国城乡差异的突破口。因此，授课教师在讲授中引导学生思考在坚持效率优先、兼顾公平的前提下，采用世代交叠模型的思路,科学结合中国的现实情况,建立更符合中国现实的两部门模型。

党的二十大报告指出,完善基本养老保险全国统筹制度,发展多层次、多支柱养老保险体系。课程引导学生关注党的二十大报告,了解我国国民经济和社会发展第十四个五年规划和2035年远景目标纲要一致,我党在社会保障建设方面方向明确、思路清晰并且一脉相承,同时引发学生在养老保险全国统筹问题上的持续思考和创新。

(三)中国社会保险的现实问题(案例3)

《纲要》指出,对于经济学、管理学、法学类专业课程,要"引导学生深入社会实践、关注现实问题,培育学生经世济民、诚信服务、德法兼修的职业素养"。理论联系实际是中国共产党人的优良作风之一,实践是检验真理的唯一标准,习近平总书记也曾指出"要坚持理论联系实际的马克思主义学风"。作为应用基础研究,授课团队在社会保险教学中注重采用多种教学手段,引导学生深入实践,关注和解决中国问题,注重教学方式的混合性和针对性。具体形式如下:

第一,要求学生自由组成4~6人的小组,以中国社会保险的现实问题为议题,完成小组论文。为提高论文的质量,第二周起教师与各组学生沟通选题,对学生的选题进行甄别和指导,并要求学生在第八周提交开题报告,在第十六周进行论文陈述和讨论,在学生完成论文的全过程对研究方法和数据处理进行指导。通过发放问卷和实地调研相结合的方式进行研究,学生对社会保险的现实问题深入了解,将"读万卷书"与"行万里路"相结合,注重学思结合、知行统一,将所学专业课程与体现政治认同、家国情怀、使命担当、创新精神、劳动精神的思政实践相结合,并完成很多调研报告和学生论文。例如,为了对农民工的社会保险问题有深入了解,学生对在北大及北大周边的餐饮、零售、土建、居民服务等行业工作的农民工进行抽样调查,并完成《针对北京市农民工医疗保险参保率的调查研究报告》《北京市外来务工人员生育保险问题研究》等;为了解各地医疗保险政策的差异和执行情况,学生在自己的家乡进行调研和访谈,完成《关于医保卡资金使用的探讨》《医疗保险、户籍制度与医疗服务利用》等;另有很多学生对社会保险的议题感兴趣,以此为基础完成了本科生科研训练项目报告,如《对银川市医疗保险分值付费制度改革的调研和分析》《中国医疗浪费测算与评价》等。

第二,为了引导学生深入实践、关心中国现实问题,课程选取中国重要的现实问题,组织学生进行讨论和辩论,促使学生搜索文献和资料,积极思考,更好地理解中国的社会保险政策。例如,课程以"是否应该实行名义账户制"为题,组织学生进行辩论。此次辩论的教学安排如下:

教学思政目标为通过辩论使学生理解影响养老保险基金筹集模式选择的因素,关注中国国情,学会基于中国现实、结合经济学理论分析问题。

课前,将学生分成两组,查找我国人口增长率、劳动生产率增长率和资本市场收益率以及反映我国财政收支压力的数据,并基于课上讲的理论知识,精心提炼自己的观点。

课中,辩论前教师对学生的论据有基本预判:不同意实施名义账户制一组的论据可能包括人口老龄化压力和经济不可能持续保持超高速增长事实,而资本市场提供的收益率可能会超过人口增长率和劳动生产率增长率之和;同意实施名义账户制一组的论据可能包括资本市场的风险以及我国财政收支的现实压力。在组织学生进行辩论时,教师注意引导学生思考影响养老保险基金筹集模式的艾伦条件,思考人口和资本市场环境变化的影响。图 7 为学生辩论场景。

课后,通过辩论,各小组学生整理文献和数据,形成完整的辩论论据和论点,并通过辩论理解社会保险的改革不是基于白纸行文,应学会站在不同视角去思考社会保险问题。是否实施名义账户制是个影响深远的话题,辩论过程引发学生对此话题的关注,课后学生随着财政形势和人口政策的变化也在持续地对此话题进行跟踪研究。

图 7　学生辩论

课程也选取"是否应该提高发达地区的缴费充足率"和"医疗保险是否应该实行全国统筹"等话题,组织学生进行讨论和辩论,这种活动可以增强学生关注现实问题的主动性,促使其对我国的社会保险问题进行深入思考。

第三,利用信息技术实现社会保险基金收支预测的教学,引导学生关注各地社会保险基金收支的现状,为社会保险的研究打下数据基础。党的十八大以来,我国教育信息化已由 1.0 阶段步入 2.0 阶段,《教育信息化 2.0 行动计划》要求从提升学生信息技术应用能力向提升信息技术素养转变。信息技术的进步使得课堂教学方式由单纯的板书讲授变为可以利用软件进行教学。如果社会保险的教学只拘泥于政策讲解,学生就很容易觉得枯燥,课程的挑战性也不够。对社会保险基金的收支预测是社会保险领域研究的数据基础,随着信息技术的发展和大数据应用的日益普及,对养老保险和医疗保险的长期预测成为可能。为提高学生运用信息技术从事科学研究的素养和大数据处理能力,课程讲授人口预测、养老保险和医疗保险预测方法和数据需求,采用 MATLAB 工具软件进行人口、养老保险和医疗保险收支预测的具体操作。根据学生的籍贯,组织学生分组搜集本省人口、养老保险和医疗保险基础数据,指导学生完成本省人口预测、养老保险和医疗保险基金收支预测。通过将社会保险基金收支预测纳入社会保险课程的讲授,并利用在线手段进行指导,使学生对我国各地的人口变迁、社会保险基金收支状况和影响因素有更直观的体会,引导学生关注我国各地社会保险基金收支的具体实践,为学生分析社会保险问题打下数据基础,也增加课程的挑战性,培养学生的数据处理能力和探索精神。

四、课程评价

北京大学经济学院从2007年起开设社会保险课程,不断丰富课程内容,不断创新教学方法。社会保险课程内容注重价值观引导,使学生坚定"四个自信",积极引导学生发现中国经济改革和实践当中的中国模式创新,并在此基础上思考理论创新。开课以来,社会保险课程取得了很好的教学效果,激发了学生的科研兴趣,授课团队多次指导学生以社会保险领域话题完成本科科研训练项目,部分科研项目获评北京大学优秀本科科研项目,为学生以后的科研或实践工作打下很好的基础。

授课团队的蒋云赟教授完成了课程思政的教学论文,发表于《中国大学教学》,并多次受邀在课程思政建设研讨会上分享社会保险课程思政建设经验。蒋云赟教授于2020年12月应邀在南开大学举办的高校课程思政建设研讨会上作专题发言《思政建设在"社会保险"中的思考和实践》;2021年3月应邀在教育部八个教学指导委员会共同主办、清华大学承办的高校课程思政建设系列专题研讨会首场会议上作专题发言《经济学专业课程思政建设的思考与实践——以社会保险为例》;2021年5月应中国高等教育学会邀请,在第56届高等教育博览会"第三届中国大学课程教材报告论坛"作专题发言《课程思政建设的思考与实践》。授课团队的锁凌燕教授专注于经济学专业的课程思政建设,课程思政项目获北京市高等教育教学成果奖一等奖。

学生反馈社会保险课程讲解深入浅出,让原本晦涩枯燥的经济学理论和制度模式"活"了起来。除理论知识外,社会保险的课堂总能让学生感受到通财善政的底气、济世爱民的情怀、心怀天下的格局。结合非常有实践意义的综合性大作业,学生能够明白社会保险领域制度建设的重要性和应有方向。

五、总结与思考

课程思政是课程的灵魂,也是一种教学方法,但课程思政的建设不能脱离专业知识而单独存在。课程思政建设对专业课教师提出了更高要求,专业课教师不仅需要完成专业知识的传授,更要进行价值观的引领。专业课教师应基于课程建设目标,凝练课程思政元素,遴选课程知识点,构建课程知识体系,完成立德树人的根本任务。

授课团队将进一步对现有教学内容、教学方法等进行完善,优化课程思政育人目标,修订教学方案,健全评价体系。课程思政建设是一个长期工程,深化课程思政需要价值观的培养和整个专业课知识体系的完善。在我国社会保险领域有很多实践创新,如何在习近平新时代中国特色社会主义思想的指导下,把实践创新总结为一套系统的理论创新,并在以后的教学中加以应用,是授课团队需要不断思考和实践的工作。授课团队将继续关注社会保险领域的新研究,跟踪并把适合中国实际的内容引进课堂,为学生研究相关问题打下扎实基础,提高课程的高阶性和创新性,培养学生的创新思维和能力。授课团队也将继续基于中国实践,构建适合中国社会保险研究的理论框架,并持续在教学中进行探索和应用。

风险评估与管理

一、课程概况

（一）课程信息

风险评估与管理课程为北京大学经济学院保险专业面向一年级硕士开设的专业必修课，适用学时为 32 学时。

（二）课程简介

人类正处在一个典型的风险社会之中，对风险的管理是可持续发展的基石，无论是个人、家庭，还是企业、政府，风险都是影响其决策行为的重要因素。本课程讲授风险评估与管理的原理以及在实务中的应用，具体包括：风险管理的发展、风险的发生与传导、风险评估模型、风险管理体系的设计和运行、风险管理措施的应用等。

课程特色和创新之处包括如下四个方面：

课堂讲授环节：全面立体分析风险，培养学生的政治认同、家国情怀、文化素养、全球视野，促使学生建立社会主义核心价值观。

案例讨论环节：通过真实事件的讲述与讨论，引导学生认识社会主义制度的优越性，重视职业操守。

实证复现环节：让学生在实际数据的分析与解读中体会专业价值，树立未来在实践中努力为行业的可持续发展做好风险管理的职业理想。

专家讲座环节：通过优秀行业专家的现身说法，激发学生的经世济民情怀，培养学生高度的使命感、责任感，对其未来响应时代号召、担当改革重任起到促进作用。

（三）授课教师简介

刘新立，理学博士，北京大学经济学院副教授，北京大学中国保险与社会保障研究中心副主任，曾获北京大学教学优秀奖（2017 年）、曹凤岐金融发展基金会金融教学优秀奖（2019 年）。

二、课程育人目标

本课程作为北京大学经济学院保险专业硕士在第一学期的专业必修课,立足于结合学科特色讲好中国故事,落实立德树人的宗旨,紧密联系实践发展,融合思政元素,针对当前日益复杂的国内外经济社会环境中的不确定性,学习如何对经济社会发展过程中显现的重大风险进行评估与管理。教学目标为培养具有坚定中国特色社会主义信念、较强风险管理专业能力和职业素养的高层次、复合型、创新型、国际化人才。具体包括如下三方面:

第一,树立科学的世界观和方法论。本课程鼓励学生充分利用北京大学作为综合性大学在社会科学、自然科学和人文科学等领域的多学科优势,夯实基础,拓宽视野,关注前沿,兼容并蓄,从综合全面的视角分析、理解风险与风险管理。

第二,培养坚定的职业道德与社会主义核心价值观。引导学生站在中国改革开放的大背景下,结合案例思考风险评估与管理在经济社会发展中的作用,正面案例注重榜样引领,反面案例强化底线意识。通过对国内外经济社会风险管理案例的深入分析,引导学生思考风险形成的制度、文化、环境等多元化背景,培养学生良好的职业道德,促使学生建立社会主义核心价值观。

第三,提高风险评估与管理的专业能力。力争将基本原理与实务应用相结合,通过典型风险场景,对风险评估与管理的适应性与运用方法进行讲授与讨论,使学生增强风险意识和风险敏感度,提高运用风险评估技术分析实际问题的能力,掌握风险管理措施的应用。

三、课程思政案例

(一) 金融危机(案例1)

授课教师积极开展启发式、参与式教学,采用专题研讨等形式,吸引学生参与到课堂教学活动中,在情境中学、在讨论分析中学,提升学生获得感,引导学生运用专业知识剖析行业焦点问题,引导学生增强制度自信。在风险管理价值教学部分,针对美国金融危机的教训提出问题,指导学生搜集相关素材,分析"金融危机是否意味着风险管理的失败"。通过层层剖析,学生能够认识到美国监管制度存在的问题;再结合中国金融监管制度不断推陈出新的政策以及穿透式监管的思想内涵,学生能够对中国防范化解系统性金融风险的政策加深理解,切身且深入地感受到制度自信。

1. 金融危机的传导过程

由于互联网泡沫破灭和"9·11"事件,美联储大幅降低利率以维持经济增长,利率最低时达1%。低利率使得投资者寻求传统投资之外投资回报率更高的品种,也使得投资银行能够用更低的利率借入资金,加大杠杆。市场上的五个主体——购房者、房贷机构、投资银行、保险公司、投资者通过这样一个链条连接起来:有购房需求的家庭(购房者)找到房贷机构,房贷机构为申请房贷的家庭提供贷款,同时把贷款包装成抵押支持债券(Mortgage-Backed Security,MBS)卖给投资银行;投资银行通过借入低利率的资金购买大量房贷,包装成债务抵押债券(Collateralized Debt Obligation,CDO)。将CDO根据还贷人的偿债能力进行分层,对于顶层的CDO,即最高风险的层级,投资银行再为其购买信用违约互换(Credit Default Swap,CDS),即债券发生违约时由互换的出售方——保险公司赔付损失。通过CDS,顶层CDO的信用评级得以提升。不同层级的CDO可以出售给不同风险偏好的投资者。上述市场运行机制如图1所示。

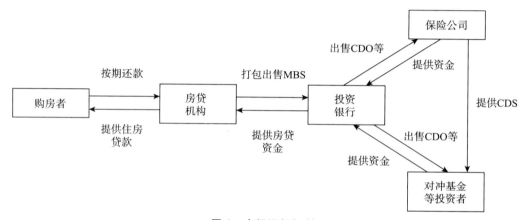

图1 市场运行机制

但是对于利润的追求使得运行机制发生了变化。投资者对CDO的收益率很满意,希望从投资银行处购买更多产品,投资银行希望从房贷机构处购买更多房贷,但有需求的购房者都已经得到贷款,此时房贷机构想到向信用等级相对较差的购房者提供房贷即次级贷款(下称"次贷")。如果出现断供,由于房价一直在上涨,房贷机构可以收回房屋并出售,因此房价的上涨实际上已经覆盖了断供的风险。于是,次贷开始进入这个链条。对于房贷机构、投资银行和投资者而言,如果发生断供,只要风险已经转移给下家,就可以保证自己的收益。

2000—2004年,美国连续25次降息,联邦基金利率从6.5%一路降至1%,低利率和房价的飙升编织出一幅美好的图景,巨大的诱惑使次贷市场快速膨胀。但是,2004—2006年,为防止市场消费过热,美联储先后17次加息,使利率从1%提高到5.25%。由于利率传导到市场往往有一些滞后,2006年美国次贷规模仍有上升,但加息效应逐渐显现,房地产泡沫开始破灭,房价下跌。次贷采用浮动利率,每年贷款利率将根据基准利率进行调整,基准利率上升,贷款利率也相应上升。而次贷贷款人都是低收入者,此时他们无力偿还房贷,只好不要房子。房贷机构收不回贷款,只能收回贷款人的房子,可收回的房子不仅卖不掉,还不断贬值。从2007年2月开始,美国一些次贷企业开始暴露问题,随后,投资银行、对冲基金等投资者发布巨额亏损报告,保险公司也出现大量亏损,股市大跌,无法偿还房贷的购房者持续增多。最终,美国次贷危机爆发,进而引发美国金融危机。

2. 金融危机是不是风险管理的失败

金融危机在风险管理制度最先进、最完善的美国爆发,是否意味着风险管理的失败?如果从流程的角度出发,将风险管理粗略地分为"识别风险——评估风险——应对风险"三个阶段,那么我们需要回答以下问题:在识别风险的过程中是否忽视风险?评估风险是否准确?是否持续监控并及时应对风险?经过分析发现,在金融危机中,企业存在忽视风险和错误评估风险的行为,因此金融危机爆发意味着风险管理的失败。

容易被忽视的风险主要包括以下几项:

(1) 信用违约风险

银行的表内外资产可分为银行账户资产和交易账户资产两大类,银行账户资产的风险主要是信用风险,交易账户资产的风险主要是以利率、汇率等变化为特点的市场风险。

金融机构投资的证券化产品基本上列入了交易账户资产,银行对交易账户资产的风险管理以市场风险为主。但必须看到,证券化产品的基础资产是信贷资产,证券化后的信贷资产在市场上不断被打包、交易,从而将信用违约风险带进交易账户资产,使得交易账户资产风险从原本单纯的市场风险发展到集市场风险、信用风险、操作风险和流动性风险于一体的综合性风险,金融创新增强了风险之间的相关性,进而产生叠加效应。然而在现实中,金融机构往往对交易账户资产中蕴含的信用违约风险关注不足。

(2) 流动性风险

流动性风险对银行的影响是即时和突然的,它主要表现为三个方面:一是短期资产价值不足以应对短期负债偿还和未预料到的资金外流;二是筹款困难;三是流动性极度不足。客观地讲,在这次金融危机中,一些发生问题的金融机构,其资本充足率并没有明显低于8%的监管要求比例,有的还高于8%。如果各类金融机构都遵守这一监管要求,资本充足率不低于8%,即12.5倍的杠杆率,那么金融资产膨胀就不会漫无边际。但是这些机构的流动性仍然出现了问题,最终导致自身破产或被收购、政府托管。因此,如何建立科学完善的流动性风险管理机制、加强流动性风险管理,是全球金融机构所要面临的重要课题。

3. 错误评估风险

错误评估风险主要涉及以下几个方面:

(1) 信用风险模型存在偏差

金融机构管理信用风险需要参照市场数据、信用评级等信息构建模型。如果信用评级本身就高估了债券的信用情况,那么金融机构的信用风险模型也会和现实有偏差。模型还会用到贷款违约的历史数据,如果这些数据来自同一个上升的经济周期,就容易低估违约风险。在房产价格会不断上升的预期之下,金融机构就会低估贷款衍生产品的风险。

（2）对资产证券化产品未进行充分风险评估

作为信用衍生产品的次级债券经过多次分拆、打包、分层后,其基础资产的风险特征会越来越模糊和不透明,尽管银行对传统信贷业务的风险识别和评估方式已较为成熟,但对新业务的风险计量能力相对薄弱。同时我们也必须看到风险评估涉及模型假设前提、资产价格波动的分布假定、输入变量选择等很多复杂问题,这些问题都给新业务的风险评估带来很大的难度和不确定性。

（3）压力测试存在问题

由于CDO等证券化产品的市场交易历史太短,缺少充足数据建立压力测试模型,常规工具不足以对其风险进行准确定性和定量评估,同时,还有很多创新产品未经过压力测试,因此它们之间在压力状态下的相互关系、流动性很不确定。

虽然金融危机证明了企业风险管理的失败,但如此大规模的系统性风险是否能够通过个体企业的风险管理进行分散仍然需要进一步的探讨。如果不能,那么监管机构在风险管理中应该发挥什么作用？此外,从金融危机的传导过程中可以发现,在次贷被引入之前,CDO产品实际上提高了整个金融系统的效率,满足了各市场主体的需要,但如果进行严格监管,类似的创新行为可能会被阻止。面对现今社会和科技的快速变迁,严格按制度办事有时并不是最好的风险管理手段,反而容易在新技术、新模式的冲击下面临淘汰。在这个时代,我们应该如何把握合规和创新的边界？这些都是在案例之外需要我们进一步思考的问题。

4. 金融危机的根源之一:美国金融监管制度的失误

在技术原因的背后,金融危机的根源在于美国金融监管制度的失误。金融危机爆发前,美国采取的是"双重多头"监管体系,双重是指联邦和各州均有金融监管的权力,多头是指多个部门负有监管职责,如美联储、财政部等。艾伦·格林斯潘(Alan Greenspan)认为"几个监管者比一个好",他相信多个监管者同时存在可以保证金融市场享有金融创新所必需的充分民主与自由,同时,可以使得每一个监管者形成专业化的比较优势,它们之间的竞争可以形成权力的制衡。不可否认,这种监管体系曾是美国金融业发展繁荣的基础,然而,随着金融全球化的发展及金融机构综合化经营的不断推进,双重多头的监管体系出现越来越多的"真空",使一些风险极高的金融衍生品成为"漏网之鱼",这种真空包括:①各部门、各产品的监管标准不统一,同时,监管盲点也屡见不鲜,像CDO、CDS这样的金融衍生品,到底该由美联储还是证券交易委员会来监管就没有明确规定,以至于出现监管真空,即监管领域的重叠和空白同时存在;②在追求监管准确性的同时牺牲监管效率,规则描述过于细致,使每一次监管过程都显得冗长,监管对于市场的反应太慢且滞后,没有任何一个机构能够得到足够的法律授权来负责整个金融市场和金融体系的风险,风险无法得到全方位控制,最佳监管时机往往因为等待批准而被错过,最终造成金融动荡。

金融危机暴露出的美国在金融监管方面的主要教训包括两点:①任何一个国家的监管体制必须与其经济金融的发展与开放阶段相适应,无论如何选择监管体制,必须做到风险全覆盖,不能在整个金融产品和服务的生产和创新链条上有丝毫的空白和真空,要最大限度地减少金融市场不断发展带来的信息不对称问题;②在现代金融体系里,无论风险管理手段多么先进、体系多么完善的金融机构,都不能避免因为机构内部因素或者市场外部变化而遭受风险事件的影响,这是由现代金融市场和金融机构的高杠杆率、高关联度、高不对称性所决定的,现代金融体系内风险的产生和传递完全呈现出新的特征。从这个意义上来说,以格林斯潘为代表的一代美国金融家拥戴的"最少的监管就是最好的监管"的典型自由市场经济思想和主张是存在缺陷的。

5. 我国的系统性金融风险防范与金融监管

党的十八大以来,我国高度重视防范化解系统性金融风险,在监管方面的做法包括:

加强金融监管协调机制,对监管套利加以抑制。国务院于2017年11月成立金融稳定发展委员会,以加强金融监管协调机制,提升金融监管的有效性。协调机制的落实强化了金融监管的跨部门合作,降低了沟通成本,不仅可以抑制基于监管套利的金融创新,还可以提高对系统性金融风险的防范能力。金融监管协调机制的加强,可以解决监管空白和监管重叠并存问题,提高监管政策间的标准衔接性和一致性,防范基于监管套利的金融创新产生跨行业风险。

实行穿透式监管,对脱实向虚加以抑制。2018年4月,中国人民银行、中国银行保险监督管理委员会(下称"银保监会")、中国证券监督管理委员会、国家外汇管理局联合发布《关于规范金融机构资产管理业务的指导意见》,统一基础规章和配套细则。资管新规的推出,对于产品多层嵌套、期限错配、高杠杆、资金池模式、在底层资产模糊等无序创新加以根本性抑制,对通道业务、非标业务也加强了管理。通过在微观层面实行穿透式监管,对影子银行进行有效拆解,对金融脱实向虚现象加以抑制。

完善多方面制度,鼓励金融创新,促进经济健康发展。在风险防范的基础上,引导金融创新良性发展,具体包括:通过注册发行制度的进一步优化升级,健全发行人分类分级机制,完善信息披露,推进市场自律管理改革深化;进一步优化交易监管,完善交易所防控市场风险和维护交易秩序的手段措施;完善商业银行资本工具创新相关制度,支持商业银行补充资本更好服务实体经济;出台金融科技发展顶层设计,2019年8月中国人民银行发布《金融科技(FinTech)发展规划(2019—2021年)》,从智能合约、人工智能、大数据、支付、产品信息披露等方面对金融科技发展作出统一规划,使金融科技创新更加高效地促进实体经济发展。

(二)包商银行破产(案例2)

本课程坚持立德树人原则,强调行业道德准则和规范,将对学生思想品德和价值观的培育融入大量案例讨论中,正面案例注重榜样引领,反面案例强化底线意识。在操作风险主题的讲授中,分析讨论"包商银行破产"案例,按照业务、高管、内控、审计、监管等逐级递进的层次,深入分析包商银行破产的原因,通过对庭审现场、中纪委公告、案件责任人反省自述等进行触目惊心的图片、文字展示,使学生深刻体会职业操守及底线意识的重要性。

1. 包商银行破产经过

2017年5月,专案组介入"明天系"案件后发现,包商银行自2005年以来仅大股东占款就累计超过1 500亿元,且每年利息多达上百亿元,长期无法还本付息,资不抵债的严重程度超出想象。在此后的两年时间里,明天集团和包商银行开展自救,用尽一切手段,四处融资防范挤兑,直到2019年5月被依法接管。

2020年11月17日,包商银行以无法清偿到期债务且资产不足以清偿全部债务为由申请破产清算。

2020年11月23日,银保监会同意包商银行进入破产程序,与此同时,北京第一中级人民法院(下称"北京一中院")在2020年11月23日裁定受理。

2021年1月12日,包商银行破产清算案第一次债权人会议召开,审议通过《债务人财产管理方案》《关于第一次债权人会议召开后书面召开会议、表决及书面核查债权的议案》两项议案。743家债权人全部参会,无人提出重整申请。

2021年2月3日,包商银行管理人向北京一中院提出申请。包商银行在破产清算申请前已无任何生产经营,也无任何在职人员,除继续履行合同项下的相关工作外,也无其他业务,其实际资产价值较审计报告记载情况进一步降低。因此,包商银行已明显资不抵债且无实际清偿能力。

2021年2月4日,法院对存款保险基金管理有限责任公司等728家债权人的729笔无争议债权确权,3天后,北京一中院出具民事裁定书,裁定包商银行破产。

2. 包商银行业务指标持续恶化,早已预示其经营风险

以资本充足率为例,如图2所示,截至2017年第三季度末,包商银行资本充足率为9.5%,已无法满足10.5%的监管要求;核心一级资本充足率为7.4%,也低于7.5%的监管要求。

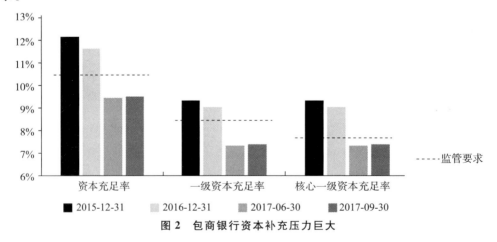

图2 包商银行资本补充压力巨大

3. 破产原因

(1) 风险管控职能失效

董事会在公司法人治理结构中处于核心地位,应履行包括战略管理、风险管理、资本

管理、内部控制在内的关键职能,但包商银行董事会各项运作机制形同虚设,不合规、不合法的企业文化盛行。尽管包商银行董事会下设9个专业委员会,但2011年以来,董事会通过关联交易控制委员会、业务经营委员会等,对多项关联交易作出不当决策,实际上为大股东明天集团进行利益输送起到"助力"作用。在2015年12月二级资本债募集说明书中披露的董事会名单里,有相当数量的董事并不参与决策,对重大违规决策也不提出反对意见,只拿钱不尽责,甚至凭借特殊关系和名气替人"站岗放哨"、站台背书。

包商银行实行事业部制,总行风险管理部门既无在总行层面的决策权或"一票否决权",也无权对全行风险管理工作实施垂直领导,风险管理部门的制衡和专业判断作用完全丧失。总行管理部门常以业务信息保密为借口,阻碍审计项目开展,导致内部审计部门难以履职。明天系和董事长的所谓特殊业务对内部审计保密,不允许审计,审计监督完全失效;管理层对审计检查发现的其他问题也不予回应,间接地为"内部人控制"和"大股东控制"提供滋生土壤。

(2) 内部监督体系失灵

监事会是对公司业务状况和财务状况进行监督检查的重要组织机关,是对执行董事和管理层进行监督的主要力量,其宗旨是维护股东、债权人、员工等利益相关者的合法权益,防范和减少会计信息失真。包商银行的7名监事(1名股东监事、4名职工监事和2名外部监事)中,4名职工监事均为包商银行中高层管理者,双重身份导致职工监事很大程度上必须听命于董事会或管理层;部分监事缺乏必要的专业知识和能力,难以很好地履行职责;监事会没有配备具有财务专业背景的监事。

至接管前,包商银行通过"绿色通道"和"特事特办"审批的关联方贷款,其不良贷款率高达98%;有些关联交易由管理层集体决议,凭行务会议纪要放款,甚至有些关联交易仅凭盖有领导印鉴的特别贷款审批单便可放款;有些领导干部在职务任免、绩效考核、薪酬调整、集中采购等重大事项中任性用权,干部任免不经组织考察,绩效考核、薪酬调整凭关系、凭领导个人喜好,大额采购不经招标和集体研究,领导凌驾于制度之上。

(3) 外部监督体系甘于"监管捕获"

部分甘于被"围猎"的地方监管高官不仅收受贿赂,还插手包商银行内部人事任命和工程承揽等事务;有些关系人通过自己控制的公司从包商银行骗取巨额贷款,通过自办的律师事务所从包商银行获取高额律师服务费。

4. 启示

(1) 银行应不断探索完善服务实体经济模式

我国中小型银行数量多、规模小,主要客户集中于民营及小微企业。相比于大型银行,中小型银行深耕地方、渠道下沉,具有支持民营及小微企业的基因和优势。但部分中小型银行经营风格较为激进,定位不清晰,经营管理理念、战略规划及科技实力较弱。过去在金融监管较为宽松的环境下,中小型银行实现了规模的快速扩张,但近年来随着金融去杠杆与严监管持续推进,部分经营管理能力较弱的中小型银行面临的信用风险增加,在公司治理、盈利能力、资产质量、资本充足水平方面的问题逐渐暴露。

坚持和发展中国特色社会主义是党的二十大精神的核心思想之一，银行业应始终坚持这一方向，在发展过程中不断探索和完善服务实体经济、服务小微企业的金融模式，为推动中国特色社会主义经济发展贡献力量。

（2）银行应坚持创新推动发展

中小型银行应争取充分利用网络技术、大数据、云计算和人工智能等手段，提升金融服务效率及风险识别能力，改善过去存在的信息不对称问题。在金融科技领域，中小型银行面临 IT 系统遗留问题和改造成本较少情况，可以根据当前和未来需要更新 IT 系统及数据体系，比大型银行更加灵活。包商银行如果有一套完备的 IT 系统，其风险或许能被更早发现。党的二十大报告提出创新是第一动力。银行业应注重技术创新，不断优化金融产品和服务，提升服务质量和效率，为客户提供更加优质、高效、智能化的金融服务。

（三）风险分析实证（案例 3）

对风险及其影响机制进行分析，有助于进行有效的风险管理。本课程在方法论模块选择若干有代表性的文献，引导学生在典型场景及问题中收集数据，对文献进行复现，并进一步思考、拓展与讨论。从数据清洗开始，逐步理解文献模型、编写代码、对实证结果进行分析对比，通过完整流程的实际操作，提高学生在风险分析领域的专业能力。

例如，2014 年 3 月，我国债券市场发生"11 超日债"违约事件，自此债券违约现象不断出现，债务违约成为企业运行过程中的重大破坏性事件，不仅会对公司本身、上下游产业链产生负面冲击，也会危害地区金融安全。有研究指出，企业的违约风险与资产价值的绝对值密切相关，而在金融资产配置方面，2007—2016 年，我国上市公司持有的金融资产平均规模迅速扩大，企业的金融资产投资占比持续升高，这是否会对违约风险产生影响？针对这一典型问题，课程引导学生进行实证分析，所用模型来源于邓路、刘欢、侯粲然发表于《金融研究》2020 年第 7 期的论文《金融资产配置与违约风险：蓄水池效应，还是逐利效应？》

1. 文献复现

（1）对问题的理论背景与假说进行综述与理解

引导学生对影响企业违约风险的主要因素的相关文献进行梳理总结，明确目标论文的假说。

假说 1：金融资产配置能够通过缓解企业代理冲突降低违约风险，金融资产配置的"蓄水池效应"占主导地位。

假说 2：在货币政策宽松时期，企业更容易获取银行借款，从而导致企业现金流大幅增加，管理层有动机为了追求短期经济效益而将冗余资金投向高收益高风险的项目，这不仅会危害主业竞争优势，还将导致企业整体经营风险上升，金融资产配置的"逐利效应"占主导地位。

(2) 数据收集与清洗

数据来源于 Wind 数据库及 CSMAR 数据库,指标涉及预期违约风险、产权性质、两权分离度、管理层持股比例、产业政策支持等方面,变量定义如表 1 所示。

表 1 变量及变量定义

变量符号	变量名称	变量定义
EDP	预期违约风险	采用简化违约概率对 Morton DD 模型进行近似
Fin_G	金融资产配置	本年与上年金融资产自然对数之差
SOE	产权性质	终极控制人为国有企业取 1,否则取 0
Size	公司规模	公司总资产的自然对数
CFO	经营现金流	公司经营现金流与总资产的比值
ROA	总资产收益率	公司净利润与资产总额的比值
Lev	资产负债率	公司负债总额与资产总额的比值
Wedge	两权分离度	公司控制权与所有权之差
Top1	第一大股东持股比例	公司第一大股东持股数占总股本的比例
MAN	管理层持股比例	公司管理层持股总数占总股本的比例

(3) 回归模型复现

对目标文献中的基本回归模型、引入货币政策后的模型、引入交叉项后的模型分别进行复现。回归模型如下所示:

$$Tobit(EDP_{i,t}) = \alpha_1 Fin\_G_{i,t} + \alpha_2 SOE_{i,t} + \alpha_3 Size_{i,t} + \alpha_4 CFO_{i,t} + \alpha_5 ROA_{i,t} + \alpha_6 Lev_{i,t}$$
$$+ \alpha_7 Wedge_{i,t} + \alpha_8 Top1_{i,t} + \alpha_9 MAN_{i,t} + \sum \alpha_i Year + \sum \alpha_i Industry + \varepsilon_{i,t}$$

(4) 结果解释

某些解释变量的实证结果与目标文献有所差异,引导学生从数据处理、指标选取等方面思考差异原因。

2. 分析拓展

(1) 数据清洗的注意细节

数据清洗是风险分析的基础,如果数据出现问题,结论很可能是错误的,且大多数学生更关注模型,容易忽视数据的合理性,尤其是 0 值的实际含义究竟是指标本身取 0,还是属于数据缺失。因此,在此环节要向学生强调更关注数据的含义及合理性,对异常数据要保持敏感。

在本案例中,对于金融资产配置变量,目标文献设定其为金融资产取对数后对前一年的一阶差分值,即实际需要收集 2006—2016 年的数据。但学生在实际收集数据过程中发现,在数据库中对金融机构的长期股权投资项目的披露自 2007 年开始,并无 2006 年数据;而交易性金融资产、衍生金融资产、可供出售金融资产、持有至到期投资、投资性房地产等几个项目虽然自2006年开始披露,但2006年的数据绝大部分为空值或0,和之后10年的数据相比明显不合理,若以此为基础进行计算,将导致2007年的金融资产配置指标整体偏大。

(2) 金融资产配置指标的设定

金融资产配置指标是本研究的核心解释变量,应选取何种指标对其进行评价是关键问题。目标文献选择的是同一企业每年金融资产持有量的增量。此处引导学生讨论,持有量和增量这两个指标哪个更适合用于分析对违约风险的影响。

(3) 风险形成机理的逻辑性

对于风险分析来说,最终需要解决的是风险形成的渠道与各影响因素的重要性,因此风险形成机理的逻辑性是一个重要的、值得讨论的问题。对于典型问题或具体场景下的风险分析,鼓励学生深入思考风险形成的逻辑。这类训练有助于提升学生对风险隐患的敏感性,提高其全面风险管理的能力。

在本案例中,目标文献中提出的风险形成路径为:企业金融资产配置的决策可以通过影响企业内部的代理成本,进一步影响企业违约风险。针对这一核心观点,组织学生讨论如下问题:为什么金融资产持有量与代理成本相关?与代理成本相关的是否还有其他变量,如金融资产配置的动机?代理成本高意味着管理层更有动机谋求私利,即此时管理层配置金融资产的动机为谋求私利而非促进公司长远发展;代理成本低意味着管理层更加关注公司发展与股东利益,这同样也可成为其配置金融资产的主要动机。

(4) 对异质性的进一步分析

代理成本会受到不同外部经营环境、企业文化及其他因素共同作用影响,因此,风险形成机理在不同背景下的作用强度可能会有所差异。基于环境变量的异质性分析有助于培养学生辩证分析的能力,即认识到风险是多样且多变的,不能搞"一刀切"。

在本案例中,引导学生讨论一些可能带来异质性的环境变量,如货币政策。在宽松的货币政策下,企业更容易获取外部资金,根据自由现金流假说,此时管理层有更大的动机和空间谋求私利,也就会产生更高的代理成本。在此前提下,管理层以谋求私利为动机进行金融资产配置,将资金投向高风险高收益的项目,从而增加企业违约风险,这样的环境特点促使金融资产配置对企业违约风险表现为"逐利效应"。

四、课程评价

课程整体评价较好,所有学生均认同教师责任心强、课程内容充实、教师的教学能够增强其对这门课程的兴趣。

学生对课程的部分反馈如下:

学生1:在老师讲授包商银行案例、同学们讨论保险发展等课题的过程中,我感受颇深。首先,要不忘初心,牢记使命。在经济发展的过程中,经济部门的管理者非常容易受到诱惑,如果没能坚守初心,最后不单要面临公司的破产和个人的法律制裁,还会危及整个社会。其次,经济发展与思想政治问题也是不分家的,要在探讨经济的过程中体会其中的思政问题。最后,很喜欢这种把思政教育融入生动的课题研究中的形式,不枯燥、很新颖,让我感受深刻。

学生2:老师在课上用生动丰富的案例结合现实的经验为我们介绍中国宏观经济发展过程中的风险,尤其结合新冠病毒感染疫情期间我国的经济表现、宏观调控政策等,为我们介绍基本风险、特定风险、系统性风险等及其应对方式。同时,老师还着重介绍地方政府债务风险和房价等大家都非常感兴趣的话题,并以此来讲解对于经济周期性的把控和相应流动性风险的应对,这使我第一次对中国整体宏观经济风险情况有如此系统深入的了解,也第一次站在全球视角看待中国宏观风险。对于金融风险,老师通过包商银行和中航油等案例为我们生动讲解了杠杆在金融中到底会产生怎样巨大的恐怖效应,也介绍了操作风险这一平时易被我们忽略的风险。总而言之,课程兼具详细的知识讲解和现实的价值观引领,使我们增强风险管理意识,令我受益匪浅。

学生3:风险评估与管理课程让我受益最大的是,老师在讲到宏观经济发展中的风险时,充分结合过去和当前中国的现状,如人口老龄化对经济社会风险的影响、当前的房地产政策、停产限电等,不仅让我学习到宏观经济风险的识别方法,也让我意识到我们需要时刻关注发生在中国的每一件事,以及这些事对中国宏观经济产生的影响。

学生4:刘老师的风险评估与管理是一门非常有趣的课程,比本科课程更加注重案例分析和理论体系构建,让我们能够充分了解在各失败案例中风险管理的不足,从而清晰认识到风险管理对企业的价值所在。而且刘老师的课堂鼓励发言,每一节课都引导我们思考,有很多发散思维的问题,让我们能够深度思考其中价值。

学生5:风险管理与评估这门课比较硬核,在老师的授课下,我见识到许多金融风险管理方面的案例,并且在各个小组的课堂展示中,我对国外一些经典文献与报告有所了解,课程内容非常丰富。

五、总结与思考

如何更好地将思政元素融入课程教学,是值得不断探索和思考的问题。在现有的教学内容与教学方法安排中,本课程力争做到以下方面,并将在未来继续保持与发展:

1. 思政与专业融合,引领学生思想

内容上,站在国家发展战略的高度,将思想政治理论和专业课程教育进行融合,在专业课程体系中挖掘思政教育资源,深化课程引导境界。青年是社会变革的重要力量,是未来实现中华民族伟大复兴的中坚力量,他们的思想动向值得关注。通过上述融合,课程把对青年学生的思想引领合理地安排到专业领域。

2. 理论与实践结合,引发学生思考

体系上,将思想政治理论与实务案例相结合,有助于为学生提供感性认识。通过对现实场景以及典型案例的分析,引发学生用心思考,切实认识到思政内涵的价值,从长远来看,也更有益于他们真正树立明确、积极的未来发展目标。

3. 内容与形式契合,调动学生兴趣

形式上,通过设置案例讨论和小组展示环节,调动学生对课程学习的主动性与探索意愿,通过潜移默化的思想教育,避免专业学习中的形式化以及对国家发展动态关注度的不足。

太 极 拳

一、课程概况

(一)课程信息

太极拳课程是面向北京大学本科生(男生)开设的体育必修课,共32学时。

(二)课程简介

太极拳课程紧扣立德树人根本任务,从文化、知识、实践三个维度增强学生的文化自信、培育刚健自强的民族精神、塑造强健的体魄和身心。一是以太极拳第一课堂为主渠道,讲授太极拳基本技术和理论基础,同时将课程思政延伸至第二和第三课堂,以太极拳社团、赛事、体育文化节、线上微课和慕课等为载体,积极传播太极拳的文化理念,增强中华传统文化教育,培养中国传统体育文化、传统医学与品格德行培育交互融合的科学精神。二是以太极拳运动处方为抓手,以提高学生的身心素养为核心,激发学生强健中华民族体魄的责任感。三是深入挖掘太极拳文化及思想内涵,讲好中国太极故事,激发学生思辨、追问太极拳中孕育的"和谐""大同"等文化要义,以弘扬太极精神为纽带,融合线下空间(体育场地)和线上空间(太极拳慕课、太极拳红色教育视频等),培养学生静心、谦让、和谐的为人处世之道,增强学生的爱国主义情怀和民族认同感。

太极拳课程将太极拳第一课堂与第二、三课堂太极拳思政教育相贯通,建立课内外一体化的太极拳课程思政教育生态系统。主要表现为:协同教育力量,形成太极拳思政教育总体合力,优化整体思政效能,增强思政教育效果;融合思政教育载体,打造太极拳全域思政教育生态;传承民族文化,以太极拳运动处方为引航,融合科学内涵,引导学生改变健康理念,从"治已病"转为"治未病";延伸课堂空间,教育联合生活,让太极文化与理念融入学生生活,生活无处不太极,让以太极拳为载体的中国优秀传统文化和健康理念"润物细无声"地深入北大学生心中,鼓励学生作为太极拳健康大使将太极拳文化、太极拳健康理念与方法传播进宿舍、进班级、进家庭,带动更多的人。

太极拳课程思政通过体育育人、文化育人,探索出可复制、易推广的民族文化落地路径,创建了一套"教、学、练、赛、研、用"六位一体的体育思政新体系和一个良性循环的太极拳第一课堂、第二课堂和第三课堂一体化的太极拳课程思政教育生态系统,构建太极拳课程思政育人新格局。2022年课程被评为北京市课程思政示范课程,教学名师和优秀教学团队荣获2022年北京大学本科教改项目优秀奖。

(三)授课团队简介

授课团队由王东敏、柴云龙、冯凯杰、吴定锋、钱俊伟、户国栋、陈功、张蕾等组成。

王东敏为本课程思政负责人,北京大学人口学博士,硕士生导师,北京大学武术研究中心主任,北京大学体医融合创新实验室常务副主任。研究领域为运动、人口与健康,重点研究方向为太极拳运动处方与慢性病管理研究。承担国家级、省部级课题10项,横向课题6项,发表学术论文20余篇,出版著作3部。曾荣获北京大学本科教改项目优秀奖、北京大学优秀教学奖等奖项和北京市课程思政教学名师称号。

柴云龙为太极拳世界冠军,国际级运动健将,北京大学体育教研部教师,北京大学武术研究中心主任助理,国家二级心理咨询师,兼任中央国家机关太极拳教师、部队机关太极健身教练。2020年获北京大学青年教师教学基本功大赛一等奖、优秀教案奖、最佳教学演示奖、最受学生欢迎奖。

冯凯杰为全国运动会武术冠军,北京大学体育教研部教师,北京大学武术研究中心副主任。2018年获北京大学青年教师教学基本功大赛一等奖。

吴定锋为北京大学体育教研部教师,北京大学武术研究中心副主任。

钱俊伟为北京大学体育教研部主任,教育学博士,副教授,硕士生导师,国家登山运动健将,北大山鹰社指导教师,北京青少年营地教育协会副理事长,北京市大学生体育协会副秘书长。2018年带队成功登顶珠峰。负责太极拳第二课堂体质健康评估、太极拳运动处方制定和校园太极拳文化建设。

户国栋为北京大学团委书记,博士。负责太极拳第二课堂运动健康行为评估、太极拳课程思政育人实践。

陈功为北京大学人口研究所所长,教授,博士生导师,研究领域为人口与健康。负责太极拳第二课堂体质健康评估、运动健康行为评估、太极拳运动处方制定、太极传统文化建设。

张蕾为北京大学人口研究所副所长,副教授,博士生导师,研究领域为人口与健康。负责太极拳第二课堂体质健康评估、运动健康行为评估、太极拳运动处方制定、太极传统文化建设。

二、课程育人目标

太极拳课程以"健康第一"的教育理念,从文化、知识、实践三个维度,深入挖掘课程思政资源,使太极拳技术、文化、思政教育同元同心同向,将课中技术点与思政点相融合:帮助学生在太极拳运动中感受乐趣、增强体质、健全人格、锤炼意志,激发学生提升全民族身体素质的责任感;教育引导学生深刻理解中华传统文化中讲仁爱、重民本、崇正义、尚和合、求大同的思想精华和时代价值;培养学生的问题意识、整体思维能力和批判思维能力,培育自强不息、厚德载物、刚健自强的民族精神。具体如下:

一是行"抱拳礼"育"德"。抱拳礼是具有内在制约机制的武德的体现。明抱拳礼之要义,悉习武之"仁爱""守礼""信义""谦让"内涵,通过身体实践,使学生从内心深处懂得不能随便使用武力,懂得尊师敬业,不断提高修养,不断完善人格,不断塑造谦敬品质,弘扬民族传统美德,把太极拳中蕴含的传统文化力量转化为开展理想信念、民族精神和思想道德教育的实际力量。

二是学"拳技"明"拳理"悟"哲理",从拳技中明拳理,在拳理中悟哲理,传播和谐文化,诠释和谐理念。围绕核心技术,注重劲力练习,讲解实战用法,注重对抗练习。带领学生盘架子,一层一层进阶,从控制自己的身体开始逐步学会控制和管理自己的心境与情绪,达到身心合一,进而不断探索和追求人与人、人与自然、人与社会之间的平衡与和谐,即天人合一的过程。

三是研用相融,塑健康生活之方式,强健康之体魄。学习太极拳与健康相关文献,掌握太极与健康的知识与方法,师生共同研制、实施太极拳运动处方,将其内化为科学运动之行动,培养健康生活之方式。

四是品非物质文化遗产,树文化自信。2020 年 12 月 17 日,太极拳成功被列入联合国教科文组织人类非物质文化遗产,由传承转向弘扬,由民族走向世界,增强人民的自豪感和幸福感,提振中国建设文化强国的民族文化自信,提升太极拳在国际层面公众的认知度,促进中华优秀传统文化与世界多元文化的对话与交流,增进彼此的文化认同和尊重,激发学生作为太极拳传承者和守护者的使命感与责任感。

五是练"推手"感"无为而有为"之思想。学生从习练推手中体悟舍己从人、引进落空的技击理念,潜移默化养成一种谦虚、包容、不为人先的文化心态。太极拳推手中听劲、懂劲、沾连粘随、立身中正等技术要求教会人尊重对手,全身心地观察对手,做到"无我",从而培养人高尚的道德和仁爱的思想,体现出一种雍容大度的文化自信。

六是读"有字之书",行"无字之书"。读太极拳论、太极拳史学书籍,练太极拳功法、套路和推手,潜移默化地实现理论与实践相融合。

七是讲好"太极故事",育思辨能力。每节课讲一个太极故事,培育学生问题意识及思辨能力,增强学生对中华优秀传统文化的认同感。太极故事包括"从徐晓冬魏雷约战看太极传承与发展""巡天太极彰显文化自信""杨露禅偷学艺与工匠精神""杨露禅京城教拳与创业精神""疫情下钟南山谈太极与科学精神""李大钊习拳与中华民族复兴"等。

八是太极比赛中培养规则意识。教会学生如何在规则下去赢、如何有尊严和体面地去输。比赛教学中,让学生承担场上不同岗位的责任,磨炼学生团队协作、奋斗有我的精神;使学生在激烈比赛的竞争与表现中,对比赛选手技能真心赞美,尊重对手,尊重他人,尊重结果,培养向上、向善的品质。

太极拳课程思政第一课堂与第二、三课堂思政教育无缝衔接,切实把太极拳课程思政落到实处。培养学生的问题意识、整体思维能力和批判思维能力,使学生通过习拳领悟传统文化之思想,传播健康之理念,传承民族之精神,担当家国之未来,培养"德才均备,文武双全"的新青年,实现立德树人的润物无声。

三、课程思政案例

太极拳课程教学目标分为专业与思政两方面。

专业目标:了解太极拳传承中创新的路径与方法,掌握太极拳对人的健康作用,提高制定太极拳运动处方的能力。

思政目标:培养学生在传承基础上的创新精神,树立科学世界观、科技强国梦;培养学生自强不息、厚德载物的武术文化精神,刚健自强的民族精神;培养学生求真学问、练真本领的工匠精神,强健体魄的健康意识;激发学生对中华优秀传统文化的兴趣与热爱,担起传承和弘扬中华优秀传统文化的重任,在国际社会中彰显中国作为世界大国的文化自信。

教学重点难点:采用案例教学法,讲明太极拳传承的路径、方法,以及与创新的关系;提升学生文化自信心,培养学生求真学问、练真本领的工匠精神,增强学生科学运动的意识;使所讲案例走进学生内心,与学生产生同频共振。

(一)太极拳运动处方(案例1)

问题导入:党的二十大报告强调,要推进健康中国建设,把保障人民健康放在优先发展的战略位置,深入开展健康中国行动和爱国卫生运动,倡导文明健康生活方式。同时,党的二十大报告在"推进文化自信自强,铸就社会主义文化新辉煌"部分提出,要广泛开展全民健身活动,加强青少年体育工作,促进群众体育和竞技体育全面发展,加快建设体育强国。

2016年8月,习近平在全国卫生与健康大会上发表重要讲话,"要倡导健康文明的生活方式,树立大卫生、大健康的观念,把以治病为中心转变为以人民健康为中心,建立健全健康教育体系,提升全民健康素养,推动全民健身和全民健康深度融合。"新时代大健康内涵如图1所示。

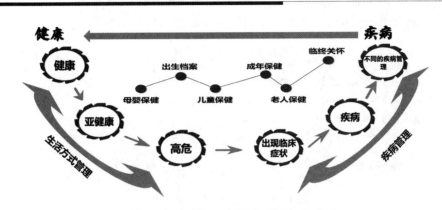

满足老百姓日益增长的健康需求

图 1 新时代大健康内涵

内容讲解:运动处方是由康复医师、康复治疗师或者体育教师、社会体育指导员、私人健身教练等,根据患者或者体育健身者的年龄、性别以及一般医学检查、康复医学检查、运动试验、体适能测试等结果,按其年龄、性别、健康状况、身体素质以及心血管、运动器官的功能状况,结合主客观条件,用处方的形式制定适合患者或者体育健身者的运动内容、运动强度、运动时间及频率,并指出运动中的注意事项,以达到科学、有计划地进行康复治疗或健身的目的。运动处方的制定过程如图 2 所示。

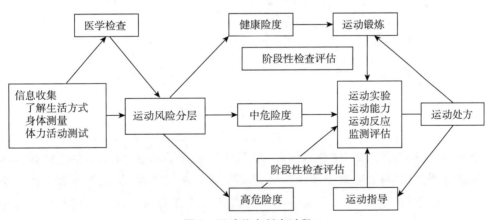

图 2 运动处方制定过程

制定运动处方要遵循 FITT-VP 原则。F:运动频率(每周运动多少次);I:运动强度(有多费劲);T:运动时间(持续时间或总时间);T:运动方式(运动类型和模式);V:运动量(运动频率×运动强度×运动时间);P:进度(如何增加时间、强度和量)。完整的太极拳运动处方应包括太极拳套路、太极拳抗阻练习/太极拳桩功练习和太极拳拉伸练习。

可针对不同的病症制定不同的太极拳运动处方。1级高血压的太极拳运动处方如图 3 所示。同时附有一些注意事项:不进行憋气负重类型的力量活动,不进行激烈的竞争性比赛;运动强度由小到大循序渐进,开始时进行小负荷适应性锻炼,身体适应后再逐渐增大强度;穿松软合适的鞋袜;运动中如果出现胸痛、胸闷、头晕、腰痛、呕吐、大汗淋漓等症状应立即停止并休息;习练太极拳前后要注意补水以预防脱水。

> 运动目的:辅助控制血压,提高心肺功能
> 运动种类:静桩(无极桩、太极桩)、开合桩、升降桩、行桩、套路、太极球等
> 运动强度:运动心率为最大心率的40%~80%
> 运动时间:每次20~60分钟
> 运动频率:每天1次或数次,但每日总运动时间不宜超过2小时,每周至少3次
>
> 1级高血压是指高压即收缩压在140~159mmHg,或低压即舒张压在90~99mmHg

图3　1级高血压太极拳运动处方

2型糖尿病的太极拳运动处方如图4所示。也要注意一些事项:运动前进行必要的医学检查,糖尿病史在10年以上,有高血压、心脏病、肺病并发症的患者,应与医生讨论运动种类及运动量;重视患者在运动中或运动后的自我感觉,患者如果出现不适症状如呼吸困难等,应立刻停止运动;遵循循序渐进原则,运动量从小到大;避免药效发挥最大作用时运动,以免出现低血糖的情况;避免在将要进行运动的肢体上注射胰岛素。

> 运动目的:控制血糖水平,提高生活质量,增大能量消耗,控制体脂,增强体质
> 运动种类:静桩(无极桩、太极桩)、开合桩、升降桩、行桩、套路、太极球等
> 运动强度:运动心率为最大心率的30%~60%
> 运动时间:餐后1小时左右开始运动,每次30~60分钟
> 运动频率:每天1次或数次,但每日总运动时间不宜超过2小时,每周3~7次
>
> 打太极拳前5~10分钟做伸展热身活动;打太极拳后做拉伸整理活动

图4　2型糖尿病太极拳运动处方

思政内容:通过课程教学,让学生掌握制定太极拳运动处方的方法、原则及流程,树立科学世界观、科技强国梦、体育强国梦;培养学生求真学问、练真本领的工匠精神和强健体魄的健康意识,树立起对中华优秀传统文化的兴趣与热爱,担起传承和弘扬中华优秀传统文化的重任。通过观看习近平总书记讲述对体育的认识及自己健身习惯的相关视频,启发学生养成科学运动的习惯,持之以恒,通过运动提高学习效率和工作效率,提升抗压能力。

最终目的是让学生感受太极拳独特的文化魅力和健康价值,树立文化自信,成为太极文化和太极健康的学习者;感悟太极拳孕育的刚健自强的民族精神,成为文化的传承者、健康行动的引领者;感性上升到理性认识事物,成为优秀传统文化和科学太极运动的弘扬者。

（二）太极拳传承中的创新——巡天太极拳（案例2）

问题导入：2021年10月16日，航天员翟志刚抽空打了一套"太空太极"，一招一式，阴阳相合，平稳柔顺，动作行云流水，相关视频立即火遍全球，把太极拳带入新"高度"。古老的太极拳在浩瀚的太空中留下了永久的倩影。为什么选择太极拳作为航天员的运动项目？如何看待巡天太极拳呢？

内容讲解：巡天太极拳是由我国首位航天员杨利伟组织设计的一项实验项目，这套太极拳主要针对航天员设计，动作不受空间的限制，以基本功练习为主。巡天太极拳集众家之所长，分天地两套各十八个招式。

2012年执行"神舟九号"任务的女航天员刘洋，在天宫一号上首次向全球展示了太极拳，这是太极拳首次亮相太空；2016年"神舟十一号"航天员景海鹏和陈冬的"冬海组合"在天宫二号上完成任务后，在太空中展示了巡天太极拳；2021年9月2日，"神舟十二号"航天员聂海胜在空间站为《开学第一课》的学生展示失重状态下的太极拳；2021年10月，"神舟十三号"航天员翟志刚在舱内打太极拳健身。不仅中国航天员爱打太极拳，外国航天员也是如此，美国航天局是最早把太极拳设为宇航员训练项目的国家。

大量的科学研究证明，巡天太极拳是航天员适应太空环境最好的运动方式。宇航员在太空无重力环境下易出现骨质疏松，太极拳能有效刺激骨骼和肌纤维，有效防止骨质疏松。另外，巡天太极拳对宇航员重建正常步态、平衡身体、控制姿态、调节心理、增强免疫力等多方面都有效果。

太极拳作为中华优秀传统文化和世界非物质文化遗产，使我国的宇航员在太空习练的同时更是将"中国名片"带入太空，向海外、向全球讲述中国故事，可以更有效地展现中国的优秀传统文化。

思政内容：通过课程教学，激发学生的太极拳学习兴趣，让学生感悟中华优秀传统文化的博大精深，培养学生的文化自信，激发学生的民族自豪感与认同感；培养学生严以致学的科学精神和在传承基础上的创新精神，引导学生树立科学世界观、科技强国梦，弘扬文化自信，在世界范围内传播中华优秀传统文化，彰显东方智慧。

四、课程评价

北大太极拳课程曾多次在教育部体育卫生与艺术教育司官方公众号、央视频、新华社和学习强国平台被报道，课程深受学生的欢迎。

部分学生评价如下：

A同学：刚开始学习太极拳时，我很抵触，认为太极拳是老年人的运动。第一次课的太极拳学习训练中，我一直出汗，这让我感觉到太极拳不是没有运动量的运动。经过课下站桩和第二次课的训练,我的颈椎疼痛缓解很多。

B 同学:经过一学期太极拳课的学习,我的脾气不再那么急躁,睡眠也好了很多。学期初的体质健康评估对我触动很大,生理年龄比实际年龄大 3 岁,给我敲响了警钟。一学期坚持太极站桩,让我更加专注,练习时关注自己的经络,对中医逐渐产生兴趣。

C 同学:通过学习体验太极推手,我体悟到了什么是舍己从人、四两拨千斤,对太极拳也越来越感兴趣。

D 同学:学期初"我眼中的太极拳"和学期末"我眼中的太极拳"有了质的变化。通过学习,我体会到了太极拳的博大精深,也明白了功夫十年不出门的含义。

E 同学:这半学期的太极拳学习让我对太极拳有了完全不同的认识。在上这门课之前,我对太极拳的印象只是老年人的养生拳法,但在这半个学期的课程中,我见到了老师演示的太极拳各个动作在实战中的应用,体会到了太极的力量感,以及太极调动全身的感觉。这半个学期,除太极拳本身的内容外,我还了解到一些养生知识,也非常认同老师所说的运动是保持身体健康最好的方式。这半个学期的课程学习,让我印象最深的是负重训练,拿球的时候感觉自己对身体的控制更从容,而且借助太极球可以找到协调身体发力的感觉。

社会评价如下:

教育部体育卫生与艺术教育司官方公众号和央视频对课程进行了报道,给予的评价是:以提高身心素养为核心,强健中华民族体魄;以弘扬太极精神为纽带,增强民族文化自信;以多形式多媒体为路径,提升民族文化认同;以践行育人功能为牵引,促进民族文化引领;以可复制易推广为要领,促进民族文化落地。例如,燕园湖畔"中华魂"——《传承的力量》重阳节篇北京大学体育艺术教育弘扬中华优秀传统文化成果展示(https://mp.weixin.qq.com/s/5fmZJ7-mlF9XfSjdwMFAQg)。

世界冠军柴云龙推出《思政太极》,新华社进行报道(https://xhpfmapi.xinhuaxmt.com/vh512/share/10119674?channel=weixin)。

学习强国平台报道《北大印象·气贯中西看见太极——太极篇》(https://article.xuexi.cn/articles/index.html?source=share&art_id=528876709011401694&showmenu=false&study_style_id=video_default&t=1574064603859&share_to=wx_single&ref_read_id=b377b3af-61da-4bf3-a477-19039e3c14d9_1636858177653)。

学习强国平台报道《因太极 更北大——北大未名太极社百人太极演练》(https://article.xuexi.cn/articles/index.html?art_id=8512536449181280029&t=1625570316707&showmenu=false&study_style_id=video_default&source=share&share_to=wx_single&item_id=8512536449181280029&ref_read_id=b305a302-d089-4a79-8b2e-c6c6a03e31d7_1625691336808)。

五、总结与思考

太极拳课程思政改革的主要成效如下：

一是以提高身心素养为核心，强健中华民族体魄。课程开展通过第一课堂与第二、三课堂(线上微课和慕课)相衔接，以太极拳运动处方为引航，多平台多模式相融合，有效激发学生习练热情，提升学生身心素养，对进一步强健中华民族体魄发挥作用。

二是以弘扬太极精神为纽带，增强民族文化自信。在技术教学的潜移默化中播下民族文化火种，融入中华优秀文化根脉。各民族师生在太极拳的习练中感悟"海纳百川，包罗万象"的太极精神，增强民族文化自信，促进师生的交流交融，形成太极文化下的民族共同体，线下、线上参与太极拳课程的师生涉及二十多个民族、二十多个国家和地区，累计达 3 000 余人。

三是以多形式多媒体为路径，提升民族文化认同。开通学习强国太极拳慕课、新华社太极拳微课、太极拳公众号、太极拳赛事系统，创编太极拳红色教育舞台剧，传播发扬太极文化，并联合北京大学汉语国际推广工作办公室推出系列太极宣传视频，提升民族文化认同和民族文化的国际影响力。

四是以践行育人功能为牵引，促进民族文化引领。通过太极拳课程习练、比赛和太极文化的"走出去"，使学生在"无字之书"中感受中华传统文化魅力，感受民族文化内涵，在交流与展示中提振自信心，强化对于中华民族的归属感。

五是以可复制易推广为要领，促进民族文化落地。该课程思政建设逐渐得到北大及兄弟院校认可，部分高校已开始借鉴复制，特别是"教、学、练、赛、研、用"六位一体的课程思政育人体系及太极拳运动处方健康管理模式，在全国高校内发挥了示范引领作用。以太极文化作为民族教育的试验场，课程为全国高校"融合优秀民族文化，将民族教育融入人类文化场域"提供宝贵的实践经验。

今后课程还需要加强师资队伍建设，开展太极拳授课团队的专门教育和培训，提升教师的太极拳专业技术能力，提升教学水平；优化太极拳课程思政育人目标，修订教学方案，健全评价体系；组织授课团队进行太极拳课程思政案例研发，编写太极拳课程思政教材；持续建立智慧化太极拳运动处方库，太极拳功法、套路、攻防动作库，持续推进线上太极拳智慧课程思政微课建设，助力健康中国战略实施；申报各级各类课程思政课题，持续开展跨学科太极拳课程思政研究，深度挖掘太极拳文化精髓，探索太极拳课程思政建设新路径、新模式；采用"走出去，请进来"的办法，进行北大太极拳与太极拳发源地共建，整合资源，打造太极品牌，助力实现民族文化复兴；积极申报国家级太极拳课程思政示范课程。

体 适 能

一、课程概况

（一）课程信息

体适能课程是北京大学在校本科生的公共必修课,适用学时为32学时。

（二）课程简介

体适能课程以发展健康体适能(身体成分、心肺系统机能、肌肉适能、柔韧性)和运动体适能(速度、灵敏度、协调性、平衡力、爆发力)等体能要素为目标,要求学生学习和掌握运动健身的技术方法,能够制订个人健身计划,养成主动健身和终身体育的习惯。通过发展学生体能,使学生提高身体素质、增强体质,培养其坚韧不拔和勇于挑战的精神、积极乐观的个性品质和良好的社会适应能力,提升学生整体的健康水平。

课程特色如下:

教学理念先进,植入内容前沿,知识结构完善,构建新课程体系。将体能训练的新理论、新技术和新方法应用于教学实践,不断丰富教学内容。应用"身体功能训练"的技术方法丰富教学内容,创新构建大学生运动健身理论与实践课程体系。

教学方法创新,教学模式新颖,教学手段先进,全面提升育人成效。研判高等教育教学改革新趋势,积极推动现代信息技术与教育教学深度融合,将人工智能(AI)、虚拟现实技术(VR)应用于体育教学,创新实践教学方法。

运用交叉学科,精准分析难点,丰富教学资源,构建新式评价标准。针对动作质量评价的难点,探索利用人工智能评价的新方法。研发身体运动人工智能评价系统(AI-FMS),搭建人工智能辅助体育教学数据交互平台(AIPE),探索"智慧体育"教学评价新模式。

（三）授课团队简介

体适能授课团队由3人组成,分别为赫忠慧教授,王丽文、邢衍安副教授。所有教师均毕业于体育学相关专业,现承担着体育课程一线教学、训练以及科研任务,均具有出色的运动技术能力。

体适能授课团队曾荣获2021年"北京大学优秀教学团队"称号。课程负责人赫忠慧教授曾荣获第十七届北京市高等学校教学名师奖。"上交叉综合症的运动干预"微课获2018年北京大学第八届教育与应用大赛微课组一等奖。"身体运动智慧评分系统的研发与应用"获2020年北京大学第九届创新教与学应用大赛案例组一等奖。"体能"课程在线教学案例被评为2020年北京大学"在线教学"优秀案例。

二、课程育人目标

（一）课程思政总体理念

体适能课程思政具有"以体立身、以体铸魂,以体育德、以体增智,以体怡情、以体养志"的独特育人功能。体适能课程思政可以引导大学生坚定理想信念、培养家国情怀、树立"健康第一"意识、养成终身体育习惯,激发学生提升对全民健康素养的责任感和自觉性,是助力当代大学生立德成才的重要内容。

体适能课程具有先天的思政优势——参与体育锻炼能够增强体质、锤炼意志、健全人格,满足人们对美好生活的向往。参与体育竞赛能够在战胜对手、超越自我的过程中培养自信自强、不畏强敌、顽强拼搏、永不言弃、团结协作、爱国奉献等精神,更好地弘扬社会正能量,这是体适能课程思政的独特气质和魅力。

（二）总体设计及创新点

在传授体育运动知识、运动技术,培养学生运动技能的过程中,引导学生养成健康生活方式,培育其体育核心素养。通过体育运动实践,培养学生的意志力、领导力和决策力,以及公平、正义、诚信、人本精神。通过引导、切入、迁移等思政教育形式,将体育竞赛中蕴含的竞争与合作、坚韧与挑战、激情与理性、拼搏与奉献、传承与创新等诸多精神内涵,潜移默化地加以内化和激发,为培养独立思考、明辨是非、坚定信仰的卓越人才贡献力量。

三、课程思政案例

（一）坚持"立德树人",弘扬中华体育精神

【思政学习要点】

以"为国争光、无私奉献、科学求实、遵纪守法、团结协作、顽强拼搏"为主要内容的中华体育精神是中华民族精神的重要组成部分。通过中华体育精神在体适能课程学习中的具体运用,让学生充分体会运动健儿为了祖国的荣誉,追求卓越、突破自我,无论成败,永不言弃,始终昂首向前,靠拼搏写下荣光的精神气质。

【教学方法设计】

结合对"女排精神""乒乓精神""志行风格""人梯精神"等体育精神的解读,引导新时代青年深刻体会以"为国争光、无私奉献、科学求实、遵纪守法、团结协作、顽强拼搏"为主要内容的中华体育精神,并在体适能课程学习中加以实践运用。

【教学案例素材】

1. 女排精神与北大学子的家国情怀

女排精神:女排精神是中国女子排球队顽强战斗、勇敢拼搏精神的总概括。其具体表现为扎扎实实、勤学苦练、无所畏惧、顽强拼搏、同甘共苦、团结战斗、刻苦钻研、勇攀高峰。

成立以来,中国女排有过成功登顶的辉煌,也有过跌入低谷的暗淡,但她们胜不骄、败不馁,始终葆有一股不服输的拼劲、打不垮的韧劲。她们在世界排球比赛中,凭着顽强战斗、勇敢拼搏的精神,五次获得女排世界杯冠军,为国争光,为人民建功。她们的这种精神给予全国人民巨大的鼓舞。女排精神不仅成为中国体育的一面旗帜,还成为整个民族锐意进取、昂首前进的精神动力。

2019年9月,中国女排在第十三届女排世界杯比赛中以全胜战绩卫冕,第十次荣膺世界排球"三大赛"(世界杯、锦标赛、奥运会)冠军。习近平总书记在会见载誉回国的女排代表时指出,"广大人民群众对中国女排的喜爱,不仅是因为你们夺得了冠军,更重要的是你们在赛场上展现了祖国至上、团结协作、顽强拼搏、永不言败的精神面貌。女排精神代表着一个时代的精神,喊出了为中华崛起而拼搏的时代最强音。"

北大学子的家国情怀:1981年3月20日晚,在世界杯亚洲区预选赛中,中国男排以3∶2取胜,获得代表亚洲参加第四届世界杯比赛的资格。那天半夜,北大的学生们走出校门举行欢庆游行,喊出"团结起来,振兴中华"的口号。这个口号喊出了当时举国上下奋发图强的豪迈心情,激发亿万中国人的强烈共鸣,形成一股激励人们上进奋斗、报效祖国的热流。

课程思政理念:结合中国女排夺冠的经历讲解女排精神,展示与之呼应的北大学子的家国情怀,彰显北大人始终将自身与国家命运紧密联系的爱国热情。

体适能课程肩负立德树人,培养德智体美劳全面发展、堪当民族复兴大任的时代新人的根本任务。学习体适能课程,需要学生在体能水平上不断超越自我,在意志品质上不断挑战自我,在行为习惯上时刻约束自我,需要付出努力,克服困难。在课堂上,教师也会经常创设一些竞赛情境,要求学生组建团队,参与竞争,挑战自我,直面胜负。体育竞赛情境可以增强学生的责任感和专业能力,当面对困难与失败时,学生也应时刻用"团结协作,永不言败"的女排精神激励和鼓舞自己,奋力拼搏,用乐观和毅力参与课程学习,不断进步,成为强健体魄和健全人格兼备的卓越人才。

2. 崇尚科学、求实奋进、开拓创新的科学求实精神

科学求实精神源于传统的"行"文化,从儒家文化中衍生而来。"君子欲讷于言而敏

于行",儒家思想对待现实生活的态度是极其冷静、清醒和客观的,体育也向来重视用行动说话,用行动展示中华民族坚韧不拔与自强不息的气节。科学求实是指在实事求是的基础上讲求科学,尊重规律。在体育领域,让科技助力体育发展,创新是竞技制胜的法宝。

中国乒乓球长盛不衰的根本原因就是坚持科学训练,不断创新。1981年,万里同志在总结乒乓精神时,将"不屈不挠、勤学苦练、不断钻研、不断创新的精神"作为乒乓精神的重要内涵之一。20世纪50年代,国内各路乒乓球选手和专家归纳出"快、准、狠、变"的四字经,作为中国乒乓球主流打法"近台快攻"的指导思想和发展方向。60年代,中国乒乓球队又总结制定了"百花齐放,以我为主,采诸家之长,走自己的路"的技术发展战略。70年代,徐寅生等人在总结乒乓球发展新规律的基础上,在原来的"四字经"中加入一个"转"字,发展为"五字经"。80年代,中国乒乓球队又提出"特长突出、技术全面、没有明显漏洞"的要求。据统计,在国际乒乓球运动发展的百年历程中,共有46项打法与技术创新,其中中国运动员的创新达27项,占总数的58.7%。

体适能课程遵循"健康第一"的指导思想,在教育理念上,挖掘运动对健康的益处与价值,如:体能发展可以增强身体活动能力,提高动作准确性和协调性,对于大学生提升身心健康水平和道德素养,锤炼意志品质,培育使命感和荣誉感,激发爱国热情,增强民族向心力、凝聚力具有教育价值;体能提升可以促进神经系统发育,使大脑能够更快恢复,提升记忆力、观察力、创造力,还可以塑造形体美、姿态美、动作美,培养审美情趣,发展鉴赏美、创造美的能力。体能提升除可以提升体能水平、促进健康外,还能充分发挥以体育智、以体育心的功能。发挥体适能课程的育人价值和功能,需要不断加强运动促进健康的机制研究,用理论研究成果支撑实践教学,因此,体适能教学也强调崇尚科学、求实奋进、开拓创新的科学求实精神。

此外,随着体能训练的新理论、新技术和新方法被应用于高水平运动训练,越来越多的实用体能训练技术也被应用于体适能课程教学中。这充分体现了体适能教学方法的创新应用,也反映了科学求实精神。

(二)军事体育元素与体适能课程教学的"融合教育"

【思政学习要点】

丰富高校体育教学内容,营造融合军事元素的体育教学情景,通过在教学中设计与英雄事迹、著名战役相关的案例,激发学生的爱国情怀,增强学生的国防意识,使学生自主参与到军事体育元素教学活动中,提高学生参与的积极性和主动性,在增强学生体能的同时,帮助学生掌握军事技能、提升国防素养。

【教学方法设计】

在体适能课程中增设军事体能训练内容,提升学生的身体素质和身体机能,培养团队协作精神。打造融入式军事主题教学模式,让学生沉浸式体验战争环境对身体素质的锤炼、钢铁意志的打磨以及不惧牺牲的集体主义精神的培养。通过教学情景与条件的创设,引导学生主动关注国防动态、增强国防意识,培养有血性的新时代青年。

【教学案例素材】

课程思政融合实践路径:开展军事体育元素与体适能课程的融合式主题教育,将军事体育元素融入高校体育课程,丰富教学方法,完善教学过程,创设教学情境。在教学中创新设计与军事体育相关的战争情景、英雄故事,形成直观生动的教学案例,引导学生在体育活动中增强国防意识,培养爱国主义精神。

教学中的具体实践路径:①组织学生在不同地形地貌条件下进行定向越野跑,在使学生提高心肺耐力素质、掌握户外辨识方向技能的前提下,培养学生顽强拼搏的精神。②创设边境冲突和战争情景,分析与讲解面临复杂环境时需要具备的体能条件、技能水平以及管理能力与意识,培养学生的爱国主义精神、忧患意识和国防意识。③将军事中经常使用的"协同作战""小分队作战"等战术设计成教学情景,融入体适能课程教学中,培养学生的团结协作意识、责任意识和协调组织能力,特别是在危急关头冷静判断、果断决策的能力。

体能元素与军事素质训练的融合式教育:主要强调训练环境、器材环境、场地环境、情景环境等。与常规的体能五大要素相比,军事体育的素质元素更加强调攀、爬、翻、跃、跳、跑等,运动形式可以为匍匐、翻越障碍、投手榴弹、搬运弹药箱、过障碍独木桥等。

技能元素与军事技能的融合式教育:军事技能是军人应掌握的最基本的军事素质能力,其主要内容包括站军姿、队列训练、野外生存、定向越野、军体拳、自救和互救等。开展军事技能与运动技能融合主题教育,是全民国防教育在高校巩固和发展的体现,它不仅可以丰富体适能课程内容,增强体适能课程的实践性、挑战性,也可以拓展体适能课程的功能,使学生的学习兴趣高涨,有效提高教学质量,为我国的国防后备人才培养提供有力支持。

其他教学手段:编创、开发军事体育融入高校体适能课程的教学道具和教学器材,如激光枪、模拟枪、仿真弹药包、仿真手榴弹、模拟假人等。创设虚拟仿真、沉浸体验式的教学情境,如设计实战地形地貌场地,创设高温、严寒、饥饿、干旱等艰苦战争条件,让学生体验最为逼真的教学情境,培养其在真实环境条件下的体能、独立生存的技能和不畏艰难的意志,助力军事体育融入教育各环节。运用现代教育技术手段(如用音像激光和计算机模拟等手段定量描述和展示传统军事体育教学中难以准确讲解的内容),增强教学的直观性、可理解性和趣味性。

四、课程评价

第一,体适能课程将思政教学内容和技术教学内容紧密结合,切实做到将思政教育转化为体适能学习的动力。在每节课中设立不同的思政教学主题,潜移默化地开展课程思政教育。对学习效果的调查显示:92%的学生对教师在课堂上进行的课程思政教学内容有印象,其中最感兴趣的部分是与学校相关的体适能思政教学案例,如在定向越野跑的过程中,将校园中体育或文化元素作为定向内容,要求学生在运动过程中观察校园,寻找校园中的体育或文化元素,让学生对校园中的体育或文化元素有更多的关注,更加喜欢优美的校园环境,在课程中加深对学校的了解,增强爱校意识。

第二,注重将思政教育贯穿教学全过程。本课程在教学目标设定、教学方法选择、教学过程实施、教学效果评价以及反思等各方面都体现课程思政的要求。例如,通过对"女排精神"的解读,在教学目标的设定方面强调中国女排永不言弃的体育精神;在实践中进行"有氧耐力"的教学内容,要求学生在耐力跑练习中体会循环系统经过"超量恢复"后提升心肺系统机能的过程,体验在"第二次呼吸"的过程中,用坚定的意志和顽强的精神实现体能提升的过程。

第三,注重学生的体验性。例如,课程通过对求实创新的体育精神的解读,具象分析体育科学对于促进学生健康的价值和机制,强调以科学精神和态度对待体育锻炼和学习。调查中,学生均对教师以生动多样的教学案例进行课程思政教育持赞同态度,认为这种教育方式更易接受,留下的印象也更为深刻。当被问及是否愿意在恰当时机用实际行动践行体适能课程思政的内容时,87.4%的学生表示愿意尝试。

第四,注重学生的获得感。军事体能追求培养和唤醒人的血性和阳刚之气,课程教学中设置的军事情境能让学生在提升体能的同时,切实沉浸在军事场景中,调动个人潜能,充分发挥技能。调查发现,学生对于参与体适能课程的学习,特别是军事体能的锻炼,有非常明显的获得感。

五、总结与思考

体适能课程思政在体适能教学中充分发掘德育元素,运用一定的教学手段及方法,将提炼出的德育元素融入体适能课程的思政教育活动,根本目的是实现体适能课堂的思政教育功能。

针对体适能课程思政的研究体系及教学框架尚未形成的难题,授课团队应对不同体适能项目蕴含的思政教育元素进行归类分析,归纳属性特征,分别从教学设计、教学实践以及教学反馈等不同维度分析思政教育实践;探索课程思政如何实现从"知识传授"到"价值引领"的关联、从"一元主导"到"多维联合"的协同、从"局部渗透"到"整体交融"的融合,为高校体适能课程思政提供更为科学有效的指导方法。

同时,授课团队应对课程思政教学设计中的教学目标、任务、要点以及原则,教学实践中的教学内容、方法、手段以及控制,教学反馈中的师生评教、多元评估以及教学优化等深入研讨与分析,撰写《不同项群体育课程思政教学指导手册》,为高校体适能课程思政提供科学有效的指导方法;结合传承红色基因、中华传统文化、军事体育与国防教育等与体适能教育有密切关系的教学内容,开展融合课程的教学实践。

诊所式法律教育

一、课程概况

（一）课程信息

诊所式法律教育是北京大学法学院的一门法律实务教育课程，作为限定性选修课是法学院学生必选的实务课程，同时也可作为学生的实习经历。本课程开课已有22年，开设主题包括诉讼纠纷解决、立法与公共政策制定、小微小创企业法律服务、社区法律服务与法治发展、法律谈判与调解等，培养学生逾千人，授课对象为全体法学院学生，目前学生主体为法学院本科生和硕士生，学分为5学分，包含课程3学分和实习2学分。

（二）课程简介

诊所式法律教育课程的特色和创新体现在：作为典型的实务教学课程，主要内容和方式是通过教师指导学生进行真实的法律职业业务操作，向学生传授法律知识、思维、方法和实务经验，基于现实的法治发展培育学生的思想道德、职业伦理和理想情怀。以上内容具体体现在：课程内容完全是真实的、正在运行办理的法律业务；课程运行以学生为中心，强调学生是课程的主角，要亲自动手办理真实的法律业务，教师是指导者、监督者和把控者；课程方法为实操式、启发式、参与式等非传统理论灌输方法，鼓励学生通过创造性思维和实操性方法来思考和解决问题。课程运用问题引导和创新应用的法律学习全新理念和范式，使学生的思想道德和理想情怀教育基于深刻的社会现实根基，让学生能够获得正确、积极的价值导引。

北京大学诊所式法律教育课程曾获中国法学教育研究会诊所法律教育专业委员会颁发的"全国示范法律诊所""全国特色法律诊所"等荣誉，课程主持人曾获"全国诊所法律教育特殊贡献奖""全国诊所法律教育突出贡献奖"等奖项。

(三) 授课团队简介

北京大学诊所式法律教育课程的授课团队由校内外从事诊所法律教育的专职教师和执业律师、企业法务、立法专家、法官等实务专家构成,具体包括杨晓雷、路姜男、潘剑锋、张平、叶静漪、刘哲玮等,每门课程都配备相关专业和领域的理论和实务教师,师生比大于1∶5,理论与实践相结合,为学生提供小班教学和专门的工作业务指导。团队具体组成如图1所示。

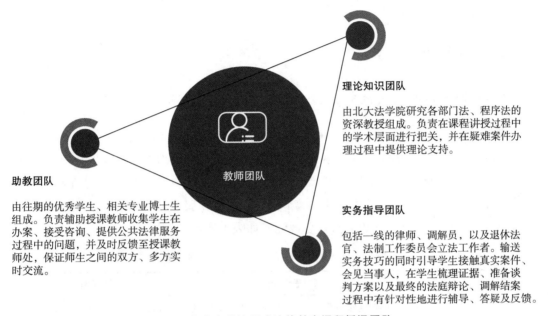

图1 北京大学诊所式法律教育课程授课团队

二、课程育人目标

诊所式法律教育课程以真实案件和法律工作操作为引导,以知识学习为任务,以价值理想塑造为根本目标,设计思路既关注理论知识的传输,也注重学生价值观念的培育,充分挖掘思政元素、德育要素,确保专业教育与思政教育同向同行、形成协同效应,搭建法学教育与法律实践的良性互动平台,让学生在步入工作前获得真实的法律社会实践体验,实现人才的价值培养、能力建设、个人理想以及国家法治目标的有机统一。

北京大学诊所式法律教育课程授课团队为实现全方位育人,克服思政教育"孤岛化"困境,注重法学各领域理论课程之间、理论课程与实践课程之间思政教育的配合与呼应,建立法学各门课程思政元素的有机联系,构建有深度亦有广度、有纵向亦有横向、教学目标明确的立体化课程思政地图。

诊所式法律教育课程现开设三个不同方向、面向不同业务领域、担任不同法律执业人员角色的诊所课程,包括民事行政诉讼诊所课程、小微小创企业法律服务诊所课程以及立法诊所课程。三个方向的课程汇集法官、诉讼律师、非诉律师、企业法务、知名学者等从事不同法律工作的优秀教师,透过现象分析问题本质,强化学生的法律理论素养,塑造学生的思想素质、道德品行、政治修养,引导学生对真实案件进行深挖(这一过程是对法科学生存在意识的一种本体引导),培养学生积极而富有创造性的质疑精神,激发学生探索法律制度应用的主动性,认识法律专业与国家和社会的情感联系,构建个体专业发展与理想生成的通道,寻求学生个体自我能力与社会整体效益之间的统一。

三、课程思政案例

(一)民事行政诉讼诊所典型案例

案例选自诊所式法律教育——民事行政诉讼诊所课程(下称"诉讼诊所")。学生以小组为单位接办案件,独立完成当事人会见、法律检索与法律分析、法律文书写作、证据审查等工作,在教师的带领下积极开展法律援助事业,提高自身运用法治思维和法治方式参与社会公共事务、化解矛盾纠纷的意识和能力,培养服务社会、献身公益的意识,切实有效地帮助弱势群体。课程亮点与思政元素如表1所示。

表1 诉讼诊所课程亮点及思政元素对应表

章节主题	知识点	思政元素	教学方法
会见	会见准备、会见目的、会见任务	本节课不仅是对做事能力的锻炼,更是对沟通技巧、逻辑思维、团队协作能力以及专业能力的考验。需要学生展现良好形象,合理把握咨询者需求。在把握对方需求的基础上,运用法律专业知识与其沟通。通过会见对案件事实进行细致清晰的梳理,并对风险点予以释明	通过指导教师的评估,邀请合适的法律问题当事人到课堂现场咨询,安排一组学生接待,模拟初次会见场景,其余学生观察并记录。当事人离场后授课老师点评并讲授会见过程中需要注意的问题
法律检索	案件法律研究、检索方案和检索目标的确定、检索方法、检索工具、检索过程、检索结果	工欲善其事,必先利其器。法律检索是获取法律信息的途径,是关键性阶段。资料的齐全、准确、有效与否,一定程度上决定案件的成败,关系当事人的利益。具备良好的法律检索能力,能更快速地梳理清办案思路	通过课前的作业布置,学生根据参与的案件各自进行法律检索,并撰写完整的法律研究检索报告。授课教师课上对作业进行点评,并对法律检索技巧、检索报告呈现等逐一进行讲解

(续表)

章节主题	知识点	思政元素	教学方法
职业伦理	法律职业伦理	通过对法律职业共同体成员的约束和引导,法律职业伦理能够促进共同体成员的自律,有利于提高其道德水平和综合素质,同时有利于公正司法和遏制腐败,对于法治建设具有重要意义	通过真实案例引导学生分析并总结执业过程中需要遵守的职业伦理
调查取证、举证质证	证据搜集、证据目录、证据材料整理、质证意见	使学生通过对证据的整理以及质证意见的撰写展现辩护策略,透过案件本身探究案件背后所反映的社会问题与争议焦点,让学生的法律学习与世情国情社情民情相结合,使法科学生的培养紧跟时代步伐,使学生有家国情怀,深刻认识到肩上的担子和历史责任与使命,并将其头脑中的观念、心中的价值变成国家法治建设的行为动力	模拟法庭

学习过程如下:

1. 基本案情梳理,确定案件争议

2017年,当事人A经朋友介绍了解到B公司开发的某文化产业创新园项目的房屋,该房屋为既可用于居住也可用于办公的商住两用公寓,B公司承诺如果A一次性支付20年租金,A即可免费续住10年,并可由B向A提供售后返租服务。A遂与B公司签订了租赁合同并缴纳了款项,租赁合同中约定,在A付清20年房屋租金的情况下,A可以对所租赁的房屋继续无偿使用10年。后续,因该房屋无任何产权手续,A无法以该房屋为住所地注册登记办公,物业也因为同样的原因阻碍A在此房屋居住,B公司也并未按合同约定将该房屋售后返租,导致A的合同目的无法达成。2021年,当事人A租赁房屋所在地由第三方投资开展X项目建设。在X项目建设施工的过程中,施工方在A所租赁房屋的门前和窗前分别安装了排水管道和高压电箱设备,具有较高危险性,持续产生环境噪音,严重影响A对于房屋的正常使用。A遂向法院提出诉求,希望B公司解除租赁合同、返还租金。

2. 认同职业角色定位

诉讼诊所的历届学生在初次会见当事人时,经常会为当事人遇到的不公待遇而打抱不平。此案例的当事人行事作风较为强势、逻辑思维能力强、叙事严谨且十分坚持自我想法,学生在初次会见的过程中并不占上风,无法掌握谈话主动权,丧失了对会见节奏的把控。这种情况完全在诉讼诊所指导教师的预料之内,从未实际接触过当事人的学生在理性和感性、现实与理想之间往返流转,会产生困惑。涉世未深的法科学生常会以"权利卫士"的角色自居,希望帮助每一位当事人伸张正义。会见后教师带领学生进行复盘,通过指导使学生掌握探索社会不公正根源和实现公正的方法,对于塑造学生价值观和培养学生社会责任感具有重要意义。教师的指导还能深化学生对公正含义以及公正与法之间关系的认识,能够有力推动学生追求社会公正,有助于学生成长为有社会责任感的专业法律工作者。

3. 多途径解决纠纷

对教育者而言,真正的教育不是告诉学生应该怎么做,而是告诉学生真相,把学生引入真实空间,让学生在现实和理性的基础上构建理想、作出选择。学生通过承担代理法律援助案件等公益法律工作,积极听取社会公众意见,认真回应人民群众关心的问题,维护社会弱势群体权益。这个过程不仅能提高学生的法律职业技能和法律思想素养,让学生成长为一名心理和技术双成熟的职业法律人,同时也使他们了解基层民情民意,知疾苦、理难题、解困难,培养其社会关怀意识和公益精神。

教师和学生在面对真实案件时,通过具体业务来运用和体会知识。本案作为典型案例体现了并非所有纠纷都适合用正式的司法途径解决,法律不是社会公共生活的唯一准则,社会公共生活需要有道德层面的追求和教化。以社会习惯、市民公约、乡规民约、行业规章、团体规章等形式存在的多元规范与法律规范共同构成社会治理的规则体系,二者通过相互配合实现更加完善的治理。

在教师的指导下,学生分角色、分小组对本案案涉纠纷展开多次模拟法庭的演练,最后得出的最好结果是通过谈判达成双方和解。当事人为表感谢,还向同学们赠送锦旗(图2)。在我国法治建设的过程中,基于传统文明形成的正义观、法律观等始终在法治实践中发挥着深层次影响。我国法律追求形式正义与实质正义、个案正义与社会正义、法律正义与民众朴素正义的兼顾,从而实现政治效果、法律效果、社会效果的统一。

图2　当事人向同学们赠送锦旗

4. 法律职业伦理道德

徒法不足以自行,在法律的运行和适用中最关键的是与之密切相关的法律职业工作者。法律职业伦理道德的主要内容包括情与法的抉择、利益冲突的平衡、法律技术滥用的约束等,同时相较社会中的一般伦理道德而言,法律职业伦理道德的要求更高,需要法科学生系统、完整地学习和掌握。

诉讼诊所的各位教师在指导学生向当事人提供法律援助的过程中,着重锻炼学生对于法律职业伦理道德问题的识别与推理能力。司法实践中存在大量法律与道德、法律与民情、法律与政治、程序与实体争议,若本案案涉合同被判无效,则会导致大部分与 B 公司签订同样合同的当事人的权利无法得到保障,造成市场经营环境动荡。这些问题最考验法律职业工作者的职业操守,指导教师在学习和实践中帮助学生深刻理解并践行法律行业的职业精神和职业伦理规范,协同塑造学生品格、品行,明法崇德,增强法科学生的使命感以及对国家和社会的责任感。

(二)小微、小创企业法律服务诊所典型案例

案例选自诊所式法律教育——小微、小创企业法律服务诊所课程(下称"小创诊所")。学生以小组为单位完成值班咨询及案件办理,在指导教师的帮助下深入创业实践、关注现实问题,逐步提高运用法律思维对现实问题进行判断并提供解决方案的能力。课程亮点与思政元素如表 2 所示。

表 2 小创诊所课程亮点与思政元素对应表

章节主题	知识点	思政元素	教学方法
商业谈判	谈判技巧	磨炼学生独立思辨的自由意志、严守程序的理性思维以及勤奋敬业的专业精神	通过现场分组谈判获得多方满意的谈判结果,教师观察并予以点评

学习过程如下:

1. 梳理案件事实,厘清关键要素

A 公司是一家利用数据建模进行孤独症干预的创业公司。某位孤独症患儿家长因自己的孩子受益于益生菌产品干预,拟在儿童节期间向有需求的孤独症患儿家长捐赠 5 000 份益生菌产品,由该家长从生产厂家购买益生菌产品,委托 A 公司进行益生菌产品的公益宣传与发放工作。A 公司联系小创诊所团队咨询益生菌产品风险、宣传注意事项,以及儿童人身损害问题(小概率事件)的各方责任承担。案件立项后,指导教师引导学生独立思考,以明确对象、筛选内容、呈现图表等方式将案件事实进行图表可视化处理,厘清案件中的关键要素,从而在全面罗列、逻辑整合的基础上做到对具体案件的充分理解和冲突预防。

2. 明确当事人需求,合理控制预期

提供解决方案的法律服务应建立在与当事人坦诚相待、有效沟通的基础上,明确当事人所需的最终成果,以结果为导向开展工作。该案中,A 公司需要学生团队提供的成果包括两份:一是修改由 A 公司出具给家长的知情同意书,二是就 A 公司咨询事项出具一份法律研究分析意见。学生团队针对需提供的两份成果,将项目期间分为前后两个阶段,每一阶段围绕一个核心成果展开工作。同时,基于双向理性沟通,学生团队合理引导当事人的期望值,使当事人明确法律服务的职责范围,以良好的职业道德优化案件办理过程中的服务,并满足当事人的结果预期。

3. 注重问题导向,培育职业素养

对现实案件提出解决方案需要对各部门法进行深入思考并融会贯通,且需要结合具体案件进行具体分析,实现注重问题导向的价值塑造。本案中,学生对知情同意书的修改较为陌生。除培养学生的法律检索与法律分析能力外,指导教师还引导学生围绕案件的实质特点进行完善,避免生搬硬套。基于案件事实,学生通过独立思考,分析出本案知情同意书应主要体现充分告知义务、责任划分条款、家长同意权三个方面的实质内容,据此完善诸多条款的价值面向。在学生提出问题、分析问题、解决问题的过程中,指导教师不仅强调其知识水平的提高、职业能力的培养,还注重其价值观念的塑造和案件中社会主义核心价值观的体现。

4. 关注国家政策,规范企业运作

本案涉及公益活动和益生菌行业,学生团队在出具法律研究分析意见时,既需考虑慈善法、广告法、食品安全法等法律对于益生菌产品宣传与捐赠的责任规定,又需了解益生菌行业和功能食品领域的国家战略和相关政策,特别是针对本案益生菌产品所含菌种类型,就《可用于婴幼儿食品的菌种名单》等多个菌种名单进行具体分析、分类分析、动态分析,将现有的政策理念纳入法律研究分析当中,为企业的规范运作提供意见支持。

5. 结合疫情背景,优化实践形式

疫情背景下,不仅学生的案例实践需要通过线上完成,而且案件项目的解决方案也需要考虑线上因素进行完善。本案学生团队在线上参与当事人项目会议,并根据当事人线上的反馈对法律研究分析的内容进行动态跟进。此外,本案知情同意书采用在线问卷的方式进行签署,学生团队结合电子签名法课程的学习,建议企业在在线问卷中加入电子签名栏目,以更好识别签名人身份并认证其认可问卷内容。信息化、电子化是现代化的一个重要面向,在案例实践过程中指导教师要注重提高学生对科技运用的敏感性和与法治实践的融合性。

6. 资深律师指导,保证办案质量

诊所案例实践由资深律师作为指导教师,辅助学生推进项目过程,并为学生团队的成果产出把关。学生团队将合作完成的初步成果交由资深律师进行修改,再根据资深律师的反馈进行三轮以上的法律检索补充和成果修订。在师生双向交流过程中，学生团队还就指导教师的反馈进行总结、分析、反思，在实践中培养敏锐的职业意识、严谨的职业精神和规范的职业道德。

（三）立法诊所典型案例

诊所式法律教育——立法诊所课程（下称"立法诊所"）以地方立法为切入点，采取理论教学与地方立法实践紧密结合的方式，在使学生全面掌握立法原理、立法程序、立法技术等知识的基础上，重点培养学生的立法工作实践能力。课程亮点及思政元素如表3所示。

表3　立法诊所课程亮点及思政元素对应表

章节主题	知识点	思政元素	教学方法
立法调研与起草	立法对策提出、立法草案结构明晰	立法诊所关注立法者的道德修养和情操，使学生了解立法过程中作为立法者应考虑的立法的伦理价值、立法内容的合理性和科学性	学生整理跟班调研、基层调研情况，分别起草调研报告；针对调研报告所提立法需求，拟定新区规划管理条例总体框架

立法研究方法的确定需要结合我国的法治进程，我国立法注重理论和实践的共同发展，体现因时而变、与时俱进的特征，是国情主义法治观的生动体现。立法诊所的课程安排扎根落地，紧密贴合中国法治道路的实质，把解决中国实际问题、实现有效社会控制与治理的要求渗透到法律及其运作的整个过程，从而形成与中国国情相适应的法治体系。

在立法诊所的课堂上，授课教师会为学生指派角色：站在立法者的立场上，学生能够领悟国家政策的合理之处；而站在公众的立场上，学生能够表达自己对于某部法律制定的必要性和立法目的的理解等。不同立场的出现，使得立法诊所的课堂成为一个生动的公民政治实践的场域。在这个场域内，站在不同立场的学生进行交流、沟通、商谈，产生分歧、达成共识或进行妥协。立法诊所课堂不仅为学生呈现各种专业知识，更起到弥合社会鸿沟的作用，在课程的进行过程中将某种价值和观念落地，进而激励更多的年轻法科学生走上法治建设的道路。

目前，通过立法诊所的学习，学生已完成并提交给相关部门的成果包括：关于《北京市教育督导规定》的修订（图3）；关于《崇左市龙峡山山体保护条例（草案）》的审议意见；关于上海城市法典编纂工作的意见；关于对《湖南省实施〈中华人民共和国中小企业法〉办法（修订草案）》《湖南省实施〈中华人民共和国中医药法〉办法（草案·修改稿）》的意见；关于对《天津市生活垃圾管理条例（草案）》《天津市街道办事处条例（草案）》的意见；关于对《中国（河北）自由贸易试验区条例（草案）》的意见等。立法诊所的多项实践成果受到北京市、天津市、河北省、湖南省人民代表大会常务委员会法制工作委员会的充分肯定。在此过程中，学生掌握了立法程序与立法技术的伦理性质和伦理属性，进一步明晰了立法目的与立法实施效果之间的偏差、立法过程对自然法价值的体现、立法时机的判断、立法政策的影响等。

同时,在指导教师的带领下,学生通过学习与研究形成《法规标注操作指南》,即法律文件标注实践的成果汇编。通过编制标注指南,学生深入法律法规条文的微观领域,从解构假定条件、行为模式、法律后果各要素组成因子入手,加深对立法本身客观规律的理解和认识。

图3　立法诊所学生参加北京市教育委员会举办的《北京市教育督导规定》修订研讨会

(四) 优化课程设计,构建法学思政育人体系

党的二十大报告提出,法治社会是构筑法治国家的基础。弘扬社会主义法治精神,传承中华优秀传统法律文化,引导全体人民做社会主义法治的忠实崇尚者、自觉遵守者、坚定捍卫者。习近平总书记在党的二十大报告中首次把法治建设作为专章论述,专门部署,充分体现了以习近平同志为核心的党中央对全面依法治国的高度重视以及奉法强国的坚定决心。党的十八大以来,以习近平同志为核心的党中央从坚持和发展中国特色社会主义的全局和战略高度定位法治、布局法治,创造性地提出了关于全面依法治国的一系列新理念新思想新战略,形成了习近平法治思想。习近平法治思想内涵丰富、论述深刻、逻辑严密、系统完备,是中国法学自主知识体系的核心和灵魂,也是中国特色法学学科体系建设的指导思想。

诊所式法律教育的授课教师在优化课程设计的过程中始终坚持全面贯彻落实党的二十大精神,弘扬社会主义法治精神,深刻学习习近平新时代中国特色社会主义思想,坚持以习近平法治思想为指引,以立德树人为核心,以服务需求为导向,以双一流学科建设为目标,加快构建具有中国特色、中国风格、中国气派的法学思政育人体系,全面做好法治人才培养。

诊所式法律教育的课程设计始终坚持立足于中国国情,强调法学研究和教学的问题导向性与现实针对性,积极为解决改革发展中的瓶颈问题找出答案,实现新时代法学学科体系的实践价值。具体课程设计与落地实践如表4所示。

表 4 诊所式法律教育课程设计与落地实践

课程设计优化目标	知识点与典型案例	整体规划	思政元素	教学方法
固基础稳预期	诉讼诊所针对性选择有劳动争议、侵害消费者权益等与现实社会生活紧密关联的案件	引导学生在具体实践中保持理性、客观，以专业指导实践。让学生通过亲身体验感受法学精神，感悟社会对法学专业能力的综合要求	科学思维方法、实证精神、协作精神	选择更加贴近学生、吸引学生、强调学生的参与性和体验性的案例，通过真实的办案过程调动学生情绪，培养学生情操，引导学生透过案件本身，探究案件背后所反映的社会问题与争议焦点
调方向优结构	小创诊所与安杰、孖士打等律师事务所以及中国银河证券等多家单位建立战略合作关系，搭建实践平台	个性化的教学模式有效推动法学专业知识向个人综合能力转化，实践平台的建立也不断依据人才培养和就业要求持续优化，开展法学课程思政教学实践创新，让学生的个人发展能够满足就业市场的需求	培养学生法学专业大局观，引导学生建立职业认同感和使命感，树立推动经济社会进步的责任意识	帮助学生发现自己的专业学习需求和发展需求，更加主动地投入学习过程
创新兴促交叉	立法诊所聚焦"立法人工智能"前沿领域	坚持现实性和前瞻性相促进、开放性和包容性相统一、独立性和交叉性相结合的原则，把推动学科创新、学科交叉融合作为法学学科建设发展的重要战略支点，打破原有法学学科的壁垒，拓展新的学科领域，实现法治人才培养的多学科共同参与和相互支撑	人工智能立法要在坚持发展的基础上坚守安全底线，应培养学生妥善处理从技术到产业、从哲学到伦理、从社会到法律等多维度关系的能力	在国家高度重视人工智能技术在法治领域应用的大背景下，授课教师带领学生深度参与"十四五"国家重点研发项目，通过对典型领域的文本分析和人工标注，运用人工智能技术赋能立法工作，使课题研究取得重要的阶段性成果，促进立法效率和立法质量的提升
加强理想信念教育	习近平总书记强调，"法律要发挥作用，首先全社会要信仰法律"。全面推进依法治国，加快建设社会主义法治国家，就必须让民众在学习法律的过程中树立法治信仰	普法活动的开展以学生为主体、以教师和司法实务人员为指导、以社会家庭为对象，将思政教育与国家发展紧密贴合，让教育素材与时俱进；将思政小课堂同社会大课堂有机结合，让学生在亲身参与中认识国情	坚定理想信念、培养家国情怀、扎实法学根底	诊所各方向课程授课教师都鼓励学生针对市民村民、亲朋好友、基层工作者与一线法律工作者等展开调研，在相对熟悉的社交圈内进行普法宣传。每一名学生都是普法宣传的参与者、贡献者、体验者和收获者

四、课程评价

诊所式法律教育课程引导学生了解有形的社会现实和无形的政治思想,使学生置身于真实的办案场景中积攒执业经验,在理想、价值和能力的平衡关系上,自主作出职业选择。正如杨晓雷老师所说,"思政教育并非专业教育的补丁,专业教育也不是思政教育的调味品,思政教育与专业教育应该以合理有效的方式融会始终。"

龙瑶莹同学在诉讼诊所一学期的课程结束后,表示对于民事证据在民事诉讼中所起的作用有了更直观的认识。该同学在以实务而非教义的视角看待案件时,愈发认识到理论知识的坚实与丰富才是在实务上取胜的根本。处理案件时,缺乏理论的有力支撑就非常容易因固有思维而落入陷阱,无法有效把握案件的要点,从而延误对当事人权益的保障。

在真实案件中,当事人的态度可能是坚决甚至极端的,有时当事人仅提供一些片面化的证据材料和于法无据的不合理诉求,理想化地想要实现自身利益最大化。周元松同学就曾遇到这种情况,他表示,"如果是来访当事人,我们会根据当事人提供的事实分析法律关系,尽量解释清楚证据与诉求的关联,并抽取出合理诉求以回应他们的预期。如果是代理案件当事人,我们会把握多次见面交流的机会,不断发现、修正、补充案情,同时向他们解释法律规定、展现诉讼逻辑。"

黄贤达同学曾选修立法诊所,在他看来,诊所式法律教育作为一门实践课程,为同学们运用法律知识解决实际问题提供了平台。通过实际参与地方立法,从理论研究转变为理论加实践的研究,可以从更全面、更开阔的视野认识、理解法律。例如,学习立法诊所后再审视法条,会发现有的法规可能不存在抵触上位法的合法性问题,但在立法语言学层面可能存在法律结构、语言表达等方面的不足,或忽视地方监管特殊性,存在正当性或合理性不足。这一过程也让该同学更深刻地体会到,制度以实践为基础,在上层建筑不符合经济基础的时候,上位法可以并应该为经济基础的发展变化提供一定的空间。

王依娴同学目前在一家律师事务所的非诉团队实习,接触到的客户相比于小创诊所具有更为成熟的业务和组织结构,但法律问题、执业场景是共通的,小创诊所的实务课程为她解决商事法律问题打下了基础,小组协作的模式也接近律师事务所的项目团队合作。在她眼中,小创诊所的特色在于通过为大学生创业企业、社区小微企业等解决法律问题,可以在学生步入职场前,磨炼其独立思辨的自由意志、严守程序的理性思维以及勤奋敬业的专业精神。

常心怡同学表示,小创诊所是她在研究生阶段上过的极有意义的一门课,课程锻炼了她在实务中运用法律思维解决问题的能力。首先,小创诊所的指导教师在重视专业教学的同时,强调道德思政教育,引导学生关注小微、小创企业发展过程中的困境,协助当事人处理法律问题。其次,课程系统性介绍小微、小创企业发展过程中所应用的法律知识,从尽职调查、企业架构至商业谈判、融资进程,辅以实践中的真实案例,大大提高学生对知识的应用能力。最后,课程有机整合不同实践平台的资源,横跨高校、律所、司法部门、高科技企业与创业企业,实现校际、校内、校外教学资源的有效共享和实践教学的常态化,加深了学生对法律实践的理解和认识。

在职业选择方面,在上过诊所式法律教育课程的同学中,有的表示不愿意从事某项法律工作,有的则坚定地表示要从事这样的工作。这并不意味着课程对学生的职业选择没有影响或者影响效果不佳,相反,这表明课程让学生拥有了选择的认识基础和力量。

五、总结与思考

对于正在发展并不断完善的中国法律教育工作来说,诊所式法律教育课程具有其独特的重要价值,并期待能够获得更多的关注和支持以使这些价值得以充分发挥,具体包括以下几个方面:

一是从思政教育的内容上看,诊所式法律教育能够使学生法律思想和价值观的形成深深根植于中国社会的现实问题之中,基于现实的社会问题土壤培育和成长起来的思想认识和理想价值具有牢固的情感根基和正当的社会价值基础,坚不可摧,经得起困难和时间的考验。

二是从思政教育的方法上看,诊所式法律教育能够使专业学习与思政学习有机融合,通过启发式、参与式、学生主导、教师指导等多种方式结合,既能保障思想价值教育的端正性和严肃性,又能激发学生主动接受教育的积极性和创新活力,避免概念化、灌输式、被动式思想教育的不佳效果以及理论与现实的价值二元化。

三是从现实法学教育模式的发展、完善和改革的角度来看:诊所式法律教育一方面能够积极结合现实社会问题,合理有效地沟通理论和现实,为现有的法学思政教育创建有效的空间和平台;另一方面能够在既有的法学教育机制中,在职业法律人的思想价值构建上,创建从理论知识到社会执业的必要过渡环节和安全缓冲装置,避免学生从校园"象牙塔"直接进入利益化社会不适应而出现思想和价值观的极端反应,从而提高人才的培养效益并保障人才的持续成长。

中国政治概论

一、课程概况

(一)课程信息

中国政治概论是在习近平新时代中国特色社会主义思想指导下,针对低年级本科生开设的中国政治入门课。该课程为3学分必修课,共54学时。

(二)课程简介

中国政治概论课程对中国政治的重要思想、原则、中国基本政治制度及中国政府的组织体系进行较为系统的介绍,并对中国政府的运作过程进行分析。通过课程讲授,使学生能够对中国政治以及中国共产党的历史发展、领导地位、决策过程有准确的理解与认识,并且掌握如何运用这些分析逻辑理解中国政治及政府决策和执行过程。

本课程的特色为开创性地应用"理性选择制度主义"学派,通过比较政治学理论框架来讲授中国政治,避免了传统的静态制度主义授课方法,创造性地应用动态均衡理论,让学生理解中国政治及政府决策过程。课程避免了大学教育依然重复高中政治基本内容的情况,从而激发学生浓厚的学术兴趣,提高学生的逻辑分析能力,寓思政于知识、逻辑和方法论学习之中。

(三)授课教师简介

雷少华,北京大学国际关系学院副教授,北京大学国际组织与国际公共政策系副系主任。2013年毕业于美国犹他大学政治学系,获政治学博士学位,曾获2017年北京大学"教学优秀奖"、2018年北京大学"十佳教师"、2022年北京大学"曾宪梓教学优秀奖"等奖项。

二、课程育人目标

课程思政与思政课程最大的不同在于,课程思政是把思想政治的主要内容融入专业课程中,使得专业课程既有专业性,又兼具思政教育功能。中国政治概论课程的教育目标是:通过对中国政治制度以中国共产党发展史为脉络进行纵向比较,与世界主要国家政治制度进行横向比较,使学生在掌握中国政治主要框架、中国政府决策过程的基础上,理解在不同历史发展阶段,尤其是在当前百年未有之大变局时代,中国共产党为什么"行"、为什么"能"。通过对新中国成立后中国政治、经济、社会、产业等发展历程的讲解,让学生掌握一套全景式理论框架和逻辑,完整理解在习近平新时代中国特色社会主义思想指导下,我国现代治理和治国理政的重要理论和分析方法。同时,本课程将对国内学生的思政教育和对国际学生的中国国情教育有机结合在一起。

本课程的创新在于:①将比较政治学基本理论与中国政治概论相结合,解决了传统中国政治概论课程中存在的与中学政治课区别不大、无法满足学生对更深层次知识的需求的教学问题;②与世界主要国家的政治体制进行比较,凸显中国政治的独特性与优越性;③在"理性选择制度主义"的整体框架下,使中国政治涵盖的所有议题形成完整的逻辑联系;④针对课堂里国际学生人数众多的特点,理论联系实际,结合实地参访与课堂教学,使国际学生深刻理解习近平新时代中国特色社会主义思想下治国理政的现实意义和实际做法,基本掌握和理解中国的基层治理、中国地方政府为年轻人营造的创新创业的卓越环境。

三、课程思政案例

(一) 理性选择制度主义的理论教学

1. 理论框架

理性选择制度主义是比较政治学中重要的理论方法,其核心要点是结合了理性选择的前提预设和制度主义的静态框架,"均衡"是制度的目标。从这个角度出发,本课程进一步将习近平新时代中国特色社会主义思想从理论层面进行概括,使学生深刻理解在全世界所有政治体制中,中国政治制度是唯一能够实现政治与社会稳定的体制。

2. 教学过程

第一步:在第一节课结束时,给学生布置一份作业,让学生列举破坏国家政治和社会稳定的主要因素及解决办法。

第二步:请助教对学生提交的作业进行整理,按照内因、外因、解决方法三部分进行分类(以2020年秋季学期为例,如图1所示)。

破坏国家政治和社会稳定的主要因素

来源：2020年秋季学期全体选课学生

内　因

政治	经济	文化	社会	自然
1. 中央权力弱化 2. 地方分裂与独立 3. 政变 4. 内战 5. 腐败 6. 外戚干政 7. 政治集团利益分化 8. 党争 9. 体制僵化 10. 改革失败 11. 重要领导人死亡 12. 领导决策失误 13. 政策缺乏稳定性 14. 法律体系缺陷 15. 司法不公	1. 经济危机 2. 经济结构失调 3. 重要商品短缺 4. 经济发展低下 5. 贫穷 6. 财政危机 7. 债务危机 8. 贫富差距 9. 资本权力膨胀 10. 资源分配不均 11. 垄断资本 12. 生产关系不适应生产力 13. 缺乏统一市场 14. 过度放任 15. 市场失灵 16. 基础设施落后	1. 意识形态危机 2. 核心价值观危机 3. 宗教冲突 4. 民族主义过盛 5. 文化传统(军国主义) 6. 文化认同缺失 7. 文化向心力弱 8. 国家丑闻 9. 谣言 10. 舆论危机	1. 种族矛盾 2. 性别对立 3. 人才外流 4. 老龄化 5. 人口激增 6. 生存压力 7. 失业 8. 罢工 9. 治安恶化 10. 生态问题 11. 环境污染 12. 重大安全事故	1. 重大自然灾害 2. 气候变化 3. 传染病

破坏国家政治和社会稳定的主要因素

来源：2020年秋季学期全体选课学生

外　因

政治	经济	文化	社会	自然
1. 侵略 2. 外国干涉内政 3. 殖民 4. 边界冲突 5. 长期对外战争 6. 对外扩张 7. 恶劣的外交环境 8. 大规模杀伤性武器扩散 9. 移民问题 10. 难民危机 11. 非传统安全	1. 世界经济危机 2. 外国经济侵略 3. 外国转嫁危机 4. 外国资本控制 5. 国际经济制裁 6. 贸易战	1. 文化渗透 2. 和平演变 3. 外来文化冲击 4. 文明冲突	1. 恐怖主义 2. 跨国犯罪 3. 网络安全	1. 突发性公共卫生事件 2. 国际重大自然灾害（火山爆发、海啸等）

破坏国家政治和社会稳定的主要因素

来源：2020年秋季学期全体选课学生

解决办法

政治	经济	文化	社会	国际
1. 强有力中央政府 2. 强大的政府权力 3. 政治制度建设 4. 领导集体团结 5. 防止党争 6. 可靠接班人制度 7. 依法治国 8. 保障人民民主权利 9. 提高政府效率 10. 制定合理政策 11. 政府权力受到制约与监督 12. 巩固国防 13. 完善智囊团建设	1. 发展经济 2. 提高社会生产力 3. 确保财政收入 4. 民生项目建设 5. 基础设施建设 6. 保障能源供应 7. 保障货币稳定 8. 保障贸易稳定 9. 优化产业结构 10. 完整工业体系 11. 完善分配制度缩小收入差距 12. 完善福利制度 13. 坚持公有制控制国家经济命脉	1. 文化自觉 2. 文化自信 3. 发展本土文化 4. 维护文化根基 5. 爱国主义教育 6. 合理宗教政策 7. 打击邪教 8. 扶持国家舆论机器 9. 包容不同文化 10. 学习借鉴优秀文化 11. 升级网络防火墙	1. 构建科学灾害防控机制 2. 建立预警机制 3. 构建危机管理机制 4. 构建社会保障机制 5. 科技研发 6. 注重创新 7. 增强幸福感 8. 增强执法力度 9. 打击犯罪	1. 独立自主的外交政策 2. 树立良好国际形象 3. 打造人类命运共同体

图1　学生列举破坏国家政治和社会稳定的主要因素及解决办法

第三步：请学生思考，如何建立一套政治体系，能够完全制约这些内因和外因，并将学生自己提出的解决办法进行有效的实施。

第四步：得出结论，如图2所示。

破坏国家政治和社会稳定的主要因素

来源：2020年、2021年秋季学期全体选课学生

总结
1. 政治的核心是维护权力均衡；
2. 制约不同政治、经济和社会单元对各自权力与权利的无限扩张是权力均衡的根本保障；
3. 组织和动员社会是抵御外来入侵和自然灾害的核心能力

结论
只有唯一的、中立的并具有强有力协调能力的政治组织控制国家权力，才能够维护权力均衡和组织动员社会

图2 总结与结论

第五步：在建立好分析框架的基础上，通过一个学期的课程讲授，围绕上述内因外因层层递进展开讲解和分析，通过历史的纵向对比和与现实世界的横向对比，让学生理解只有以中国共产党领导的中国政治体制、习近平新时代中国特色社会主义思想下的治国理政方针为指导，才能够实现政治和社会的稳定与发展。

这种教学创新取得了重要成就。该课程由学生提出问题，并由学生自己设计解决办法，授课教师根据学生提出的解决办法进行理论总结。这种推演逻辑能自然让学生深刻理解中国共产党及中国政治体制的治理能力。授课教师遵循学生提出问题、解决问题的逻辑进行讲解，从而避免了传统课程思政或思政课程中"外部灌输"、学生无法主动融入课程的被动局面。这样可以极大激发学生的学术兴趣与理论思考，最终在"润物细无声"的过程中实现课程思政的教学目标。这种教学创新，完全符合北京大学本科生从高中生到大学生转变过程中的知识储备、理论素养、逻辑思维的客观情况，不仅能够有效完成专业课的教学任务，而且实现了课程思政的教学目标。

（二）针对国际学生的实地教学

国际学生是北京大学学生的重要组成部分，对国际学生的中国国情教育是整个教学体系中不可分割的一部分。这是来华留学生的学习目的之一，更是我们建立文化交流、讲好中国故事的重要载体。中国国情教育是课程思政另一项重要的教学目标。

针对国际学生中国近现代历史知识薄弱、对中国政治体制不够了解的实际情况，本课程为选课的国际学生专门设计了实地教学环节。正常情况下，该课程每学期专门组织选课的国际学生进行两次实地参访和现场教学。该教学分为"地方政府基层治理"与"中国青年创新创业"两大主题，主要教学基地在北京市清河街道与北京国贸 SOHO 3Q 中心。

北京市清河街道毛纺厂南小区是北京市老旧小区改造的样板,主要成就是为老旧住宅加装电梯、建造立体车库解决停车难问题等。如图3所示,参访中,由街道办事处工作人员直接介绍他们的实际工作情况并回答学生的提问,使国际学生基本理解北京市最基层政府开展工作的内容、党的基层组织、居委会与小区居民沟通的方式,以及街道工作人员如何说服各家同意装电梯等现实治理问题(图4)。

北京国贸 SOHO 3Q 中心是全国著名的年轻人创新创业中心,这里诞生了"小黄车""小红书"等共享经济与平台经济模式,也有诸如 Vision the Future 等一批年轻人创办的公益机构和社会企业。国际学生在中心进行参观(图5),并倾听青年公益组织 Vision the Future 介绍中国青年如何创新创业(图6)。

本课程精心挑选了上述两处地点,主要教学思路是:通过对街道办事处的参访,让国际学生了解中国最基层政府工作机制、国家与社会关系、在习近平新时代中国特色社会主义思想指导下的治理能力现代化与为人民服务的关系;通过对创新创业中心的参访,让国际学生了解中国现代年轻人爱国敬业、朝气蓬勃的新面貌、新风尚。

两次参访分别对应课程"基层治理"和"社会与公民"两个重要章节的理论内容,加深国际学生对课堂理论知识的理解,丰富其在中国生活和学习的亲身感受。每次实地教学结束,国际学生都纷纷表达对该课程设计的支持,并在社交媒体上分享自己的学习体验,真正起到了文化交流与讲好中国故事的功效,实现了中国国情教育的教学目标。

图3　国际学生与清河街道政府交流

图 4　国际学生现场了解清河街道老旧小区加装电梯

图 5　国际学生在国贸 SOHO 3Q 中心参访

图 6 青年公益组织 Vision the Future 介绍中国青年如何创新创业

(三) 党的二十大精神融入课程思政

党的二十大报告是指导全面建设社会主义现代化国家、向第二个百年奋斗目标进军的纲领性文件。中国政治概论课程将党的二十大精神与课程思政相融合,用学术讲政治,以"理论+案例+报告原文解读"的模式,深入浅出地为学生解读二十大精神。在讲授"现代化"章节时,授课教师首先分类介绍政治学主流现代化理论,搭建基本理论框架;其次,选取西方老牌资本主义国家崛起之路、南美"休克疗法"、亚洲四小龙等自由主义发展路径的典型案例进行剖析,揭示西方现代化理论与现实弊端的错位;再次,引入二十大报告中的"中国式现代化"相关论述,结合中国共产党领导下的百年光辉历程和党的十八大以来的伟大成就,在比较分析的基础上阐释"中国式现代化"的本质要求,帮助学生深刻领悟中国式现代化"是中国共产党领导的社会主义现代化,既有各国现代化的共同特征,更有基于自己国情的中国特色",从而更加坚定全面建成社会主义现代化强国、实现第二个百年奋斗目标的历史信心;最后,选取精准扶贫、乡村振兴等案例,揭示"中国式现代化"命题背后,中国共产党"以人民为中心"的执政理念和发展理念,响应课程主题,加深学生对党的认识与认同。

四、课程评价

课程评价总体上认为课程内容丰富、涵盖面广,将方法论训练和课程思政有效并紧密地结合在一起,既完成专业课理论教学目标,又避免灌输式说教,使课程思政润物细无声式地完成。

雷少华老师的中国政治概论课程结构合理,知识丰富,涵盖中国政治的基本理论和实践,广泛涉猎相关学术研究的热点和难点问题;课程讲解深入浅出,系统性、逻辑性强,提出的思考问题具有针对性和启发性;课程具有非常强的思政性,学生通过课程学习能够更好地认识中国政治的发展逻辑,增强爱国主义情感。总之,该课程是一门兼有学术性和思政性的课程,深受学生的喜爱。

——项佐涛(北京大学国际关系学院党委副书记、副教授)

北京大学国际关系学院雷少华老师主讲的中国政治概论,在比较政治理论的框架内,将中国政治的理论与实践相融合。雷少华老师能够将《当代中国政府与政治》这本教材与当前治理现代化有机结合起来。课程内容丰富,既包括了知识传播、逻辑训练,又包含了丰富的课程思政内容,既有课堂理论教学,又有实地参访现场学习。课程在2019年12月外交学院举办的"北京市政治学主干课程建设论坛"上,得到了北京市高校中国政治课程教师的一致认可和好评。

——谈火生(清华大学社会科学学院政治系长聘副教授)

雷少华老师的中国政治概论是我进入北大国关的第一门专业课,也是我在知识、理论、思维各方面向学术转型的"启蒙课",更是在无形中塑造我的三观,帮助我更深刻全面了解党和国家、坚定政治立场的党课。一个学期的课程中,雷老师首先为同学们搭建了中国政治研究的基本学术框架。其次,老师设计的课程内容全面翔实,课堂氛围活泼严肃,考核方式科学合理,通过"课前阅读+学生课堂展示+重难点解析+案例补充+课后答疑"的方式,循循善诱,深刻剖析了中国共产党为什么能、为什么伟大,在轻松生动的案例讲解中,让同学们深刻明白为什么必须走中国特色社会主义道路、为什么中国特色社会主义最本质的特征是党的领导。总而言之,中国政治概论不仅是一门讲好中国故事的课,还是一门完美融合专业学术训练和党史教育的课。

——杨雨洁(北京大学国际关系学院2017级本科生)

雷少华老师的中国政治概论以专题视角,提纲挈领地从中国政治的各个领域分析了成因、现状和建议。作为国关入学的必修课,课程的启蒙性于我而言意义非凡。中国政治概论在课程上对专题学理层面的剖析,不囿于自由主义、现实主义的传统,更将马克思主义有机结合在教学中,如列宁、斯大林等人在民族问题上的观点,葛兰西关于文化霸权的论述等,不一而足,让我认识到了马克思主义的指导意义。而雷老师在课程中穿插的亲身经历,不但为课程增添了感染力,更让我感受到了共产党员强烈的责任感,以及中国共产党总揽全局、协调各方的领导核心作用。

——林佳怡(北京大学国际关系学院2020级本科生)

五、总结与思考

课程思政是一种融思政内容于专业课教学之中的新教学模式,既要完成专业课的教学目标,又要实现思政教育的功能。如何将思政内容与功能有机地融入专业课程的教学之中,是课程思政的主要难点也是重点。从一个高强度且需要大量重复训练的环境到高强度但充满新知学习的环境,这是从高中向大学的重大转变,也是高中生向大学生思维转换的巨大挑战。既要实现高中与大学知识的衔接,又要升华到大学高强度的知识储备和高难度的理论学习,这是面对低年级本科生教育需要重点思考的问题。

经过多年的教学实践,中国政治概论课程总结出一套较为完善的课程思政教学模式:引导学生自己提出问题,并寻找解决问题的方案,从而进一步升华为一套完整的理论框架,让学生融入整个教学的理论建构之中。整个理论建构是建立在学生自己的思考之中,那么学生自然而然就会接受由该理论框架推导出的结论,从而"润物细无声"地完成思政教育目标。

针对国际学生的特点,中国政治概论课程设计了一套完整的中国国情教育体系,融课堂教学与实地教学为一体,实现"在中国感受中国"的留学意义。在习近平新时代中国特色社会主义思想指导下,在中国共产党的领导下,"以人民为中心"推进国家治理体系和治理能力现代化,是讲好中国故事的关键,也是中国国情教育的核心。

本课程希望在现有教学内容和经验的基础上,结合中国新发展,丰富案例教学,从而进一步完善课程思政的建设。

中国治理及经验

一、课程概况

(一)课程信息

中国治理及经验是为政府管理学院公共管理专业学位(MPA)教育设计的专业方向课程,向全院研究生开放。

(二)课程简介

课程涉及中国政治、国家治理、政治发展等多个研究分支的专题研讨,侧重于从制度安排、决策体制和机制、现实政策取向和政策措施等方面,以政党治理、政府治理、社会治理、市场治理等视角,以环境治理、腐败治理、经济治理、法治建设等为专题,研究和总结中国治理的经验,特别探究中国共产党领导下的国家治理的特点和优势。课程主要介绍政治学的基本概念与理论,包括政治学的基本问题、政治分析的人性假设、政治行为的利益分析、国家与国家治理、政府与政治制度、公民权利与政治参与、政治文化与政治社会化、政治发展、国际政治与全球治理等内容。

本课程以专题研究形式探讨当代(尤其是改革开放以来)中国治理的经验与模式,课程研修分为理论和现实两个模块。理论模块包括:国家及其治理的相关理论、中国治理观念的演进。现实模块包括:政党治理、政府治理、社会治理、民主治理、法治治理、经济治理、腐败治理、环境治理。

从第四周开始,每次课程授课教师讲授两节课内容,剩下一节课由学生小组介绍相关研究或个案,学生分组进行讨论。将班级学生编为八个小组,每一小组研究一个专题,依次进行展示。结课前,由授课教师挑选相关案例,进行两次集中研讨,学生在一定规则下自由发言。

成绩评定:课堂签到(10%);小组课堂专题展示并提交发言提纲(40%);结课论文,主题需同中国治理及经验相关,符合论文格式,5 000~8 000字(50%)。

（三）授课团队简介

授课团队由燕继荣、张长东、马啸、彭莹莹组成。

燕继荣，政治学博士，北京大学政府管理学院教授、院长，教育部长江学者奖励计划特聘教授，北京大学公共治理研究所所长，北京大学国家治理研究院副院长，北京大学政府运行保障研究院副院长，中国政治学会副会长，中国行政管理学会副会长，北京市政治学行政学会副会长，教育部社会科学委员会政治学社会学民族学学部秘书长，全国公共管理专业学位研究生教育指导委员会副主任委员。自1987年在北大担任教职以来，一直从事政治学教学与研究工作，主要研究领域包括政治学理论、中国政治、政府管理、国家治理。主要成果包括：出版学术著作《中国现代国家治理体系的构建》《走向协同治理：基层社会治理创新的宁波探索》《中国治理：东方大国的复兴之道》《国家治理及其改革》《社会资本与国家治理》《服务型政府建设：政府再造七项战略》《西方政治学名著导读》《投资社会资本：政治发展的一种新维度》《发展政治学》《现代政治分析原理》《政治学十五讲》等；主持翻译学术著作《民主的模式》《独自打保龄：美国社区的衰落与复兴》《政治科学研究方法》；主持国家级、省部级等课题50余项，发表学术论文、政策评论等文章200余篇。

张长东，北京大学政府管理学院教授、政治学系主任，国家治理研究院副院长，教育部青年长江学者，西雅图华盛顿大学政治学博士。主要研究制度主义、国家社会关系、财政社会学，对社会科学研究方法也有涉猎。主要开设中国地方政府与政治、中国发展与改革、西方政治制度专题研究、政治学研究方法论等方面课程。在 *China Review*, *Sociological Theory*, *Non-Profit and Voluntary Sector Quarterly*, *Politics and Society*,《政治学研究》《公共行政评论》等刊物发表中英文论文20余篇，出版专著 *Governing and Ruling: The Political Logic of Taxation in China*。

马啸，北京大学政府管理学院助理教授、博士生导师、研究员，华盛顿大学政治学博士。研究领域包括比较政治制度、发展政治学和中国政治。已发表和待发表作品从制度主义视角出发，对精英间的权力分享、产权保护、地方治理和公共品提供等问题进行研究。著有 *Localized Bargaining: The Political Economy of China's High-Speed Railway Program*，在 *Journal of East Asian Studies*, *Security Studies*, *China Review*, *Political Communication*, *Journal of Contemporary China*, *China Quarterly*, *China: An International Journal*, *Journal of Chinese Governance*,《北大政治学评论》《开放时代》《公共管理评论》等国内外期刊发表多篇论文。主持国家自然科学基金青年项目、教育部人文社会科学重点研究基地重大项目子课题、北京市社科基金、中央社会主义学院统一战线高端智库专项课题等研究项目。目前开设本科生"政治学原理"、研究生"发展政治学专题研究"等课程。曾获北京大学教学优秀奖、北京大学黄廷方/信和青年杰出学者、北京市社会科学基金青年学术带头人等荣誉。

二、课程育人目标

中国治理及经验课程思政的教学设计在于将知识传授、能力培养和价值塑造相结合。政治学的学科特性决定了政治学专业课程的教学过程往往是塑造学生政治观念和社会认知的重要过程。在政治学专业的课程教学中,专业教育与思政教育密不可分,只有将思政教育融入教学过程中,才能真正体现课程思政是中国政治学专业教学的内在要求。党的十八大以来,全面建设社会主义现代化国家、全面深化改革、全面依法治国、全面从严治党成为党中央治国理政的战略布局,十八届三中全会明确全面深化改革的总目标是"完善和发展中国特色社会主义制度,推进国家治理体系和治理能力现代化"。

为实现课程思政的功能,本课程将在教学内容上坚持问题聚焦、系统设计、知识融合,在教学形式上坚持教学手段的适宜性、教学方式的多样性与教学过程的互动性。综上所述,本课程的育人目标是:在理论上,引导学生通晓中国治理的相关理论、历史沿革和内在逻辑,有助于学生学会分析当下中国的政治现象;在实践上,帮助学生熟悉中国治理体系,了解中国治理实践,明白中国特色社会主义制度的特征和优势,坚定道路自信、理论自信、制度自信、文化自信,增进学生的政治认同、思想认同、情感认同,使其成为堪当民族复兴大任的社会主义接班人。

三、课程思政案例

在中国治理及经验课程的教学全过程中,前后诸多思想政治教育要素贯穿其中。具体而言:"导论"部分帮助学生了解治理的概念和研究缘起,引导学生用治理理论认识现实政治。"国家及其治理的相关理论"专题将中国特色社会主义和国家治理体系现代化相关理论和观念融入课程讲授,引导学生了解并正确认识中国国家治理体系现代化。"中国治理观念的演进"专题讨论治理如何从"舶来"概念和理论逐步中国化,形成面向中国现实的治理理论,引导学生正确认识西方理论的定位和局限。"政党治理"专题探讨变化世界中的中国共产党及其历史定位、中国共产党领导力与中国治理的复杂关系、中国共产党自身的治理机制和治理现状等问题,使学生了解在中国治理中,中国共产党是一个重要的能动角色。"政府治理"专题考察中国政府的角色定位、中国政府的改革,以及中国政府自身规范化、法治化的努力,使学生认识到政府主导是中国治理的显著特点。"社会治理"专题从国家社会关系视角切入,研究变迁中的中国社会及其在治理中的新地位,探讨中国实现"强政府—强社会"结构的路径和空间。"民主治理"专题以民主过程的视角探讨中国的民主化进程。一方面,挖掘和了解中国在民主化方面的举措、经验和空间;另一方面,以中国的实际经验拓展和充实民主内涵,使民主(全过程民主)内涵得到新的检验、反思和拓展。"法治治理"专题对中国的政法传统、中国特色社会主义宪法观念、中国法治历史和改革进程等方面进行研究,探讨中国法治道路的前景和空间,使学生认识到法治是政治发展的重要一环,也是治理中的重要领域。"经济治理"专题旨在探讨经济新常态下的政府与市场关系,进而界定"'发展型国家'的中国模式",研究经济治理领域的中国战略和战术,引导学生认识到改革开放以来,中国在经济发展上实现了奇迹般的增长。"腐败治理"专题从中国政治中的腐败及其产生机制、中国反腐经验及得失、反腐治理的路径及优化的可能性等方面展开讨论,学生将从中认识到腐败是政治发展中的重要话题,腐败治理是国家治理中具有关键意义的一环。"环境治理"专题首先展示他国在环境这一公共事物上的治理之道,进而结合中国实际,探讨中国环境治理的路径及可能性。环境作为政治学中典型的公共事物,其治理日益成为治理领域中的热门话题,对中国来说,研究环境治理还有现实关切的意义。

本课程在教学的整体过程中,重视对学生认知和观念的正向引导,力求将思想政治教育融入专业知识的教学中。课程围绕理论和实践两个维度系统梳理改革开放以来我国得到的既有成果和经验教训,在国内外对比中凸显中国特色社会主义道路、理论、制度、文化优势,在经验的总结中展望中国治理未来的发展方向,从而推进课堂教学与思政教育的更好融合。下面以"中国治理观念的演进""环境治理""政府治理""社会治理"四个专题的课堂讲授为例,具体展示上述融合过程。

(一)中国治理观念的演进(案例 1)

授课教师在该专题中向学生介绍中国治理的特点和优势,其中制度支撑是根基,集中性、协调性与持续性的治理优势决定了我国治理具有高效性的特征。在这一过程中,中国共产党的统一领导起到至关重要的作用:坚持和完善中国特色社会主义制度、推进国家治理体系和治理能力现代化是党的十九大精神的重要内容,制度供给成为中国治理的重要支撑;集中性是中国党政军民社高度一体的制度安排的体现,协调性依靠于自上而下的中央集权领导体制,持续性则需要中国民众在具有现代意识和思维的核心力量领导之下长期不懈地努力。

除优势外,中国治理也同样面临着诸多挑战——责任机制匮乏、分利集团固化等都是公有制面临的治理困境,必须通过改革创新带动治理效能的转化。授课教师首先在课上介绍未来中国治理的三大趋势,其中包括做实基层治理、条块领地"公地化"、政府数字化等方式,接着引导学生在课上积极发言,畅谈中国治理的已有成果和未来可行的发展方向,考查学生对已讲知识的理解和认识,让治理理论与实践经验通过课堂讨论的形式更好地融合。

(二)环境治理(案例 2)

在环境治理专题研究课程中,授课教师结合实际案例,为学生讲述环境治理的理论和实践。以 X 县的实际经验为例,授课教师带领学生分析其环境治理成功的经验,特别强调党组织在其中发挥的作用,认为党组织"以党带政",通过"党建+"等治理模式,在环境污染专项治理中取得重大成果,如图 1 所示。

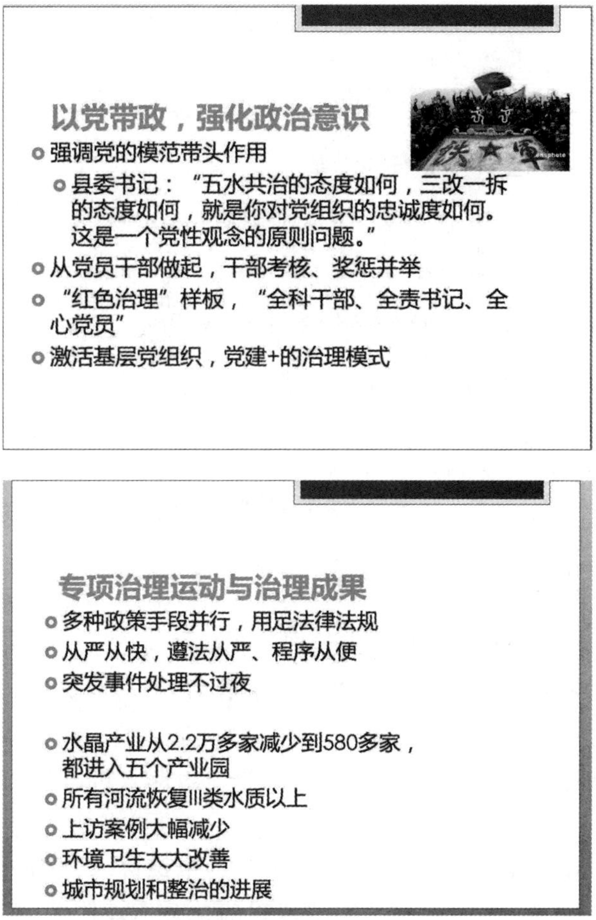

以党带政，强化政治意识

- 强调党的模范带头作用
  - 县委书记："五水共治的态度如何，三改一拆的态度如何，就是你对党组织的忠诚度如何。这是一个党性观念的原则问题。"
- 从党员干部做起，干部考核、奖惩并举
- "红色治理"样板，"全科干部、全责书记、全心党员"
- 激活基层党组织，党建+的治理模式

专项治理运动与治理成果

- 多种政策手段并行，用足法律法规
- 从严从快，遵法从严、程序从便
- 突发事件处理不过夜

- 水晶产业从2.2万多家减少到580多家，都进入五个产业园
- 所有河流恢复Ⅲ类水质以上
- 上访案例大幅减少
- 环境卫生大大改善
- 城市规划和整治的进展

图 1　X 县环境治理的成功经验

通过本节课程的学习，一方面，MPA 学生对治理环境的重要性有了更深层次的认识和体悟，真切理解了"绿水青山就是金山银山"的发展观念，以期在未来的工作岗位中为祖国守住"生态红线"，实现绿色发展；另一方面，对案例和治理经验的学习使学生认识到中国共产党在方方面面发挥的核心带头作用，认识到中国的发展离不开中国共产党，中华民族的命运与中国共产党息息相关。

（三）政府治理（案例 3）

在政府治理专题研究课程中，授课教师深入浅出地为学生分析中国自古至今的政府发展史，梳理中国政府发展的脉络（图 2）。就近现代中国政府治理，授课教师为学生讲述中央部门的历史调整，主要是大部制改革的历史背景和成效，体现出中国政府政策和发展上的一贯性。

自党的十八大以来，大部制改革已经成为中国政府治理改革的核心内容，这一改革降低了行政成本，加强了政策协调性，更有助于政府回应发展过程中出现的新问题，满足人民的新需求。授课教师对这一改革的深入剖析和阐释，使学生认识到中国特色社会主

义的制度优势,有助于培养学生的"四个自信"特别是制度自信,真正实现了政治课与思政课的交融。

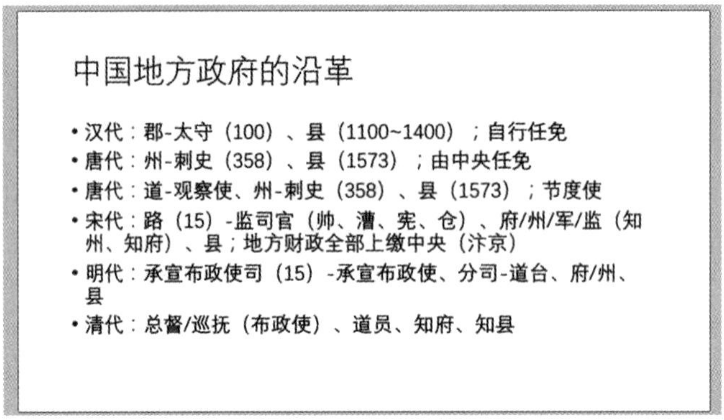

图 2 中国地方政府的沿革

中国地方政府的沿革
- 汉代:郡-太守(100)、县(1100~1400);自行任免
- 唐代:州-刺史(358)、县(1573);由中央任免
- 唐代:道-观察使、州-刺史(358)、县(1573);节度使
- 宋代:路(15)-监司官(帅、漕、宪、仓)、府/州/军/监(知州、知府)、县;地方财政全部上缴中央(汴京)
- 明代:承宣布政使司(15)-承宣布政使、分司-道台、府/州、县
- 清代:总督/巡抚(布政使)、道员、知府、知县

(四)社会治理(案例4)

人民民主是社会主义的生命,是中国式现代化的本质要求之一。党的二十大报告提出,要完善社会治理体系,提升社会治理效能,畅通和规范群众诉求表达、利益协调、权益保障通道,建设人人有责、人人尽责、人人享有的社会治理共同体。在社会治理专题研究课程中,授课教师以北京市接诉即办改革为例,为学生深入讲解如何在社会治理领域践行"人民至上"。

北京市接诉即办改革围绕着 12345 热线表达的市民诉求,形成了包括全面受理、分级响应、快速直派、协同办理、回访评价等全流程的社会治理体系,将人民群众的利益诉求和意见建议放在政府工作的首位,做到"民有所呼、我有所应"。授课教师对这一改革的制度设计、工作流程、考评体系做了深入剖析,使学生对二十大精神有了更为深刻的领悟,充分意识到要将"以人民为中心"的政治立场贯彻在国家政治生活的方方面面,将二十大精神与自身工作、学习、生活更紧密地结合,做到思想政治教育与实务工作相结合。

四、学生评价

部分学生评价如下:

"中国治理及经验这门课是一门开放程度较高的课,我们可以把自己工作中的问题拿出来一起交流,课堂气氛热烈,很开心选择了一门互动良好、获益颇多的课程。"

"在本课程的教学中,燕继荣老师及各位代课教授详细而系统地讲述了中国治理的相关理论、专业知识与典型经验,为我们掌握扎实的国家治理知识、提升公共管理能力提供了有益帮助,为我们更好从事公共行政工作提供了有力支撑,向各位代课老师表示诚挚谢意。"

"课程设计科学合理,围绕中国治理的 12 个课题,让我们对中国治理的经验有了系统和直观的感受。三位老师也让我们收获颇丰,燕老师理论修养深厚,马老师讲课深入浅出,张老师很随和。"

"中国治理及经验课程学习让我受益匪浅,包括燕老师在内的各位授课老师以其深厚的理论功底、与中国社会的深入结合以及深入浅出的讲授,让我对中国社会制度安排、决策体制和机制、现实政策取向和政策措施等方面有了较为全面的认识。尤其是在案例研究环节,同学们大量查阅资料、认真准备,并一一走上讲堂。丰富灵活的授课方式既让我在自学研究中对学习内容有了更深刻的认识,也能够通过各位同学的发言取长补短,最后老师的点评更是画龙点睛。讨论内容经整理后在北大 MPA 公众号予以发表,让课堂知识得以升华,也留下了校园学习的美好回忆。"

"燕老师讲课十分认真投入,内容纲举目张,条理性很强,而且特别善于举例,让同学们能从中国治理的经验中感悟理论,学习起来十分轻松,令人印象深刻,有良好的学习效果。尤其让我印象深刻的是,老师组织有不同背景的同学们分享自身的工作经历,再加以点评,既活跃了课堂气氛,又达到了教学相长的效果。"

五、总结与思考

从思政教育效果上看,通过中国治理及经验课程的学习,学生能够掌握政治学的基本理论、方法、思维方式,树立正确的价值观,并在之后的长期学习中不断运用。课程运用政治学相关概念、理论和方法,通过对中国治理历史和现状(尤其是改革开放以来)的系统考察和总结,帮助学生对中国治理经验和治理模式进行较为系统的分析和阐释,加深学生对中国问题和中国发展政策的认识,培养学生的历史使命感,增强学生的问题意识,提升学生的政策分析能力。

课程综合运用课堂讲解、师生互动、学生展示、问题解答、案例分析等多元教学方法,学生在课程中需要出席课题讲授、选择展示主题并完成相关文献阅读任务、准备小组课堂专题展示及发言提纲。总体而言,课程较为顺利地完成了本课程的思政教学目标,取得了良好的成效。

社会工作概论

一、课程概况

（一）课程信息

社会工作概论是北京大学社会工作专业二年级及以上本科生的专业必修课，适用学时为每周4学时，共72学时。

（二）课程简介

社会工作概论是北京大学社会工作专业的核心基础课，主要讲授社会工作相关的专业基础知识，包括社会工作的专业价值伦理和实践性、主要理论、工作方法与技巧等，其中专业价值伦理和实践性是社会工作最鲜明的两个特征，也是本课程最重要的课程思政元素。课程以此为中心将思政元素与专业教学内容有机融合，设计并开展了多种形式的教学活动，引领学生树立正确价值观，收到了比较好的效果。2022年本课程被评为北京大学课程思政示范课程。

（三）授课团队简介

授课团队由鄢盛明、熊跃根组成。

鄢盛明，香港大学哲学博士，北京大学社会学系副教授，社会工作专业主任，中国社会工作教育协会老年社会工作专业委员会副主任委员，北京市社会心理服务体系建设试点专家组专家，2019年被聘为北京市精神卫生和心理健康专家委员会委员，主要从事老年社会工作、精神健康社会工作、自杀社会问题及医学社会学的教学与研究工作。

熊跃根，香港中文大学哲学博士，北京大学社会学系教授、博士生导师，北京大学社会政策研究中心主任，民政部全国社会工作者职业水平评价专家委员会委员、民政部全国养老服务体系建设专家委员会委员，入选2010年度教育部新世纪优秀人才支持计划，主要研究方向为社会政策、福利体制比较、社会工作理论以及非营利组织与社会服务等。

二、课程育人目标

大学阶段是一个人价值观、世界观形成的重要时期。专业课的课程思政教学对于学生价值观的引领塑造有着重要作用。开展课程思政教学,需要充分发掘和运用课程中蕴含的思政元素,并把思政元素与专业知识的教学内容有机地整合起来,使思政元素本身就构成专业知识教学的一个组成部分。在课程思政的教学中要努力避免为了课程思政而课程思政,避免机械教条的说教,以免出现课程思政教学与专业知识教学"两张皮"的情况。基于以上的基本认识和现代教育的相关理念与理论,本课程以社会工作的专业价值伦理和实践性为课程思政教学的主线和抓手,进行了融课程思政教学和专业知识教学于一体的教学设计,具体包括将专业价值伦理融合到主要专业知识的教学之中,并尽可能通过多种方式来呈现社会工作者在复杂多变的情境中的服务实践,引导鼓励学生将理论联系实际,积极主动地学习,深入理解和认识价值观包括专业价值观的社会历史文化基础,以及认识到养成正确的价值观对于专业服务和自身成长发展的重要性。本课程在课程思政方面的创新主要表现为:根据课程专业知识本身所具有的鲜明特征挖掘课程思政元素,实现课程思政与专业知识教学的有机统一;面向实践,通过教学参观、对多种类型文本案例的小组研讨与课堂展示、安排实践作业等形式,引导鼓励学生在直接或间接的实践中学习与反思,自觉地将所学的专业价值伦理和知识运用到自己的学习、日常生活和志愿服务等社会实践活动中,从而对学生的价值观产生潜移默化的影响。

三、课程思政案例

本课程采用多种方式开展课程思政的教学。例如,通过课堂讲授,深入分析西方专业社会工作价值伦理的社会历史文化基础,同时明确指出中国在社会历史文化方面与西方的不同,并向学生介绍学术界有关专业社会工作的价值伦理与社会主义核心价值观之间关系的观点;利用社会上和生活中的事例,说明专业社会工作的价值伦理与我们日常生活中做人做事的要求或规范之间的相同和相似之处等。

除理论讲授外,本课程的课程思政教学也试图让学生直观地看到或听到专业社会工作者在复杂多变的环境中如何与服务对象进行互动并开展专业服务实践,在社会服务实践中专业社会工作者秉持着什么样的价值理念,价值伦理如何规范和影响着专业社会工作者的专业服务方法和行为,持有不同价值伦理的最终结果有什么不同,以及学习和内化价值伦理对于专业工作者和普通人的意义等。在进行这方面的教学时,除采用组织学生到有关机构进行教学参观、与一线专业社会工作者进行直接互动的教学方式外,本课程采用的另一种主要的教学方式就是研究影视文本案例。课程展示电影通过图像、声音、文字等方式对专业社会工作者/社区工作者工作的时空场景和过程进行逼真呈现和刻画,给观看的学生带来感受和心灵的影响与冲击,达到课程思政教学目的。

使用影视文本案例开展教学主要包括以下环节：授课教师向学生布置课后观看电影的学习任务，同时提出一些要求学生在观影时关注和思考的问题，并及时收集学生在观影学习过程中提出的问题；授课教师将学生随机分组，组建观影学习小组，每个小组围绕课程教学案例中的某部电影展开小组研讨并准备课堂展示；每个学生从五部观看过的电影中挑选出两部自己最有感触和收获的电影，从社会工作的专业角度撰写观影学习报告；观影学习小组在课堂上进行某部电影的观影展示，授课教师针对展示进行点评和提问，同时回答布置观影学习任务时提出的问题和收集的学生在学习过程中提出的问题，开展课堂展示后的研讨互动，回答学生听取观影学习小组的课堂展示后现场提出的问题等。

下面以两部电影为例，介绍影视文本案例在本课程教学中涉及的课程思政教学内容。

（一）电影《十八洞村》（案例1）

电影《十八洞村》由苗月执导，于2017年10月13日上映。影片以国家实施"精准扶贫"战略为大背景，讲述了湖南湘西十八洞村的退伍军人杨英俊在驻村扶贫工作者小王的帮扶下，带领杨家兄弟立志、立身、立行，打赢一场脱贫攻坚战的故事，呈现了扶贫工作者在扶贫工作中遇到的问题与挫折及应对方法。

该片刻画的人物中并没有专业社会工作者，只有驻村扶贫工作者。在这样的背景下，之所以把该片作为课程的影视文本案例来使用，是因为专业社会工作与我国的精准扶贫工作有着异曲同工之处，且二者具有极大的同构性与内在契合性。通过对该片的学习，可以让学生认识到：社会工作和贫困是一对"老对手"，在历史发展的过程中，"救济""赈贫"等活动逐渐生发出了社会工作；精准扶贫工作在价值理念、实务过程、工作方法等方面都与社会工作相契合，如二者都致力于促进人的能力发展、促进人与社会环境相适应，不仅关注人们眼下遇到的困难，更关注人们能力的提高和人与社会环境关系的调整。

此外，使用该片作为影视文本案例开展课程思政教学，还可以帮助学生更好地认识中国国情，深刻领会党的二十大报告中强调的"共同富裕"和"人与自然和谐共生"的中国式现代化的发展道路的真谛。具体来说，一方面，影片中驻村扶贫工作者不畏辛劳和艰难，通过各种工作方法努力带领杨家兄弟等一班人脱贫致富，不仅是走共同富裕道路的具体体现，也是我国实施共同富裕行动的具体体现。另一方面，影片中所呈现的湘西景色秀美、资源丰富、令人向往，但是在带领村民寻找脱贫致富道路时，驻村扶贫工作者并不是简单地采用破坏环境、掠夺式开发自然资源的方式，而是立足于将当地的历史文化资源（酸鱼、苗绣等）与现代科技（互联网）相结合，充分体现了中国在向贫困开战、进行精准扶贫以及实现中国式现代化的发展过程中坚持并贯彻了"人与自然和谐共生"的现代生态文明理念。

除此之外，作为影视文本案例，对该片的观看学习也可以帮助学生更好地认识中国本土的社会工作,以及如何立足中国国情去推进中国社会工作本土化的发展。中国社会工作本土化的发展,本质上来说也是中国式现代化的一个有机组成部分,它既包括专业价值伦理的本土化,也包括具体工作方法的本土化。通过对该片的观看和学习,学生可以看到并思考:①中国农村地区的贫困问题从发生机制到生态环境都具有本土的特殊性,西方的、城市的社会工作经验能够提供的参考可能是有限的,因此,《十八洞村》展现的在少数民族地区农村开展的驻村扶贫工作是我国本土社会工作的典型案例,也是我国社会工作本土化过程中需要研究的案例。②驻村扶贫工作者在开展工作中所遵循的价值伦理,与专业社会工作的价值伦理既有相同之处又有不同之处。其中的不同之处可能正是中国社会工作本土化过程中值得关注和研究的地方。可以看到,驻村扶贫工作者在工作中尊重工作对象,平等对待他们,维护其尊严,关注其独特性,努力促成他们自我决定,为他们赋能使他们能"助人自助"等,这些价值理念与专业社会工作是一致的。但是,由于中国社会的人际关系存在差序格局的特点,驻村扶贫工作者如果不能与村民打成一片,不能被村民认为是他们中的一分子,就往往难以开展工作。第一个驻村扶贫工作者的失败离场正是与此有关。这可以帮助学生更好地去思考和认识在中国国情下专业工作者与服务对象之间双重关系的专业伦理问题。还可以看到,在中国,家庭或家族可能也是服务对象尊严的一个组成部分。杨英俊对自己不能给杨氏宗族丢脸的尊严认知正是这方面的具体体现。这些可以启发和扩展学生对于中国社会工作本土化过程中相关伦理问题的思考,进而引发学生思考如何才能更好地工作,以及在日常生活中怎样做人做事。③电影中驻村扶贫工作者在工作中所采用的工作方法与专业社会工作者大同小异。例如,在工作中,驻村扶贫工作者深入扶贫对象之中,通过上门拜访、个别交谈、参与观察,全面了解他们与贫困相关的信息,在此基础上提供各种相关服务,并在服务之后对扶贫工作的有关效果进行评估。上述做法和流程与专业社会工作中的个案工作基本一致。电影还呈现了贫困户组织起来开会讨论脱贫问题并达成心理上的转变,以及村中妇女组织成立苗绣小组等场景,这些都可以被看作是与专业小组工作相似的本土小组工作方法。

(二)电影《刮痧》(案例2)

电影《刮痧》由郑晓龙执导,于2001年上映。影片中的故事发生在美国中部密西西比河畔的圣路易斯市,以中医传统疗法"刮痧"在美国引起相关方面的误解为主线,影片讲述了华人在国外因东西方文化不同而陷入的困境,最后又因社会工作者和民众的爱心与执着,最终消除误解、解决问题的故事。

与电影《十八洞村》不同,电影《刮痧》中有专业的儿童社会工作者角色,而且这个角色是影片的重要角色之一。自上映以来,该片一直都被国内社会工作教育界当作专业教学影片使用。该片对于学生理解一些重要领域的知识和相关议题(如儿童社会工作和移民社会工作、社会工作的价值伦理等)具有积极的作用。

在以往使用该片作为专业教学影片的基础上,本课程试图从以下几个方面指导学生

观影,并结合对相关知识的讲解来开展课程思政教学:

首先,观看本片使学生认识到不同专业领域的价值伦理存在着显著的差异,对于同一件事情,受不同价值伦理规范约束的专业人员的行为可能会大相径庭,进而引导学生认识到树立正确价值观的重要性。

具体来说,在影片中,儿童福利局的专业社会工作者在怀疑孩子受虐待后立即动用公权力量把孩子带离家庭,暂时安置在儿童中心。这一做法看起来不近人情,但支持上述行为的价值伦理是以孩子的利益也就是受助者的利益为第一考量。即使儿童福利局在听证会上赢得了法官的支持,儿童社会工作者仍显得忧心忡忡,因为她知道,她的同事——儿童福利局聘请的律师在听证会上通过故意曲解《西游记》以激怒孩子的父亲,才在听证会上赢得支持。她担心的是,如果听证会上的裁决是不正确的话,在她看来,被怀疑受虐的孩子、他的家庭、社会工作者、儿童福利局等各方都是输家,他们的利益都会受损。后来,当有事实证明孩子被怀疑受虐不成立时,她立即向法官申请对以往有关孩子的判决进行改判,以真正维护孩子及其家庭的利益,而毫不顾忌改判是否会对自己社会工作者的形象、儿童福利局的声誉带来负面影响。以上所有这些正是社会工作价值伦理中有关社会工作者对服务对象、社会工作者本人、社会工作机构以及社会工作专业等不同方面的价值伦理规定对于社会工作者的影响的具体体现。

与此形成鲜明对比的是,儿童福利局聘请的律师作为另一个领域的专业人员,在通过不正当手段赢得听证会后表现出一副沾沾自喜的样子。他的这种表现也是受影片中他所在专业的专业价值伦理影响的结果,那就是要对他的客户负责——儿童福利局聘请他,他就要帮儿童福利局打赢官司。至于儿童福利局打赢官司对当事人、当事人的家庭、儿童福利局的社会工作者、儿童福利局的利益有无负面影响,都不在他的关心范围内。

影片中对于社会工作者和律师行为的上述呈现,并不能说明这两个人本身的道德品质如何,而是反映了他们各自所在专业的价值伦理对于他们专业行为的影响。这可以直观地提示观影的学生,不同的价值观对于人们行为的影响是不同的,甚至可能大相径庭。因此,对于每个人来说,无论是在自身的专业领域还是在日常生活中,养成正确的价值观都至关重要。

其次,观看该片使学生认识到在工作和社会生活中,具有文化敏感性和跨文化能力十分重要,要培养自己的多元文化意识。这里的文化,并不是通常所指的文明意义上的文化,而是从不同的个体、家庭、社会组织或机构等层面出发,简单地说,就是让学生能够看到不同的人、家庭、社会组织机构的多样性和独特性。

在影片中学生可以看到,由于文化的不同,除孩子父亲的一个关系很好的美国朋友外,美国的医院医生、儿童福利局的社会工作者和律师、听证会上的法官等都不知道刮痧,也没有想办法努力了解刮痧。他们仅仅根据孩子后背上出现的皮肤刮痕,就从美国自身的医学文化出发,简单地认定孩子受到了虐待。他们没有意识到,在一个有着几千年灿烂文明的国家中,完全可能存在着一种他们并不知道的医疗方法。此外,由于中国和美国在家庭、亲子关系等方面的文化存在不同,在孩子父亲在听证会上陈述他作为家长是多么爱他的孩子时,无论是儿童福利局的社会工作者和律师,还是听证会上的法官,甚至是他的同事兼朋友,都无法理解他所说的情况,最终他的陈述未被采信。以上场景就是缺乏文化敏感性的表现,对于社会工作者来说,也是缺乏跨文化服务能力的表现。

实际上,除影片中呈现的不同国家、不同文明之间存在的文化差异外,可以说在更为广泛的意义上也存在着各种各样的文化差异。在一个国家内部不同的社会单元之间,如在不同的地区、不同的族群、不同的组织、不同的家庭、不同的个体之间,可能都存在着不同的文化差异。通过影片呈现出来的案例及问题可以启发学生联想,如果我们没有文化的敏感性、多元文化意识、跨文化能力,那么一个人无论是在工作中还是在日常的社会交往中,都有可能因为不同的社会单元所存在的文化差异而出现如影片中的儿童福利局的社会工作者最初那样"好心未必就能办好事"的结果。

我国是一个历史悠久、幅员辽阔、族群众多、气候地理条件多样、经济社会发展水平多样的国家,因此,在我国不同的社会单元中存在着丰富多样的文化。课程通过组织观影学习,加深学生在广义文化上对于我国国情的认识,从而使学生有意识地养成自己的文化敏感性和多元文化意识,不断培养自己的跨文化能力。

四、课程评价

本课开展的课程思政教学收到了来自学生的积极评价。总体来看,学生的积极评价主要包括以下几个方面:

(一)对于社会工作专业价值伦理的认同和认识

从结课后问卷调查的结果(图1)来看,所有学生都表示非常认同和比较认同社会工作的专业价值伦理。

图1 学生如何看待社会工作价值伦理

与此同时,绝大多数学生也认为,通过课程的学习,社会工作价值观和伦理对自己的影响很大或较大(图2)。

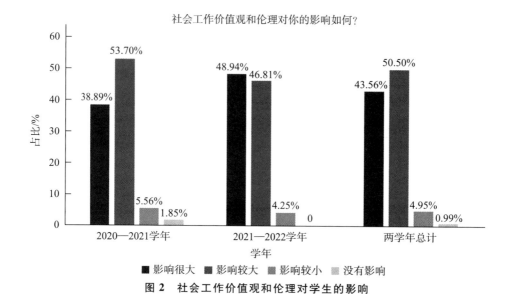

图 2 社会工作价值观和伦理对学生的影响

此外,绝大多数学生还认为,社会工作的价值观和伦理守则与个人价值观之间关系很大或较大(图3)。

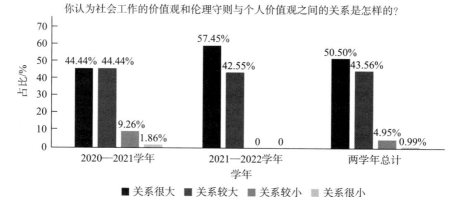

图 3 学生对社会工作的价值观和伦理守则与个人价值观之间的关系的认识

(二)对于自身专业学习的影响

一位社会学系的学生反映,课程学习使自己"对社会工作实践过程中社会工作者和案主的关系问题有了更深切的认知"。

一位法律专业的学生指出了学习社会工作价值观对其今后从事专业工作的积极作用,"作为律师,我以后也要面对当事人,社会工作的价值观对于我如何协调与当事人的关系、解决当事人的问题等方面产生积极影响"。

一位广播电视学专业的学生也谈到,"虽然可能没有机会成为社会工作者,但是作为广播电视学专业的学生,我在新闻采访和影视制作中也肩负着社会责任,社会工作伦理的学习为我日后在采访和拍摄工作中与被采访者的互动提供了理论和方法论的指导"。

此外，一位地理学专业的学生也反思了自己在没有学习社会工作价值观与伦理时对于"地理与人"结合的欠缺，指出包括自己在内的许多同专业学生曾对于城市空间背后的人群的忽视。社会工作概论课程让她学会将社会工作相关的价值观应用于学科学习之中，并发现人文地理在给予每一个人充足空间资源、追求幸福权利上的重要价值。

（三）对于自己在日常生活中为人处事的影响

有学生表示，"社会工作倡导的尊重、助人自助、相信每个社会成员都可以改变、设身处地为人着想的价值观改变了我传统的个人主义价值观，我开始与周围的同学交流、互相帮助、和谐相处，改善了我与同学之间的关系……"

也有学生指出，"学习课程后，待人处事方面，我更容易用一种优势视角看待他人，会充分认识并发掘对方的长处，取人之长补己之短。另外，我也更加尊重身边人尤其是亲人朋友所作出的人生选择，自己即使有不同意见，也会在干预前充分搜集信息，表示理解再提出建议。"

还有学生反映，"学习了社会工作概论以后，我更加积极地投身到助人活动中，并将社会工作价值伦理运用到实践中……除具体的助人活动外，我在日常的学习、生活、观察中也会思考社会工作的价值伦理。在阅读到一些社会新闻、文献和书籍，日常遇到道德困境时，我都会思考当事人违背或坚持了哪些社会工作价值伦理，我个人、社会工作行业以及整个社会能够从哪些方面改进和反思。感谢社会工作概论，让我在认识世界时多了一种视角。"

更有学生指出，"虽然以后可能不会真正从事社会工作，但是课程指导了我的日常生活：对待陌生人，我可以采取一种较为开放、温和的态度，对他人抱有信心和期待；对待向我寻求帮助的朋友，我有了一些在帮助他们的过程中坚持的原则，比如不伤害对方、为对方保守秘密，在遇到伦理困境的时候也可以利用在课程中学到的专业知识来帮助自己判断。"

还有学生在更高的层面表达了类似的意思，"即使我不会成为专业的社会工作者，社会工作的价值伦理对于我成为一个更加完整的人也是有所帮助的，它改善了我对人性的看法，使我对不同的人有更强的包容性，并且以追求社会公平正义为更宏大的目标，这对于任何职业而言都是有价值的。"

（四）对于开展支教、志愿服务等助人活动的影响

有学生反馈，"学习了社会工作概论以后，我更加积极地投身到助人活动中，并将社会工作价值伦理运用到实践中。这学期我参加了美丽中国举办的与西部乡村小学生的书信往来志愿活动，每周与小朋友通信一次。在通信往来中，我把自己放到对方的位置上，设身处地地从小朋友的视角出发，尊重对方的情绪，并适当引导她与自己的同学和家人沟通交流，教会她与人沟通的技巧。我还主动与她的家人、老师沟通，了解她的家庭困难，促进双方有效沟通和解，化解了困扰一个家庭的隔阂问题。这次志愿经历算是我贯

彻社会工作'助人自助'理念及价值伦理的一次实践,今后我会持续将助人、尊重、同理心、责任感等价值观贯彻下去。"

还有学生指出,"通过对社会工作概论的学习,我了解到,帮助人并不只凭一腔热血,还需要尊重、平等对待被帮助人。当我们在日常生活中帮助他人或者做志愿(服务)时,要做的并不是单纯给予。授人以鱼不如授人以渔,只有引导受助者增强自我适应能力,才能真正地改善其生活。"

也有学生表达了类似的反思,"我颇为认同的一个观念即为'助人自助',此前在扶贫调研的过程中,我了解到一些贫困家庭的人并不愿摆脱贫困,希望能够凭着'贫困'的标签获得相应的国家资助。但这种观念其实并不利于他们自身及后代的发展,也不利于国家整体经济水平的进步。'助人自助'的观念就很具有启发性,在服务他人的过程中,要想帮助服务对象实现长远持久的发展,就应该要帮助他们形成自助意识,并习得自助能力,而不是一味给予物质上的资源。"

还有学生从观念和行为两方面对自己的志愿服务活动进行了反思。"首先,在观念上我改变了对弱势群体的看法。我以前会觉得弱势群体就是能力不足的、需要依靠别人的,但是在这学期了解相关的知识之后,我会转而觉得有时候弱势群体反而会有更大的价值和潜力。比如我这学期参加了一个睦邻机构关于脊髓损伤伤者的志愿活动,在活动中遇到一个人,这个人在受伤之后反而发现了自己在轮椅这方面的才能,并以此为生计,在他的世界里他不是弱势群体,反而会发挥自己的价值去帮助其他的伤友,帮他们走出刚开始受伤时的阴霾。其次,在行为上我改善了帮助他人的行动。我以前可能觉得帮助他人是一种主观的、单向的行动,但是学习了相关的价值伦理之后,我发现其实我这个观念并没有把自己与服务对象对等起来,仿佛有一种较高的姿态,这是很不尊重别人的。社会工作中有一个'案主自决'的准则,就是说我们要考虑到案主自我决定的权利,我们帮助别人从来不应该是单向的输入,而应是在与服务对象互动的过程中,帮助他们作出最有利于自我的决定。这个也是我在上了这门课之后对自己在假期的支教活动进行反思的一个点,当时以为自己的支教活动做得很好,但是现在看来实际上我们并没有去了解学生想要接受的是什么,所有安排的活动都是在我们的主观意愿中设计出来的,并没有考虑学生是否愿意以及学生希望在夏令营中得到什么。我以后在帮助别人的过程中,会更多地考虑他人的想法。"

五、总结与思考

总体来看,本课程所进行的课程思政教学探索,基本上都是按照前述有关课程思政的认识、理念和设计方案去推进的,并根据学生的反馈不断完善,也收到了预期的积极效果。但是在推进的过程中,本课程的课程思政教学还面临着以下方面的问题有待解决:

第一,助教数量不足。本课的修课人数在 50~100 之间,即使有大约 50 人选课,以 10 人为一个影视文本案例研讨小组至少也要分为 5 组,加上本课程目前已选定了五部电影作为教学的影视文本案例,在这样的情况下,1名助教往往无法对学生影视文本案例的小组学习研讨进行有效的组织和深入指导。

第二,课程的影视文本案例库尚需进一步完善。目前课程使用的五个影视文本案例中,只有三部电影是中国内地出品的(且其中一部反映的是华人在美国的生活),而另外两部都是中国香港地区出品的,反映的是20世纪80年代香港地区的社会工作状况,与内地当下的国情以及社会工作发展的实际状况存在明显的差异,因此未来需要添加能够更好地反映中国内地国情与社会工作实践现状的电影作为影视文本案例,来对现有的影视文本案例库进行更新。

第三,本课程虽然设计了机构参观以便学生能与一线的社会工作者互动交流、研讨分享,但近几年由于疫情影响,这一教学设计一直无法实现。此外,在疫情前所进行的机构参观教学活动都是通过本课程授课教师的私人关系来进行联系协调的,同时学生要自行乘坐交通工具到达教学参观机构,这使得这种形式的教学安排存在着不稳定性和可能的安全隐患。因此,希望课程未来在采用这一教学形式时能够在机构联系和交通出行方面得到学校相关部门的制度化支持,包括建立本课程的课程教学参观和调研实习基地、学校提供车辆或交通费用保障学生在学校与教学参观机构间往返等。

第四,虽然本课程的课程思政教学是基于社会工作的专业价值伦理和实践性两个方面来设计并开展的,但是目前的课程思政教学对于社会工作专业价值伦理在教学方面的着力更多一些,而在实践性方面还有待加强。未来课程在加强实践性方面的课程思政教学时,除要贯彻落实机构教学参观的课程思政教学设计外,也需要充分发挥社会工作实验室在仿真模拟方面的作用,进一步积累高质量的中国本土社会工作实践案例。目前社会学系的社会工作实验室面临空间不足、设备老化、功能低下无法进行社会工作实践情境的仿真模拟等多方面的问题,亟待升级扩建。在这方面本课程殷切期盼未来能够得到学校相关部门的大力支持。

辅助器具与福祉科技

一、课程概况

（一）课程信息

辅助器具与福祉科技是北京大学人口研究所在贯彻高校立德树人根本任务、落实"实施积极应对人口老龄化"国家战略的背景下为社会工作专业硕士开设的限选课，课程主讲教师为北京大学人口研究所所长陈功教授，课程授课对象为社会工作专业硕士研究生，并面向校内院系设有旁听席位，授课时长为51课时（含实地调研、课堂讨论）。

（二）课程简介

课程通过体验式教学和服务学习培养模式，引入场景式教学设计，引导学生走进老龄社会，了解老年人和老年生活；同时将体验与设计相结合，围绕老龄福祉科技，激发学生在老龄产品与创意设计方面的创新潜力与创造潜能，为老龄社会治理培养通专结合、技术与服务兼备的复合型人才。

基于学生产品及服务方案设计，本课程构建了高质量案例教学库，已形成120个以上质量功能展开（Quality Function Deployment，QFD）产品设计案例，其中3件产品孵化上市，6件作品入选首届北京大学数字人文作品展，1件学生参与设计的产品获得发明专利授权。以该课程为依托，授课团队已连续3年获批北京大学专业学位案例教学、实习实践教学立项项目，并以"服务学习""体验式教学""实践调查"等方式，形成独特的社会工作专业硕士培养模式，以"服务学习"推动思政教育、专业课程和实践育人综合体系建设，教学经验总结获评北京大学教学成果奖一等奖。

（三）授课团队简介

授课团队由陈功、张蕾、刘岚、张雅璐组成。

陈功，北京大学人口研究所所长，北京大学中国老龄事业发展研究中心主任，教授，博士生导师,教育部青年长江学者,担任全国老龄工作委员会第一届专家委员会委员、民政部专家咨询委员会委员、中国老年学和老年医学学会志愿与公益分会主任委员等社会或学术团体职务。主要研究方向为社会老年学、养老服务、残疾和老龄健康、社会政策评估和调查统计、福祉科技和老龄产业等。发表 SCI/SSCI/CSSCI/CSCD 收录的中文重要期刊论文 300 多篇,出版《我国养老方式研究》《社会变迁中的养老和孝观念研究》《家庭革命》著作 3 本、合著 30 本,申请与老龄有关的专利 3 项(其中已授权发明专利 1 项)。

张蕾,北京大学人口研究所副所长,北京大学中国残疾人事业发展研究中心主任,副教授,博士生导师,兼任中国残疾人口和统计专业委员会副主任委员、中华预防医学会残疾预防与控制专业委员会秘书长、北京大学 APEC 健康科学研究院副秘书长等学术职务。主要研究方向为人口健康发展与政策评估、人口分析技术与应用、社会融合与健康融合。主持联合国人口科学基金一般项目、国家社科基金重大项目子课题等多个国际、国家级和省部级科研项目。出版专著 1 本、合著 5 本,参与编写指南 1 本,合作出版译著 4 本,累计发表学术论文 50 余篇,其中第一作者/通讯作者学术论文 20 余篇。

刘岚,北京大学人口研究所党支部书记,副教授,博士生导师,北京大学中国老龄事业发展研究中心副主任,兼任环太平洋大学联盟(APRU)人口老龄化指导委员会委员。目前主要研究方向为家庭代际支持、老年照护与保障、社会福利政策发展。

张雅璐,北京大学人口研究所博雅博士后,2020 年博士毕业于哥伦比亚大学社会工作学院,兼任哥伦比亚大学中国社会政策研究中心研究员。研究方向为健康老龄化、医疗保险、社会工作。发表 SSCI 文章多篇,参与编辑《老年社会工作》等专著。

二、课程育人目标

"人人都会老,家家有老人。"人口老龄化是社会发展的重要趋势,也是今后较长一段时期内我国的基本国情。据世界卫生组织预测,到 2050 年前后,中国将有 35% 的人口超过 60 岁。第七次全国人口普查数据显示的 2.64 亿老年人口既是挑战,也是发展"银发经济"的机遇。

党的二十大报告指出,坚持以人民为中心发展教育,加快建设高质量教育体系,发展素质教育,促进教育公平。2016 年,习近平总书记提出中国要努力成为"世界主要科学中心和创新高地",2021 年 9 月,又提出要加快建设世界重要人才中心和创新高地。世界科学中心和人才中心结合在一起往往是世界学术中心或世界高等教育中心,"双一流"大学建设在世界重要人才中心和创新高地建设进程中承担着重要使命。北京大学人口研究所社会工作专业服务于"积极应对人口老龄化"和"健康中国"国家战略,积极响应贯彻落实《高等学校课程思政建设指导纲要》和《北京大学深化推进课程思政建设实施方案》对课程思政的总体要求,面向老龄社会治理的前瞻需求和现实需要,以"老龄社会国情教育"和"体验式教学、服务学习"为主线统领辅助器具与福祉科技课程设计。本课程坚持以习近平新时代中国特色社会主义思想为指导，紧紧围绕深入学习贯彻党的二十大精神这条主线，深刻领悟"两个确立"的决定性意义，不断增强"四个意识"、坚定"四个自信"、做到"两个维护"，坚持和加强党对高校的全面领导，深入推动高校思想政治工作守正创新，坚决维护高校政治安全和校园稳定，强化"质量党建、精准思政、积极维稳、数字赋能、系统推进"，聚焦"无障碍调研"和"老龄生命体验"两大课程思政实践案例，以教师科普讲解和知识传播为主线，以体验教学和服务学习为主要路径，以互动教学和研讨交流为重要支撑，紧扣"立德树人，劳动教育"总基调，将思政教育融入高质量、全方位、全学科育人。

党的二十大报告指出，要用社会主义核心价值观铸魂育人，完善思想政治工作体系。因此我们要以党的二十大精神引领课程思政建设，发挥高校在科研与育人方面的综合优势，探索新的教学方法，将思政教学与专业相结合。北京大学人口研究所以辅助器具与福祉科技课程为依托，授课团队建立"服务学习"的专业学位课程教学方式，同时引导学生在社区服务、实践调查中掌握专业知识，从研究走向行动。该课程作为社会工作专业硕士第一学期的必选课程，将党的二十大中关于坚持和发展中国特色社会主义的最新论断融入课程专业教学，在激发学生对老龄服务的学习兴趣、鼓励学生充分发挥专业特长等方面起到重要作用，已经成为学院以及学校开展课程思政的重要阵地，是学校思政育人的重要组成部分。

同时，课程以"老龄体验教学和机构参访、老龄社会调查、社区实习实践"三大主要模块为出发点，设计了一整套社会工作专业学位教学案例，旨在探索一套符合社会工作专业学生教学培养要求、满足国家老龄事业发展需要的教学实践方案，为社会工作专业学位(Master of Social Work, MSW)的教学与实务工作提供北大智慧与北大方案。

三、课程思政案例

本课程因实践性较强，具有较多样的课程案例实践环境，并且自开课以来，授课团队每年都鼓励学生将学习资料归类整理建档，制作成电子期刊和案例集供学习总结和参考（图1），逐步形成以"无障碍调研"和"老龄生命体验"为核心的两大课程思政案例体系。

（一）无障碍调研（案例1）

1. 案例背景与培养目标

2020年9月，习近平总书记在湖南考察时指出，无障碍设施建设问题是一个国家和社会文明的标志，我们要高度重视。无障碍概念始于1974年，是联合国组织提出的新设计主张，是指针对各种有障碍的人进行障碍消除的环境和产品设计。党的二十大报告指出，要增进民生福祉，提高人民生活品质，必须坚持在发展中保障和改善民生，鼓励共同奋斗创造美好生活，不断实现人民对美好生活的向往。无障碍满足的是所有人的需要，是包括老龄、残疾、体弱和孕妇、儿童的全龄群体的愿景，需要全社会树立"我为人人，人人为我"的理念。

图 1　课程电子期刊及案例集

党中央十分关注老年人和残疾人事业,二十大报告中多次提及养老问题,并专门提出"完善残疾人社会保障制度和关爱服务体系,促进残疾人事业全面发展"。人口老龄化和残疾人问题是当今世界普遍存在的社会问题,迫切需要各国加快无障碍建设步伐,促使无障碍建设理念从单纯为残疾人服务发展到为所有人服务。在我国,这一需求尤为迫切。我国人口基数大,残疾人、老年人规模庞大。2006 年全国各类残疾人口达 8 296 万,截至 2020 年,我国约有 8 500 万残疾人,约占总人口的 6%。2010 年我国 60 岁及以上人口约有 1.78 亿,第七次全国人口普查数据则显示 2020 年我国 60 岁及以上人口达 2.64 亿,老年人口占比达 18.7%。庞大的老龄人口和残疾人口对城市环境无障碍建设的需求日益增长。无障碍环境是保障包括残疾人、老年人等在内的全体社会成员平等充分地参与社会生活、共享社会物质文化成果的基本条件。地铁是城市交通的重要一环,也是城市无障碍建设的重要一环。

2. 教学过程

本部分案例教学以 2021 级社会工作专业硕士班为主体,以 2021 年年底本课程的地铁无障碍化专项调研课程作业为契机,以党团联合活动的方式,开展为期一周的"首善有爱,助人无碍"主题地铁无障碍调研活动。

地铁的使用人群类别多样,包括老年人群和残障人群。当下,人们处在呼唤和谐、渴望人性化的社会环境中,设计者应更有深度、全方位地为多种人群做出更加智慧的设计。

乘坐地铁的有障碍者数量相对较少,在各地铁配置专门的乘务人员辅助有障碍者顺利出行,也是解决问题的一种方法,且其成本还可能小于无障碍设计的投入。但完善的无障碍设计仍十分必要,因为无障碍设计的完善程度标志着一座城市的先进程度。

在实践过程当中,案例教学将引导学生充分发挥"以人为本,助人自助"的价值理念,有效运用自身的社科专业调研特长以及辅助器具与福祉科技的知识储备,采用典型抽样的方式,深入北京市地铁各线路及沿途各站进行实地调研活动,观察以盲道、无障碍电梯、无障碍厕所等为代表的无障碍建设进度,充分了解北京市地铁无障碍的建设现状,并运用所学专业知识提出相应建议,希望能以此引导社会关注无障碍建设。

3. 具体实施及开展步骤

地铁无障碍设计的指导思想是将无障碍需求纳入地铁空间环境设计中,确保残障人士可以同健全人一样自由使用地铁车站空间,确保残障人士享有平等参与人际交往、公共活动的机会。为实地调研北京市地铁在无障碍设计方面的现状以及问题,选取地铁4号线、10号线进行考察。为切实了解搭乘地铁全过程中的无障碍设计,对进站口、地铁大厅、地铁车厢内、换乘处、卫生间以及出站口等整个过程涉及地点进行调研,如图2所示。

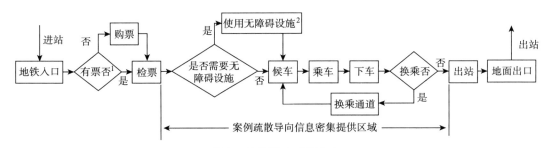

图2　地铁活动时间节点

注:1. 包含地铁票、公交卡、电子公交卡、手机应用程序,或残疾人证件等有效凭证。
　　2. 包括轮椅渡板、直升电梯、盲道等无障碍设施。

实地调研活动中,学生深入跟踪地铁活动全部节点,切实了解特殊群体在无障碍设施方面的需求是否真正得到满足,无障碍设施供需是否匹配,4号线和10号线地铁在无障碍设计方面是否存在不足之处。实地调研不仅是一次田野调查,更是一次政策倡导调研。学生实地考察地铁站的无障碍设计,运用社会工作的专业知识、空间环境与视觉传达理论、认知地图以及寻址地图的方法,寻求并发现无障碍设计的科学方法。通过本次深入的实地调研,学生总结北京市地铁4号线和10号线在无障碍通道方面的亮点以及需要改进之处,为海淀区城市空间规划和道路建设提供政策性意见。地铁的设计不仅需要满足普通人的出行需求,还应保证满足残障人群、老年人群、孩童等的需求,能使社会人群人人平等,展现北京市在道路设计中的人文关怀和城市温度。

本次调查的调查标准主要参照《无障碍设计规范(GB50763-2012)》《中国台湾既有

公共建筑物无障碍设施替代改善计划作业程序及认定原则修订规则》《〈美国残疾人法案〉现有设施的无障碍清单》《爱荷华大学设施无障碍计划》(The University of Iowa Facilities Accessibility Plan)以及相关各项文献。地铁出行无障碍主要设定为出行的无障碍通道的建设评估。课程实地调研调查安排见表1。

表1 课程实地调研调查安排时间表(2021学年)

日期	调查任务
11.20—11.27	拟定调查标准和观察对象,选定地铁路线
11.28—12.2	预调研(初步勘察),修改调查标准,使其更加适用
12.3—12.9	正式调研
12.10	调研总结,讨论
12.11—12.22	撰写调查报告

地铁一般是由入站口、站厅层及站台层组成。入站口连接地面与站厅层,站厅层提供售票服务、安检及进站功能,站台层提供候车、上车场地及卫生间等。本次调研从北京大学东门地铁站出发,按照地铁流线的顺序进行体验,调研地铁4号线的部分站点,调研流程如图3所示。

图3 地铁无障碍设计调研流程图

4. 思政元素

中国共产党始终坚持以人民为中心的发展思想,党的二十大报告指出,"人民健康是民族昌盛和国家强盛的重要标志。把保障人民健康放在优先发展的战略位置,完善人民健康促进政策。"只有维护好最底层人民的健康权益,才能更好更快地实现建设"健康中国"的伟大战略目标。地铁无障碍调查是本课程的核心内容。设置此教学环节的目的是让学生在体验中明晰失能、老化带来的不便,激发学生对残障、老龄生活状态、生活环境的同理心,使学生深入思考今后如何更好地开展社会服务,帮助学生树立"爱党、爱国、爱社会主义、爱人"的价值观,更好地服务亲人、服务社会。同时,本课程结合思政育人教育理念,组织学生进行无障碍调研,引导学生进行"体验—实践—设计—应用"的动态学习,以盲道等经典无障碍环境反映我国无障碍发展现状,进一步引导学生关注我国无障碍建设状况,加强学生对我国无障碍建设设计的关注、对弱势群体的关怀。

5. 调研结果

（1）地铁无障碍建设存在的问题

地铁盲道的铺设与使用应遵循安全性、可及性、可行性、规范性、系统性、协调性等原则。针对北京市海淀区地铁盲道现状及存在的问题，提出以下优化建议：要因地制宜设置盲道。盲道设置应基于现有道路条件，在满足各类规范的前提下与城市道路相协调。海淀区地铁站内外都存在栏杆、绿化占用盲道位置，导致盲道无法安全通行的现象。对于这类占用盲道问题，建议从施工设计和监督管理两方面进行优化。中关村地铁站存在附近的天桥地面材质防滑能力稍弱，天桥的直梯被占用，部分无障碍电梯的电梯外等待区的按键缺少人工呼叫按键等问题。

（2）学生感悟

一个城市的温度往往体现在众多细节上。经过地铁无障碍实地调研，学生纷纷认为，地铁车厢内的轮椅车厢设计正是体现城市责任和仁心之处。此次调研过程中，学生看到了海淀区地铁站内外的无障碍建设实践，但轮椅车厢内在设计稍有不足。针对部分无障碍座位下方未设置脚踏板、缺少固定轮椅系带、无障碍卫生间建设不完善等方面的不足，学生展开思索，结合自己的兴趣提出不同的解决方案，也为地铁工作人员和志愿者提供系统的意见和建议。学生一致认为为轮椅出行者、盲人、老人等群体提供帮助是无障碍建设的出发点和目标，地铁无障碍建设要从物理环境和人文环境等多方面出发，以需求为导向满足有需要群众的出行意愿。更重要的是，学生通过此次地铁无障碍调研，加强了社会责任感、文化敏感意识和关切意识，能够以更加负责、积极的态度关注和参与无障碍建设以及社会工作实务。

（二）老龄生命体验（案例2）

1. 案例背景与培养目标

本课程在老龄生命体验案例教学中，充分利用人口研究所老龄体验装备，通过穿戴体验、现场讲解、视频创作、交流分享等多种方式让学生深入感受衰老的生活状态，学习老年人的相关知识，增进对老年人的人文关怀，提升老龄化问题意识，将课程中经历的感性体验、学习到的理性知识转化为增进老年人福祉的行动与实践。课程在教学活动的基础上，总结出老龄生命体验开展的经验，建立体验穿戴设备以及体验流程的标准及规范，在全国形成可复制、可推广的案例模板。以"成功老龄化"理念为指导，通过新颖的体验活动使参与者在充分认识老年身体状况的同时，对老年人多一份理解、多一份关爱，尊重老年人，并以更加积极的态度应对老龄化。

2. 教学过程

全体学生分为四组，通过穿戴老龄体验设备、开展小组竞赛等方式，进行视力、听力、关节等方面的老龄体验环节,从趣味游戏中感受老年人因身体衰老遇到的不便,加深对老龄社会工作的认识,教学逻辑如图4所示。

活动评分细则如下:一共8个游戏环节,每环节的第一名得10分,第二名得8分,第三名得6分,第四名得4分。

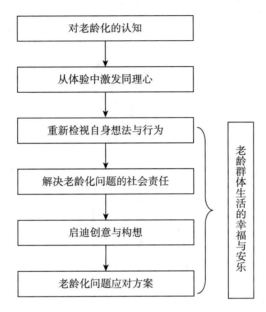

图4 老龄生命体验案例教学逻辑框架

3. 具体实施及开展步骤

老龄生命体验活动的具体日程如表2所示。

表2 老龄生命体验日程表

体验名称	细则	体验内容	所需物资	人数
出发至晨练广场 (9:20—9:35)	模拟老人状态行走100米	关节 负重 背部	腕部、足部、膝部、背部,拉力带等模拟设备	全体 (可分两批)
晨练 (9:35—9:50)	跟随领舞者做动作	视力 负重 关节	腕部、足部、膝部、背部,拉力带、眼镜等模拟设备	全体
健康码 (9:50—10:00)	① 各组体验者轮流站在指定位置(模拟火车站),由工作人员按步骤引导体验者注册、使用健康码 ② 成功注册健康码后,扫码进站	视力 负重 关节	手机(由工作人员引导,按步骤注册、使用健康码)	每组一轮1名,共进行两轮

（续表）

体验名称	细则	体验内容	所需物资	人数
公交车 （10:00—10:20）	① 各组体验者轮流站在指定位置（模拟公交站牌），由三位工作人员分别举着写有路号的牌子,体验者离站牌50米外排成一列,模拟公交车从远处驶来 ② 主持人大声报路号并开始计时,公交车同时启动,第一辆公交车在离体验者1米处停下,第二、三辆公交车依次在后面间隔1米停下；体验者需辨别行驶来的三辆公交车中哪一辆是正确的,并报出该位置（第几辆）	视力 负重 关节	① 有数字的公交牌 ② 手机计时器	每组一轮1名,共进行两轮
中场休息（10:20—10:30）：每组可自行协调更换体验者					
听新闻 （10:30—10:50）	① 工作人员随机播放一段新闻 ② 第一位组员不戴听力设备,其余组员均戴听力设备,接力传递新闻内容 ③ 工作人员询问最后一名组员材料相关问题（考察任务完成度）	听力	新闻16则	全体,进行一轮
读报纸或书籍 （10:50—11:00）	① 随机抽取2段阅读段落 ② 小组代表阅读报纸中的文字段落（正常视力） ③ 佩戴模拟眼镜并阅读报纸 ④ 比较两次体验的耗时和感受	视力	① 报纸文字材料16份或书籍材料5份 ② 计时器或手机	每组一轮1名,共进行两轮
穿针引线 （11:00—11:20）	① 正常视力下进行穿针引线 ② 佩戴模拟眼镜进行穿针引线 ③ 比较两次体验的耗时和感受	视力	① 针线4套 ② 计时器或手机	每组一轮1名,共进行两轮
吃午饭 （11:20—11:30）	每个体验者面前摆放一个盛满大小不一的豆子的碗及一个空碗,体验者需用筷子将豆子全部转移至空碗中	握力 负重	① 碗40个 ② 筷子20双 ③ 豆子2袋 ④ 计时器或手机	全体
心得分享环节（11:30—12:00）：同学发言（11:30—11:40）；授课教师总结（11:40—12:00）					

4. 思政元素

"十四五"时期是我国积极应对人口老龄化的关键"窗口期"。党的二十大报告提出,实施积极应对人口老龄化国家战略,发展养老事业和养老产业,优化孤寡老人服务,推动实现全体老年人享有基本养老服务。走出一条中国特色积极应对人口老龄化的道路,需要进一步营造敬老社会氛围。本案例教学引导学生通过穿戴老年体验器具,直观感受并了解老年人生理现状,从而明晰老化过程,激发学生对老龄生活状态的同理心。本案例促进师生切身感受"老有所养、老有所医、老有所依、让人们更有尊严地安享晚年生活,是全面建设小康社会和社会主义现代化建设的应有之义"的深刻内涵,促进中华传统文化敬老孝亲美德的传承,鼓励学生肩负使命、树立远大理想,立足于现实和实践进行科研。

(三)教学方法

1. 以教师科普讲解、知识传播为主线

授课教师在课堂进行基础知识传授,听取学生关于辅助器具产品创意设计的展示汇报并进行点评,检查学生课上对无障碍知识的学习掌握情况及课后知识回顾情况,推动教学引导、课堂互动和课后作业三位一体,保证学生通过整个学期的学习对老龄化国情有一定的认知,能够熟练运用福祉科技的理念发现老龄社会需求,拥有设计辅助器具适配方案的能力。

2. 以体验教学、服务学习为主要路径

通过场景式教学设计,让本课程学生穿戴老龄设备,体验老年人生活中的不便,引导社会工作专业学生走进老龄社会,进一步思考老年人关键需求。课程还专门设置参访环节,让学生走进辅助器具设计的第一线,去观察和理解辅助器具从创意出现到市场化推广的全过程,掌握福祉设计成果转变的基础知识。

3. 以师生互动、研讨交流为重要支撑

本课程设置专门的研讨交流环节,给每组学生15~20分钟的汇报时间,并结合体验教学参访环节、案例分析内容,让每一位学生都有机会针对特定主题进行课堂展示,充分发挥学生的主观能动性,有意识地促进师生互动与学生间的团结合作,鼓励学生将辅助器具的产品创意通过交流进一步完善,为成果转化做好充分准备。

四、课程评价

(一)学生评价

"在体验活动中,每个同学都有参与活动和穿戴设备的机会,同学们根据自己的亲身体验,对体验设备提出不同的改进方案,促进活动和体验设备的推广。除此之外,通过这样的体验,作为年轻人,同学们能够在日常生活中更有针对性地帮助老人,更能注意到老年人生活上的细节。同学们能对老年人有更深刻的理解,带着同理心去认识和思考老龄化问题,认识到老龄辅助器具的必要性和现实意义,激发灵感,发明设计一些辅助器具来帮助老年人更好地生活。"

——2020级社工班刘同学

"作为一名社会工作专业的学生,最重要的就是拥有同理心。而在此之前,我仿佛只是机械化地知道一些老年人行动缓慢、视觉模糊、味觉变重等问题,这些知识对我来说,只是书本上和老师课件上的几行字,我从未知道真正的老年生活是什么样子。这次戴上辅助器具后,我更加真实地体验到老年人的生活,体验到他们行走的吃力、活动的困难,当我们真正了解老年人的生活之后,才能真正站在他们的角度去设计老年产品。"

——2020级社工班赵同学

"在还没有系统学习这门课之前,我对于老年人生活不便的了解主要是来自对家里长辈的观察。我观察到特别突出的一点是老年人听力的衰退。观察长辈生活中的不便是一种间接经验,我本身并没有对于这种不便的真切体验。老年人生活体验这一项目,可以帮助我们更贴近生活地感受老年人日常不便,在切身体会老年人生活不便的基础上,去思考如何借助和改进辅助器具提高老年人的生活质量。"

——2020级社工班王同学

"作为体验者,辅助器具帮助我打破年龄壁垒,真实地触摸到衰老。三小时内从生理到心理,再到社会交往,我全面体验到变老的感觉。在体验之前,我对衰老的认识来源于对周围衰老现象的经验观察以及课堂上有关衰老的抽象的知识。衰老是外婆脸上的皱纹,是奶奶的阿尔茨海默病。衰老是身体机能的全面下降,是社会角色的转变。衰老对我而言是一种熟悉但实则陌生的东西。这次体验让我收获了对衰老新的理解,也加深了我对老年群体及其处境的认识。同时,作为策划组织工作的参与者之一,老龄体验课让我看到了策划方案、组织环节上可以继续改进的地方。各位同学的体验感想也非常具有启示性,展现出老龄体验的效果和进一步推广的可能性。"

——2020级社工班陆同学

"可以明确的是,无障碍设计的理想目标是'无障爱'。基于对人类行为、意识与动作反应的细致研究,致力于优化一切为人所用的物与环境的设计,在使用操作界面上清除那些让使用者感到困惑、困难的障碍,为使用者提供最大可能的方便,这就是无障碍设计的基本思想。无障碍设计关注、重视残疾人、老年人的特殊需求,使得无障碍设计更趋于合理、亲切、人性化。"

——2021级社工班刘同学

"检验现代社会的人文温度,从来不是看城市有多繁华,车流有多拥挤,科技有多发达,文化有多丰富,也从来不是看为多数人的服务做得有多好,而是看是否同时照顾到少数弱势群体,把社会发展的成果共享给每一个人。我国地铁内的无障碍设施设置的完善还有很长的路要走,要实现更广泛的无障碍化,需要将少数人的需求融入开发中,并不断在实践中寻求反馈,根据实际需求优化,让便利生活对于特殊群体来说触手可及,实现真正的平等。"

——2021级社工班宋同学

(二)社会影响及同行评价

以本课程为依托,授课团队已连续3年获批北京大学专业学位案例教学、实习实践教学立项项目,并以"服务学习""体验式教学""实践调查"等方式,形成独特的社会工作专业硕士培养模式,建立北京大学人口研究所社会工作案例库。目前案例库已包含100余个案例、20余个精选案例,案例形式不仅有文字材料,还有视频等影像材料,涵盖学生QFD辅具产品设计、社区实习、社会调查等多个方面。本课程授课的案例全部来自陈功教授多年教授老年学和社会工作形成的素材以及实践经验。同时,本课程还广泛链接校内外资源为学生提供案例素材搜集和实践调查的场域。例如,与燕园街道办事处、校医院等单位合作组建承泽园养老驿站实习实践基地,与上海至美基金会等公益组织合作为学生提供案例搜集与写作指导,已形成颇具特色的培养模式以及丰硕的案例库建设成果。

本课程和建筑与景观设计学院李迪华教授团队合作,在燕园街道畅春园社区开展友好社区营建,获评全国示范性老年友好社区(全国唯一高校型社区入选案例);与体育教研部王东敏副教授合作开展健康社区建设,探索出一套"个人—家庭—社区—高校—医院"五位一体的体卫融合社区健康促进模式;基于课程对时间银行的研究与实践,与中国银行开展产学研合作,共建行业标准,与中国红十字基金会合作发布国内首部时间银行调研报告。学生参与的多个案例教学作品收编进政策报告,2021年有13篇资政报告被中央采纳,课程负责人陈功教授将部分案例教学成果在多个场合向党和国家领导人进行展示和汇报。

授课团队着眼于社会工作跨学科人才培养,为社会工作专业学生积极链接海内外实习实践学习资源,与牛津大学老年学研究所、圣路易斯华盛顿大学乔治沃伦布朗社会工作学院、南加利福尼亚大学社会工作学院等国际知名院系合作,拓宽学生的国际视野,提高学生的交流能力和实践思维能力。面对新冠病毒感染疫情对专业案例教学的影响,授课团队及时调整教学方案,第一时间制订线上教学计划以及应急预案,推动线上讲学项目,在2020—2021学年秋季学期采用线上授课与线下授课相结合的灵活教学模式,保障教学工作顺利进行。在授课团队的邀请下,牛津大学老年学研究所所长乔治·利森(George Leeson)教授,创始所长、英国皇家科学院院士萨拉·哈珀(Sarah Harper)教授等先后参加线上授课(图5),为北大师生特别是社会工作专业学生讲授人口老龄化最新动向以及国际研究前沿,也对人口研究所目前开展的辅助器具与福祉科技课程给予了充分肯定。国际同行一致认为,"这套专业学位人才培养模式以及课程内容,反映了授课团队对社会现实的关切和重视,具有非常高的社会工作专业教学素养和教学品质,尤其是体验教学等环节,非常值得其他高校学习借鉴。"

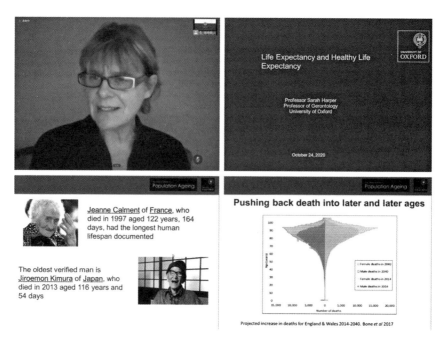

图 5　哈珀教授点评本课程

2020年11月,燕园街道办事处、北京大学燕园社区服务中心、北京大学人口研究所共同发起成立北京大学社区治理现代化研究中心(图6),围绕社区治理现代化相关的学术和现实问题开展研究,并为北大学生搭建社会实习实践平台。此前,人口研究所已与燕园街道深度合作,联合多个单位建立北京大学首家社区养老驿站——承泽园社区养老驿站,作为师生研究和实践的基地。北京大学社区治理现代化研究中心作为又一重要的实践教学基地,为推动辅助器具与福祉科技课程"从研究到行动"以及增强社会工作专业硕士学生社会服务能力,提供重要载体。

图 6　北京大学社区治理现代化研究中心成立仪式

五、总结与思考

（一）当前课程优势

1. 以"德育+劳育"双元立体思政教育平台巩固案例教学成果

《中共中央关于认真学习宣传贯彻党的二十大精神的决定》强调，要把学习党的二十大精神作为学校思想政治教育和课堂教学的重要内容。为更好将党的二十大精神融入课程，切实用党的科学理论武装青年，提高学生的思想觉悟，北京大学人口研究所立足辅助器具与福祉科技核心课程，逐渐完善服务学习理论框架，将社区实践、案例教学作为新时代实践育人的重要载体，通过社区服务与课程学习的结合，促使学生将专业知识和反思成果应用于社区服务实践。一方面，为深入贯彻落实党的十九大和十九届四中、五中全会关于推进国家治理体系和治理能力现代化的战略部署，人口研究所与燕园街道深度合作，联合北京大学多个单位建立承泽园社区养老驿站，并设立思政基地和实习实践基地，为学生搭建思政教育的社会实习实践平台。另一方面，人口研究所鼓励学生坚持以问题为导向，运用项目制形式，积极走进燕园街道各社区开展多方面服务，引导学生参与"燕园街道无障碍环境调查""中国时间银行发展状况调查"等调查研究工作，积极探索符合中国国情、服务北大发展、满足老年人需求的社区居家养老服务模式，在社区居家机构协调发展、医养康养融合、智慧养老、老龄友好社区、老年教育等领域积极建言献策，相关成果部分内容被《国家积极应对人口老龄化中长期规划》《"十四五"国家老龄事业发展和养老服务体系规划》等战略规划文件采纳，充分彰显在积极应对人口老龄化背景下的北大智慧、北大担当、北大作为。

2. 以教学科研成果产学研平台助推课程思政凸显强大活力

本课程授课团队充分利用已有产学研平台，鼓励学生开发设计产品及服务方案，将研究与实践充分结合，并引导学生主动发掘老年人需求，将德育实践中的所思所想所悟应用于具体的产品创意，将专业理论融入产品研发与服务方案设计，推动辅助器具行业与福祉科技行业发展，以实际行动不断满足人民群众对美好生活的向往。一方面，人口研究所通过案例教学践行"敬老爱老孝老"的思政理念，利用QFD方法及应用课程、机构及辅助器具参访课程、社区专业实习课程等教学渠道，促进教学设计由"设计"环节走向"应用"环节，推动产业与教学的融合式发展。在QFD教学课程上，社会工作专硕研究生通过QFD知识学习以及案例研究，积极参与适老化产品设计，在加深对老年福祉科技行业认知的同时，自主完成老年辅助器具产品设计，有效推动高校与行业相结合。另一方面，本课程鼓励学生将调研报告、案例分析报告、产品设计与研发报告、服务方案设计等作为学位论文内容，提升学生创新潜力与创造活力，并以案例梳理和总结等方式，将学生的产品设计、服务方案建构成教学案例库，从而形成经验总结，便于复制推广。

（二）特色创新

1. 把课程思政贯穿人才培养全过程，推动高质量育人

北京大学人口研究所在服务学习理论指导下，以人口老龄化国情教育为切入点，在落实《高等学校课程思政建设指导纲要》的基础上，将老龄化背景下的思政教学元素与基层社区劳动教育实践相结合，主动发掘老年人需求，运用专业理论指导产品研发与服务方案设计，最终形成"体验—实践—设计—应用"的课程教学模式及人才培养路径，探索出基于体验教学开展社会主义核心价值观、中华民族优秀传统文化和美德等教育的课程思政体系。

该方案直接培养硕士生、博士生1 000余人，并联合校内建筑与景观设计学院、体育教研部等多个单位共建和推广运用。授课团队在2021年元培学院新生讨论班开设"银发经济与创意设计"课程，将该模式运用至本科人才培养试点。同时，与至美基金会联合开展的燕园街道为老服务学习案例实践已通过项目制的方式运用至复旦大学、浙江大学等6所双一流院校的专硕人才培养模式中，并通过基金会辐射全国17所高校、5万名大学生。此外，人口研究所多次开展人才培养国际交流与合作，5年内四次举办"京港澳台人口老龄化"专题夏令营，向海峡两岸暨香港、澳门数十所高校输出教学理念和教学模式。

2. 在思政育人中融入体验学习特色元素，实现全方位育人

本课程将体验作为课程思政的切入口，在实习实践的基础上，在全国率先系统推动老龄生命教育和人生规划活动，使学生在老龄生命体验教育的基础上，明晰老化过程，帮助学生树立"爱党、爱国、爱社会主义、爱人"的价值观，鼓励学生通过视频制作、电子期刊展示等形式记录体验感受，编制老龄生命体验教育指南、老龄生命体验活动手册，将思政元素、劳动教育元素与课程建设及人才培养进行深度融合，创新现有课程及教学培养模式，发挥特色综合人才培养的示范引领作用。

（三）不足及改进措施

1. 对案例集总结不到位，需进一步规范化与专业化

人口研究所社会工作专业学位案例教学经过一系列探索与实践，已取得较好的成绩，总结出了一批较为成熟的经验。但从整体来看，对文字性案例集与视频的制作和保存仍有待进一步改进，需要加强对相关工作的总结与整理，尤其要在规范化与专业化上下更多的功夫。

2. 对学生实践效果评估不足，需进一步完善评估体系

当前，学生进入社区从事实习实践活动是在教师及街道相关部门的双重监督下进行的，由于学生数量较多，从事的实习实践活动种类也较为多样，难以有效整合。目前还没有相对完善的评估体系对学生在实习实践环节真正的进展与服务成效进行评估，评估机制有待健全。今后可以考虑借鉴发达国家服务学习管理模式，由学生所在的实习部门出具相关的评价意见,并加强与实习场域主管单位的合作与对接,通过制度化建设完善评估体制机制。

3. 案例应用推广不足,需提高教学成果向应用转化效率

人口研究所社会工作教学案例在视频资料、电子期刊等方面形成一定的特色,但教学成果整体还是以学术研究为主,缺乏将成果与产业发展进一步结合、推动成果转化与应用的水平及能力。学生基于 QFD 方法设计的辅助器具产品具有较强的创新性,部分产品甚至具有申请实用新型专利的潜力。从 2021 年起,授课团队已指导学生参与专利撰写和申报 3 项,期待在今后继续获得更多助力和资源,在学校研究生院、科技开发部等职能部门支持的基础上,推动案例成果向应用转化,激发学生创新的潜力与动力,持续推动"政—产—学—研—用"一体化。

4. 案例库标准有待进一步完善,需将教学标准与国际、国内规范有效对接

中国专业学位教学案例中心有相应的案例标准,教育部学位与研究生教育发展中心也在每年定期征集专业学位教学案例,但当前案例库标准有待进一步完善,需将案例库建设与国家案例教学征集要求进一步对接,以期更好地为专业案例教学工作贡献北大智慧与北大方案。

信息素养概论

一、课程概况

（一）课程信息

信息素养概论课程为北京大学信息管理系图书馆学专业必修课与全校大类开放课程，面向全校本科生，适用学时为 36 学时。

（二）课程简介

信息素养教育已得到各国各界人士的重视，美国、英国、澳大利亚等国家的教育部门和图书馆界均开展不同程度的信息素养教育。这门课从理论和实践两方面讲述信息素养的内容，包括图书馆素养、书目素养、阅读素养、信息伦理素养、信息安全素养、信息源的选择与评价、文献利用的学术规范、信息素养测评、数据素养等专业内容，也包括信息素养评价、图书馆信息素养教育、信息搜寻工具研制等专业技能培养。信息素养教育通过知识、技能、素养三个方面的培养，培养学生的信息检索、信息获取、信息甄别能力。

信息素养概论的特色在于寓价值观引导于知识传授和能力培养之中，将具体技能培养与理论讲授相结合，在课堂中讲授信息素养的最新研究趋势、国内外图书馆信息素养教育的实践方向，在课后作业中布置学生练习信息查询与利用的技能，如使用和评价数据库各项功能，锻炼学生获取信息、写文献综述、甄别和利用信息的能力。在价值观引导方面，课程注重讲述图书馆人的爱国事迹、为图书馆事业奉献的故事，宣扬以开放获取、资源共享为主的价值观，以让所有人平等获取知识为主的价值取向。课程特别涉及信息利用过程中的学术规范，讲解什么是学术规范、维护学术规范的意义、学术规范的相关政策文件、文献引用规范、学术失范现象和论文相似性检测工具等话题，使学生对学术规范问题有全面的认识。学术规范教育不仅将诚信的社会主义核心价值观融入教学当中，也使学生体会到学术研究中的法治精神，同时培养学生的法治思维和底线思维，使其坚守学术道德。

(三)授课教师简介

张久珍,中共党员,管理学博士,北京大学信息管理系教授,博士生导师,系党委书记,系主任。从事图书馆学专业工作,主要研究方向为信息素养、参考咨询服务、数字人文。

二、课程育人目标

本课程的总体理念为:以爱党爱国为主线,以历史教育、技能培养和前沿探索为内容供给,培养爱国爱党、热爱图书馆和祖国公共文化事业、具备较强信息素养特别是批判思维的学生。

信息素养教育与思想政治教育有着交融互促的优势,信息素养教育除进行技能培育外,还要进行精神培育。信息素养概论课程设计在历史教育中加入了信息管理系史、北京大学图书馆史、北京大学史内容,带领学生了解北大人爱党爱国的事迹,塑造学生爱国主义的基本价值观,构建学生爱党爱国爱校爱系的精神谱系。在技能培养内容中,课程加入红色文献信息检索内容和中华传统古籍资源相关信息源的介绍,使学生在学习检索技巧的同时了解红色文化和中华传统文化。在前沿探索内容中,课程注重学生数字素养的培育,讲解最新的信息技术、文献数据平台等内容,结合发展数字经济、公共文化服务等国家战略和海外古籍调查、大型文献整理工程等国家工程的介绍,引导学生关注国家大政方针,思考图书馆学专业或其他专业能在未来的数字经济、公共服务事业中发挥怎样的作用,如何利用图书馆学在数字资源组织、检索方面的核心能力赋能其他行业发展,将个人事业与国家需求紧密结合,用所学知识报效国家。

三、课程思政案例

(一)以爱党爱国为主线,用红色资源育人

1. 以爱党爱国为主线

党的二十大报告强调,要深化爱国主义、集体主义、社会主义教育,着力培养担当民族复兴大任的时代新人。爱党爱国是课程思政的主线。北京大学与中国的发展紧紧相连,"爱国是根植在北大人心中最强大的基因"。作为专业必修课,信息素养概论课程设计之初考虑到学生对于校史、系史,尤其是北京大学的红色传统了解不深,加入了信息管理系史、北京大学图书馆史、北京大学史的内容,具体内容供给分为信息管理系爱国主义教育传统、北京大学图书馆红色传统和当代红色文献传承三部分。北京大学信息管理系成立初期就有优良的爱国主义教育传统,课程展示信息管理系档案,其中1951年的课程表中图书馆事业史、中国图书目录学史、图书馆行政等课程都明确要贯彻爱国主义教育。

中国图书目录学史的教学计划提到,"应该阐述伟大祖国在图书目录学史上的科学发明,用来发挥、结合爱国主义",图书馆行政的教学计划提到,"课程重点应说明新民主主义教育之宗旨"。① 课程以此激励图书馆学专业学生秉承先辈的爱国精神和为人民服务的优良传统,为我国图书馆学和图书馆事业贡献力量。

北京大学图书馆也有着悠久的红色历史。课程展示北京大学建立的马克思主义图书馆——亢慕义斋的历史,讲述李大钊等人设立亢慕义斋、研究和宣传马克思主义的事迹,以及"不破不立,不立不破""出研究室入监狱,南方兼有北方强"等革命诗歌、箴言、格言,激发学生对于马克思主义的向往。课程还加入北京大学孑民图书室的历史,通过呈现信息管理系老教师张树华在孑民图书室读书和参与革命活动的经历,用教师们的言传身教为学生展现图书馆人的爱国情怀,让学生树立图书馆人的爱国主义和为国家奉献的理想。图 1 为亢慕义斋遗址旧照。

图 1　亢慕义斋遗址旧照

本课程在教学中以爱党爱国为主线,不断将爱国主义精神渗透进学生心中。在介绍系史和图书馆史时展示原北京图书馆馆员、信息管理系创始系主任王重民先生与胡适先生的书信,这些书信主要写于 1941 年,主要讨论如何将当时北平图书馆的馆藏善本妥善运送出已被日军占领的北平,从而保存中华优秀古籍,保留中华文脉。在"因思张菊生先生若肯帮忙,若将此货混入商务新出版新货箱内(或用百衲史箱、丛书集成箱装此旧货亦可),或不难带出海关。此外再用他法带出几十箱,则最重要者可算得救矣"②"但若于国家文化前途有益,当望其能实现;惟吾人应预为设法,俾在美所的利益,不尽被一方面人所独吞,则幸甚矣"③的字句中,展现王重民等图书馆界人士在国家危亡之秋拼尽全力保护古籍的艰辛历程,阐释老一辈知识分子的爱国情怀,培养学生的爱国主义精神。

---

① 图书馆学系课程表[A].北京大学档案馆,档号:1GL0301951-0002.
② 北京大学信息管理系,台北胡适纪念馆.胡适王重民先生往来书信集[M].北京:国家图书馆出版社,2009:4.
③ 北京大学信息管理系,台北胡适纪念馆.胡适王重民先生往来书信集[M].北京:国家图书馆出版社,2009:11.

2. 增进对中国图书馆事业的认同感

中国图书馆事业历来受到党中央的关注。2019年9月,习近平总书记给国家图书馆老专家回信,信中提到,"图书馆是国家文化发展水平的重要标志,是滋养民族心灵、培育文化自信的重要场所。希望国图坚持正确政治方向,弘扬优秀传统文化,创新服务方式,推动全民阅读,更好满足人民精神文化需求,为建设社会主义文化强国再立新功。"①课程重点学习习近平总书记回信,说明图书馆事业在国家文化事业中的重要地位,以及对公共文化服务、培育文化自信、全民阅读等的重要作用,以增进学生对中国图书馆事业的认同感。

课程不仅希望学生对图书馆事业有认同感,更期待学生对中国图书馆学发展怀有使命担当精神。《高等学校课程思政建设指导纲要》提到,"以马克思主义为指导,加快构建中国特色哲学社会科学学科体系、学术体系、话语体系"。图书馆学专业学生是未来的图书馆学研究者、图书馆事业建设者,课程希望培养学生建设"中国的图书馆学"的自觉。

从梁启超提出建设中国的图书馆学开始,中国图书馆学界一直在探索建设具有中国特色的图书馆学,为中国图书馆事业打开一条新路。因此,课程增加一些经典原著导读内容,传承中国的图书馆学理论与实践。在经典导读环节,学生阅读中国第一代图书馆学人关于建设"中国的图书馆学"的著作。课程重点导读梁启超在《中华图书馆协会成立会演说辞》中首次提出通过"深造的研究"和"重新改造"中国的目录学建设"中国的图书馆学"的历史意义;解读刘国钧在《什么是图书馆学》中提出的"图书馆事业及其各个组成要素",②分析刘国钧对图书馆学的研究对象在中国图书馆学理论体系中作用的观点,论述刘国钧独立提出并建立的图书馆学理论体系的时代意义和对今天的现实影响;解释李大钊在《在北京高等师范学校图书馆二周年纪念会的演说辞》中提出的"社会图书馆"概念,认为社会图书馆的对象是一般人民,提出"一定要使全国人民不论何时何地都有研究学问的机会"的经典论述。通过读原著、学原文、悟原理的方式带领学生体会图书馆学的本质特征,了解图书馆学本土化的过程,领悟图书馆事业发展离不开本土图书馆学发展,思考如何建设"中国的图书馆学"、如何将"中国的图书馆学"融入中国特色哲学社会科学体系构建。

课程还通过北大教师的回忆内容展示图书馆学教育、信息素养教育的重要性。例如,宿白先生回忆北京大学图书馆的王锡英先生教学生如何看丛书、注意古籍的不同版本问题,周彬先生教新入学学生使用工具书,这些图书馆员对本职工作的热爱和对学生的热情给宿白先生留下深刻印象。20世纪50年代图书馆学系王重民教授的"图书目录的查找和主要书目索引的利用"、刘国钧教授的"怎样利用综合工具书"讲座受到学生的欢迎。这些案例生动地展现出图书馆学的意义、图书馆专业的意义所在。课堂还展示毛

---

① 习近平给国家图书馆老专家的回信[EB/OL].(2019-09-09)[2021-12-20]. http://jhsjk.people.cn/article/31345047.

② 刘国钧.什么是图书馆学[J].中国科学院图书馆通讯,1957(1):1-5.

泽东在北京大学图书馆的薪酬记录表档案,呈现中文系教师张鸣、陆胤等人在校园生活回忆录中有关图书馆员在学习支持、研究支持方面的故事。张鸣老师追忆图书馆员李鼎霞老师纠正他的错误读音,陆胤老师回忆旧期刊部张宝生老师对历史文献了如指掌,经常为学生提供新的文献线索,体现出图书馆员渊博的知识、为同学服务的精神,鼓励图书馆学专业学生注重加强各方面知识的积累,培养自身服务社会的精神。

课程还涉及中国古代图书馆和校雠学的发展史,梳理出中华传统文化中有关文献整理的理论和实践,使学生认识到中国古代校雠学、目录学、版本学等学问的深厚基础。同时,课程梳理自 20 世纪以来的中国现代图书馆史和图书馆学史的脉络,使学生对今天的图书馆学理论和实践有整体的把握,借鉴历史上图书馆学发展的经验和教训,在未来从事图书馆工作时能够看清行业发展方向,努力成为中国图书馆事业的建设者。

3. 融合传统文化资源和红色资源传授知识、塑造价值

信息素养的前提和基础是了解文献信息源。课程设计的重要内容之一是引导学生认清文献资源现状,掌握不同类型文献的收集与整理,不同种类文献源、信息源的获取方式。在这部分授课中,课程特别加入传统文化资源和红色文献资源,展现中华文化高质量发展的资源,介绍全国各地图书馆的红色文献收藏情况、目前红色文献整理和出版情况,让学生进一步了解红色文献的传承。课程展示我国近年来古籍数字化、数据化的新型整理平台情况,特别关注书信、年谱、地方文献等特殊类型文献中的红色内容,让学生增加对红色信息源的把握、增强信息素养的同时,学习党史、新中国史、改革开放史、社会主义发展史以及中国古籍的历史。课程帮助学生充分了解信息技术与互联网影响下文献信息源分布的新特点,如预印本、数据集等新型信息源情况,以及一些新兴的文献数据平台(图 2),了解世情国情党情民情,增强对党的创新理论的政治认同、思想认同、情感认同。

图 2 课程重点讲解一些新兴的文献数据平台

课程作业鼓励学生参与红色文献的传承。课程在介绍"抗日战争与近代中日关系文献数据平台"等有关近代史的数据库以及《永乐大典》高清影像数据库、国家珍贵古籍名录数据库等新型古籍数字化资源后,布置数据库检索报告作业,鼓励学生选择红色文献数据库作为作业研究对象。在书目研制作业中,课程鼓励学生编制红色文献书目,如党史相关书目。在文献综述作业中,课程鼓励学生以党史研究、古籍数字化、海外汉籍收藏等为主题进行综述,在作业和实践中坚定中国特色社会主义道路自信、理论自信、制度自

信、文化自信,推动文化自信自强。

如图 3 所示,为了解当代红色文献传承,授课教师和助教带领学生参观北京大学马克思主义学院图书馆,聆听图书馆员讲述《马藏》的编纂过程,了解北京大学在红色文献整理方面的工作。课程让爱党爱国的主线贯穿始终,从图书馆与图书馆学的历史与现实、资源与服务多角度向学生灌注爱党爱国的核心价值观。

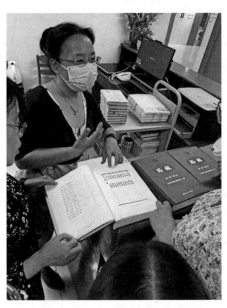

图 3　北京大学马克思主义学院图书馆负责人巩梅老师讲述《马藏》的编纂过程

(二) 融合信息素养与价值观培育

1.融合信息检索利用技能与学术规范教育

信息检索与利用是信息素养的核心技能之一。课程在讲授信息检索技巧时,着重解释目前的信息源、信息检索工具的优势和存在的问题,培养学生的思辨能力,引领学生正确认识核心期刊、SCI、影响因子等图书馆学内部乃至学术界关注的问题及其本质,让学生明白它们作为图书馆领域采访文献资源的参考指标,并不能完全评价学者科研能力、学科发展水平,以培养学生独立思考、批判性学习的能力。课程随后讲解国家"破五唯"的政策,提醒学生建设公平公正、科学的学术评价体系的重要性。课程在教学中把马克思主义立场观点方法的教育与科学精神的培养结合起来,提高学生正确认识问题、分析问题和解决问题的能力。

信息利用过程中必须要注意学术规范,这是大学生应该知晓并执行的基本原则,课程特别介绍了此部分内容。学术规范是一切学术研究的基础,是学术研究必须遵守的"红线",它既有底线要求和规定动作,也有追求卓越的"高标准"。了解和遵守学术规范,进行的学术研究才有价值,才能与国内外同行进行有效的交流,才能体现出学者对学术的贡献,才能促进学术创新和知识增长。课程涉及什么是学术规范、维护学术规范的意义、学术规范的相关政策文件、文献引用规范、学术失范现象和论文相似性检测工具等方面,使学生对学术规范问题有全面的认识。学术规范教育不仅将诚信的社会主义核心价值观融入教学,也使学生体会学术研究中的法治精神,提高法治思维能力,坚守学术道德。

2. 进行弱势群体信息素养教育,培育人民情怀

党的二十大报告提出"健全社会保障体系""完善残疾人社会保障制度和关爱服务体系"。近年来,公共图书馆也为弱势群体提供信息素养教育、阅读服务等多种服务,维护弱势群体公共文化服务权益,体现了公共图书馆普遍、均等服务的人民情怀。

课程讲授与弱势群体服务相关的"盲人数字阅读推广工程"以及2022年在我国生效的《关于为盲人、视力障碍者或其他印刷品阅读障碍者获得已出版作品提供便利的马拉喀什条约》。这些工程和政策开启了为视障群体提供阅读服务的新征程,也为图书馆面向弱势群体的信息素养服务、阅读素养提升服务提供了支持。课程提出细分化的阅读服务理念,关注不同群体的阅读需求,特别是困难群体对阅读服务的可及性要求和实现获取均等化阅读资源的要求。图书馆的阅读服务要惠及更加细分的群体,如服刑人员、患病人群、患者家属、性少数群体等微型群体乃至亚文化群体,突出图书馆的社会化。选课学生也研究和制作了面向性少数群体、自闭症儿童、患病人群及家属的推荐书目,以及面向服刑人员的阅读素养教育方法,增强了图书馆人平等服务的使命感、责任感。

3. 信息素养前沿探索中不忘价值塑造

课程认为,学生不仅是具备信息素养的学习者,也是对前沿问题保持敏感、探索学科边界的研究者。在信息技术与互联网环境下,学生需要了解最新的技术、文献数据平台、研究方向。尤其对于图书馆学专业学生来说,他们今后会成为图书馆事业的实践者或图书馆学的研究人员,需要不断学习最新的信息素养知识,以紧跟甚至引领事业发展和学科发展。

连接人与知识是图书馆学的使命,课程以此为基点,介绍近年来围绕该使命的图书馆新实践,如开放数据研究平台、数据驱动创新研究大赛等,也介绍数字经济环境下的数字素养、数字经济治理体系、数据治理等内容,以习近平总书记"要提高全民全社会数字素养和技能,夯实我国数字经济发展社会基础"[①]的讲话精神号召学生关注数字素养教育、文献数据化,思考图书馆学专业能在未来的数字经济中发挥怎样的作用,如何利用图书馆学在数字资源组织、检索方面的核心能力赋能其他行业发展。

课程着重讲授开放获取——这个时代图书馆界的讨论主题之一,其符合图书馆普遍、均等的价值理念,是一种资源开放共享的观念。课程在教学中带领学生讨论开放获取的两个案例——亚伦·斯沃茨(Aaron Swartz)的信息开放实践和开放获取网站SCI-

---

① 习近平在中共中央政治局第三十四次集体学习时强调 把握数字经济发展趋势和规律 推动我国数字经济健康发展[EB/OL].(2021-10-19)[2021-12-20].http://www.news.cn/politics/leaders/2021-10/19/c_1127973979.htm.

HUB,二者都具备开放获取的精神,但都在版权等方面有一定争议,以此指导学生思考争议的产生原因和解决方法。课程同时介绍图书馆界和不满信息获取限制的科学共同体围绕削弱出版社势力、重建科学交流系统的目标发起的开放获取运动,引领学生思考开放获取模式的可行性和持续性。开放获取运动极大地促进了学术信息的传播与交流,提高了科研效率,但在实践中也存在一系列问题。在讨论中,教师逐渐明确图书馆应以资源共享为主要价值观,以让所有人平等获取知识为主要价值取向。学习开放获取的历史,就是把自由、平等的社会主义价值观内化于心、外化于行。

(三)深化职业理想,赓续图书馆学血脉

1. 图书馆从业者现身说法,培养职业情怀

为了深化职业理想和职业道德教育,让学生深刻理解并自觉实践各行业的职业精神和职业规范,增强职业责任感,课程邀请图书馆业界的专家举办讲座,讲述图书馆工作中的故事,让学生感受图书馆职业的魅力。

课程目前已邀请到首都图书馆原馆长倪晓建、澳门大学图书馆馆长吴建中和国家图书馆副馆长霍瑞娟发表从业感言,馆长们对多年的从业经历进行介绍,对图书馆的发展进行展望。倪晓建馆长向学生传达网络化、均等化、个性化、智能化等图书馆的未来发展方向,以及图书馆为群众服务的理念(图4)。吴建中馆长通过回顾自己从事图书馆事业的经历,提出"韧性""定力"和"远见"三种重要的品质,期望学生重视图书馆实践,未来可以不断超越自我,努力取得图书馆事业的新发展。霍瑞娟馆长则从自己的经验出发,鼓励大家不仅要在学好专业的基础上学习其他学科,做好"图书馆+",不断拓宽专业的领域,还要重视精神的力量,挖掘图书馆学中感兴趣的点,热爱图书馆学,最后勉励大家多去参加图书馆实践,开拓认知,更好地将理论与实践相结合。

图4 学生在课堂上与首都图书馆原馆长倪晓建教授连线

通过馆长们的现身说法,学生能增加对图书馆行业、图书馆未来发展方向的认识,感受到图书馆馆长的艰辛与奋进精神,同时,也学习到图书馆职业所需的品质,对图书馆学有更深的认知,了解个人增加专业知识、专业素养的方法,明确之后学习的方向。

2. 实地参观感受图书馆学的内容

图书馆学是一门实践性很强的学科,实地参观学习是必不可少的教学内容,课程通过实地参观将思政元素融入教学。

信息素养概论课程实践设在国家古籍博物馆,课程带领学生参观中华传统文化典籍陈列展,如图5所示。这个展览以"经史子集"为线索,展出国家图书馆馆藏的珍本、善本,展现历朝历代在哲学、思想、科技、文学等各个方面的伟大成就。通过实物观摩,学生深入了解传统文化典籍和图书馆对传统文化典籍的保护,并思考通过这些文献进行图书馆叙事、讲好图书馆故事的方法。

图 5　课程带领学生参观中华传统文化典籍陈列展

如图6所示,课程还带领学生参观《共产党宣言》专题展。展览以图文形式展示《共产党宣言》早期的各种语言版本、马克思的书信和手稿,以及《共产党宣言》在中国的各种译本和传播过程,现场讲述红色文献的故事。展览还使用多媒体手段,设置"《共产党宣言》国际传播"互动书架、《共产党宣言》电子翻书等多媒体项目,鼓励学生思考如何利用新技术手段让文献"活"起来,更好地传播文献,扩展文献的价值作用范围。

3. 实物讲述图书馆对传统文化的继承和发展

传统文化是中华民族的根脉,习近平总书记在调研福建朱熹园时强调,"我们要特别重视挖掘中华五千年文明中的精华,把弘扬优秀传统文化同马克思主义立场观点方法结

图 6　课程带领学生参观《共产党宣言》专题展

合起来,坚定不移走中国特色社会主义道路。"①图书馆事业与保护传统文化遗产紧密相关,课程从传统文化资源、保护传统文化的使命和传统文化发展三个角度,融合文献信息资源的开发与利用进行优秀传统文化教育。

在课堂上,学生详细参观和分析最新的图书馆文创产品,如国家图书馆制作的汉代画像砖图案丝巾、《四库全书》书夹、国图日历等文创产品,如图 7 所示,探索传统文化的创造性保护、创新性发展,思考如何让传统文化"活"起来,如何在保持传统文化特色的基础上对其进行开发,保持图书馆文创商业化的边界。课堂上还展示了图书馆的珍稀文献,如拓片、古书(复制品)等图书馆馆藏,如图 8 所示,发动学生探讨中国丰富的古籍资源如何保存、如何传播等问题。

图 7　课程展示图书馆文创产品,作为实物教学的一部分

---

① 杜尚泽,颜珂,张晓松,等."这里的山山水水、一草一木,我深有感情":记"十四五"开局之际习近平总书记赴福建考察调研[N].人民日报,2021-03-27(1).

图 8　课程中学生浏览和学习拓片等中国传统古籍文献

课程带领学生了解图书馆保存的传统文化资源，包括图书馆中收藏的图、拓片、方志、书帖等记录中国古代优秀传统文化的文献的整理、保存和开发利用情况。通过介绍这些资源的分布情况，使学生对我国古籍资源有初步了解，为之后的古籍查找、利用和内容开发打下基础。课程特地展示美国东亚图书馆收藏中国古籍的情况，这些流落海外的古籍资源长期不为国内所了解，近年来国家支持中国图书馆界开展一系列海外古籍资源访求计划，使我们对海外古籍有了整体的认识。在介绍海外古籍过程中，课程讲述图书馆人为保护古籍所作的努力，如抗日战争时期北平图书馆的袁同礼、王重民、钱存训等人为保护"平馆藏书"而呕心沥血的历程，当代图书馆人所做的古籍数字化、建设数字人文基础设施的工作，引领学生体悟图书馆人保存和发扬文化国粹的使命。课程引导学生思考，在百年未有之大变局的形势下，如何拓展"东学西渐"，让优秀中华文化反哺海外，如何让海外收藏的汉籍和汉籍内容在海外当地就地"活起来"，成为中华文化的天然"代言人"，这也是新一代图书馆人的使命。

4. 通过案例增加对图书馆的认识

为了丰富课程内容，课程在教学中增加了一些案例，通过深入分析案例，加深学生对文献信息资源的了解。

通过解读《这里是中国》的参考文献扩充学生对文献信息源的认知。《这里是中国》是一部权威的科普地理著作，主要讲述中国的人文地理。课堂上，教师着重带领学生阅读此书的参考文献，其中有地图集、档案史志、年鉴、研究综述、地方志、交通志、煤炭志、图录、数据平台、统计公报等，由此展示丰富的文献资源类型和信息源，提醒学生这些都是图书馆需要注意收藏的工具书或数据库，扩充学生对于文献资源的认知和对图书馆馆藏的认识。

通过导读《谁在收藏中国：美国猎获亚洲艺术珍宝百年记》的段落激发学生保护中华文化的信念。此书详细叙述从鸦片战争到1949年这段时期，以美国人为首的西方收藏家获得中国艺术品的历史。课程以一些段落为例，展示中国悠久的历史留下的丰富文物、古籍资源，其中一些流失海外，至今无法回到中国。以史为鉴，课程以此激发学生保护古籍、保护中国文献资源的使命感。

通过图书馆服务读者的案例阐发普遍、均等的宗旨。图书馆人首先应该喜爱图书馆、喜爱读书,才能服务好读者。课程对图书馆的故事、阅读的故事进行举例和分析。课程以监狱图书馆为例,展示图书馆普遍、均等的理念,展示图书馆作为公共组织为弱势群体服务的行动,展示图书馆为弥合数字鸿沟、推动全社会知识平等获取所作的努力,并阐释图书馆以推动全民阅读为使命之一,不断进行阅读推广、阅读指导服务,将图书馆平等服务的初心和使命渗透进学生心中,培养学生爱上图书馆。

课程还结合时事热点,将电视剧《觉醒年代》中有关北京大学图书馆的片段截取出来在课堂上播放,展现李大钊先生等民国时期的图书馆人士如何办馆、如何在图书馆内开展马克思主义研究与活动,以较为活泼的方式输出马克思主义育人价值。课堂还展示与图书馆相关的纪录片《炮火下的国宝》和《口述国图》,了解中国图书馆人士为了保护古籍、为社会大众服务而作出的努力,让学生体会图书馆职业价值,收获图书馆职业精神。

四、课程评价

本课程规模在90人左右,除信息管理系的学生选修外,还有来自理学部、信息科学与工程学部、人文学部等多个学部和院系的学生前来学习。学生认为本课程结合实际,自己不仅能够学习到信息素养、信息检索等方面的知识和技巧,还能深刻理解图书馆的意义、使用图书馆对自己学习成长的意义,体会到了图书馆情怀。

信息管理系2020级本科生许少峰反馈,"这是一门教授如何利用信息解决问题的课程。老师首先指明了信息素养的概念,即一种有效找、评、用信息以解决问题的能力,随后按照信息哪里找(图书馆及其他信息源)、怎么选择与评价,以及怎么用(检索实例、学术规范、著录准则等)展开课程内容。其中贯穿了图书馆界对用户的责任意识与服务意识,前者体现于信息的评价与使用规范,后者体现于对用户需求的关注与服务形式的不断创新。课程还组织我们去国家典籍博物馆进行参观,让我们了解了国家图书馆的发展历程,近距离接触了珍贵文献文物,领略了中华优秀传统文化的魅力,还从《共产党宣言》等红色文献的传播翻译历史路径视角了解了党和国家的发展历程,收获颇丰。"

信息管理系2020级本科生凡怡婷表示,"信息化时代的快速发展,对我们的信息素养提出了更高的要求。信息素养概论这门课程令我收获诸多,让我对信息需求、信息获取、信息评价和信息使用等方面有了更多的认识,也让我关注到数字时代的红色资源与传统文化。希望未来能让数字更好地赋能红色文献与传统文化的保护与传承,培养和提升我们对红色资源的信息获取、信息评价与使用能力,更好地继承和发扬红色精神与我国优秀传统文化。"

本课程受到同行专家广泛认可,课程邀请到图书馆馆长、古籍数字化公司管理者、图书馆学者等多位专家进行专题讲座,他们在了解课程的设置之后纷纷表示本课程立意高、有深度,既培养学生的信息素养,又引领学生爱上图书馆,激发起学生投身图书馆事业的使命感。课程在思政元素的设计上独具匠心、内涵丰富,很适合在同类课程中推广。

五、总结与思考

思政元素要与专业知识结合起来,专业培养、职业教育与思想政治教育并非对立,而是相辅相成的。课程思政应该先深入挖掘本专业中的红色传统、从业者面向国家需求所作的贡献,使学生从爱本专业开始,愿意从事对口的职业,知道如何利用本专业的知识和技能为国家建设发挥作用。信息素养概论深入挖掘课程中所蕴含的价值追求,充分采用学生喜闻乐见的内容呈现方式和教学方式提升课程质量,通过专业知识传授,深化学生对图书馆学专业的理解和对图书馆职业的热爱,激励学生"立鸿鹄志,做奋斗者"。课程在图书馆学教育教学中坚持对中国特色社会主义的道路自信、理论自信、制度自信和文化自信,培养学生建设"中国的图书馆学"的自觉,进而树立构建中国特色社会科学学术体系和话语体系的自觉。课程在不断创新教学内容与教学方法的尝试中,力图培养出具有牢固的专业知识和浓厚的专业情怀的图书馆学人才。课程思政应该是常新的,只有不断更新思政元素和思政内容,才能让学生愿意听、愿意看,愿意将个人理想与职业理想、国家事业结合起来。

基层传播理论与方法

一、课程概况

（一）课程信息

基层传播理论与方法课程是北京大学新闻与传播学院的研究生选修课，授课对象为硕士、博士研究生，2学分，适用学时为32学时。

（二）课程简介

本课程以基层传播为核心，讲授基层传播的概念、理论、方法和案例实践。基层传播研究的是基层空间里的传播行为，不仅考察信息扩散到基层的过程，而且反思媒体、媒介在基层发挥的社会功能。基层传播是20世纪中国社会改造中形成的一种独特的群众动员文化形态，也是第三世界、欠发达地区完成现代化转型的历史经验。本课程通过基层传播与社区传播、基层治理、公共文化服务等领域的对话，建立基层传播的理论基础，通过中国和西方的基层传播典型案例，确立基层传播的社会实践维度。

本课程结合20世纪"中国式现代化"过程中基层传播的经验以及基层传播的理论模式和实践维度，充分认识中国共产党在基层进行宣传、文化建设的历史经验；结合城市社区、乡村基层、单位制等不同的基层形态，理解传播在基层建设、基层治理中的能动性；充分发挥学生的参与性，选择基层传播的案例进行理论分析和案例总结。

本课程主要创新是以20世纪中国革命和建设中形成的基层传播经验为基础，探究传播参与基层建设的中国实践。一是把县级融媒体、乡村广播等有中国特色的新闻传播实践变成学术思考的对象，二是总结基层传播的工作方式，对基层传播领域的实践提供理论自觉和方法指导。

本课程被评为2021年北京大学课程思政示范课程、2021年北京大学课程思政教材建设项目。

（三）授课教师简介

张慧瑜，北京大学新闻与传播学院研究员，博士生导师，博雅博士后合作导师，曾获北京大学黄廷方/信和青年杰出学者奖、北京市高校第11届青年教师教学基本功大赛人文类三等奖。研究领域为影视文化、基层传播与新闻社会史。出版专著《视觉现代性：20世纪中国的主体呈现》《主体魅影：中国大众文化研究》等，在《国际新闻界》《读书》《开放时代》《文艺研究》《新闻春秋》等发表论文若干。主持国家社科基金重点项目、国家社科基金一般项目、教育部哲学社会科学研究后期资助重大项目、北京市社科基金重点项目等。曾获中国新闻史学会视听传播研究委员会首届视听传播优秀学术成果奖一等奖、中国高等院校影视学会第9届学会奖著作类（专著）一等奖、中国高等院校影视学会第11届学会奖论文一等奖、中国电影金鸡奖理论评论奖论文三等奖等。担任中国新闻史学会应用新闻传播学研究委员会常务理事、中国电影家协会理论评论委员会委员、中国文艺评论家协会青年工作委员会委员、中国电影评论学会理事、北京文艺评论协会青年工作委员会理事兼副秘书长、北京大学电影与文化研究中心研究员、中信改革发展研究院研究员、重庆大学人文社会科学高等研究院经略研究院研究员、西南大学中国乡村建设学院研究员等，美国加州大学圣地亚哥分校（UCSD）访问学者（2015—2016）。

二、课程育人目标

本课程将习近平新时代中国特色社会主义思想应用到新闻传播教学中，围绕基层传播这一具有中国特色的新闻传播实践，总结中国基层文化治理和社会建设的经验。课程实现三个方面的育人目标：第一，培养学生树立中国特色社会主义道路自信、理论自信、制度自信和文化自信。习近平新时代中国特色社会主义思想强调"加快构建中国特色哲学社会科学学科体系、学术体系、话语体系"，基层传播是一种中国特色哲学社会科学，基于20世纪中国共产党在根据地时期对农村、偏远地区的战争动员和文化建设，强调传播媒介更加主动地参与到经济、社会领域。这是一种中国的特殊经验，本课程引导学生通过基层传播的学习掌握中国特色社会主义传播制度形成的历史原因和中国经验。第二，培养学生了解中国国情的实践意识。习近平新时代中国特色社会主义思想强调"坚持以人民为中心"的重要性，基层传播是一种以人民为中心、以群众为核心的传播实践，借助黑板报、门板报、壁报、标语等简便的媒介形态，深入基层对群众进行宣传和教育工作，同时让普通群众不仅是这些基层媒介的阅读者，还可以成为基层媒介的创作主体。第三，培养学生认识中国国家治理体系和治理能力现代化。基层治理是国家治理的基础，基层传播是基层治理的重要手段，用文化、传播的方式来宣传，如下乡干部、下乡文艺工作者、知识青年、邮递员、电影放映员、赤脚医生、代课老师、基层技术员等是来自基层、服务基层的科技、医疗、文化工作者，这就是基层传播的主体和治理经验。本课程一方面从理论角度阐释基层传播的概念，另一方面结合具体案例，呈现基层传播是一种服务于人民主体的传播实践。

三、课程思政案例

基层传播是指发生在基层空间里的传播行为,是 20 世纪中国政治、社会变革过程中形成的新闻传播理念。借助基层化的媒介进行基层动员和社会建设,如黑板报、宣传栏、歌咏比赛、广场舞、公共卫生教育、垃圾分类宣传等,都属于基层传播。相比于社区传播,基层传播更符合中国本土的实践,一方面基层治理、基层建设是中国行政管理的有机组成部分,另一方面文化、传播是基层治理的中介和形式,尤其像中国这种第三世界、发展中国家,传播媒介会更加主动地参与到经济、社会领域。基层传播起源于根据地时期对农村、偏远地区的战争动员和文化建设。在物质匮乏、技术落后的背景下,根据地采用"就地取材"的方式,借助黑板报、门板报、壁报、标语等简便的媒介形态,对群众进行宣传和教育。除把报纸等大众媒介发行到基层外,中国共产党还在农村"就地取材"创造很多基层化媒介,把"不是媒介的媒介"转化为基层传播的媒介基础。正是扎根于基层单位的各种文化传播手段,使得非现代的、非都市的主体在战争中完成文化启蒙,从愚昧的、落后的变成理性化的、有行动力的。如果放在更大的历史背景中,基层传播不仅是 20 世纪中国社会改造中形成的一种独特的群众动员的文化形态,也是第三世界、欠发达地区完成现代化转型的历史经验。

基层传播是一种替代高资本、高技术的大众传播来完成社会动员的媒介经验。基层传播有四个特征:第一,媒介成本要低,如把黑板这种非媒介"媒介化",在墙上贴标语、写美术字等都是"物美价廉"的宣传手段;第二,依靠基层社会的组织力量,如根据地时期组织读报小组、冬学运动等,都有助于扫盲和提升群众的知识水平;第三,强调群众参与,让群众参与新闻生产,如黑板报、广播站、群众文艺演出等都是以群众为主体的媒体实践;第四,既然大众媒介不发达,就需要动员大量的知识分子参与基层传播活动,很多信息、知识通过知识分子从城市"逆向流动"到乡村,这就形成了流动电影放映队、乌兰牧骑、下乡农技人员、下乡医务工作者等下基层的传统。正是这些知识分子逆向流动以及群众以主体的身份参与社会生产,使得基层传播成为现代化下沉到基层、边远地区的媒介。不仅如此,如果我们把视野转向中国的新闻传播制度,可以说它就是高度基层化的。新中国成立后在农村建立起广播网,广播、大喇叭成为乡村的公共媒体,新冠病毒感染疫情期间又被重新启用,服务于防疫宣传。中国的电视制度也是"四级办电视",每一个县城都有一家电视台,这也是县级融媒体改革的制度前提,试图激发县级广电体制的活力。而中国的"村村通"工程保障水、电、路、网等设施覆盖城乡各地,为农村电商、直播带货等提供信息基础设施。可以说,中国有着丰富的基层传播实践,小到黑板报、宣传栏、标语、口号,大到广播站、县级电视台,再到基层社会广泛存在的联欢会、运动会、文艺演出等丰富多彩的群众文艺活动,这些基层化媒介积极参与基层事务的管理、协调,是基层单位公共化、社会化的平台。这里举三个案例,一是黑板报,二是门板报,三是逆向流动的知识分子与中国式现代化。

(一)黑板报(案例1)

最典型的基层化媒介是黑板报。黑板本是19世纪末期从西方引进的教学用具,是现代教室中服务于教学的启蒙工具。1943年,绥德分区的基层干部发明了黑板报,改变了黑板作为现代教育工具的启蒙功能,将黑板变为服务宣传的基层化媒介。如果把黑板报转移到教室外,它就变为在农村随处可见的依靠墙面的宣传栏。在国际友人伊莎白·柯鲁克(Isabel Crook)、大卫·柯鲁克(David Crook)撰写的在1948年晋冀鲁豫边区首府武安县十里店展开的"土改复查和整党运动"的调查报告中,一开头就记述了"坐着骡车,通过别致的南城门,我们进入了十里店。考究的拱门上面写着粗大醒目的白字'毛泽东是中国人民大救星'。这是一首填上新歌词的流行民歌里的一句歌词。有的标语则是痛斥蒋介石的。在另一堵墙上有一块黑板报,用粉笔抄出当天的新闻。这些新闻是从党的机关报《人民日报》上抄下来的。这家报纸还常常为供黑板报采用而刊登一些通俗易读的短文"①。这段话不仅展现了标语口号、黑板报是农村根据地广泛存在的基层传播媒体,而且表明黑板报"转载"使得《人民日报》传播到基层,黑板报就是深入基层内部的"自媒体"。

20世纪40年代,在"全党办报,群众办报"的指导下,黑板报的经验从绥德地区推广到陕甘宁边区。1944年,陕甘宁边区文教大会提倡群众性文教运动后,黑板报在各抗日根据地全面推广。黑板报作为服务于基层的"自媒体"具有两个特征:一是成本比较低,在基层很容易制作;二是覆盖面广,可以把村庄里的任一墙面转化为黑板报。根据相关研究,黑板报的发展经过大报通讯组织"代办"、干部教师"包办"和群众"自办"三个阶段。早期,在一系列硬性规定的推动下,以《抗战日报》通讯科为核心、以各县委专职通讯干事为骨干、以各地通讯小组为支撑,覆盖全边区的通信网络自上而下迅速建立,这一时期的黑板报就是依托这一通信网络而运行。中期,随着黑板报数量的增多,许多地方新发展的黑板报开始由村干部和乡村教师主持创作。黑板报有两种社会功能:第一,把外部的新闻、消息传递到基层内部,例如,将党的政策抄录在黑板上,通过转载的方式使信息传递到基层,在晋冀鲁豫《人民日报》等报纸上也设有"大众黑板"的栏目供各地黑板报转载内容;第二,黑板报的主体内容反映基层生活,是实现基层公共化、社会化的媒介平台。群众通过学习黑板报上的新闻、政策,来完成读书、识字工作。

(二)门板报(案例2)

1947年4月29日,晋冀鲁豫《人民日报》连发三篇关于门板报的报道,这三篇新闻集中报道了"毅字部队"用门板报进行基层宣传的经验,展现门板报的形态、效果和具体做法,供其他连队效仿。

在《前线部队的新创造——门板报》中这样描述门板报,"门板报就是每到宿营地,便

---

① 柯鲁克,柯鲁克.十里店(二):中国一个村庄的群众运动[M].安强,高建,译.上海:上海人民出版社,2007:2-4.

竖一块门板在部队集结场所,收到稿子,经审阅修改,不管是三角四方破皱纸张,只要写了就贴上去。因为要求低,能写就写,不会写可画画。现实性强,通常昨天的事今天早饭就可在门板报上看见。"①门板本来是固定在门框上的木板,是华北农村地区经常使用的一种门具,在战争状态下,门板被卸下来,用作行军床或者抬担架的木板,门板报则是门板的另一种用途。部队行军打仗时连队随身携带一块门板,当部队休息时,把门板竖起来变成一张"报纸"的展板,战士们写的新闻稿可以贴在上面,既能学习识字,又能相互提意见。从这里可以看出门板报的新闻属性:第一,"谁来写",门板报的写作主体多元,每个战士、干部,能写、会画的群众都可以参与;第二,"写什么",门板报主要呈现三种内容,一是在战斗、行军中出现的英雄模范故事,二是传递如打胜仗等战争消息,三是对干部、战士提批评意见;第三,"为谁写",读者和作者一样,也是连队内部的干部和战士;第四,"通过什么写",就是利用门板这种最方便的平台。借助一块小小的门板,就可以在连队内部建立一种具有信息传播、社会交流功能的公共媒体。

相比现代大众媒介,门板报这种具有根据地特色的"流动媒介",在传播机制上有一些特殊之处:第一,物质基础,门板本来属于不承担传播功能的非媒介,但是"再媒介化"后被改造成能够发布信息的布告栏,由此被挖掘出新的媒介属性和多元的传播价值,并且作为门板报物质基础的门板成本低廉,是北方农村地区常见的材料,容易"就地取材";第二,组织基础,门板报依靠基层连队的党支部作为组织形态,变成宣传工作的手段后,获得新闻意义上的"编辑部";第三,时效性,门板报每天都可以写、每天都可以发布,当天的内容就能及时在晚上的门板报中反映出来,"门板报多是每天一期,昨日的事和当天的事马上都能得到反映"②;第四,流动性,门板报方便携带,可以随时移动,是根据地时期可移动的"自媒体","门板报放的位置也不固定:开饭时就把门板报抬到饭厅里,游戏时就抬到操场上,行军时不能用门板,就把报分散贴在一些同志的背包上,边走边看,作战时就把门板报抬到战壕里,只要一有机会,战士们就都聚集在门板报的前面,各班争先读自己的报"③。门板报虽然简陋,但却带有互联网时代自媒体的传播特征。

晋冀鲁豫根据地把门板报作为基层连队宣传的手段,与中国共产党深入基层的宣传政策有关。门板报可以说是一种移动的黑板报,是对黑板报的一种创新和改造,让固定在墙上的黑板,变成可以流动的"自媒体",以适应连队行军打仗的特点。类似的媒体还有很多,如前沿阵地里的火线报、战壕报、枪杆诗等。这种把基层非媒介媒介化的方式是一种基层传播的经验。

(三)逆向流动的知识分子与中国式现代化(案例3)

党的二十大报告提出"中国式现代化"的概念,"中国式现代化,是中国共产党领导的社会主义现代化,既有各国现代化的共同特征,更有基于自己国情的中国特色。"中国式

---

① 康健.前线部队的新创造:门板报[N].晋冀鲁豫《人民日报》,1947-04-29(4).
② 勇进.激励人民战士的新英雄主义 毅字部队创造门板报[N].晋冀鲁豫《人民日报》,1947-04-29(1).
③ 张晋德.华北人民解放军中的文化活动[N].晋冀鲁豫《人民日报》,1949-03-15(4).

现代化是人口规模巨大的现代化,是全体人民共同富裕的现代化,是物质文明和精神文明相协调的现代化,是人与自然和谐共生的现代化,是走和平发展道路的现代化。在"中国式现代化"中乡村发展和乡村振兴是重要的组成部分,而完成乡村发展的核心是把现代化的理念传播到乡村并被农民接受,这就需要从城市到乡村的逆向流动的知识分子,如干部下乡,新闻记者下基层,文化、科技工作者下乡等,这种传统形成于根据地时期的基层建设。

根据地时期,中国共产党除对大众媒介进行改造外,更重要的是对专业知识分子进行改造,使其成为逆向流动的主体,承担以身体的方式完成信息传递的任务,以此来弥补农村地区大众媒介的稀缺和匮乏。这种逆向流动就是延续至今的干部下乡,记者下基层,文化、科技、卫生"三下乡"等制度的历史渊源。这种从上到下、从城市到乡村、从发达区域到边远区域的干部、医务、文艺、技术等领域专业知识分子的逆向流动,是一种有中国特色的社会制度,其社会功能有三个:第一,信使功能,通过下基层、下乡把现代信息从城市向农村传播,改变农村缺乏现代信息、技术和文化的状态;第二,帮助群众成为社会、文化建设的主体,知识分子通过"与群众打成一片""做群众的学生",才能"做群众的先生",现代化知识需要与农村的实际状况相结合,创造一种适合农村、以群众为主体的新文化;第三,参与基层社会建设,弥合城乡差距,实现均衡发展,这是对现代化、工业化带来的区域发展不平衡的回应,用"逆向流动"的方式支援、帮助欠发达地区完成现代化。

这些逆向流动的主体不仅要实现现代信息的下沉和扩散,还承担着双重政治任务:一是把群众从愚昧、落后的受众启蒙为现代化、理性化的主体;二是对既有的现代文化、现代知识进行反思和批判,使得"反帝反封建"的革命文化成为新的知识和价值。经过这种改造的逆向流动的媒介和主体,在农村根据地建立临时文化阅读和消费空间,不用固定的剧场和影院,也能在田间地头或村口广场上演流动话剧和露天电影。"逆向流动"并非只是把城市的话剧、电影、图书等现代信息传播到乡村,而且还通过流动文艺工作者的实地调研、深入基层,在土洋结合的过程中把当地群众的故事转变为新的文艺作品呈现出来。当群众看到文艺演出中的作品正是根据自己的真人真事改编而成时,群众就成为文艺作品与舞台中的主角,并能实名对作品提出修改和反馈意见,促进作品完善——文艺作品也就在传播与反馈的动态平衡中趋于完善。另外,这种逆向流动的文化传播过程也有发掘基层知识分子的功能,如基层通讯员制度就是在基层培养"业余记者",负责把基层的好人好事、地方经验与先进典型写成新闻稿,在报纸上发表后,变成其他地方可以借鉴的公共经验,或者在戏剧工作者的帮助下把当地的经验变成话剧。从这个角度看,在特定的时代和背景下,中国依托群众路线,创造出一种"创新的扩散",在非现代的农村空间建立高度组织化、现代化的基层动员。新中国成立后,这些在战争环境下形成的随时移动、临时搭建的文化宣传模式依然长期存在,成为农村、边远地区实现现代化发展的中介。

四、课程评价

（一）学生评价

基层传播理论与方法从 2020 年秋季开始，已经过两轮教学实践，选课研究生来自新闻与传播学院、中文系、历史学系、社会学系等，课程作业是围绕基层传播案例，进行案例分析和解读，选课学生分别从国外社区建设、中国乡村建设、养老、留守儿童、社区工作、单位制、农业技术下乡等角度展开对基层传播理论与实践的讨论。学生认为，本课程从中国根据地时期的新闻实践出发，从历史到现实、从理论到实践，全面总结中国基层传播的历史经验，并对融媒体时代基层媒体的改革提出政策建议。相比于发达国家和地区的社区实践，基层和基层传播是 20 世纪中国在历史中形成的经验，根植于近代以来中国所面临的危机和挑战，对理解 20 世纪中国历史和文化有启示意义。

（二）同行评价

基层传播不仅是 20 世纪中国社会改造中形成的一种独特的群众动员文化形态，也是第三世界、欠发达地区完成现代化转型的历史经验。用基层传播的概念来描述中国共产党新闻实践的基本特征，就是朝向基层、动员基层，把基层变成群众路线、人民当家做主的空间。课程主要呈现三个学术问题：一是对比西方的社区传播、底层研究，提出有中国特色的基层传播理念；二是探究根据地时期的基层传播与社会实践的关系，如用传播构建基层社会的有机性、用基层通讯员等方式塑造群众的主体性、新闻的教化职能等；三是掌握中共新闻治理的基本特征，如不是新闻的新闻，镶嵌于政治、社会生活的去专业化传播，服务于生产的传播等。

（三）社会评价

本课程在教学内容上将基层传播与课程思政结合起来，深刻领会习近平新时代中国特色社会主义思想，以马克思主义新闻观为指导，坚持文化自信和理论自信，把创建新时代中国特色大众传播学理论作为讲授主题，始终围绕坚定理想信念、厚植爱国主义情怀、加强品德修养、增长知识见识、培养奋斗精神、增强综合素质的育人目标，将立德树人融入思想道德教育、文化知识教育和社会实践教育等教学各个环节，实现全程育人、全方位育人，把"举旗帜、聚民心、育新人、兴文化、展形象"作为课程教育的根本任务。本课程通过对基层传播的理论研究，探究基层传播的理论、方法和案例分析，总结中国基层治理的经验，建立中国的文化自信和道路自信。

五、总结与思考

本课程主要围绕基层传播的理论、方法和案例展开，用基层传播来描述和总结 20 世纪中国的新闻传播实践。20 世纪的中国由于长期处于落后的欠发达状态，需要通过革命和改革的方式完成现代化转型，基层传播在基层社会的改造和动员中发挥了重要作用。通过基层传播的理论与案例，可以理解 20 世纪中国式现代化的历史经验：一是基层传播依靠政党和行政来组织，是一种特殊的组织传播；二是基层传播的功能不仅是信息传递，更重要的是借助基层化媒介完成群众动员；三是基层传播高度参与基层发展和社会建设，是一种中国式"发展传播学"。在教学方法上，本课程坚持教师讲授与学生发言相结合，多进行案例分析，启发学生从不同角度理解基层传播的理论，训练学生理性思考、理性辩论和对话的能力，避免单向教学。本课程注重培养学生的问题意识，促使学生在学习的过程中，对自身知识结构以及这种知识结构包含的问题意识进行思考，要求学生尝试理论阅读，并学会理论思考和学术分析。在思政元素上，本课程通过对基层传播的理论研究，探究基层传播的方法和实践经验。基层传播作为产生于 20 世纪中国历史和社会发展中的经验，根植于国家、政党介入基层、改造基层的过程中。基层空间是人民群众生活、居住的场所，也是工作、生产的空间，基层化本身隐含着通过政治介入、社会革命、文化教育等手段，让普通百姓、人民群众成为社会空间的多重主体。总结中国基层治理的经验，是建立中国特色社会主义道路自信、理论自信、制度自信、文化自信的有效路径。基层传播在基层建设和治理中扮演着重要角色，是赋予基层表达、发声的平台，也是构建基层空间的公共性、社会性的媒介。

阿拉伯报刊文选(一)

一、课程概况

(一) 课程信息

阿拉伯报刊文选(一)课程为北京大学阿拉伯语专业学生的选修课,由外国语学院开课,2学分,适用学时为32学时。

(二) 课程简介

本课程主要通过大量的报刊选读,使学生了解阿拉伯国家主要报刊、主要通讯社,了解世界各国及其首都、主要城市及政府机构、政府首脑的阿文名称,选读阿拉伯语报刊中的新闻、广告、新闻述评、体育消息及政治、经济、社会、文化等方面的专栏文章,掌握新闻、报刊文章的常用术语、常用词汇及不同写作风格,使学生能读懂一般的阿拉伯语报刊文章。

(三) 授课教师简介

林丰民,北京大学外国语学院阿拉伯语系主任,教授,博士生导师,北京大学教师教学发展中心副主任,北京大学阿曼卡布斯国王讲席项目研究教授,北京大学阿拉伯伊斯兰文化研究所所长,教育部人文社会科学重点研究基地北京大学东方文学研究中心副主任,北京大学中东研究中心副主任,北京大学非洲研究中心副主任,中国阿拉伯文学研究会会长。2004—2009年曾任中国驻埃及大使馆教育专员,2011年入选教育部新世纪优秀人才计划,同年获得埃及驻华使馆颁发的马哈福兹翻译研究奖,2012年9月获得北京市第十二届哲学社会科学优秀成果奖二等奖,2016年获得阿尔及利亚驻华使馆颁发的写作表彰奖,2017年获得北京市高等教育教学成果奖二等奖。

在《国外文学》《北京大学学报(哲学社会科学版)》《外国文学研究》和《读书》等刊

物上发表《阿拉伯现当代作家的后殖民创作倾向》《欧美文化市场对阿拉伯文学的消费》《阿拉伯文学：全球化语境中的机遇与挑战》等学术性论文70余篇、学术文章20余篇。出版《为爱而歌——科威特女诗人苏阿德·萨巴赫研究》《文化转型中的阿拉伯现代文学》《中国文学与阿拉伯文学比较研究》（第一作者）、《东方文艺创作的他者化倾向》（第一作者）和《日谈天方夜谭》5本专著，参与《现代伊斯兰主义》《东方文学史》和《外国文学名著鉴赏》等6本书的撰写，翻译《无岸的女人》《爱的诗篇》《致电祖国》和《最后的宝剑》4本阿拉伯诗集，以及长篇小说《埃米尔之书：铁门之途》（第一译者）、《女儿桥》（第一译者）以及其他著作，还参与《中国百科大辞典》《精神文明大典》和《东方文学名著鉴赏大辞典》等辞书的编写。

主持教育部人文社会科学重点研究基地重大项目"东方文学比较研究""阿拉伯现当代文学与社会文化变迁"和"中国与西亚北非的文学艺术交流"、国家社科基金项目"'他者化'：东方文艺创作的误区"等，参与了"60年外国文学研究——基于分类视角的考察与分析""20世纪伊斯兰世界的文化与文学"和"东方文化史"等10个国家社科基金和教育部项目的研究任务。

主讲过基础阿拉伯语、阿拉伯语视听说、阿拉伯语口语、阿拉伯语阅读、阿拉伯文学选读、阿拉伯文学史、公共阿拉伯语、阿拉伯语报刊文选、阿拉伯语翻译教程、阿拉伯语应用文、阿拉伯文学、文化与世界、阿拉伯艺术概论和阿拉伯电影赏析等本科生课程，以及阿拉伯文学专题讲座、阿拉伯古代文学史、阿拉伯近现代文学史、阿拉伯文学作品选、东方文学专题、阿拉伯叙事文学史、阿拉伯文论和中国文学与阿拉伯文学比较研究等研究生课程。

二、课程育人目标

高等教育的主要目标是立德树人。作为高校教师，不仅要教给学生知识，教会学生如何思考，同时还要引导学生正确看待世界，因此在课程教学的过程中对学生进行思想教育就显得尤为重要。阿拉伯报刊文选（一）主要是通过指引学生对各种报刊文章进行阅读，以提高学生的理解能力、分析能力。同时由于报刊承载的内容涵盖政治、经济、社会、文化等各个方面，因此课程在选材方面具有很大空间，可以有意识地多选取具有思政元素的阅读素材，适当选取阿拉伯报刊中的涉华报道和人民网、中国网、新华社等媒体呈现中国立场的阿拉伯文文章，并在阅读、讲解的过程中对学生进行引导，帮助学生树立正确的人生观、世界观和价值观。

课程思政元素对应表如表1所示。

表 1　阿拉伯报刊文选（一）课程思政元素

章节/周主题	知识点	思政元素（结合专业知识解读）
第 1 讲 习近平与大国外交	① 习近平在中非团结抗疫特别峰会上的讲话 ② 习近平在中阿合作论坛上的讲话 ③ 习近平外交思想实践与研究 ④ 习近平致信世界卫生组织，鼓励国际社会帮助医疗卫生系统较弱的国家	习近平总书记在国际峰会上的讲话体现了他的外交思想，阐明了中国的外交政策，加强了中外友好关系
第 2 讲 中美关系	① 特朗普对中国的攻击 ② 中美关系 40 年后的新视野 ③ 特朗普与拜登针对中国的立场 ④ 中美关系的历史根源与不明前景	正确认识百年变局下的中美关系，既要认识到美国对我国态度的变化，又要认识到中美关系的重要性；既要认识到我国在一些关键技术上的不足，又要保持对中国文化的自信
第 3 讲 中阿关系	① 中国在中东的作用（中国驻巴勒斯坦大使郭伟在研讨会上的致辞） ② 中国与阿拉伯国家的关系	中阿关系体现中国政府和平共处、互利共赢的外交原则，也体现了习近平外交思想在中国对外交往中的实践
第 4 讲 巴勒斯坦问题	① 巴勒斯坦问题的重要性及历史渊源 ② 中国对巴勒斯坦问题的立场	中国对巴勒斯坦的立场重点是支持巴勒斯坦人民的正义事业，坚持以联合国决议为依据，支持两国方案，主张和平、公正、永久地解决巴勒斯坦问题，这些原则体现中国政府的公正道义和对国际法的遵守与尊重
第 5 讲 叙利亚危机	① 叙利亚危机的重大事件 ② 国际社会对待叙利亚危机的现实主义态度 ③ 叙利亚重建 ④ 中国对叙利亚危机的态度	中国政府反对外来势力对叙利亚内政的干预，在道义上支持叙利亚人民和政府，同情叙利亚难民，积极参与叙利亚的战后重建，体现中国作为大国的担当
第 6 讲 阿拉伯之春	① 阿拉伯之春的结果 ② 中国政府对阿拉伯之春的立场	中国官方在阿拉伯之春问题上，回避"革命"的说法，倾向于"动荡"的判断，在外交政策上尊重阿拉伯人民的选择
第 7 讲 阿拉伯经济	① 阿拉伯经济状况与数字经济转型 ② 中阿贸易发展成就 ③ 中阿经济交流与合作	中国与阿拉伯国家贸易额持续增长，中国对阿拉伯国家石油和天然气的进口促进中阿友好关系，也将促进文化的交流与合作
第 8 讲 中美贸易战	① 美国特别是特朗普政府挑起对中国的贸易战 ② 美国对华为、抖音、微信等的限制和惩罚	美国挑起贸易战，对中国进行科技封锁，体现美国的霸凌行径。同时中国政府理性应对美国的挑战和打压，不挑事但也不怕事，展现大国自信

（续表）

章节/周主题	知识点	思政元素（结合专业知识解读）
第9讲 经济全球化与中阿经贸关系	① 经济全球化 ② 一带一路与再全球化 ③ 中阿经贸关系	中国政府认识到在扩大对外开放的过程中中国经济得到长足发展，一带一路的建设有助于经济的再全球化
第10讲 阿拉伯文化遗产	阿拉伯文化遗产及人们对待文化遗产的态度	阿拉伯各国对文化遗产的重视值得我们借鉴
第11讲 文化复兴运动	阿拉伯文化复兴运动	借鉴阿拉伯文化复兴运动的经验与教训，开展文明互鉴，振兴中华文化
第12讲 中阿文化交流	① 中阿文化交流历史源远流长 ② 中国电影参加阿拉伯国际电影节取得好成绩 ③ 中国艺术家参加埃及国际艺术展览 ④ 阿拉伯国家的汉语教学	加强中阿文化交流，既有助于我们学习世界优秀的文化，也有助于我们展现中国文化的自信
第13讲 文学奖项与文学动态信息	① 阿拉伯文学重要奖项与获奖作品 ② 文坛动态	阿拉伯资本推动文学发展的经验值得借鉴，丰富人民的精神生活也是新时代的重要内涵

三、课程思政案例

（一）中美关系（案例1）

中美关系在百年大变局的背景下出现重大变化，中美政治关系和中美外交面临重大挑战。课程给学生讲解的内容包括美方政治人物对中国的攻击，以及中国外交界重要人物对中美关系40年的梳理与反思。

针对特朗普、拜登和美国政府对中国的高压态势和此起彼伏攻击的报刊内容，授课教师引导学生正确看待中美关系与中国未来发展，要从百年大变局和中国和平崛起的角度观察中美关系的新变化。在中国综合国力要赶上美国，甚至未来可能超过美国（只要中国自己走好发展的道路，超过美国是必然的）的趋势下，美方肯定不甘于被中国超越，会千方百计、想方设法阻挠中国发展。配合本课程其他相关内容（如美国对中兴、华为等中国高科技公司的打压和制裁等阿拉伯文报道内容），授课教师引导学生从历史的角度看发展规律，要对中华民族的伟大复兴充满信心，对中华传统文化充满自信，从当下中美外交的现实出发，要认清美帝国主义的实质，要认识到我们可能遭遇的困难与挑战，同时也要认清我们在某些领域还存在的差距与不足，作为青年学生，要发愤图强，毕业之后努力报效祖国，为国家的发展而奋斗。

在学习阿联酋媒体对中美关系论坛（中美关系40周年纪念研讨会）的报道后，授课教师引导学生学习如何正确看待中美关系、如何应对当前的困局和挑战、如何行动才能更有效地保护国家的利益,让学生认识到交流与合作才是中美关系40年的主流,交流与合作对中美双方都是有利的,同时也要认识到我们国家在这一问题上的基本立场:我们不谋求取代美国在世界上的地位,但我们也不能忍受被欺负。作为世界前两大经济体和联合国安全理事会常任理事国,中美必须对未来两国关系作出正确的战略判断,制定清晰的发展规划,才能继续维护和促进两国人民的根本利益和世界人民的共同福祉。

(二)巴勒斯坦问题(案例2)

巴勒斯坦问题是中东地区长期动荡不安的一个重要因素,也是阿拉伯世界最重要的问题之一。阿拉伯语专业的学生在未来工作和与阿拉伯人交流的过程中,涉及巴勒斯坦问题的概率较大,因此阿拉伯语专业的学生对此问题应该有一个正确的认识。在这一讲中,报刊选读文本一般侧重于对巴勒斯坦问题本身的描述,通过授课教师的讲解,学生可以了解到阿拉伯人对这一问题的立场和看法。作为中国人应该如何看待巴勒斯坦问题,这是本讲进行课程思政的一个重点,授课教师要在报刊文本之外对学生进行引导,让学生了解中国政府在这一问题上所持的立场。

有关巴勒斯坦问题,外交部发言人曾有如下表述,"我们一向主张,独立建国是巴勒斯坦人民的合法权利,是实现巴勒斯坦、以色列两个国家和平共处的基础和前提。中方将继续为推动巴勒斯坦问题的全面、公正解决发挥积极和建设性作用"[①]"我们支持包括'阿拉伯和平倡议'在内的一切旨在政治解决中东问题的方案。我们希望国际社会继续共同努力,鼓励巴勒斯坦新政府从巴勒斯坦人民的根本利益出发,从中东和平的大局出发,采取更为积极的姿态,承诺放弃暴力,接受巴以之间达成的协议,与以色列恢复和谈"[②]。对于中国政府在这一问题上的各种表态,授课教师还要引导学生认识到,中国政府并不是在实行一种实用主义政策,我国政府支持巴勒斯坦人民更多是因为巴勒斯坦自《贝尔福宣言》以后所遭受的苦难和不公正待遇,特别是美国支持以色列通过多次战争大量侵占巴勒斯坦人的土地,平时则致力于建设定居点以达到长期霸占巴勒斯坦领土的目的,大量巴勒斯坦人沦为难民,住在难民营,过着流离失所的悲惨生活。因此,尽管我国同以色列也有很多经济、科技方面的交流与合作,但是在大是大非面前,中国政府坚持原则,不为利而舍义,更多时候是取义而舍利。

这些说理性的引导,有些学生接受得快,有些学生则接受得慢,因此需要具体事例形象生动地加以说明。授课教师可以利用历史上发生的各种巴以冲突事件进行引导,也可以利用当下新闻事件进行引导。

历史上的冲突事件以1987年巴勒斯坦人民大起义为例,这是1987年发生的一起巴

---

① 外交部:独立建国是巴勒斯坦人民的合法权利[EB/OL].(2012-11-30)[2023-06-03].http://news.cntv.cn/china/20121130/103931.shtml.

② 刘建超就东海问题、达赖问题、伊核问题等答问[EB/OL].(2006-06-01)[2023-06-03].https://www.chinanews.com.cn/news/2006/2006-06-01/8/738105.shtml.

勒斯坦人在耶路撒冷投掷石块的抗议活动。1987年12月9日,一辆犹太人的卡车闯入加沙地区"加伯利亚难民营",故意压死4名巴勒斯坦人。加沙的巴勒斯坦人怒火中烧,走上街头,展开与以色列当局持续数年的对抗。授课教师举此例要侧重说明的是投石抗议的巴勒斯坦群众面对的是以色列军队的真枪实弹、飞机大炮和装甲车。以色列人欺凌巴勒斯坦人的事件不胜枚举。这些事件都是中国政府制定巴勒斯坦外交政策的根据。

当下的新闻事件则以2021年5月15日以色列对巴勒斯坦新闻大楼的轰炸为例。这一事件进行课程思政的重点不在于轰炸事件本身,而在于中国网友对轰炸事件截然不同的反应。有的网友支持以色列,有的网友同情巴勒斯坦阿拉伯人。在以色列军队轰炸巴勒斯坦大楼之前,鉴于大楼内不仅有巴勒斯坦方面的新闻机构,还有美联社和半岛电视台等国际新闻机构的办公室,以色列方面发出公开通知,要在一个小时之后炸毁该新闻大楼。事情发生后,一些支持以色列的网友在社交媒体上为以色列"洗地",夸赞以色列政府和以色列军队有仁义,居然提前通知对方。授课教师以此切入,借通知轰炸事件打比方,"好比两家人有矛盾有争执,强势一家的家主对弱势一家的家主说你赶紧回去准备,我过一小时要去把你家的屋顶砸了。你看我对你家多好,多么讲仁义。然后过一小时就真的去把人家的房子砸烂。"经过这样形象的比喻,学生很容易就明白道理,对于巴以问题的是非曲直也就更容易理解,也更能体会到中国政府在巴勒斯坦问题上的公正立场和人道主义精神,在一定程度上达到课程思政的目的。

四、课程评价

在2021年春季学期对学生进行的一次问卷调查中,在"课程是否存在课程思政元素"方面,79%的学生认为本课程具有很强的思政元素,21%的学生认为本课程具有较强的课程思政元素,选择"存在微弱的课程思政元素"和"不存在课程思政元素"的学生比例为0;在"授课教师选择的课程材料是否有利于课程思政的融入"方面,57%的学生认为非常有利于课程思政的融入,43%的学生认为有利于课程思政的融入,其他选项为0。

下面是部分选课学生对本课程在课程思政方面的反馈:

"本课程在带领我们阅读阿拉伯报刊文选的同时穿插了很多思政元素,让同学们饱含爱国热情,课程在介绍巴勒斯坦问题时突出中国对巴勒斯坦问题的立场等,通过多种方式让同学了解更多国家大政方针,思政元素丰富而有趣。"

"这门课程有利于我们建立正确的政治立场,对世界尤其是中东地区的政治有更多了解,我们对世界政治的包容性也变得更强了。"

"本课程对国际政治相关内容关注较多,我们能够学习到很多关于中国特色大国外交和应对国际复杂形势变化应该采取什么态度、怎么做等内容。"

"老师向我们介绍了中阿建交的和谐关系,阿拉伯国家的历史、国情,以及中国当今的外交政策等,带领我们探讨一些国际问题,对我们进行有益的引导。例如,老师为我们讲解了中国在巴以冲突问题上的立场与态度,使我们对这一类政治问题有更深入的认识。"

"学习本课程,我的收获主要集中在对阿拉伯报刊的进一步认识上,包括阿拉伯世界报刊的语汇选择、报道时的主要关注。最主要的收获体现在通过阅读阿拉伯报刊,我进一步深化了对阿拉伯世界的社会问题以及这一世界与外部世界联系的认识。"

"最主要的收获是专业知识和能力的丰富和锻炼,另外还对我国、阿拉伯国家及其他国家的历史文化、政治经济有了知识积累,在价值观探索和树立方面也受到积极影响。"

五、总结与思考

总体而言,阿拉伯报刊文选(一)课程作为一门外语课程,与文史哲和政经法等其他文科课程有很大不同,因此本课程在课程思政上也同样有所侧重,针对课程特点更多地从国际视野和家国情怀等思政元素入手,在考虑课程体系的基础上,多选取与中国有关的新闻报道,便于对学生进行思政引导。通过两年的课堂实践,本课程已经较为充分地实现了阿拉伯报刊文选(一)的课程思政,选课学生不仅在阿拉伯语方面得到语言能力的提升,同时也通过对各种报刊内容的学习和授课教师的引导端正了对世界的认识,树立了正确的价值观和人生观。

第二篇

理工类

生 理 学

一、课程概况

（一）课程信息

生理学课程为北京大学相关专业本科生的专业核心课,适用学时为48学时。

（二）课程简介

生理学作为生物学的一个分支,是研究生命体功能及其机制或机理的科学,是生物科学专业的核心必修课。现代生理学将分子和细胞机理整合回细胞至整体层面阐述机体功能。

教书和育人并重是北京大学生理学课程的优良传统。北京大学前副教务长陈守良教授在20世纪80年代主持生理学课程时就注重在教书中育人:通过重要科学发现的经典案例和科学争论,培养学生的科学思维、创新能力和探索精神;通过林可胜、赵以炳等中国生理学家的故事,以及航天和南极科考等国家使命中的生理学问题,引导学生树立学以致用的意识和科学报国的理想。

四十多年来,北京大学生理学课程一代代授课教师秉承优良的教书育人传统,不断在教学中探索和创新,积淀了课程思政的实践经验。2022年本课程入选北京市课程思政示范课程。

（三）授课团队简介

生理学授课团队一贯坚持立德树人、教书育人,积极推动教学改革,近年来承担"生理学线上线下混合教学"（2019）、课程思政专项"将生理学教学与唯物辩证法的科学思维训练有机结合"（2020）等教学研究项目,出版《生理学数字课程》等教材。课程主讲人包括罗冬根、王世强、柴真、白书农、罗金才、周辰（实验教学）。

罗冬根为国家海外高层次人才引进计划青年项目研究员,承担本课程神经生理学部分的教学,2017年获评北京大学生命科学学院最受喜爱的老师,2020年获北京大学生科院东宝奖教金。

王世强为长江学者教授,承担本课程细胞生理学和循环生理学部分的教学,曾荣获北京市优秀教师(2013)、全国优秀科技工作者(2016)、北京大学最受学生爱戴的老师(十佳教师)(2019),并多次获北京大学教学优秀奖。

二、课程育人目标

生命体内部以及与环境之间不断进行物质、能量和信息的交换,消化、呼吸、血液循环、排泄等各个系统协同完成这种必需的物质和能量代谢过程。神经系统和内分泌系统通过遍及全身各处的感受器、神经纤维和循环于血管中的各种激素,形成一个庞大的调控网络,使各器官系统的功能保持协调,使内环境保持稳定,使机体对内外环境的变化作出适应性反应。由此可见,生理学原理中充满唯物辩证法的思想。

中国共产党领导中国革命和建设的理论基础是马克思主义,马克思主义以唯物的观点、辩证的思维,揭示自然界和人类社会的客观规律,并指导着我们进行中国特色社会主义建设。而生理学原理背后的哲理也是符合马克思主义原理的。

对生理学原理中蕴含的唯物辩证法进行剖析,有利于学生运用全面、矛盾、发展的观点认识科学现象,有利于解决专业教育和思政课程"两张皮"的问题,有利于提升学生的科学思维能力和科研实践能力。同时,通过对生理学原理提炼升华,可以提升大学生对马克思主义、毛泽东思想、习近平新时代中国特色社会主义思想的认识。

同时,生理学作为生物学中最早引入实验手段的学科,在长期发展中积累了大量经典科学发现案例。课程通过对这些经典案例的剖析,培养学生的科学思维,提升学生的创新能力,激励学生的探索精神,并深刻体会"实践—认识—实践"螺旋上升的辩证唯物主义认识论规律。

三、课程思政案例

以下结合课程思政的教学案例,介绍生理学课程思政的具体实施,包括课程内容蕴含的思政元素,以及教学方法、教学特色与创新点。

(一)中国生理学发展史和中国生理学家(案例1)

教学内容:20世纪80年代以来,陈守良教授将中国生理学发展史、科学家的故事与生理学知识和理论的讲授有机结合起来,这个教学思路一直传承至今。例如,在讲授痛觉与镇痛时,介绍我国生理学奠基人、中国生理学会创始人林可胜先生的镇痛研究和爱国故事;在讲授体温调节时,介绍北京大学生理学教研室的创始人赵以炳先生的冬眠研究和教书育人理念等。

教学方法和过程:在讲授镇痛机制时,先介绍林可胜先生的一个经典实验。为了探究镇痛药物是在外周还是在中枢神经系统发挥作用,林可胜先生设计了巧妙的实验。先通过手术使甲狗的脾脏只接受乙狗的血流,当给甲狗脾脏注射缓激肽引起疼痛时(通过狗叫、呼吸和血压监测),发现给甲狗注射阿司匹林不能抑制痛觉,而给乙狗注射能抑制。这个巧妙的实验首次证明阿司匹林镇痛作用在外周而不是中枢神经系统,这是镇痛和阿司匹林研究的里程碑。

在学生对林可胜先生的科学贡献有更深了解时,展示林可胜先生照片,然后向学生讲述照片背后的故事。

课程思政的具体落实:林可胜先生研究镇痛机制的巧妙实验本身就是对学生极佳的科学思维启迪。

在学生看到林可胜先生军人形象的照片感到好奇时,接着讲述林可胜先生的爱国故事。林可胜在1897年生于新加坡,1920年获英国爱丁堡大学医学院博士学位并被聘为讲师,后因其学术成就当选为英国皇家学会爱丁堡分会会员,1925年回国担任北京协和医学院生理系主任,发起并成立中国生理学会,创办《中国生理学杂志》。回国当年上海发生五卅惨案,林可胜先生与协和医学院学生一道,上街游行示威,抗议英国暴行,并当即成立学生救护队,救援示威中受伤的学生和市民。1933年日本关东军进犯长城一线,林可胜先生号召协和学生和医护人员组成抗日医疗救护队,到古北口前线从事战地救护。全面抗战爆发后,林可胜先生于1938年春在汉口组建中国红十字会救护总队,并担任总队长。这支救护队辗转长沙、祁阳、贵阳等地,规模发展到3 000多名队员,一直工作到抗战胜利。

林可胜先生是学术成就卓著的科学家,在国家危难之际他挺身而出,利用自己的医学背景,为抗战胜利作出永载史册的卓越贡献。在中国人民抗日战争暨世界反法西斯战争胜利70周年之际,作家出版社出版著名作家杨义堂的长篇传记文学《抗战救护队》(图1),记述了林可胜先生和他组建的救护总队的英雄事迹。

图1 记述林可胜先生和他的救护总队英雄事迹的长篇传记《抗战救护队》

林可胜先生的科学发现和爱国行动从科学精神和家国情怀两个方面给学生以心灵的震撼,是生理学课程思政的重点案例。

(二) 乙酰胆碱作为神经递质的经典研究案例(案例2)

教学内容:亨利·戴尔(Henry Dale)等证明乙酰胆碱是神经肌肉接头处的神经递质的系列实验是重要生理学发现的经典案例。这个实验逻辑严密、步步紧扣,主要步骤如下:

首先,在用毒扁豆碱阻止乙酰胆碱降解后,刺激支配肌肉的神经,发现流经收缩肌肉的生理溶液中有乙酰胆碱。其次,刺激来自肌肉的感觉神经,灌流液中没有乙酰胆碱,说明乙酰胆碱不是来自感觉神经。然后,切断支配肌肉的运动神经使其变性,再电刺激肌肉使其产生收缩,灌流液中也没有乙酰胆碱,证明乙酰胆碱并不是肌肉收缩产生的。再次,用箭毒麻痹肌肉后再刺激支配肌肉的神经,不引起肌肉收缩,但是依然得到乙酰胆碱,说明乙酰胆碱来自运动神经的末梢。最后,用微滴管将乙酰胆碱滴注在神经末梢,能够引起肌肉收缩,说明乙酰胆碱的确可以作为引起突触后肌肉兴奋的物质。

教学方法和过程:此处教学采用反转课堂的教学方法。课前布置作业,请学生查阅文献,了解与证明乙酰胆碱神经递质有关的实验。课上请学生按实验的时间顺序分析每一个实验步骤的逻辑漏洞,然后寻找哪一个后续步骤进行了相应完善。最后请学生讨论分析对这些实验结果的体会,教师点评总结。

课程思政的具体落实:在以上教学基础上画龙点睛,润物无声地引入课程思政。

首先,向学生指出,唯物主义的科学思维完全基于客观事实,要通过严密的逻辑推理得到科学结论,避免主观臆断。同时引用郭沫若的名言,"科学是老老实实的学问,来不得半点虚假,需要付出艰巨的劳动。同时,科学也需要创造,需要幻想,有幻想才能打破传统的束缚,才能发展科学。"

其次,告诫学生考虑问题要全面,不要根据片面的、孤立的实验结果就急于下结论。向学生指出,"全面"的观点是唯物辩证法的基本观点。

最后,请学生体会,科学发现不是一蹴而就的,要不断根据事实提出假设,设计严密的实验检验假设,然后通过分析新事实提出新假设,使学生实实在在地体会到"实践—认识—实践"螺旋上升这一辩证唯物主义认识论规律。

以上教学过程把马克思主义立场、观点、方法的教育与科学精神的培养结合起来,提高学生正确认识问题、分析问题和解决问题的能力。学生在学习生理学知识的同时,得到科学思维方法的训练、科学伦理的教育,能够激发学生探索未知、追求真理、勇攀科学高峰的责任感和使命感。

(三) 微循环血流控制(案例3)

教学内容:微循环是指微动脉和微静脉之间进行血液与组织液物质交换的血液循环。正常情况下,微循环的血流量与组织器官的代谢水平相适应,微循环保证各组织器官的血液灌流量并调节回心血量。微循环功能障碍将直接影响器官的生理功能。典型的微循环一般由微动脉、毛细血管前括约肌、毛细血管网、通血毛细血管、动静脉短路支和微静脉等部分组成(图2)。

在微循环中,血液可通过三条途径由微动脉流向微静脉,包括迂回通路(毛细血管网)、直捷通路(通血毛细血管)、动静脉短路支。毛细血管前括约肌在微循环中起着"分闸门"的作用,它的活动直接影响毛细血管网的血流量,从而对局部血流分配进行调节。

教学方法和过程:微循环的控制原理与暖气的设计有共通之处。在课前布置作业,请学生拍摄一张暖气照片,分析其热量释放的控制原理(图3)。

上课时,通过暖气控制与微循环的对应性,让学生直观地理解直捷通路("疏")、毛细血管前括约肌("堵")在控制毛细血管前括约肌血流(暖气散热片水流)中的对立统一。

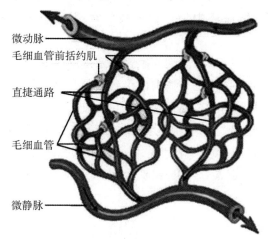

图2 微循环模式图

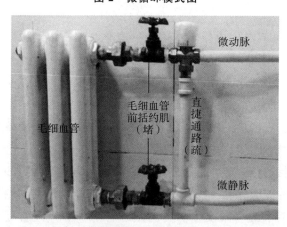

图3 暖气与微循环类比"疏"与"堵"的对立统一

课程思政的具体落实:通过微循环调控的生理学原理,引导学生用"矛盾"的观点分析机体稳态体系的对立统一,认识"疏"与"堵"矛盾双方的辩证关系。在微循环中,动静脉短路支为"疏",毛细血管前括约肌为"堵",因此微循环的调节是"以疏为主、以堵为辅、疏堵结合"。教师在授课时向学生指出,在国家治理和行政管理领域,也需要"以疏为主、以堵为辅、疏堵结合"。同时,课程还将这一原理与"大禹治水"的历史故事相结合,引导学生将中华传统文化的精华与科学方法结合起来。

这些教学环节不仅使学生从原理上深刻把握客观规律,也引导学生自觉运用唯物辩证法提升其科研能力和管理能力。

(四)午餐前低血糖的常见生理现象与糖尿病的关系(案例4)

教学内容:此案例涉及内分泌一章的授课内容。

生活中有一些人在午餐前会出现低血糖,这个现象该如何解释呢?糖尿病的通常症状是高血糖。然而,在2型糖尿病早期,胰岛素受体对胰岛素的敏感性下降,在释放正常量的胰岛素不能有效降低血糖的情况下,早餐的血糖会继续刺激胰岛细胞分泌胰岛素,当血糖被调到正常水平时,血液中仍有大量胰岛素,其会继续发挥作用导致午餐前低血糖。

教学方法和过程:在课前,请学生询问家人或亲戚朋友是否有午餐前低血糖的情况,是否到医院检查过。上课时请学生交流询问得到的信息,然后引导学生从生理学角度认识午餐前低血糖是2型糖尿病的早期症状。

课程思政的具体落实:通过午餐前低血糖与糖尿病的关系,引导学生用唯物辩证法中"发展"的观点看待生理和病理转化过程,深入探索调控体系各因素之间在发展中相互转化的辩证关系,用发展的观点看待科学事实,有利于学生提升分析问题和解决问题的能力。

四、课程评价

授课教师在生理学教学中引导学生体会生理学原理中的辩证唯物主义思想,用唯物辩证法的思维把握生理学规律,并应用于观察科学现象、提出科学假设、完成科学实验等过程,不仅能提高学生生理学知识和理论的学习效率,也能提高学生发现问题、分析问题和解决问题的能力。同时,结合我国相关领域的发展和中国科学家的故事的讲授,使学生更好地了解社会、认识国情、热爱社会主义中国、践行社会主义核心价值观,引导学生将个人的价值和科学事业、祖国的发展有机地结合起来。

生理学课程的授课得到学生的广泛好评。学生在课程评估中说:"课程培养学生主动思考、批判性思考的能力和科学思维,很有效果。"学生在慕课网站留言,"知识丰富,深入浅出,比喻恰当""课程结合现实生活实例介绍生理过程,易于接受和理解"。一位同学在给授课教师的邮件中说:"在这门课程中,我不仅学到了电生理、心脏生理、神经生理等专业知识,还更多地学到了用系统的方法学习生物学,注重数学、物理、化学等基础学科对生物学学习的作用,这对我之后的学习影响十分深远,促使我在之后的专业核心课程(遗传学、细胞生物学、分子生物学等)以及数学、物理、化学的理论课程中努力学习、融会贯通,并全部取得优秀的成绩。"

授课教师也得到学生的积极评价。罗冬根、柴真、王世强等教师被学生评为生命科学学院最受喜爱的教师。王世强被评为北京大学最受学生爱戴的老师(十佳教师)。

北京大学的生理学课程思政也在与同行的教学交流中对全国高校产生影响。在2021年全国高校生命科学类专业课程思政与卓越育人研讨会上,王世强应邀作"生理学课程的教书与育人"大会报告。2022年,生理学被评为北京市课程思政示范课程。

五、总结与思考

授课团队根据教学实践,通过从生理学原理中提取唯物辩证法的思想,将生理学理论与思政拓展点存在的共同原理相互连通,既加深了学生对生理学知识的理解,又提高了学生灵活运用辩证唯物主义思维方式分析和解决更大范围科学和社会问题的能力。

授课团队不断总结课程思政实践中正反两方面的经验与教训,在今后的工作中进行如下改进:

第一,进一步优化教学内容。在唯物辩证法、认识论、科学精神、爱国与国情等方面进一步挖掘课程思政点,并与生理学内容有机衔接,做到"随风潜入夜,润物细无声"。

第二,进一步改进授课形式。将传统课堂形式和慕课教学两方面的优势和资源有机地结合起来,在指导学生自学生理学知识的基础上,挖掘科学逻辑中唯物辩证法的思维元素,课堂上通过小班交流讨论、教师引导点评、结合实验设计,使学生主动将生理学原理与唯物辩证法思维的运用结合起来。

第三,修订教材和慕课,融入课程思政内容。系统总结多年的教学实践经验,将课程思政的内容融入新的修订教材和慕课,并充分发挥现代教育手段的优势,形成纸版教材、在线导学、慕课和立体化数字课程、科学知识与课程思政相结合的教学体系。

发展心理学

一、课程概况

（一）课程信息

发展心理学课程为北京大学心理学专业本科生和研究生必修课程，其中本科生课程（发展心理学系列课程）3 学分，2019 年起纳入北京大学通识教育核心课程体系，研究生课程（发展心理学专题）2 学分。

（二）课程简介

发展心理学是关于人类个体从"生命的孕育"到"生命的结束"这一过程中心理发展基本规律的学科。本科生课程以年龄线索展开说明，研究生课程则围绕主题领域深入分析。课程建设和教学秉承"知识传授与探索并重"的核心理念，即以理论为基础，以实践为导向，不仅帮助学生建立完整的学科知识体系，而且帮助学生了解学科在实践中的应用价值，并培养学生合作和解决问题的实践能力。"发展心理学"获评 2020 年北京高校优质本科课程，"发展心理学专题"获评 2021 年北京市高校课程思政示范课程。

（三）授课教师简介

授课教师苏彦捷教授，曾获北京大学教学卓越奖（2019）、北京大学曾宪梓优秀教学奖（2018）、第十二届北京市高等学校教学名师奖（2016）、北京市教学成果一等奖两项（2018，2022），"教学模式的探索与创新：发展心理学的实践"等 5 项课题获北京大学校级教学成果一等奖（2017，2021）。

二、课程育人目标

发展心理学的教学内容包括个体发展这一核心内容及其影响因素，在家庭养育、学校教育、个体成长和社会和谐等方面具有重要的应用意义和实践价值。课程育人目标如下：

第一,帮助学生树立适宜的世界观、人生观、价值观。以毕生发展为脉络的知识学习不仅可以帮助学生更深入地思考自身发展,还可以引导学生将自身放置于社会、国家当中,思考生命的意义,提升责任感和使命感。在对学生进行学术训练的同时,教会他们如何成就自我、适应社会并服务社会。

第二,促进家庭与社会和谐。发展心理学的学科体系与价值观引导相互结合,在理论和实践方面为和谐家庭与和谐社会的建设奠定坚实的基础。学生可以利用发展心理学的学科知识学会如何成为一位"好子女""好家长"以及"更好的自己"。

第三,培养学生的学术能力与科学思维。本课程将经典理论及其研究与前沿进展相结合,将课堂知识与课外实践相结合,引导学生用其所学解决实际问题,提出有理论及实证依据的建议。训练学生的科学思维和逻辑能力,培养学生发现问题和解决问题的综合能力。

第四,提升思想道德境界。从微观看,道德发展是发展心理学的重要知识点之一,该方面课程有助于学生对道德的内涵和外延有更深刻的了解。从宏观看,课程设计将培养三观、促进发展与提升学术能力相结合,培养学生探索未知、追求真理、回报社会和国家的责任感和使命感。

三、课程思政案例

为了进一步贯彻发展心理学系列课程思政教学的理念,更好地培养学生将学科知识与生活实际相结合的能力,并使思政教育在课程中成为一个自然涵盖而非刻意涉及的过程,授课教师将课程进行期间与发展心理学理论息息相关的时事新闻作为教学素材,系统整理学生对时事新闻的思考和评论以及教师给予学生的反馈,形成"家事国事天下事,事事有'心'"思政教学案例库。希望这一案例库能够辅助教师在课程主线中凸显思政要素,提升思政教学质量,强化思政建设效果,培养具有责任感和胜任力的新时代国家栋梁。

(一)师生互动,共建案例

"家事国事天下事,事事有'心'"案例库的建立充分发挥师生双方主体的能动性,通过课程的"时事问答"环节,学生自主探索、自由讨论,教师悉心引导、及时反馈。案例库中的案例是真实教学过程的反映,是师生思维碰撞的结晶,是理论结合实践的体现。

"时事问答"是建立案例库的关键教学环节。学生事先自由分组,授课教师提前告知下周的上课内容,学生自主寻找近期发生的、与上课内容密切相关的时事新闻并在课堂上简述,同时对新闻中某种做法或新闻体现的某种现状提出问题,由下一组同学从发展心理学视角剖析并提出合理的解决方案。教师在此过程中及时引导并在最后对时事问题和回答进行总结和拓展。助教全程记录师生的讨论和互动,系统整理并归纳师生对于时事新闻的思考和评论。课程通过"时事问答"环节引导学生将实际问题转化为科学研究问题,用科学方法解决科学问题,最终为解决实际问题提出有理论和实证依据、有建设性的建议;同时,将师生在此环节迸发出的智慧整理为可长期循环使用的案例,纳入"家事国事天下事,事事有'心'"案例库,便于后续思政教育的开展和进行。

(二)学以致用,形成案例

"家事国事天下事,事事有'心'"案例库目前包括12个案例,反映研究方法、婴儿期、学前期、儿童中期、青少年期、成年早期、老年期等7个发展心理学课程内容,如表1所示。

表1 案例库内容

课程内容	所关联的知识要点	时事案例
研究方法	同辈效应	"三孩政策"下年轻人与中老年人的生育观念差异
婴儿期	婴儿气质、依恋发展	"丰县事件"中对最小的婴儿未来成长影响的风险因素
学前期	依恋发展	上海市卫健委:未感染新冠的儿童家长不能陪护照顾新冠患儿
学前期	资优儿童、认知发展	"鸡娃"现象:幼儿的超前教育
儿童中期	人格发展、精细动作发展	劳动课纳入中小学课程
儿童中期	认知发展、学校教育	"人教版"数学教材插画争议
儿童中期	同伴关系、社会学习	美国密歇根州哈特福德12岁男孩持枪抢劫加油站
青少年期	埃里克森人格发展阶段理论	职业教育法修订:取消初中毕业后"普职分流"
青少年期	生理发展、认知发展	《全国电子竞技竞赛管理办法(试行)》规定电竞选手必须年满18周岁
青少年期	认知发展、社会性发展	两会议案:缩减小学至高中学制,改成小学5年、初高中5年的十年制义务教育
成年早期	生活事件模型、常规-危机模型	研究生延迟毕业现象普遍
老年期	认知退化、关怀特殊人群	二十大报告:增进民生福祉,提高人民生活品质

每个案例包含时事问答、总结与拓展两个部分。时事问答部分详细记录提问小组对时事新闻及其反映问题的描述,以及回答小组基于发展心理学学科知识针对问题给出的分析和建议。总结与拓展部分则包括教师对问题的进一步解析以及对回答的细致补充。整体案例的形成融合师生双方的视角和智慧,确保案例详细、典型,能够辅助教师引导学生将学科理论知识与社会实践相结合,具有较高的思政教育价值。

以下为部分案例的具体示例:

1. "三孩政策"下年轻人与中老年人的生育观念差异(案例1)

【时事问答】

问:近年来我国人口出生率持续走低,虽然政府已经出台"三孩政策"支持生育,但当代年轻人不愿意要三孩甚至不愿意生孩子,而较为年长者往往乐意且选择生育多个孩子,如何从同辈效应的角度理解这一现象?

答:总的来说,不同年代的人生存的社会经济条件不同,所以对于是否生孩子、生几个孩子的观念也不同。首先,在我们长辈那个年代,他们的长辈也大多生育了一个以上的孩子,所以可能存在生育惯性。其次,当时的人口压力和经济压力可能较现在小,抚育一两个孩子没有很大问题。现在,越来越多的人是独生子女,同时养育孩子的经济压力较大。最后,当代年轻人受新理念影响,可能对于生育孩子这件事有更多的理解,不像长辈那样认为女性生孩子是天职。同时现在年轻人在适宜生育的年龄更加重视自己的学业与事业,所以生育时间可能会后移。这些都可能会导致年轻人越来越不愿意生孩子。

【总结与拓展】

教师:这个问题很好地反映了研究方法部分讲到的发展研究中的同辈效应。我们会发现现在社会上不同年龄阶段的人生育意愿好像存在差异,但下结论要谨慎。因为我们只是做了一个横向的调查,不同年龄群体的差异很可能受其所处的特殊社会环境或时代背景影响。但同时我们也不能完全忽略年龄对生育意愿的直接作用,因为随着年龄增长,人们的经济能力可能会增强,进而使得他们愿意生育。

【案例分析】

本案例是课程进行到研究方法章节时,授课团队综合第一小组的提问、第二小组的回答(图1)以及教师对两个小组的反馈而形成的。同辈效应是指某个群体与其他不同年龄阶段群体之间存在差异不是因为年龄不同,而是因为群体成长时所处的时代背景、社会环境等因素存在不同。同辈效应是发展心理学横向研究方法难以避免的问题。第一小组在课前通过广泛而细致的搜索,敏锐地捕捉到"三孩政策"下不同年龄阶段群体的生育意愿差异,并希望就这一现象背后的原因与第二小组进行讨论,而第二小组也从同辈效应的角度对这一现象进行较为全面的解释。教师则在学生讨论后补充,尽管同辈效应可能起主要作用,但仍然不能忽视年龄变化对生育意愿的影响。在这一案例中,学生强化了对同辈效应概念的理解,生动体会了横向研究的局限,同时增进了对"年轻人生育意愿下降"这一社会现象的认识。

2. "鸡娃"现象:幼儿的超前教育(案例2)

【时事问答】

问:这两年,"内卷"突然成为一个热门词语。当代社会的内卷早已突破年龄界限,不仅成年人内卷,甚至连幼儿园的孩子都开始内卷。在一二线城市,有一个概念叫"鸡娃",就是家长让孩子把几乎所有的时间都用于学习和提升自己,给孩子安排大量的兴趣班、

图 1　第一小组、第二小组就案例 1 进行讨论

辅导班,仿佛是在给孩子"打鸡血"。"鸡娃"里的"鸡"字,就是从"打鸡血"这个词语里提炼出来的。请问第七组同学对幼儿的超前教育有什么看法?能否从发展的角度发表一些观点?

答:我们认为给幼儿园的孩子报一些兴趣班是可以接受的,这在一定程度上对其发展是有利的。随着社会的发展,出于经济和社会氛围的原因,孩子可以有更多的机会选择兴趣爱好。此时家长如果能引导孩子多接触一些活动,就能帮助他们更早找到兴趣导向。不过,从社会性的角度来讲,如果违背孩子意愿强迫其参加各种兴趣班,孩子与家长的关系可能会产生裂痕,影响依恋关系的形成和孩子处理亲密关系能力的发展。同样,孩子与同龄人的关系是否会正常发展,也会受到影响。此外,家长在幼儿时期对孩子的过高要求,可能会导致孩子在当时及后面的发展阶段中有更多焦虑感。

从另一个角度考虑,给孩子报大量兴趣班,反映的是家长焦虑的代际传递,也就是家长将自身的焦虑强加给孩子,所以这个问题的解决需要从家长入手。在幼儿园时期,孩子不仅需要发展认知技能,还需要在生理上得到发育,家长应该考虑孩子目前的生理发育状况能否承受长时间的兴趣班,以及有些兴趣班的久坐对运动等生理能力发育是否不利等。在国家层面,"鸡娃""内卷"的现象已被重视,各项措施政策已经出台力图改善现状。家长也可以用一些措施调节自己的焦虑情绪。例如,家长可以先只给孩子报某一门培训班,然后专注于发展这一能力。如果孩子确实都不感兴趣的话,可以放手。家长的焦虑感可以通过培养孩子的良好习惯来克服,比如专注学习、规律作息、不接触电子产品等。

【总结与拓展】

教师:其实这个问题在一定程度上也反映了同辈效应,比如在我上学的那个年代,大家并不把这些特长爱好当作是评判孩子的标准,家长之间也少有在这方面进行比较的风气。而现在兴趣班、各项评比,甚至是家长群都成了传递焦虑的途径。正如所讨论的,解决这一问题的重点在于家长。我们或许应该更多去考虑如何缓解家长的焦虑,改变家长对于兴趣班的认知,不能把兴趣班的学习当作任务,而应关注学习不同技能的丰富经验对孩子的积极效应。

【案例分析】

本案例是课程进行到学前期儿童认知发展章节时,授课团队综合第六小组的提问、第七小组的回答(图2)以及教师对两个小组的反馈而形成的。在学前期,各种兴趣特长的学习会同时影响儿童运动能力、学习能力以及社交能力的发展。第六小组聚焦在年幼化、激烈化的学前竞争上,总结并提出大众密切关注的"鸡娃"现象,并希望就这一现象背后的原因与第七小组进行讨论,第七小组则从关注儿童认知和社会性发展、干预家长焦虑两个角度给出合理建议。教师在学生讨论后补充,解决这一问题首先需要关注儿童评价标准的改变以及家长借由孩子进行攀比的风气。改善这种局面要依据心理学知识向家长强调兴趣班学习中真正对儿童发展起到积极作用的成分,即丰富的学习经验,以减少家长对学习结果的关注,加强家长对学习过程的关注。在这一案例中,学生剖析影响儿童生理、认知、社会性发展的多方面因素,学习从多发展主体视角分析并解决实际问题的方法,认识到心理学知识科普的重要性。

图2 第七小组对案例2进行分析

3. 二十大报告:增进民生福祉,提高人民生活品质(案例3)

【时事问答】

问:党的二十大报告指出,要增进民生福祉,提高人民生活品质,健全社会保障体系,推进健康中国建设。那么从毕生发展观的角度出发,如何保证老与幼的健康与福祉?

答:尊老爱幼是中华民族的优秀传统文化,是发扬"人民为中心"的二十大精神的重要途径。在家庭中,父母应该优化教养方式,保障孩子的身心健康与积极发展,父母与孩子应尊重、关爱老年人,为老年人提供安全感与高质量陪伴。同时,社区是联结每个家庭的纽带,在社区中发扬尊老爱幼的优秀传统文化能够提高人民整体的生活品质。

【总结与拓展】

教师:传承尊老爱幼文化,对个体、家庭、社会的发展都有积极意义。儿童青少年的生存发展离不开家庭的保护、教育和监督。祖辈丰富的育儿经验在一定程度上能够帮助父母更好地保障孩子的身体健康。中年人能够在抚养子女与赡养老人的过程中感受责任感并获得成就感。子女孝顺、家庭支持、辅助对孙辈的抚养都会为老年人的主观幸福感和生活满意度带来一定的积极影响。社区的作用也同样重要,将尊老爱幼的思想融入到社区服务体系中,对于个人的成长、家庭的和谐与社会风气的优化都具有积极意义。因此,尊老爱幼是符合每个个体发展规律的,也有利于家庭生活品质的提高,能够增进社会整体的民生福祉。

【综合分析】

本案例是在课程进行到最后一章老年期时,授课团队综合第十组的提问、第一组的回答以及教师对两个小组的反馈而形成的。发展是一体的,各个年龄阶段发展任务的不同突显了代际互动的重要性。第十组的同学关注二十大所提出的"增进人民福祉",聚焦于如何帮助个体在发展早期与晚期完成自身的发展任务。第一组的同学则从家庭与社区这两个层面提出了合理建议。教师随后举例补充,说明家庭范围内存在哪些代际互动以及会对每个年龄阶段个体的发展带来怎样的积极意义,并且指出社区作为沟通家庭与社会的桥梁,在其中能够发挥的重要作用。在这一案例中,学生关注了各个年龄阶段不同的发展难题,深刻体会了毕生发展的观点,进一步理解了发展心理学中年龄这个关键变量的作用。

(三)小结

借助"家事国事天下事,事事有'心'"案例库的帮助,课程打破理论知识与实践应用间的壁垒,在对学生进行学科素质培训的同时,引导他们将课堂上学到的知识迁移到实际生活情境,通过分析时事、建言献策的方式,培养学生发现问题和解决问题的综合能力。授课团队希望在今后教学过程中不断丰富这一案例库,更好地帮助实现发展心理学课程思政的教学目标:学生能够利用发展心理学的学科知识学会如何成为一位"好子女""好家长"以及"更好的自己",能够具备以所学回报他人、家庭、社会及国家的责任感和使命感,最终能够成就自我、适应社会并服务社会。

四、课程评价

通过学习本课程,学生在掌握发展心理学知识的基础上,对人生命各阶段的身心发展变化有了更全面的了解,对生命各阶段的联系有了更宏观的认识,对生命各阶段的意义有了更深刻的思考。

总体来看,发展心理学课程作为本科生与研究生的专业必修课,采用教师讲授和学生讨论的形式,带领学生学习发展心理学知识,并跟进发展心理学领域最新研究进展,在培养学生科研能力的同时,也受到学生的广泛好评。课程评价中,学生提及最多的是教师的授课质量高,包括但不限于讲授经验丰富,讲解思路清晰,授课内容有趣,能够结合最新的前沿研究,教学态度认真、积极、负责,并且能够在课堂报告时认真倾听,及时反馈并提供建议等。

心理与认知科学学院2021级博士生王研维同学在期末总结课上曾说:"发展心理学专题课让我重新思考人的整体性和发展性,这些思考帮助我不再在认知层面上过分夸大某一阶段给自己带来的影响,而是悦纳自己迄今的发展全程,悦纳自己的人生,让我以更健康积极的心态去面对未来的发展。"心理与认知科学学院2021级博士生殷艺格同学也曾公开发表自己的感悟说:"发展心理学专题课对我而言,是一次视角的重构,让我将自己、家人、朋友的发展历程从这些具体的形象中抽离出来,统一放在一个发展的常模尺度下去观察。这堂课让我明白一件重要的事情,如果我们学会发展,了解不同发展阶段间的一些不相容特点,我们就更有责任引导周围人和自己、和他人之间建立和谐的关系,我们担负着促进人们彼此了解、彼此包容的重任。"

发展心理学相关课程在同行中也有很好的口碑。授课教师主编的教材为20余所高校和单位选用。网络课程资源中,中国大学慕课六次开课累计达132 812人次参与;学习强国平台的视频播放量总计超过120万次;超星尔雅和智慧树等网上课程平台也有很好的反响。

五、总结与思考

本课程在思政建设方面有两点表现。第一,课程将思政教育融入课程的点点滴滴,使课程与思政的结合自然而非刻意。第二,课程基于科教融合、学术育人的思想,将高水平的科学研究成果以及来自社会的真实生活情景转化为课堂教学案例,以此辅助教学,提升思政教学质量和效果,助力学生形成健康良好的世界观、人生观和价值观。

课程将围绕三个目标考虑进一步改进:使思政教育贯穿课程全过程;最大程度激发学生的学习动力和创造力;因材施教,使各专业学生发挥自身专业优势,深度参与课程。主要做法和措施包括:

持续积累思政融合教学案例库,编写发展心理学的课程思政教材,探索更多思政建设形式,形成更加完整的思政课程体系。

进一步丰富作业形式,提高课程的高阶性、创新性和挑战度。扩充实践路径,增加见习、讲座和实践活动内容,为学生实践提供多方面支持。

遵循因材施教的理念,使实践难度和学生的知识储备更匹配,激发学生潜能,使其他专业选课学生也能深度参与并发挥自身专业优势,促进学科交流、相互学习、优势互补。

完善线上课程建设,开通线上线下交流平台与交流活动,与其他高校学生甚至其他领域的学习者同学习、同进步。

实验心理学

一、课程概况

（一）课程信息

实验心理学课程是北京大学心理与认知科学学院本科生专业核心课（大二，秋季），共64学时，旨在培养本科生阅读科研文献、独立设计实验和分析数据的能力，引导学生形成严谨的逻辑思维和批判性思考能力，为未来进行科学研究夯实基础。

（二）课程简介

课程首先介绍包括实验方法、心理物理学方法、反应时等一般研究方法，然后通过结合注意、知觉、视听觉、记忆、思维、意识、心理语言学、情绪与归因等认知过程，具体说明上述方法的应用。课程特色在于将理论课（大班）和实验课（小班）相结合，采用更加灵活的方式加强教师和学生的沟通，提高学生在教学过程中的参与度和主动性。通过介绍经典实验程序，让学生理解理论得以形成的实验逻辑，并在实验课中加以验证，从而培养学生独立设计心理学实验的能力，让学生理解实事求是、在实践中检验真理和发现真理的重要性。该课程于2004年被评为国家级精品课程，2013年被评为国家级精品资源共享课，2017年被列入北京大学通识教育体系。

（三）授课团队简介

课程授课团队包括吴艳红、耿海燕和张俊云。课程主持人吴艳红教授于2014年荣获北京市高等学校教学名师称号，主要研究记忆、自我和注意的认知神经机制，负责教授实验设计、反应时间、记忆和社会认知等课程内容。耿海燕教授主要研究意识、注意和错误记忆，负责教授意识、注意和思维这部分课程内容。张俊云副教授主要研究视觉知觉的神经机制，负责教授心理物理学方法、视知觉和心理语言学这部分课程内容。

二、课程育人目标

本课程的教育理念是"以树人为核心,以立德为根本"。通过讲授心理学的理论知识、实验范式、伦理规范和研究方法等知识,使学生认识到物质是第一性的,意识是第二性的,意识是高度发展的物质——人脑的机能是客观物质世界在人脑中的反映的辩证唯物主义观点。引导学生在尊重事物客观发展规律的基础上,学习如何设计并使用科学方法探究事实与假设的关系,培养学生辩证认识世界和秉持求实严谨的态度解释结果的科学精神,提升学生的学科知识储备、科研逻辑和独立学习的能力。通过东西方文化比较、中华文化内涵与影响等课程内容,鼓励学生用实证的方法,探究中国文化背景下各种社会心理现象背后的心理机制,增强学生的文化自信、爱国情怀和民族自豪感;鼓励学生立足国情,开阔视野,以推动中国心理学科的发展为己任,在追求真理、寻求进步的同时,养成严谨求实的科学态度;提倡团队协作精神,通过互帮互助的学习和研究过程,激发学生的集体意识,促其养成开放、包容、自由的胸怀与格局;强调心理学研究中的科研伦理和学术规范,培养学生诚实、正直、敬业的品质;帮助学生践行社会主义核心价值观,为祖国培养具有高尚品德和真才实学的社会主义建设者和接班人。

三、课程思政案例

(一)实验心理学与实验方法(案例1)

本案例涵盖的思政元素为"如何思考",即培养学生的辩证思维和创新精神。课程首先从比较的视角出发,帮助学生准确了解学习实验心理学的目的和意义,并在此基础上,向学生介绍心理学研究中实验方法的特征、优点以及局限,并让学生理解非实验方法对于心理学研究发展的重要性和必要性。使学生辩证地看待不同研究方法的优缺点,学会根据不同的研究问题选用合适的方法,针对社会实际,将理论和实际相结合;培养学生严谨求实、实事求是的科学精神,运用马克思辩证唯物主义观点去思考实验方法,发现事物之间的因果关系;引导学生运用心理学研究方法时,要符合道德和科研伦理,进一步促使学生深刻体会敬业、诚信等社会主义核心价值观的内涵。

下面是课程实录:

1. 实验心理学课程定位

我们先来看一下实验心理学与普通心理学和认知心理学教学的区别。通常认为,普通心理学的教学主要注重对研究结果的介绍,告诉我们研究的结论"是什么";实验心理学的教学注重研究方法,告诉我们普通心理学中提到的研究结论是如何得到的,即"怎么样";而认知心理学的教学强调提升上述结论的理论过程,即注重理论,告诉我们"为什么"会有这样的结果。

我们以艾宾浩斯的遗忘曲线为例。在普通心理学课程上,主要介绍如图 1 所示的遗忘曲线的结果;但是在实验心理学课程上,会告诉同学们,艾宾浩斯是如何通过创建无意义音节和节省法来获得这个结果的,即如何操纵变量的;在认知心理学课程上就要解释为什么会有这样的一个急速下降的遗忘过程和后续的保持过程。希望可以通过这个例子,告诉大家我理解的普通心理学、实验心理学和认知心理学教学的关系。这三个课程的内容是有重叠的,这也是这三门课程教学中会遇到的一个问题。

实验心理学解释了现象是怎么被探测的,同时也帮助大家对现象本身有了更深入的理解,达到巩固知识的效果。有一个现象值得关注:每当我们在实验心理学的课上提问曾经在普通心理学课上学习的知识时,不是百分之百都能被大家提取出来。所以有必要再次回顾艾宾浩斯遗忘曲线,对吧?艾宾浩斯遗忘曲线给我们的一个提示就是要及时复习,避免遗忘的发生。

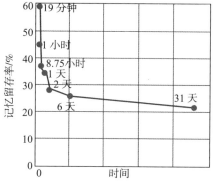

图 1　艾宾浩斯遗忘曲线

2. 实验法与非实验法

接下来我们介绍一下实验法和非实验法。为什么说实验法要好?为什么它是研究心理学的主要方法?首先,实验法可以产生新的现象。使用实验法,我们可以通过对变量的操纵、控制,去创造一个现象。下面我们来看一个视频。

(视频内容概述:如图 2 所示,实验人员分别用铁丝和包裹绒毛的铁丝制作小猴子的两个模拟母亲。小猴子可以在铁丝母亲身上获取食物,在绒毛母亲身上获得接触安慰,但不能获取食物。实验中小猴子每日约有 17~18 小时在绒毛母亲身上,只有不到 1 小时的时间在铁丝母亲身上,说明比起提供食物的"母亲",小猴子更喜欢提供安慰的"母亲"。)

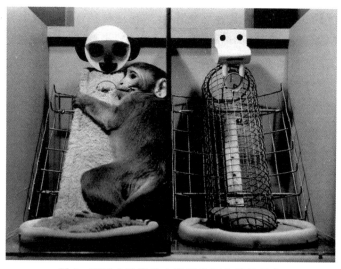

图 2　实验中设置的小猴子的两个模拟母亲

大家可以看到，我们能通过实验的方法来创造一个新的现象。大家看到视频之后，总结出来的心理学含义是什么？看完之后的想法是什么？（这个部分请学生先发表想法）大家可以看到，我们了解马斯洛的需要层次理论最基本的是对食物的需要、安全的需要等，小猴子刚出来的时候，看到食物，它先去获得食物，但是你看它在毛茸茸的妈妈旁边时，其实是更放松、更安全的状态，所以温暖的这种感觉，对一个人的心理发展来说很重要。这个实验对大家应该有提示，将来你们在生活中也许会用得上。总结一下，实验方法可以产生新的现象。

其次，实验方法可以发现事物之间的因果关系。这是什么意思？比如通过调查法发现，儿童期过多地玩暴力游戏或看暴力的影片更有可能会导致儿童在成年后的攻击倾向增加，这个结果讲的是相关不是因果。而实验法所进行的因果推论是基于我们对变量（包括额外变量）控制之后的推导。所以在这里，如果我们的研究设计控制得足够好的话，我们就有理由和根据去做因果的推断。这是实验法的优点。

最后，实验是随时随地都可以进行的。心理学的研究非常贴近生活实际，所以不管你是在等车还是在排队，你都会看到很多心理现象，不会觉得这个人为什么要这样、那个人为什么要那样，因为心理学的某一个理论就能解释这个人为什么要这样、那个人为什么要那样。这是我学心理学的收获，我希望你们学完心理学也有这样的收获。

那么为什么实验法那么好，我们在心理学的研究当中还会用到一些非实验的方法呢？一个原因就是有些变量是不能操纵的。比如我们刚才讲暴力攻击的问题，我们不可能设计两组实验，一组小孩从小就给看暴力视频，看他们长大之后是不是有暴力倾向。在很多心理学研究当中都有这样的问题。比如我们大多数的心理学研究被试来的时候都不知道我们真实的实验目的，好像是被"欺骗"。但是可以想象，在被试来做实验的时候，你把真实的实验目的都告诉他，还能得到客观的实验结果吗？比如大家知道，系列位置曲线（图3）结果表明，被试对最前边的几个项目记得好，对最后边的几个项目记得好，对中间的项目记得不好。在做系列位置效应实验的时候，如果我提前告诉被试我的真实目的，这个实验就没有办法进行了。或者说，只要我跟他讲，这是一个记忆实验，所有人都会尽量记住每一个项目。记忆是衡量我们智力的一个指标，没有人会忽视表现自己智力的机会，这会使得研究结果出现偏差。在实验课上，你们会接触到好多高级的心理过程测试，因为是我们的同学们自己当被试，大家会知道某个同学的测试结果，所以特别提醒一句，所有的测试结果都不能拿来当作谈话的资料，不能今天做完智力测验，说我们组某人测了一下记忆力，别人都记50个，他记3个——这不行的，绝对不行！作为心理学研究工作者，作为心理学院的学生，绝对不能拿你们的实验数据当作谈话资料，这是必须保密的。严格意义上讲，每一个数据都应该有一个code（编号），而不是被试的名字，一

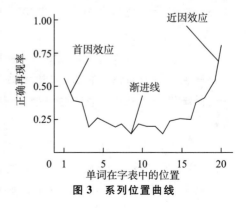

图3　系列位置曲线

定要注意。

总结一下非实验方法的特点,第一个就是有些变量不能操纵,这在心理学上是非常常见的;还有一个就是在搜集资料的过程中不得不面对现实,这一点大家应该也可以理解,因为不是所有的东西都是我们能够去推动和掌控的。

(二)随机化区组设计(案例2)

该案例涵盖的思政元素为"如何思考",即教导学生如何用辩证唯物主义观点和批判的态度去看待研究问题,让学生学会根据不同的研究问题选用合适的设计,并在此过程中培养其实事求是、敢于钻研的科学精神。本段课程围绕实验设计中的随机化区组设计方法,介绍随机化区组设计的内容和诞生缘由,并从辩证的角度阐释其综合组内设计和组间设计两方面优点的优越性。

下面是课程实录:

大家还记得那个词吗?前面我们曾经讨论过在完全组内设计当中的面孔实验,其中有一个方法叫区组随机化,就是指在一个区组里有三类面孔,然后要将其随机。这是针对完全组内设计里边的一个特殊处理方法,但是我们现在所说的是同组内和组间平行的一个大类的设计方法,叫作"随机化区组设计"。我讲完之后大家就可以再评估一下随机化区组设计的方法。

那么这种方法究竟是怎么来的呢?它有点像在农业科学的实际研究当中大家能够自然想到的一种方法。例如,我要研究某种农作物它适合在什么样的土壤中去生长,是不是作为研究者的我也需要去试验?那么应该怎么进行试验呢?我可能会选择到不同的地区,因为不同地区的土壤所含的各种成分不同,那么这种农作物究竟比较适合在干旱地区生长,还是比较适合在湿润的环境下生长呢?这都需要我们进行各种试验来确定。试验过程中,我们可能会有一个变量,比如在各种农作物当中我们选五种农作物,为了探究它们适合在什么地方生长,我们又选择2~3个地区。假设我们选择的其中一个地区是新疆,一般来说一片地区的土质是同质的,在各方面都比较类似,如果我们要试验五种农作物的话,我们就要将这块试验田分成五块,然后每一块儿种植一种农作物。同样,我们还会在广州、北京附近各找一块地,将这两块地分别分成五块,去种植这五种农作物。我们最终的目的就是得出哪一种农作物在上述三个地区的土壤中能够生长得更好。

在我们刚刚所描述的情境当中,新疆、广州、北京的每一块地就类似于一个区组,区组当中各方面的属性都相当,即所谓的"匹配"。为了研究五种作物的不同生长情况,将一块同质的土地分成五块。这一整块土地相当于一个区组,在区组当中,我们让自变量的每一个水平都发生,这就是所谓的随机化区组设计。

大家可以再看讲义当中提供的基本模式示例(图4)。这是一个单因素四水平的实验,实验处理包括X_1到X_4,即一个自变量、四个水平,所以形成四个实验条件。针对这四个实验条件,我们应当怎么去做呢?如果是组间设计,我们在四个条件下选四组被试就足够了。针对这四组被试,我们再用随机分组或者匹配组的方法保证其为等组,然后再去分别试测不同的条件。但是组间设计也存在问题,一是比较消耗被试,二是在所谓的随机分组下,分配到各实验条件下的被试可能在各方面也不是完全等同的,无法随机或者平衡所有其他因素的影响,从而无法达到完全的等组效果。

随机化区组设计

■ 随机化区组单因素设计的基本模式

区组	实验处理				区组平均
	X_1	X_2	X_3	X_4	
优良	O_{11}	O_{12}	O_{13}	O_{14}	$\bar{O}_{1\cdot}$
中等	O_{21}	O_{22}	O_{23}	O_{24}	$\bar{O}_{2\cdot}$
较差	O_{31}	O_{32}	O_{33}	O_{34}	$\bar{O}_{3\cdot}$
处理平均	$\bar{O}_{\cdot 1}$	$\bar{O}_{\cdot 2}$	$\bar{O}_{\cdot 3}$	$\bar{O}_{\cdot 4}$	$\bar{O}_{\cdot\cdot}$

图 4 随机化区组基本模式示例

那么这个实验设计是不是应该考虑组内设计呢?在组内设计条件下,我们需要每组被试在每一种条件下进行操作。但是组内设计也有缺点,即一种实验条件下的操作可能会影响另一种实验条件下的操作,也就是实验顺序会造成麻烦。正如我们前面所言,组内和组间设计各自的优缺点是对等的,刚好是一个互换的过程,也就是说这两种方法都有各自的优点,也有各自的缺点,而且组内设计的优点就是组间设计的缺点,组间设计的优点又是组内设计的缺点,从而形成一种对等的关系。

现在我们假设图4中的实验设计是要进行一个对四种教学方法的测试,被试是一群成绩被区分为优良、中等和较差三个水平的学生。以优良区组为例,我们可以认为当中的被试都是同质的,即各方面的情况都是对等的,我们可以将其当作一个同质的群体来看待。然后我们需要让这个群体的被试参与各个实验条件,但是并非是让一个被试参与所有的条件。既然区组中所有被试都被视为同质被试,我们就可以让区组当中的每一个被试分别去参加不同的条件。对应到图4,我们可以理解为每一个区组当中有四个被试,而每个条件下会被分配各区组中的一个被试(或是四的倍数个被试平均分配到各条件下)。这种模式相当于每个区组都参加了四个条件的实验。如果把一个区组作为一个整体来看,则类似于组内设计。但是这种实验同时避免了组内设计的缺点,因为每个条件下使用的是不同的被试,不存在条件之间的干扰。同样,中等和较差的学生区组当中我们也是每个条件下各分配一个被试(或是四的倍数个被试平均分配到各条件下)。

在这种模式下,我们也可以将区组看作一个自变量,相当于有三个水平,从中分析不同区组的效应。同时我们也可以分析实验处理的效应。因此,随机化区组设计一方面具备组内设计的优点,即将每个区组看作一个整体,所有条件下都能够参加;另一方面还具备组间设计的优点,因为在每个条件下分配的个体是不一样的,不同条件之间不会带来干扰。可以说,随机化区组设计试图集中组内设计和组间设计的优点。在这一模式下,我们既可以分析区组作为变量的效应,也可以分析实验处理的效应,以及上述两个因素的交互作用等。

(三) 颜色理论(案例3)

党的二十大报告指出,必须坚持科技是第一生产力、人才是第一资源、创新是第一动力。教育、科技、人才三者协同发力、整体联动,才能全面支撑社会主义现代化建设。该案例涵盖的思政元素为批判与创新精神,即培养学生在研究问题时秉持批判的态度和创新的精神。本案例围绕视觉研究中的颜色理论的发展历程展开。首先介绍三色理论和拮抗加工理论的形成过程,引导学生用辩证唯物主义的批判态度看待科学理论。接着介绍两阶段加工理论及随后的生理学证据,让学生理解科学研究中的对立统一。最后介绍颜色发生机制的最新科研成果,一方面希望学生在学习过程中要有全球视野、关注科学前沿,另一方面也鼓励学生向优秀科学家学习,敢于质疑、勇于创新,树立文化自信。

下面是课程实录:

"颜色不是光的物理属性,颜色是人的知觉。"为了更好地理解人们如何感知颜色,我们接下来学习颜色理论。颜色理论是关于颜色发生机制的理论,主要有两类:一类是三色理论,另一类是拮抗加工理论。

三色理论最早由托马斯·杨提出,他认为人类有三个系统来处理颜色。这个观点之后得到亥姆霍茨的支持,因此三色理论又称杨-亥姆霍茨理论。它的证据来自一个巧妙的心理物理学实验【创新精神】。在颜色匹配实验中,受试者需要混合不同色光来配成与标准刺激相同的色光。实验结果发现,一般人只要用红、绿、蓝三种色光就可以完成。研究者据此推测眼睛有三种受体,分别对红、绿、蓝三色敏感,我们感知到的颜色是由三种受体的激活模式决定的。以上构成了三色理论的核心内容。虽然这个理论可以说明许多色觉现象和色盲产生的原因,但并不能解释所有的颜色视觉现象,大家可以思考一下并讨论:为什么色盲者不能区分成对的颜色,如红和绿、蓝和黄?如何解释一些视觉现象如颜色后效、颜色对比?

对这些问题的回答正是第二个颜色理论的基础,这个理论是由埃瓦尔德·赫林在19世纪晚期提出来的。赫林观察人类对色环颜色的感知,总结人类能够看到的颜色可以分成四个组别:黄蓝绿红【观察是科学探究的第一步】。根据赫林的拮抗加工理论,所有的视觉体验产生于三个基本系统,每个系统包含两种拮抗的成分:红对绿,蓝对黄,或者黑对白。每一种感受体可以交替进行两种彼此相反的感觉反应,但是不能同时存在两种反应。请大家思考并讨论:从拮抗加工理论如何理解产生互补色的视觉后效和成对出现的色盲类型呢?

多年来,科学家对这两个理论的机制颇有争议。最终,科学家认识到这些理论并不是完全冲突的,它们只是描绘了两种不同的加工阶段,这些阶段与视觉系统中连续的生理结构相对应【对立统一的观点】。随着20世纪50年代神经科学技术的发展,这两个理论都得到了来自生理学证据的支持【科技创新带来的新发现】。

需要指出的是,尽管颜色视觉研究有着悠久的历史,但对于颜色感知的生理基础依旧还有许多需要探索的地方。例如,颜色在大脑皮层是如何加工的?目前在灵长类视觉大脑腹侧通路中,从初级视皮层(V1)、途径纹外皮层(V2 和 V4),到颞侧皮层(IT)的各个视觉脑区,都发现了编码颜色的神经元。但是颜色在等级化的不同视觉脑区是如何进行加工处理,尤其是如何形成心理主观层面上的颜色认知空间的呢【全球视野,关注前沿】?举个例子,我国学者最近结合多种先进的神经科学技术,如内源性信号光学成像、双光子成像和电生理记录等手段,详细描绘了等级化的不同视觉脑区的色调图结构:任何来自视网膜的给定光的色调信息首先存在于 V1 中,这种信息在 V2 和 V4 脑区经过神经元进一步的信息整合和编码处理后,初步形成人类各种主观色调认知。这为认知颜色空间形成的神经机制提供了最新证据【培养学生的民族自豪感、文化自信、家国情怀】。

四、课程评价

实验心理学是一门干货满满、让我舍不得走神的课程,每一节课都能让我为一个又一个精心设计的实验赞叹。这门课程除上课内容充实外,课程作业和考核也非常有趣。结合一学期所学知识写下期末的实验设计题,会让你发现自己的思维和逻辑严谨性都有了很大提高;而课程作业——写一篇自己感兴趣领域的综述,则能让你充分发挥自己的主观能动性去深入了解一个领域,并在了解的过程中体会有趣的科学问题是如何产生的,而前辈们又是如何通过精巧的实验设计去解决疑惑的。

——2020 级心理与认知科学学院本科生　欧阳韵妍

大二上学期的这门"硬核专业课"在心院同学间届届相传;每周 4 学时理论课、4 学时实验课和一篇实验报告尽管任务量大,但也让我们迅速成长。实验心理学向同学们传授心理学科研必备的知识和能力,为同学们提供学术交流和思想碰撞的平台,强化了团队意识。在课堂上,老师们鼓励大家自由发言,随时提出自己的疑问,这种讨论的热情从课堂延伸到课程微信群,同学们有机会展示自己的综述和研究成果,和大家分享自己的科研兴趣。课堂知识与时俱进。

——2018 级心理与认知科学学院本科生　邓逸雯

实验心理学课程质量非常高,在我上过的所有课程里可以排前三。实验心理学是心理学的基础课程,精妙的实验设计也是心理学极富魅力之处。在这门课中,吴老师不仅讲述理论知识,还会用日常生活中的实际范例来解释经典理论,帮助同学们更好地理解中国文化,提升文化自信,增强民族自豪感。此课程教授的知识会指导我们日后的学术研究,并且在日常的方方面面给我们提供科学的思路。

——2017 级心理与认知科学学院本科生　李书承

吴老师的实验心理学课程,不仅把心理学最基本和精髓的部分展现给心理学入门者,帮助其理解什么是真正的心理学,同时也能培养学生的研究兴趣,基于马克思唯物主义观去思考,教会学生如何辩证看待问题,恪守伦理规范,做一个好的科学研究者。

——西北师范大学心理学院教授,甘肃省行为与心理健康重点实验室主任,甘肃省心理学会理事长,《实验心理学》(清华大学出版社)主编　周爱保

实验心理学的出现,使心理学摆脱了内省思辨的桎梏,升华为具有严密实证性的科学学科。以吴艳红老师为负责人的教学团队,以生动而严谨的语言,透过经典及新近的实验研究,全方位地介绍实验心理学理论与方法的发展历程,帮助学子把握未来研究潮流。

——爱课程学习网站学生观众

五、总结与思考

习近平总书记在2018年北京大学师生座谈会上的讲话中指出,教育他们(学生)学会运用马克思主义立场观点方法观察世界、分析世界,真正搞懂面临的时代课题,深刻把握世界发展走向,认清中国和世界发展大势,让学生深刻感悟马克思主义真理力量,为学生成长成才打下科学思想基础。本课程在未来的建设中,将进一步培养学生实事求是的科学精神,提升学生看待问题的洞察力和辩证思维能力,深化学生对辩证唯物主义的认识,增强学生的文化自信;结合课程内容,进一步鼓励学生用实验心理学的方法探究中国社会现实问题的心理机制,结合中国实际提出问题并找到合适的方法,从实践中学习,将知识运用到实践中去;优化教学环节和教学方式,进一步鼓励学生要敢于质疑、勇于创新,创新是民族进步的灵魂,是一个国家兴旺发达的不竭源泉。培养广大青年忠于祖国、忠于人民,了解中华民族历史,秉承中华文化基因,坚定民族自豪感和文化自信心,把自己的理想同祖国的前途、把自己的人生同民族的命运紧密联系在一起,扎根人民、奉献国家。

人类的性、生育与健康

一、课程概况

（一）课程信息

人类的性、生育与健康课程为全校通选课，面向北京大学在校本科生和研究生，适用学时为 32 学时。

（二）课程简介

人类的性、生育与健康课程是北京大学最受学生欢迎的通选课之一，因其教学内容对学生的健康观、婚恋观和家庭观有不可忽视的影响，故被学生称为"三宝课"，也被称为"选修课中的必修课"。该课程自 1996 年在北京大学开课以来，历经三代北大人的传承和拓展，经过近 30 年的教学实践积累，形成了特色鲜明的大学生性教育课程体系，在寥若晨星的国内高校性教育课程中更是独树一帜。课程每学期开课，每年选课逾千人，迄今为止累计在册的选课人数已近 2 万人，覆盖北大校内约 1/4 的本科生，其中约有 20%左右学生选课前从未接受过性教育，本课程对学生的人生具有不可忽视的影响。

课程立足于自然科学（包括解剖学、生理学、进化生物学和医学），并结合社会学和心理学，多学科、多角度讲述"性是什么""性与生育""性与健康"等几个方面的科学知识。课程内容强调人类性行为的特点、进化及其与其他哺乳动物的不同，涉及人类生殖器官的解剖结构和功能、性腺机能的调控、生育与避孕流产、青春期发育及问题、人类性传播疾病（包括艾滋病）的预防和控制等内容。使学生通过课程的学习，树立科学健康的性观念，增强自我保护意识和责任感，塑造健康阳光的人格。

本课程因教学效果良好，教学评估优秀，于 2021 年获北京大学教学成果奖二等奖（"独具特色的大学生性教育研究型教学课程体系构建、创新与实践 25 年"）。多次获北京大学本科教改项目支持，包括 2017 年"三宝课课程建设"、2022 年"三宝课课程建设"和"混合式课堂重构"试点项目等，于 2022 年入选北京大学课程思政示范课程。本课程的慕课课程也于2022年秋季在华文慕课平台(http://www.chinesemooc.org)上线。此外，授课团队已出版2本配套教材，发表2篇教学研究相关的中文核心期刊论文，创建课程微信公众号"三宝课"（已发布200多个综述、调查研究成果和科普视频等学生原创作品，关注人数过万）。

在三代北大人的不懈努力下，"三宝课"的影响持续扩大，不仅成为北大校园文化的重要组成部分，对社会正确认识及推动性教育也起到积极作用。

（三）授课团队简介

授课团队由姚锦仙、程红组成。

姚锦仙，理学博士，北京大学生命科学学院副教授。先后在北京大学生命科学学院获学士（1995）、硕士（1998）和博士（2005）学位，自1998年7月至今在北京大学生命科学学院从事科研和教学工作，研究领域为进化生物学和保护生物学。曾获国家自然科学基金支持，并参加多项国家自然科学基金和科技部国际合作重点项目，主持多项生物多样性保护项目。在国内外核心期刊发表论文20多篇，主编和参编教材、专著多部，曾获多项教学奖。长期承担"脊椎动物比较解剖学及实验"和"人类的性、生育与健康"等课程的教学工作。

程红，理学硕士，北京大学生命科学学院教授。先后于北京大学获理学学士和硕士学位。研究领域为动物学。曾主持和参与多项国家自然科学基金项目。在国内外核心期刊发表论文10余篇（包括1篇 *Nature*，第三作者），主编和参编多本教材与专著，曾获多项教学奖。长期承担"脊椎动物比较解剖学及实验""动物生物学及实验""人类的性、生育与健康"等课程的教学工作。

二、课程育人目标

本课程作为注重性健康教育的全校通选课，有其独特性和重要性，同时思政元素丰富。课程教学内容涉及生命教育、性教育等重要的思政教育内容，因此实施课程思政的总体理念是通过科学的、系统的、针对性强的、符合大学生群体生理和心理特点并立足于自然科学的、具有创新性的独特教学体系，以求真务实的科学态度和"润物细无声"的育人观念，在讲授专业知识的同时，融入丰富的思政元素。根据课程特征、知识特征和教学特征，本课程所蕴含的思政元素包括多个维度和层次：政治认同、家国情怀、科学精神、辩证思想、社会主义核心价值观、生态文明、可持续发展以及全球视野、文化传承、民族自信、制度自信、法治意识、责任意识、和谐社会和精神健康等。在授课过程中，授课教师根据课程内容有机融入思政元素，并注重将育人观念贯穿教学全过程。课程从总体上引导学生树立正确的生命观、健康观和婚恋观；引导学生应用所学科学知识预防疾病，保护自己和亲友健康，解决自身生理和心理方面的困惑，正确看待自身的生理现象，避免因错误的观念、无知和羞耻感产生心理问题；引导学生尊重他人，理解生命的珍贵、母亲的伟大；

引导学生通过学习更好地处理与同学、恋人和父母之间的关系,促进学生健康成长,培育学生健全人格,培养担当民族复兴大任的时代新人。

三、课程思政案例

(一) 开设性教育课程的原因(案例1)

党的二十大报告明确提出,要提高全社会文明程度,落实立德树人根本任务,培养德智体美劳全面发展的社会主义建设者和接班人。在本课程的教学过程中,我们把这一目标尤其是"德"育培养有机融入,并强调科学健康的性教育有助于培养二十大提出的,也是全社会需要的明大德、守公德、严私德的大学生,有助于加强和改进青年思想道德建设,有助于提高人民道德水准和文明素养,提高全社会文明程度。

本讲通过展现目前我国大学生性现状、我国近代性教育的发展、古今中外性观念的变迁以及自然界中性的演化等内容来强调性教育的重要性、迫切性和必要性,让学生正确看性和性教育,在讲授过程中有机融入政治认同、家国情怀、科学精神、社会主义核心价值观,以及全球视野、文化传承、民族自信、制度自信、法治意识、责任意识、和谐社会和精神健康等思政元素。

在教学方法上,课程以提出问题的方式开始,通过调查问卷(本课程所设计的研究性调查问卷旨在了解学生的性知识水平、性态度和性行为等状况),使学生在填写的过程中思考自身的性状态、性观念和性认知。接下来结合穿插人物故事、案例和社会现象等方式,向学生讲授课程主要内容,注重有机融入思政元素。例如,在展示当代年轻人因缺乏性知识面临的问题时,结合当前网上流行的"恐婚""恐育"等言论现象,强调科学系统的性教育的重要性,以及如何通过本课程学习甄别良莠不齐的网络信息和言论,帮助年轻人消除这些观点对其婚恋观、家庭观、生育观和健康观的不良影响,从而作出符合自身发展的判断和选择。这对于我国人口增长,甚至国家可持续发展具有重大战略意义。对学生性教育的重视也是对民族未来的重视,是对人民负责和对国家负责,课程培养学生的家国情怀和民族意识,同时提高道德水准和文明素养,提高社会文明程度。

在教学过程中,我们力求"讲好古往今来有影响力的人物故事"。例如,在讲解我国近代性教育发展的内容时,结合20世纪初我国众多仁人志士(包括鲁迅、张竞生、潘光旦、朱光潜、费孝通等)对性教育的推动,强调他们如何在封建思想长久禁锢民众的氛围下,高声疾呼推动性教育,为思想带来革新,打破封建枷锁,解放妇女。课程强调这些前辈如何将个人理想融入国家和民族的发展中,将自己的命运与国家命运紧密相连,通过讲解他们的思想,激发学生的家国情怀和爱国精神。以鲁迅先生为例,他于1919年在《新青年》上发表《我们现在怎样做父亲》,在文中指出"但生物的个体,总免不了老衰和死亡,为继续生命起见,又有一种本能,便是性欲。因性欲才有性交,因有性交才发生苗裔,继续了生命。所以食欲是保存自己,保存现在生命的事;性欲是保存后裔,保存永久生命的事。饮食并非罪恶,并非不净;性交也就并非罪恶,并非不净"。1926年鲁迅又在《新女性》上发表《坚壁清野主义》,文中写道,"要风化好,是在解放人性,普及教育,尤其是性教育,这正是教育者所当为之事"。这些仁人志士为我国性教育的推动和思想的革新作出了重要贡献。

在讲述中国现代性教育发展的内容时,课程强调党和政府对人民健康的关心、对青年健康成长的关心,体现政治认同和制度自信。例如,我们敬爱的国家领导人周恩来总理十分关心青少年的性教育问题,多次在讲话中要求在青少年中开展性教育。他在1963年全国卫生科技规划工作会议期间对医务工作者强调,要普及性卫生知识,就不单纯是讲点科学问题,要想收到良好的效果,就一定要把它当作一件破除封建思想和移风易俗的大事来抓。首先要我们讲的人就要破除封建思想。在向青少年传授性卫生知识时,男女学生要一道听讲,不要分开。要很自然地做好这件事情,不要试图回避,更不要搞得神秘化。1975年病危时,总理还一再嘱咐医务工作者一定要把青少年性卫生教育搞好。改革开放以来,国家教育委员会发布一系列文件倡导青春期教育,近年来教育部更加明确地提出要加强青少年学生性教育,提高学生性健康素养。正是在这样的背景下,北京大学在1996年开设性教育课程,受到全校学生的欢迎,扭转学生对性的误解和偏见,消除神秘感,减少存在的争议,体现开设性教育课程的必要性和迫切性,体现本课程体系的创新性,也体现党和国家对青少年成长的关心和爱护、对人民健康和幸福生活的保障。

在讲述古今中外性观念的变迁内容时,我们力求"讲好古今中外今昔对比的故事"。通过从历史到现实、从中国到世界的对比来了解性观念和性文化的变迁及多元性。如课程对比展示我国古代主流思想对性问题的开明态度以及西方基督教和伊斯兰教等文化对性的态度,强调文化自信和全球视野。课程展示中国古代典籍文献。例如,《周易》中有"男女构精,万物化生"的论断,认为男女的性交活动是万物出生生长和人类繁衍的根源,《孟子》中有"食、色,性也""男女居室,人之大伦也"等论述,《礼记》中有"饮食男女,人之大欲存焉"等,都是把性看作人类正常的基本需要,确定男女关系为人类的重大关系。中国古代性学经典《素女经》也体现了几千年前我国古人就已重视和关注女性的性权利,远早于西方;在《洞玄子》和《养生方》等作品中也体现了中国古人自然健康的性观念,展现中华文明博大精深的哲学思想,以及如"阴阳"等朴素的辩证思想。通过这部分内容的讲授,让学生将生命现象与辩证法理论和文化传统相关联,并由此引申出中华文明包括性文明、生殖文化的历史久远、健康开明,对其中优秀的部分要传承,但也要看到古人的局限性,注意甄别糟粕。此外,课程还通过对中外性文化历史的回顾和对比,帮助学生进一步了解我国优秀的文明史以及传统文化,增强学生的文化自信心和民族自豪感。

最后,通过讲授性学在全球的研究现状、研究特点以及各国不同文化差异造成的行为、认知、法律等方面的差异,来培养学生的全球视野,扩大思考问题的格局。

(二) 避孕和人工流产(案例 2)

本讲主要教学思路是先展现意外怀孕和人工流产对女性(尤其是女大学生)的身心伤害,强化女性的自我保护意识,加强学生的责任感和法治意识。然后通过讲解受精和避孕原理、避孕药具的使用等内容来引导学生树立正确的生命观、健康观、伦理观和科学探索精神。

本讲以提出问题的方式开始,利用开场视频(展示大学生意外怀孕后向家长求助的模拟场景),在幽默轻松的气氛中增强学生的代入感,思考"如果是你,你会怎么做?你最担心的是什么?"等问题,之后展示新闻报道中的"花季之痛"——女大学生因意外怀孕引发的悲剧。然后过渡到本讲的教学内容,在讲解的过程中有机融入多维度多层次的思政元素。

在讲解受精原理的内容时,利用生动的科普视频展示生殖细胞的产生和精卵结合复杂而精巧的机制,让学生感受生命的来之不易,引导学生敬畏生命、珍爱生命、不轻言放弃生命,培养学生的社会责任感。同时讲述日益增多的不孕不育、男性精子质量下降问题,结合日常生活中的环境污染,如塑料污染、环境激素等对生殖细胞健康以及内分泌系统的危害和对青少年身体发育的不良影响,强调生态文明与保护环境的重要性,强调守护自然就是守护人类未来的自然观。

在讲解避孕原理的内容时,穿插学生原创的视频作业(如人类避孕史)来展示古今中外人类对避孕方法的认知和探索、现代避孕药具的开发与发展,强调避孕套对性传播疾病的预防,引导学生正确认识性行为,避免危险性行为,努力提高自身修养,自尊自爱,规范自身行为,对自己、对他人负责,培养学生的社会责任感和法治意识。

在讲解现代医学技术(如避孕药)发展的内容时,强调其对人类性文化、性观念和性行为产生的不可忽视的影响,以及对女性生育选择权的影响,强调科学对人类伦理的影响。然后结合名人故事,讲述我国科学家张明觉对避孕药研究的贡献,并结合现代避孕药研发的最新进展,引导学生了解科学探索的艰辛(如男性避孕药研究进展缓慢),突出科学精神,激发学生科学探索兴趣,树立造福人类、造福社会的观念。

在课程结尾,结合社会热点问题(如明星代孕)、科技前沿进展(如试管婴儿、冻卵、人造子宫和基因编辑技术等),引导学生讨论生命伦理和科学伦理问题,思考如何合法合规、符合伦理道德地使用科学技术,如何用科技造福人类而非带来灾难和痛苦,如何尊重生命而非物化、损伤生命,如何避免因此带来的不平等和剥削问题,引导学生树立正确的生命观、健康观、婚恋观、生育观和伦理观。

(三) 性传播疾病(案例 3)

本讲主要教学思路是先通过展现性传播疾病的危害,强调其对人健康的潜在巨大威胁(如艾滋病,如果不加以控制将会对社会造成巨大破坏),强调预防性传播疾病的重要性,进而讲解八种常见性传播疾病的病原体、病征、传播途径及其防治,加强学生的疾病预防意识。

在教学方法上,首先利用统计数字的对比,展示性传播疾病与新型传染病新型冠状病毒感染(下称"新冠")的巨大破坏性,如图1所示,然后结合生动的科普视频和学生原创作业视频,展现性传播疾病的特征。

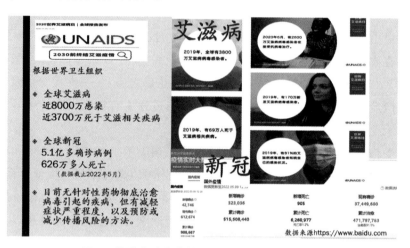

图1 艾滋病对人类健康的危害(与新冠对比)

在教学内容的讲授过程中,融入丰富的思政元素。在讲解性传播疾病危害的内容时,以新中国成立前有500万人口的上海存在9万梅毒患者为例,展现性传播疾病流行的严重危害,强调在新中国成立后,党和政府以雷霆之势彻底废除娼妓制度,高效快速地遏制疾病传播,成效卓越,体现我国党和政府对民生的关怀、以人民为中心的发展理念,体现出我国政治体制的独特优势。对于艾滋病等新型性传播疾病,我国政府采取一系列有效措施,如出台"四免一关怀"政策、加强抗病毒药物国产化,均取得良好效果。课程结合非典(传染性非典型肺炎)和新冠(新型冠状病毒感染)等急性高危传染疾病的防治成果,进一步加深学生对我国政治制度优势的了解,加强学生对我国政治制度的信心和政治认同。

在讲解性传播疾病防治的过程中,引入我国古代医学研究,如明代著名医学家李时珍在《本草纲目》中记载的梅毒、明代陈司成在《霉疮密录》里对梅毒的详细描述,同时展现尚存的治疗难题以及华裔科学家作出的巨大贡献(如何大一提出的艾滋病"鸡尾酒"疗法),从而增强学生的民族自信心和自豪感,引导学生以科学家为榜样,培养勇于探索、求真务实的科学精神,强调作为未来科研主力的大学生要拥有专业报国、解决民间疾苦的责任与担当,激发学生的家国情怀。

最后,通过讲解全球艾滋病治疗的最新进展(图2),让学生了解疾病防治是世界性问题,需要国际合作,需要集中全球力量来攻克难题。缺乏对国际前沿科学进展的了解,将会阻碍我国的科学进步,影响我国人民的身心健康,因此性传播疾病的防治也需要有全球视野。同时,通过展示艾滋病人报复社会以及医生和警察等职业暴露的案例,强调对性传播疾病缺乏了解会带来的次生性灾害和对他人造成的生命危害,强调生命的平等,呼吁消除歧视,增强法治意识,强调营造和谐社会的重要性。

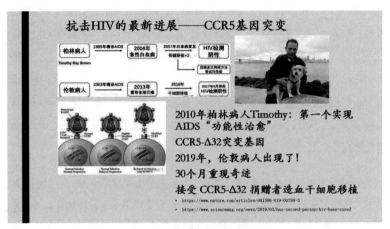

图 2　艾滋病治疗的最新进展

四、课程评价

本课程的育人效果获得学生的认可,在学生的评价中也体现着思政观点,体现课程对学生树立正确的健康观、婚恋观和生育观起到的影响,对学生健全人格的培养和维持良好人际关系和身心健康的重要性。

部分学生评价如下:

"这门课以完全科学的方式让我更加理性、坦然、镇定和成熟地面对有关人类的健康、性和生育的事情,避免了无知、冲动、盲目好奇可能产生的后果。"

"这门课程使我懂得什么才是洁身自爱、对他人负责、更对自己负责,我真正开始学会健康地生活,懂得健康的本质。"

"这一学期使我成熟许多,不再是一个冲动、不考虑后果的小女生。"

"课程纠正了我的一些错误观点,同时破除了我对性的神秘感觉。"

"知道生命的来之不易和生命的宝贵,懂得不为一时的冲动而抱憾一生,为自己负责。"

"我认识到虽然性是很自然、很美好的一个过程,但也存在很多潜在风险,应该和真正爱的人分享它,做到洁身自好。"

"课程最后部分介绍的有关性传播疾病的知识让我触目惊心。我从来没有意识到性传播疾病距离我那么近,以后会在生活中更加注意。"

在学完课程后,学生掌握了生殖系统疾病防治知识,学会了关心和关爱家人健康,如图 3 所示。有学生在网上写道,"想问下之前在三宝课上老师说推荐大家的妈妈都去检查还有打疫苗的是什么项目?① 还说有个同学带妈妈去检测,很幸运地在早期发现并治疗了,我也想带妈妈去检查一下。”三宝课也通过纠正错误观念,帮助学生了解自身生理特点,克服自卑心理,维护心理健康,有学生写道,“小学的时候偶尔接触到了网络色情信息,心智不成熟、不懂事,难以控制自己,这个东西在我成长的过程中对我的生活、学业有很大的不良影响,主要是我当时无法正确看待它,长大一点后业余生活比较单调,就很容易想到这个东西。不过幸好胆子小,最多就是在网上浏览……生活中还是很老实的,当时事后很自责,怀疑自己的道德品行,因为没有形成正确的观念。但是一段时间后还是控制不住自己,那个过程还是挺痛苦的,影响自己的正常生活。上大学后修了三宝课,渐渐有了一个比较正确的认识,心想要是我中学时就上这种课该多好,我现在学了,以后可以更好地给自己的孩子做性教育。”

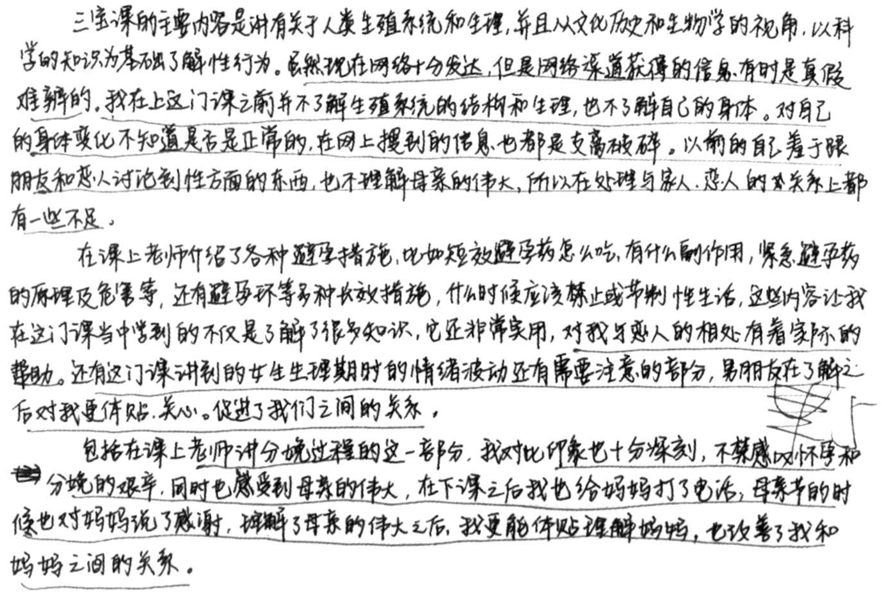
三宝课的主要内容是讲有关于人类生殖系统和生理,并且从文化历史和生物学的视角,以科学的知识为基础了解性行为。虽然现在网络十分发达,但是网络渠道获得的信息有时是真假难辨的。我在上这门课之前并不了解生殖系统的结构和生理,也不了解自己的身体。对自己的身体变化不知道是否是正常的,在网上搜到的信息也都是支离破碎。以前的自己羞于跟朋友和恋人讨论到性方面的东西,也不理解母亲的伟大,所以在处理与家人、恋人的关系上都有一些不足。

在课上老师介绍了各种避孕措施,比如短效避孕药怎么吃,有什么副作用,紧急避孕药的原理及危害等,还有避孕环等多种长效措施,什么时候应该禁止或节制性生活,这些内容让我在这门课当中学到的不仅是了解了很多知识,它还非常实用,对我与恋人的相处有着实际的帮助。还有这门课讲到的女生生理期时的情绪波动还有需要注意的部分,男朋友在了解之后对我更体贴、关心。促进了我们之间的关系,

包括在课上老师讲分娩过程的这一部分,我对此印象也十分深刻,不禁感叹怀孕和分娩的艰辛,同时也感受到母亲的伟大,在下课之后我也给妈妈打了电话,母亲节的时候也对妈妈说了感谢,理解了母亲的伟大之后,我更能体贴理解妈妈,也改善了我和妈妈之间的关系。

图 3 学生的学习体会

课程的育人效果获得了学生的肯定,成为北大校园文化的重要组成部分。学生课堂展示的优秀作业在 2016 年夏季被用于北京大学“燕园记忆”毕业主题展,在北京大学赛克勒博物馆展出,从侧面体现出学生对课堂教学方法和内容的喜爱和认可,推动性教育在大学生中的积极传播。

本课程以社会主义核心价值观为指导,在授课团队的不懈努力下,不仅持续扩大课程思政在北大校园内的影响,也对推动社会公众正确认识性教育起到积极的示范与表率作用。如图 4 所示,2015 年国内各大门户网站对本课程进行题为《低调与火爆 北大性教育 20 年》等的报道,2021 年 9 月课程参与《新京报》对谈节目《大方

① 指宫颈癌 TCT 筛查和 HPV 疫苗。

点聊性话题》。此外"三宝课"一词已被百度百科收录,代指"性教育"。本课程的慕课课程也于2022年秋季在华文慕课平台上线,当期报名人数过千。本慕课课程会继续向社会开放,目前报名人数持续增长中,相信会影响更多的社会公众。

图 4　课程对性教育的推动

五、总结与思考

在今后的教学过程中,要进一步加强思政内容的建设,挖掘更多思政素材,拓展思政元素,并且有机融合。在教学内容方面,进一步增加我国优秀传统文化、医学技术成就、科学家贡献、人口政策、教育政策等内容,进一步加强多层次、多维度的思政建设。在教学方法方面,结合现代网络和多媒体技术,加强慕课的思政建设,加强课程的覆盖面,让更多年轻人学习正确的性知识。在考查方式方面,引导学生结合自身和专业特点以及课堂所学知识来进一步思考如何树立正确的人生观。此外,进一步在课程学习中鼓励学生跨学科、跨年级合作完成作业,培育学生的团队精神、创新精神和科普能力。

近代物理实验

一、课程概况

（一）课程信息

近代物理实验课程是北京大学物理学院物理学专业本科生，在学完普通物理和四大力学之后必修的一门综合性基础实验课，分两学期进行，总学时"102+102"，共完成"7+6"个实验及1个期末考核，课内课外用时相当。每个实验包括预习、实际操作和写作三个教学步骤。

（二）课程简介

课程内容包括原子与分子物理、核探测技术及应用、激光与近代光学、真空、X射线电子衍射和结构分析、磁共振、微波、低温与超导材料、半导体物理和非线性物理等近代物理多个领域中的30多个实验，其中近一半是与诺贝尔奖关联的著名实验。课程在物理专业的整个教学环节中是承上启下的、关键的一环，对本科生的实验物理教育有巨大的作用。

课程历年获得很高的荣誉：1993年获国家教育委员会颁发的第二届普通高等学校优秀教学成果国家级一等奖；1999年被评为北京大学优秀主干基础课；2007年被评为国家精品课；2020年被认定为首批国家级线下一流本科课程（金课）。

（三）授课团队简介

目前课程拥有一支稳定的授课团队，由基础物理实验教学中心近代物理实验组3名教师和2名工程师，以及20多名来自物理学院各系所的授课教师组成，具体包括周路群、蒋莹莹、荀坤、冉书能、贾春燕、季航、薛建明、杜红林、吴孝松、叶堉、刘开辉、王思广、赵子强、张双全等。基础物理实验教学中心教师和工程师除负责课程教学外，还负责课程建设与日常事务管理，来自物理学院各系所的教师既是各专业领域的科研工作者，也是常年担任教学工作、对教学富有耐心和责任心的教师，每年对实验课的教学和发展投入很大的精力,为实验课教学工作正常进行作出很大的贡献。授课团队也保持充分的开放性,不断吸纳物理学院的优秀年轻力量加入。

近代物理实验授课团队在"传承科学精神、培养科学素养、开拓科学视野"的共同教学目标和"构建整体性认知"的核心理念下同向而行,在北大本科生核心专业课的课程思政建设中发挥重要作用。

二、课程育人目标

近代物理实验课程经过四十多年的发展,以学生成长为主要任务,坚持发挥授课教师的专业能力与主观能动性,已逐渐形成独特的核心理念——构建整体性认知,具体从两个方面进行构建:对外——对知识结构的整合;对内——对自我的认识。

2023年2月,习近平总书记在中共中央政治局第三次集体学习时强调,加强基础研究,是实现高水平科技自立自强的迫切要求,是建设世界科技强国的必由之路。基础研究重在探索,一代又一代的科研工作者都是从一次次实验中抽象出理论问题。近代物理实验的课程内容包括近代物理众多领域中的30多个独立实验题目,其中有近一半的实验题目与诺贝尔奖关联,如表1所示,让学生对百余年近现代物理学的发展和相关重要实验的技术、思想以及应用有一个整体性的认识,同时,让学生在众多的领域中选择尝试,从而了解自己的兴趣点和擅长点,对自我形成整体认识。

表1 课程开设的实验题目与诺贝尔奖的关联

	实验题目	与之相关的诺贝尔物理学奖
1	X射线标识谱与吸收	1901—X光的发现 1905—阴极射线的研究 1914—晶体的X光衍射 1915—X光晶体结构分析 1917—元素的X射线标识谱 1924—X光光谱学
2	塞曼效应	1902—塞曼效应
3	康普顿散射	1927—康普顿散射(和威尔逊云室)
4	电子衍射	1937—电子衍射
5	核磁共振 脉冲核磁共振 核磁共振成像	1943—分子束方法和质子磁矩 1944—原子核的磁特性 1952—核磁共振 1991—傅里叶变换核磁共振分光法和二维核磁共振技术(PFT-NMR和2DNMR)(诺贝尔化学奖) 2003—核磁共振成像(诺贝尔生理学或医学奖)
6	符合测量	1954—符合法及其相关发现

（续表）

	实验题目	与之相关的诺贝尔物理学奖
7	穆斯堡尔效应	1961—穆斯堡尔效应
8	He-Ne 激光器放电条件研究	1964—微波激射器和激光器的发明
9	光泵磁共振	1966—光磁共振方法
10	约瑟夫森效应	1973—隧道现象和约瑟夫森效应 1987—高温超导电性
11	非线性热对流斑图	1977—耗散结构理论（诺贝尔化学奖） 1991—凝聚态物理
12	半导体泵浦固体激光调 Q 与光学二倍频	1981—非线性光学和激光光谱 1999—激光观测化学反应（诺贝尔化学奖）
13	电子显微镜	1986—电子显微镜和扫描隧道显微镜
14	扫描隧穿显微镜	

在每一个实验的具体教学过程中，都存在理想化的学生自主模式，如图 1 所示。如果有充足的时间，学生可以根据教材，通过预习、操作、写作三个步骤对实验教学内容进行掌握探索。课程的设置也希望学生能够通过单个实验了解其相关领域的整体发展，因此教学内容上设有理论、测量、应用三个方面的整体介绍。

图 1　理想化的学生自主模式

然而，由于课程开设的实验题目综合性强，教师介入是必要的，也是重要的。与理论课教学不同，实验课教师介入的方式可以有多种形式，如最基本的语言讲授，但在实验室对设备进行操作的过程中，教师需要充分了解设备的情况，除语言讲授外，还要根据教学内容手把手带做或亲自示范，老前辈们还留下一条宝贵经验——恰当的时候，离开实验室一段时间，给学生留出充分的自由思考和操作尝试的时间和空间，这些都对教师提出很高的要求。在由教师、学生、设备构成的行为环境场中，教师有意识的引导是需要慎重考虑和重视的方面，如图 2 所示。

课程中，十几间实验室同时进行，十几位教师和百余位学生同时上课，使得课程本身就是一个复杂的系统工程,教师的引导能力、榜样的力量、同辈竞争的压力、同辈支持的动力等构成一个复杂的团体动力系统,学生通过观察和模仿、实际操作、同辈竞争与支持等多种途径,在课程的大行为场中了解自己的兴趣点和擅长点,从而形成对自我的整体认识。

图 2　物理实验教学模式

三、课程思政案例

(一) 课程发展

北京大学近代物理实验课程经过四十多年的发展,编写的《近代物理实验》教材已经修订至第四版。从教材选录的内容来看,这门课程前后共开设过 62 个实验专题。随着世界科技的发展,在学校各级领导的大力支持下,教师与学生之间教学相长、互相磨砺,这些内容也在不断地淘汰与更新。课程凝聚和沉淀了几代北大实验物理研究者的智慧和心血,渗透着课程建设中他们辛勤付出、唯物求实的科学精神,以及民族自豪感、社会责任感和具有全球视野的家国情怀。

(二) 课程思政元素

北大近代物理实验课程思政建设的主要元素是同向而行、唯物客观、系统观念、守正创新。

同向而行:在学生进行每一个实验的预习、操作、写作三步骤时,教师以介入的方式以学生成长为重心进行教学。课程四版教材的发展过程不仅凝聚了北大物理几代实验物理研究者的辛勤奉献和心血,也是教师和学生之间教学相长、同向而行的智慧结果。

唯物客观:对每个实验所获得的实验现象进行唯物客观的判断和解析。教学过程中,问题导向是经常被采用的思考沟通方式。教材中每一个实验题目都设置有预习思考题、过程思考题和报告思考题,这些训练极大促使学生发展以问题为导向的思考模式,锻炼唯物客观的判断力与科学态度。

系统观念:通过整个课程的学习,学生不仅能够了解单个实验所属领域的整体发展,更能够了解百余年来近现代物理学及其相关重要测量技术和思想的发展以及应用价值。

学生在掌握所学内容、进行实验室操作和之后的写作过程中了解自己的兴趣点和擅长点,构建对外和对内整体性认识的学习过程,培养胸怀天下的气度,塑造自信自立的人格。

守正创新:本课程是实践类课程,自创立之初就定位于物理专业培养体系中承上启下的一个重要环节,故在学生人数众多的情况下,集全院教师之力采用小班制教学方式,即一位教师同时负责三个实验题目六个学生的规制,最大限度地保证学生实践的体验感。随着世界科技的发展,课程也在不断地淘汰与更新实验题目和实验设备,在守正的基础上力求创新。

(三)实验设计案例

1. 非线性热对流斑图实验

教学所用实验装置:自制的非线性热对流斑图实验仪。

图 3 是系统实验装置实物图和示意图,研究对象是一小薄层的对流水层,对流水层的上表面是蓝宝石片,在透明介质中具有相对较高的热导率,为 46W/(m·K)。降温水层其他部分是有机玻璃,通过水泵将冷水泵入并流过蓝宝石片带走热量,从而尽可能稳定对流水层的上表面温度。蓝宝石片一侧放置 Pt100(铂热电阻),与温控仪 A 相联,可读出上表面温度。对流水层的下表面是黄铜盘的镀金平面,黄铜的热传导率为 109W/(m·K),利用硅胶加热片通电流对其加热后,可保证镀金平面的温度均匀性。置于硅胶片和黄铜盘之间的 Pt100 与温控仪 B 以及电源相联,由温控仪 B 显示下表面温度。硅胶加热片里电流大小的改变决定对流水层上下两个表面温度差的改变,从而改变对流水层内部的流动状态。利用阴影法对对流水层内部流动状态进行图像可视化,投在接收屏上,将 CCD 记录图像显示在电脑上,就可以通过观察电脑屏幕上的动态实时图像来观察对流水层里的流动情况。

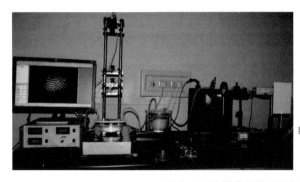
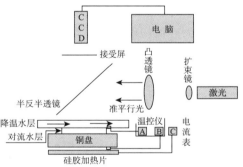

图 3 实验装置实物图(左)和示意图(右)

教学思路:以改变加热电流为控制参数,获得不同无量纲瑞利数 R 对应的对流水层稳定斑图图像。以斑图产生、发展、演化过程为主要脉络,多维视角引导学生对基础物理概念和现代物理相关概念进行形象化理解和重点把握。瑞利数 R 正比于水层厚度 d 和水层上下表面温度差 ΔT，$R=0$ 时对应平衡态，$R=1707$ 为从无到有突变的临界点。以此为主要脉络，引导学生观察实验现象的变化过程，并从不同的概念体系去理解和分析这个演化过程，如图 4 所示。这个思路正是紧扣教学理念产生出来的。

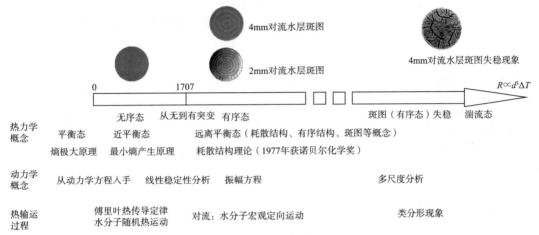

图 4　实验教学思路

教学过程设计：分预习、实验过程、论文写作三部分。

预习：学生进入实验室之前，要通读教材关于本项实验的背景资料。这些资料适用于不同层次的学生，理论功底强且有时间和兴趣的学生可以体验理论推导的全过程，最基本的要求是了解理论结论的来龙去脉。

实验过程：教师介绍实验装置的组成部分，并与学生讨论装置设计方面的重点问题。如构成对流水层的上下表面材料选择问题——上表面选择蓝宝石片，下表面选择镀金的黄铜盘，二者的热导率都高于水层热导率 2～3 个量级，原因是什么？

采用 2 mm 厚的橡胶圈，安置好 2 mm 厚的对流水层后，要求学生调整好观察实验现象的光路。下一步，改变加热电流，令学生记录不同温度差条件下的稳定斑图。学生根据实验内容要求设定相应的电流取值，然后完成全部实验内容。

这个部分是整个实验过程的重头戏，所观察研究的实验系统是热力学系统，存在宏观时间的弛豫过程，需要学生耐心体会这个过程，并做细致的记录工作，记录包括时间点、参数选择以及所观察到的现象。在这个过程中，教师需结合现象产生进程，与学生进行充分的讨论：

教师在斑图出现后，要和学生讨论阴影法技术的理论背景，以及从无到有突变过程中涉及的相关理论及概念。随着加热电流的增大，斑图的演化问题被关注，教师要与学生讨论如何定性甚至定量分析斑图的演化问题。由于设备能提供最大加热电流的限制，2 mm 厚对流水层观察不到斑图失稳现象，这里要求学生更换不同厚度的橡胶圈，构建 4 mm 厚对流水层的实验系统。教师与学生探讨不同厚度对流水层之间临界温度差的变化情况，从而获得加热电流设定的计划。随着加热电流的增大，4 mm 水层斑图的演化涉及斑图的失稳现象，可从热输运过程探讨失稳现象。最后水层会出现杂乱的图形，可视其为湍流态。

完成上述过程后,教师引导学生对所有现象进行回顾与总结,学生进行收尾工作,拷走电脑里的全部图像,关闭系统电源,离开实验室。

在实验室进行的实验操作部分,要求学生明白每一个设计和操作背后的来龙去脉,所以,课程设计了特殊的实验记录本,如图5所示,免费提供给学生,用来完整记录实验中的每个环节。

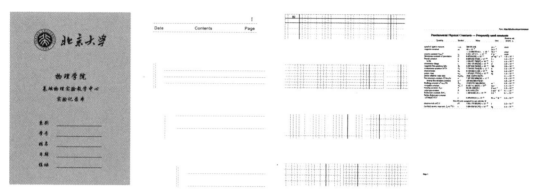

图5 北京大学近代物理实验课程设计的适合物理专业学生使用的实验记录本,包括封面、目录页、记录页和印有物理常数的封底

论文写作:学生完成实验操作后,需要对所学理论和实验进行凝练,以科技论文的格式完成书面报告。实验过程中涉及的现象很多,论文需挑出重点以图文的方式予以叙述,并作出分析讨论。

2. 半导体泵浦固体激光实验

教学所用实验装置:半导体泵浦固体激光调Q与光学二倍频实验装置。

图6是半导体泵浦固体激光调Q与光学二倍频实验装置实物图和示意图。光纤引入808 nm半导体激光LD作为泵浦激光,经过耦合透镜会聚到激光晶体Nd^{3+}:YAG或Nd^{3+}:YVO4,激发1 064 nm红外光辐射。激光晶体入射端镀有高透(808 nm)高反(1 064 nm)膜F,与输出腔镜M组成激光腔。输出端用红外相纸、激光功率计或光电探测器测量输出激光特性。与LD激光相对的准直激光用来准直光路,以获得激光输出。

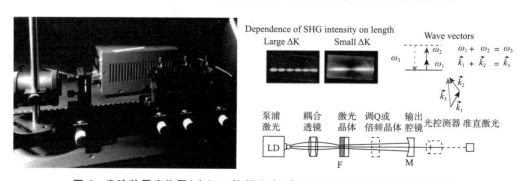

图6 实验装置实物图(左)、二倍频实验(右上)和实验装置示意图(右下)

教学思路:本实验学生学习搭建半导体泵浦固体激光器以获得 1 064 nm 红外激光并调 Q 产生脉冲激光,测量在不同工作模式下的输出激光的性质,并观测晶体的光学二倍频效应。希望通过本实验使学生了解半导体激光器、固体激光器连续光和脉冲光输出的基本原理,掌握搭建固体激光器和测量激光输出参数的基本方法,对非线性光学现象及其物理机制有一定了解。

教学过程设计:分预习、实验过程、论文写作三部分。

预习:要求学生进入实验室之前,通读关于本实验的资料,包括教材讲义和相关参考书、实验说明和激光实验安全注意事项。学生做实验前,教师先了解学生背景,对完全没有相关经验的学生从基本讲起,提出基本要求;已有激光和非线性光学实验基本经验的学生,随着实验进行,可深入探讨更多理论和实验相关问题。

实验过程:概述本实验涉及的激光和非线性光学原理,讨论学生预习时提出的问题,如固体激光器稳定振荡条件、光学二倍频的相位匹配条件等。教师说明激光实验室安全注意事项,包括激光护目镜的使用、红外激光的危险,要求学生必须严格遵守实验操作规程。

教师带领学生了解基本实验内容和可用实验元件,引导学生先设好准直光路,要求学生首先观测泵浦激光的光功率与激励电流的关系。教师与学生讨论 LD 激光的基本特点和使用;引导学生在合理的实验条件下,学习搭建固体激光器;要求学生对照实验说明,本着元件选用合理、光路安排得当、有利安全操作的原则,学习独立设计光路,并熟悉所选用元件的性能、作用及正确的调整方法。在实验过程中,教师应注意检查固体激光腔的条件设置是否合理,学生是否按照操作规程进行必要的激光防护;带领学生讨论满足什么实验条件才能得到稳定的激光输出。

学生利用搭建的固体激光器得到红外激光输出,优化激光输出模式,调整激光腔至最佳状态,测量不同激光晶体得到的红外激光输出功率随泵浦功率的变化。这部分是实验的重点,学生需要不断尝试调整光路,理解并实践激光器的运行与操作。学生需要在实验记录本上记录时间点、实验参数、观察现象和实验数据。学生遇到困难时需要与合作人讨论并寻找解决方法。教师需要定时根据学生的实验进展给予建议,在必要情况下通过示范操作使学生对难点、重点有基本的学习和了解。在此过程中,教师应鼓励学生在实验室充分发挥主观能动性,引导学生利用科学思维总结经验教训,以培养学生的科学素养和探索精神。教师在学生完成连续激光特性测量后,带领学生讨论两种激光晶体得到红外激光转化效率的不同,对固体激光的产生、发展和探测进行深入的讨论。

随后进入实验的难点,调 Q 脉冲的产生与测量。根据学生连续激光的输出结果,教师给予建议,引导学生达到可行的实验条件。教师与学生讨论脉冲激光的形成和特性,指导学生使用光电探测器测量脉冲的时域特征,包括脉冲宽度和脉冲重复率,分析其变化规律。

在实验室观测非线性光学现象能引起学生极大的兴趣。教师指导学生尝试用两种方法获得 1 064 nm 红外激光的倍频光 532 nm 激光,并理解和分析相位匹配条件:一是先调出红外激光(A)再加入倍频晶体(B)得到532 nm激光(C);二是把倍频晶体当成激光器(A)的一部分,利用准直光直接调出532 nm激光(C)。在此过程中,教师与学生讨论比较A→B→C的实验思路和A→C实验思路的特点,从而进一步锻炼学生的实验直觉和实验能力。

完成上述过程后,教师带学生回顾总结整个实验,并在本实验的基础上对激光和非线性光学领域的技术发展和应用进行延伸讨论。教师检查学生的实验记录并提出建议,对学生实验结果的数据处理提出要求,对实验报告的写作重点提出建议和要求。

实验结束后,学生须按照实验规程关闭实验仪器并整理实验室。养成良好的实验习惯和实验素养也是实验课的训练目标之一。

本实验内容丰富,学生在过程中首次学习利用激光和非线性光学原理,搭建固体激光器和观测激光特性。教师需要严格强调实验安全,充分进行启发式教学讨论和指导,并留出充足时间让学生自主实验。学生不仅需要一步步搭建光路,还需要知道为什么调节、怎样调节、所观察实验现象的来源,以及出现问题怎样尝试逐步解决。

实验过程中可能涉及的问题,有的可用于检查学生的预习情况,有的可放在实验说明中作提示,有的可在实验过程中予以引导,有的可安排为报告中要回答的问题。教师在教学中力求做到严谨求实、因材施教、育人为本。

论文写作:要求学生完成实验后及时以科技论文的格式完成书面报告。学生需要整合实验背景和理论,科学分析和讨论实验结果,最后总结,以形成结构清晰、图表规范、重点突出的文章。对不符合基本规范和错误之处,教师给予批改和反馈。

四、课程评价

近年来北京大学教务部和基础物理实验教学中心对近代物理实验课程的调查显示,近代物理实验课程教学目标明确、教学设计合理。课程思政培养学生自主思考分析和研究的能力,训练严格规范的物理实验技能,传递发扬唯物客观的科学精神和尊重客观规律的科学伦理素养。教师在近代物理实验课程教学中注重鼓励、启发和引导学生去独立思考、勇于探索、大胆质疑。教师认真负责、指导充分、要求严格。师生交流反馈及时有效,学生对课程安排和教师授课满意。

学生通过学校教学网和实验中心调查表写出评价,"老师很耐心很认真""实验设置很好""课程安排合理""教师指导全面细致,任务安排合理,对提升实验和科研素养很有帮助""加深了对所学知识的理解,增加了实验技能""近代物理实验比普物实验更有挑战性""近代物理实验的自主性更强,对思维和操作能力都有提高"。学生觉得收获很大的实验有很多,如塞曼效应、非线性热对流斑图、扫描电镜、X射线标识谱、高压强电离真空计校准、闪烁谱仪测定 γ 射线能谱、光泵磁共振、硅霍尔系数及电阻率测量等。

更多书面评价如下:

"实际动手的操作和理论不一样,例如在霍尔效应的实验中要求样品面与磁场平行,在实际中就很不容易做到,必须想一些巧妙的办法,而这又回过头来要用到理论知识。所以实验一方面考验实验者本身的技能,另一方面对理论知识要求也相当高,并且后者是前者的基础;实验一方面为验证理论的正确性服务,另一方面又使抽象的理论更加具体,有助于更好地理解理论。我很多次在预习时并不理解一些基础知识和实验操作,但通过实验操作,往往能豁然开朗,突然间明白实验的含义和其所表达的理论内容。"

"我最大的收获是认识到实验和理论是不同的。理论往往研究最简化的模型,给出问题的核心和实质。但设计和完成一个实验时,必须考虑到许多实际因素的影响,这些影响在听理论课时是感受不到的。分析和解决实际因素对实验有何影响,不仅提高了我的动手操作能力,也提高了我综合运用物理知识的水平。"

五、总结与思考

1978年,北大物理系成立以吴思诚教授为首的教学小组,吸收各教研室和技术物理系有关教员和实验员参加,在时任系领导的大力支持下,在以前中级物理实验室的基础上,重建形成最初的近代物理实验室,并开设近代物理实验课程。

吴思诚教授带领的教学小组高屋建瓴地对课程进行规划,具备以下三个特征:

首先,确立了明晰的课程目标,即训练学生对物理现象的观察和分析能力,引导学生了解实验物理在物理学的地位,正确认识新物理概念的产生、形成和发展的过程,培养严谨的科学作风。这样的课程目标有别于人们对实验课的通常认识。虽然普遍认为"实验课培养学生的动手能力",但在高科技快速发展的当下,高端精密设备被广泛应用,培养学生对复杂现象的认知能力变得更为重要。让学生意识到一个看似简单的操作背后蕴含着怎样丰富复杂的物理过程,是当下课程非常重要的目标,也是教师们的主要任务。

其次,老前辈们对学生的培养寄予很高的期许,口口相授和身体力行地建设这门课程,即理论和实验兼具,也即理论联系实验的方法、能力和基本技能。

可能学生常常会这样抱怨,"我是做理论的,为何要上实验课?"然而,直到现在,这门课程在北大物理学院本科生培养方案里仍是核心荣誉课程,是所有物理专业本科生的必修课,包括理论物理方向的学生。面对个性存在很大差异又极聪明的北大学生,上好这门课极富挑战,所以老前辈们一直坚持请专业领域的教师来带本专业的实验,这样才能保证理论和实验兼具的特点。

最后,本课程超过三分之二的实验题目是由各教研室的教师自己提炼出来的,相当数量的设备是教师自己科研项目的设备。这样做的好处是教师对实验设备运行的情况了如指掌,对学生的教学就能做到多层次把握。这个底色经历四十多年的发展,在众多教师的不懈努力和领导的大力支持下,被保持下来。

高年级物理专业本科生经历普通物理和四大力学的基础学习后,在未来进入各种可能的专业或行业领域进行深入学习、工作和研究之前,有一个很重要的环节,就是将以往所学进行整合并尝试运用,这一时期的学生也正处在知识结构丰富、精力最为充沛的状态,对自我以及他人都会有很高的要求。近代物理实验课程的定位便是这个承上启下的重要环节,课程包含多个物理领域研究方向的综合性基础实验,有一半的实验与诺贝尔奖关联,反映近现代物理学及其重要相关测量技术与思想的发展以及应用价值。

因此,课程以教师介入的方式与学生同向而行,引导学生整合所学知识和经验,理解复杂现象和过程,培养全局和整体视角,锻炼唯物客观的判断力;同时,学生也将在课程的大行为场中通过观察与模仿、实际操作、同辈竞争与支持等多种形式形成对自我的认识,从而构建向外和向内的整体性认知。

热 学

一、课程概况

（一）课程信息

热学课程是北京大学物理学院本科生的专业必修课程，3学分，48学时，同时也面向其他院系的强基计划学生开放。

（二）课程简介

热学课程的主要内容是如何对微观上大量粒子无规则的热运动构建系统化的科学认知，从宏观和微观两方面展开。宏观上从简单到复杂，从实验到理论，系统介绍热力学四个定律的发现与热力学理论的构建。微观上从现象到本质，从特殊到一般，通过不断实验证伪检验，拓展认知边界，从经典统计理论推广到初步量子统计理论。该课程的特色和创新是以热学知识为载体训练学生的科学认知能力，将理科课程思政要求按照科学认知规律融入教学过程。

（三）授课团队简介

热学授课团队成员有欧阳颀、刘玉鑫、高原宁、全海涛、曲波、张海君、穆良柱。团队成员中有2位院士，1名国家万人计划教学名师，2名自然科学基金获得者，1名北京市青年教学名师；授课团队2021年被评为北京大学优秀教学团队。

二、课程育人目标

物理课程思政教育的本质是物理认知（科学认知）能力的培养，包括物理认知模型的构建（如何思考）、物理方法的训练（如何做事）和物理精神的养成（如何做人），实际上就是物理文化的传承。只有具备这种物理文化，学生才有可能独立认知，形成独立人格，理解西方思想体系产生的背景，不盲从西方思想体系，理解中国特色社会主义道路的必然性，理解中国文化的根源，理解社会主义核心价值观，坚持走中国道路的自信。只有具备有效认知能力,学生才有可能照顾好自己和家人,同时立志报国,做好社会主义建设者和接班人。所以本课程的育人目标就是传承物理文化,也就是科学文化。课程内容按照授课团队独立提出的 ETA 物理认知模型架构[即完整的物理认知过程由实验物理(Experimental Physics)认知、理论物理(Theoretical Physics)认知、应用物理(Applying Physics)认知构成],在认知的每一步介绍和训练相应的物理方法和精神,在完成热学知识传授的同时教会学生如何思考、如何做事、如何做人,适当类比推广后让学生从根本认知上坚定"四个自信",从而完成培养社会主义接班人的目标。

三、课程思政案例

(一)状态方程(课堂案例,案例1)

状态方程的相关内容分为状态方程简介、理想气体物态方程、由响应函数得到物态方程、范德瓦尔斯气体物态方程、物态方程举例共五个部分,以一个简单案例讲述科学认知的模型,同时介绍科学方法和科学精神,融入思政教育。

(1)状态方程简介。物理认知从观察物理现象开始,从中挑选研究对象,明确研究内容;其后量化描述物理性质;再寻找这些量之间的关系。本节课主要介绍如何寻找这些量之间的关系,也就是寻找实验规律。

课程思政要点。**科学认知**:按照实验认知规律介绍课程内容框架,给出思考的导航图。**科学方法**:强调挑选研究对象时用简化法。**科学精神**:强调积极乐观的小目标精神,暂时不挑选复杂的研究对象,不能好高骛远。**思政要素**:挑选研究对象是构建科学认知最基本的能力,对国家的科学认知同样如此,不同国家政治、文化不同,源于研究对象的差异,新时代中国特色社会主义思想就是用马克思的科学认知方法对中国这个特殊研究对象构建起有效认知的成功尝试。

(2)理想气体物态方程。对于理想气体来说,可直接测量的物理性质有温度、压强、体积。通过实验可以发现,这些量之间存在一定的关系,这种关系被称为状态方程或物态方程。如何找到物态方程呢?一种方法是直接测量两个物理量之间的关系,但是在有多个变量时不适用。这时可以用控制变量法,对应的是数学上的偏微分。罗伯特·玻意耳(Robert Boyle)控制温度不变,测定压强和体积的关系,得到玻意耳定律。一般认为查理定律描述等容情况下压强和温度的关系,盖吕萨克定律则描述等压情况下体积与温度的关系。根据这些定律,设计一个等温过程和一个等压过程将 1 mol 的理想气体状态从 $p_0 V_0 T_0$ 变到 $p V' T_0$ 再变到 $p V T$,这样就可以得到初态和末态满足的关系,从而得到物态方程 $pV/T=R$,其中常数 R 的求出需要利用阿伏伽德罗定律。推广到 ν 摩尔情况,可以得到任意物质的量的理想气体的物态方程,如果换成粒子数来表示,则可以得到玻尔兹曼常数。

课程思政要点。**科学认知**:寻找实验规律是实验认知的主要目标,规律主要体现为物理量之间的关系。**科学方法**:控制变量法,对应数学上的偏微分。**科学精神**:面对气体的各种性质的学习要积极乐观、勇于探索、追求真理。**思政要素**：多变量问题是复杂问题，控制变量法得到的是盲人摸象式的片面认知，此部分为看待社会、国家、人等多变量系统提供一个富有启发性的案例。

（3）由响应函数得到物态方程。响应函数的定义其实就是数学上的偏微分。按照多元函数微积分的知识，一旦知道偏微分，就可以由逻辑导出多个变量之间的关系。对于理想气体来说，可以直接推导出状态方程。

课程思政要点。**科学认知**：从数学角度看待如何寻找实验规律。**科学方法**：学会寻找多变量函数关系的一种系统化方法，解全微分方程，梳理逻辑方法。**科学精神**：追求真理时的独立思考、严谨分析精神。**思政要素**：透过现象看本质，普适规律往往更反映本质，不能盲从，要建立自己的独立见解。

（4）范德瓦尔斯气体物态方程。理想气体模型的好处在于可以近似绝大部分气体在低密度时的行为，但对稠密气体这个方程并不适用。原则上可以按之前的实验认知模式重新构建状态方程，但范德瓦尔斯直接从理论认知构建模型的角度，给出一个状态方程。由于是稠密气体，所以构建模型时不得不考虑分子之间的相互作用，理想气体中分子之间距离很大，相互作用可以忽略，但实际气体不可以忽略，考虑到分子所处的空间受分子自身大小的限制，或者说受排斥作用的限制，体积 V 要变为 $V-b$，考虑到器壁处分子受到内部分子的吸引作用，冲击到器壁上的压强减小，并且减小量正比于撞到器壁上的分子数和内部吸引撞击分子的分子数，所以压强修正正比于密度平方。而从应用的角度，还可以引入级数形式的昂内斯状态方程来近似实际气体的状态方程。对于 m 摩尔的范德瓦尔斯气体物态方程可以直接通过 1 摩尔气体的情况导出，并且很容易展开成昂内斯状态方程的级数形式。另一种描述状态方程的形式就是用实验的方法逐点扫描所有的状态，尽管比较笨拙，但却是生产生活实践中常用的方法。例如，对于原子弹材料铀金属的状态方程，其实就是通过各种爆炸实验、轻气炮发射撞击等方式，逐点扫描铀的物性得到的。

课程思政要点。**科学认知**：了解实验证伪检验，理解自然科学的一个本质认知特征——可证伪性。了解理论认知中的构建理想模型。**科学方法**：极端条件法、特例法是实验证伪检验时常用的办法。构建理想模型时常用简化法、主次法。**科学精神**：保持怀疑精神，停止怀疑就意味着停止思考，怀疑是为了找到认知的边界，突破边界，从而发现新的认知。面对证伪要实事求是，不怕失败，勇于探索新的认知。**思政要素**：类比科学认知的可证伪性，同样可以将社会学、政治学的各种理论放到极端条件下去检验，找到各种理论的边界，从而理解现有政治制度的合理性。

（5）物态方程举例。一旦理解如何用实验认知的方式对气体构建实验规律，马上就可以类比到其他热力学系统状态方程的构建，如热磁系统的居里定律、弹性体的胡克定律等。由此可见，掌握科学认知模型和科学方法后，对客观物体的认识效率会大大提高。同样的能力可以迁移到对世界、人生、价值等对象的认知上，还可以清晰地发现，中国共产党人也一直在用科学认知能力构建对中国发展的认知，形成了中国特色社会主义道路，这显然是值得信赖的有效认知。

课程思政要点。**科学认知**:实验认知能力可以轻松迁移,对其他研究对象同样可以构建科学认知,大大提高认知效率。**科学方法**:分类法、类比法。研究对象都是热学研究对象,有共同的本质,可以类比。**科学精神**:追求真理,勇于探索。**思政要素**:科学家的核心能力是科学认知能力,这种能力恰好也是马克思认知社会、国家时采用的,中国共产党人同样采用这种科学认知能力对中国这个特殊的研究对象构建出了新时代中国特色社会主义思想。不同的国家是不同的研究对象,照搬别国的理论,通常都会出严重的问题。

(二)饮水鸟(演示实验案例,案例 2)

以饮水鸟的演示实验为例,展示对一个特殊的物理现象从实验认知到理论认知的探索过程,同时展示科学认知模型、科学方法、科学精神,将其融入思政教育。

(1)观察物理现象。观察饮水鸟现象,如图 1 所示,看起来可以不输入能量就不停运动下去,似乎违反热力学第一定律。

图 1　观察饮水鸟点头喝水的现象

课程思政要点。**科学认知**:实验认知中的观察物理现象。**科学方法**:分类法,将饮水鸟现象归入热学现象,用热力学规律来解释,但出现了认知冲突。**科学精神**:追求真理,寻根究底,激发探索的兴趣。

(2)挑选研究对象。如图 2 所示,将饮水鸟拆成各个零件,分析每个零件的作用,明晰需要研究的对象为其中会自动爬升的液体。

图 2　拆开后的饮水鸟组件

课程思政要点。**科学认知**:实验认知中的挑选研究对象。**科学方法**:还原法,将饮水鸟拆解,把每个部分都搞清楚,再组装。**科学精神**:小目标精神,把复杂的任务拆解成可完成的任务。**思政要素**:平时生活学习中也会遇到困难,不要给自己定不切实际的目标,容易导致拖延和失去自信,将目标适当拆解,既能完成任务,又能培养自信。

(3)构建公理体系。用手加热玻璃管中的液体使其上升,如图3所示。初步来看,可认为气体的热胀冷缩导致液体上升。

图3 用手加热玻璃管中的液体使其上升

课程思政要点。**科学认知**:理论认知中的构建理想模型,建立公理认知。**科学方法**:数理逻辑、类比。**科学精神**:追求真理,严谨分析。

(4)实验证伪检验。如图4所示,通过实验证伪检验热胀冷缩的假说。

图4 通过加热罐子中的气体来证伪简单的热胀冷缩猜想

课程思政要点。**科学认知**:理论认知中的实验证伪检验。**科学方法**:特例法,用水蒸气的热胀冷缩实验发现过程出现相变。**科学精神**:合理怀疑,实事求是,不怕失败,勇于探索,独立思考。**思政要素**:不能人云亦云,要构建自己的认知,找到判别认知对错与否的依据,有自己的独立判断和选择,培养独立人格。对于西方关于自由、民主的片面宣传同样要敢于怀疑,独立思考,找到根源,发现其认知边界,不能盲目信其为真理,更不能简单直接套用。

(5)构建公理体系。如图5所示,饮水鸟体内的乙醚液体在温度降低时会发生相变,引起压强的剧烈变化。通过相变时饱和蒸气压随温度变化的关系来解释液柱爬升的原因。

课程思政要点。**科学认知**:构建理想模型,建立公理体系。**科学方法**:简单数理逻辑、类比。**科学精神**:追求真理,严谨分析。**思政要素**:对社会现象、政治问题也要厘清背后的逻辑。

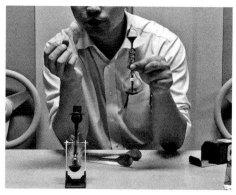

图 5　饮水鸟体内的乙醚液体发生相变

(6)实验证伪检验。实验证伪关于相变时饱和蒸气压与温度的简单关系,实际上还会出现过冷气体现象(图6),发现新的物理规律。

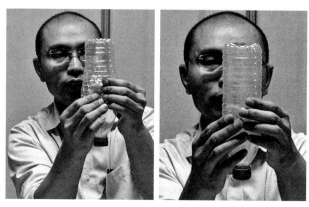

图 6　演示过冷气体现象

课程思政要点。**科学认知**:实验证伪检验。通过一系列证伪不断突破认知边界,探索出新的认知。这种自然科学认知模式是探索创新型人才的核心认知能力。**科学方法**:特例法,通过瓶中温度降低出现过冷气体证伪简单相变的认识。**科学精神**:合理怀疑,实事求是,不怕失败,勇于探索。**思政要素**:通过构建物理认知过程,类比中国共产党人探索中国特色社会主义道路的过程,这样建立的认知是有效的科学认知,从根本认知上坚定"四个自信"。

(三)布朗运动(课堂案例,案例3)

以物理学家们对布朗运动的研究为例,展示探索未知的认知规律,培养学生的科学认知能力,从人才培养角度具体落实二十大科教兴国战略、人才强国战略、创新驱动发展战略。

（1）实验现象。1827年，植物学家罗伯特·布朗（Robert Brown）在显微镜下观察到悬浮在水中的花粉颗粒在无规则运动，如图7所示，花粉颗粒的运动被称为布朗运动。

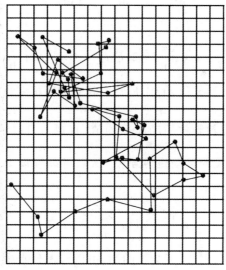

图7　一个藤黄花粉颗粒悬浮在水中形成的布朗运动轨迹图

课程思政要点。**科学认知**：实验认知中的量化描述性质、寻找实验规律。**科学方法**：作图法。**科学精神**：勇于探索。

（2）现象解释。这样的实验现象该如何解释呢？保罗·朗之万（Paul Langevin）假定水是由水分子构成的，水分子自身在做无规则运动，花粉颗粒的运动是受到水分子从不同角度的撞击之后产生的，由于统计上的涨落效应，花粉颗粒受到的力是随机的，从而其运动也是随机的。这样的解释是否正确，需要推导出实验可检测的推论，然后通过实验来检验。

1908年朗之万从动力学角度出发给出了描述花粉颗粒运动的朗之万方程。为了简单，只考虑花粉颗粒在 x 方向上的运动，按照牛顿第二定律可以写出朗之万方程：

$$m\frac{\mathrm{d}^2 x}{\mathrm{d}t^2} = F(t) - \alpha\frac{\mathrm{d}x}{\mathrm{d}t}$$

式中，m 是花粉颗粒的质量，$F(t)$ 是花粉颗粒受到的随机力。由于在水中运动，花粉颗粒还受到水的粘滞阻力，α 是阻力系数。

显然这个方程是无法求解的，因为不知道随机力。但这时如果放弃，就意味着前功尽弃，所以要采取积极乐观的态度，想方设法向前迈一步。

注意到随机力有个性质是平均值为零，即 $\overline{F(t)} = 0$，这里的平均是指对大量花粉颗粒求平均。对方程两边同时求平均，由于花粉颗粒的运动也是随机的，所以 $\bar{x} = 0$，结果方程变成 $0 = 0$，显然没有有效信息。尽管这样的尝试失败了，但是显然求平均找规律是一个方向，只要找到平均值不为0的物理量，就有可能成功。马上就能想到位移平方的平均值 $\overline{x^2}$ 是不等于0的，可以想办法建立关于这个平均值的方程并求解。为此，可以写出 x^2

的二阶导数来寻找方程：

$$\frac{d^2 x^2}{dt^2} = 2x \frac{d^2 x}{dt^2} + 2\left(\frac{dx}{dt}\right)^2$$

将朗之万公式代入有：

$$m\frac{d^2 x^2}{dt^2} + \alpha \frac{dx^2}{dt} = 2xF(t) + 4 \times \frac{1}{2}m\left(\frac{dx}{dt}\right)^2$$

将上式两边求平均，并注意到 x 和 $F(t)$ 是两个独立的随机变量，其乘积的平均值为 0，同时注意到，$\overline{\frac{1}{2}m\left(\frac{dx}{dt}\right)^2}$ 是花粉颗粒的动能平均值，直观上可以猜测这个量是正比于温度的，因为温度越高，花粉颗粒的运动也越剧烈，所以可以假设上式中这一项正比于温度，这一项可以写为 $k_B T/2$，则有：

$$m\frac{d^2 \overline{x^2}}{dt^2} + \alpha \frac{d\overline{x^2}}{dt} = 2k_B T$$

如果觉得这个方程有点复杂，不会解的话，可以考虑到水中粘滞阻力比较大，即 $\alpha \gg m$，则公式简化为：

$$\alpha \frac{d\overline{x^2}}{dt} = 2k_B T$$

从而可以轻松得到：

$$\overline{x^2} = 2\frac{k_B}{\alpha}Tt$$

其中假设 $t=0$ 时，粒子的位置都在原点。

显然这是可以实验检验的。让·佩兰（Jean Perrin）1908 年在显微镜下对花粉颗粒观察的结果证实了这一推论，这让物理学家相信水分子确实在做随机无规则运动，而这种运动形式可能是一种普遍的运动形式，被称为热运动。佩兰也因此获得了 1926 年的诺贝尔物理学奖。

由于以上只是一个推论被实验证实了，并不能说明朗之万的理论一定是正确的，所以原则上还需要更进一步的检验。稍微复杂一点的近似，可以取 $\alpha \ll m$ 的情况，即阻力可以忽略，这不是花粉颗粒在水中的情况，但却是另一种常见的现象，即雾霾发生时，微米大小的颗粒悬浮在空中，被空气分子随机碰撞的情况。同样可以导出推论，并由实验检验。

课程思政要点。**科学认知**：理论认知中构建理想模型，建立公理体系，并用实验证伪检验。**科学方法**：数理逻辑方法，特例法。**科学精神**：追求真理，独立思考，锲而不舍，积极乐观，怀疑批判。**思政要素**：党的二十大要求独立培养探索创新型人才，落实二十大精神就是要培养探索创新型人才，只有掌握科学认知能力、具备科学方法和精神的人才，才能成为社会主义建设者和接班人。

四、课程评价

部分学生的评价如下：

"正如穆老师讲的那样，本课程注重给同学展示物理认知过程，让我们能对这个世界建立起自己的理解，本课程不仅讲实验物理是什么，而且讲理论物理在实验物理上的应用，更多强调我们对这个世界的理解与思考，这是一大优点，而且几乎每节课都有演示实验，能激起我们对独特现象背后原理的思考，课程特别棒！"

"我在这门课上的收获超出了知识本身。当越来越多的课程变成一个个定理的证明或结论的陈述之后，这种从实验出发延伸到理论的教授方式已经比较罕见。在上过穆老师的课之后，我不会遗憾了。"

"本课程鼓励我们思考物理学的本质，把批判性思维引入物理。"

五、总结与思考

二十大报告指出，"教育、科技、人才是全面建设社会主义现代化国家的基础性、战略性支撑。"过去一段时期，我们国家科技落后，为了追赶发达国家，我们采取了应用认知模式，即学习最前沿的科技，然后直接应用，需要学得快、用得好的人才，为了选拔和培养这样的人才甚至出现了应试教育。经过几代人的卓绝努力，我国的科技水平有了跨越式提高，全社会研发经费已居世界第二位。二十大报告提出，到2035年要"实现高水平科技自立自强，进入创新型国家前列"。国际上，科技竞争也是大国间战略竞争的重中之重。要实现这些目标，就需要人才有自主创新能力，也就是探索型的实验认知和理论认知能力。如何培养这样的人才，可以尝试将教育从应试教育战略转型到探索创新教育战略。授课团队根据科学认知规律提出ETA物理教学法，经过课程实践并反复打磨，进一步将ETA模型、方法、精神融入教材编写中，于2022年6月出版了ETA物理教程中的《热学》一书。ETA物理教学法帮助学生构建科学认知、训练科学方法、培养科学精神、传承科学文化，并且从根本上理解接受中国共产党对国家的认识也是经过实践检验的科学认知，从而坚定"四个自信"，这样培养出的人才正是国家需要的社会主义建设者和接班人。

计算概论 C

一、课程概况

（一）课程信息

计算概论 C 课程是北京大学全校公共基础课，面向本科生（以文史、政法、经管、艺术等文科学生为主）授课，3 学分，由 48 学时理论课（每周 3 学时）和 32 学时上机实习课（每周 2 学时）组成。

（二）课程简介

计算概论 C 是人文社科专业学生的计算机公共基础课，覆盖人文、社会科学、经济与管理等 18 个院系。课程内容包括计算机相关的基本概念、计算机中的信息表示、计算机组成与工作原理、互联网常用技术等基本知识，以及 Python 程序中的数据类型、语句、函数、类等，Python 数据采集、处理、分析方法等。在学习和实践过程中，培养学生的计算思维、工程视野、创新能力。

计算概论 C 课程的前身是文科计算机基础，授课团队大幅改革课程内容和教学方式，承担教育部和北京大学教学改革项目 20 余项，探索并实践慕课、远程网络课程、混合式教学等多种教学形式，并在人文社科专业学生的计算机课程中引入在线自动评测系统（Open Judge），编写适合学生专业背景的训练题目。

课程获全国计算机类课程实验教学案例设计竞赛二等奖、北京大学教学成果奖一等奖等荣誉；采用的"公共课+模块化"模式被全国许多高校借鉴；先后出版教材四本，被国内约 20 所高校采用；建设的慕课面向全社会开放，总选课人数达 9 万人。授课团队还创新性地采用"课程教学+竞赛"模式，激发学生创新能力，指导学生作品获中国大学生计算机设计大赛国家级奖项 21 件。

（三）授课团队简介

授课团队现有17人，主要成员有唐大仕、钱丽艳、邓习峰、郭炜，思想政治坚定，师德师风严谨，业务能力过硬，老中青结合，人员结构合理。团队成员中，拥有高级职称的有11人（占64.7%），博士学位的有10人（占58.8%）。团队中教师主持的多门课程获评国家级一流本科课程、国家精品在线开放课程，多位教师荣获北京市、北京大学等级别的优秀教师奖。

二、课程育人目标

本课程的育人目标可以从三个方面体现：

1. 知识目标

掌握计算机相关的基本概念、计算机中的信息表示、计算机组成与工作原理、互联网常用技术等基本知识。掌握Python的数据类型、语句、函数、类等程序设计基本知识。使用Python进行数据采集、处理和展示。

2. 能力目标

拓宽学生信息技术的知识面，培养计算思维。培养学生程序设计的基本能力。培养学生面向学科应用，进行数据采集、处理、展示的能力。利用综合实践，培养学生发现问题、分析问题、解决问题的能力和创新能力。

3. 思政目标

向学生传递家国情怀、民族自豪感、自信心、敬业精神。培养学生科教兴国的理想和大国工匠精神。培养学生科学思维、跨学科综合素养，以全人教育赋能新文科建设。

国无德不兴，人无德不立。本课程思政建设的思路围绕立德树人的根本任务，探索如何将思想政治教育元素（包括科学思维、计算思维、工程方法、价值理念以及精神追求等）融入课程当中，潜移默化地对学生的思想意识、行为举止产生影响，实现价值引领与知识能力培养相融合。

本课程作为一门公共基础课程，对学生信息素养的培养、计算思维的养成、工程能力的锻炼有不可或缺的作用，在传授相关知识和技术、培养学生以计算思维分析问题和用工程方法解决问题的能力的同时，把思政教育贯穿教育教学的全过程，引领学生建立正确的价值观。

课程还围绕"数据获取、数据处理、数据展示"这一主线，通过编程实践，培养学生勇于提出问题并解决问题的创新精神与实践能力。课程注重信息处理在"数值、文本、图形"三方面的应用，帮助学生建立跨学科思维，赋能数字人文、新文科建设，提高学生学科交叉能力，培养学生综合能力，提升学生综合素养。

三、课程思政案例

课程主要采用教学内容与课程思政相结合的方法,在不同的内容章节中融入课程思政元素,通过潜移默化的方式达到思政目标,如表 1 所示。

表 1　课程采用的思政元素

章节	章节主题	知识点	思政元素(结合专业知识解读)	教学方法
1	Python 基础	冯·诺伊曼原理	计算机的发展	融入式教学
		摩尔定律	科技的发展速度	类比式教学
		Python 语言的发展	计算机语言的发展	启发式教学
2	数据与运算	二进制	二进制、莱布尼茨、《周易》	融入式教学
		整数与实数	数值的精度	反思式教学
		字符串	汉字的编码、激光照排、王选	融入式教学
3	语句与控制结构	if 语句	自动出题并判分	反思式教学
		elif 语句	一元二次方程的各种情况	融入式教学
		for 语句	重复计算	融入式教学
		while 语句	角谷猜想	融入式教学
		turtle 绘图	绘出花朵	融入式教学
		字符串加密	加密算法、王小云	反思式教学
4	组合数据类型	list 列表	统计最大值、平均值、方差	启发式教学
		dict 字典	小说文本中汉字的统计、数字人文	探究式教学
		蒙特卡洛法	用随机打点法求圆周率	探究式教学
			用随机模拟法求 23 人班中生日相同的概率	探究式教学
5	函数	函数的定义及调用	任务分解、自顶向下	举证式教学
6	常用算法	枚举算法	完全数与相亲数	反思式教学
			韩信点兵、百鸡问题、中国剩余定理	举证式教学
			质数与哥德巴赫猜想、陈景润、科学的春天	融入式教学
			火车票上身份证号码隐去的中间 4 位	反思式教学

（续表）

章节	章节主题	知识点	思政元素（结合专业知识解读）	教学方法
6	常用算法	迭代算法	平方根的求解	探究式教学
			有限元法	探究式教学
		递归算法	科赫分形图	举证式教学
			绘制树状图	探究式教学
7	文件及异常	文本文件	"夸夸语"生成	举证式教学
		数据文件	空气污染指数统计	融入式教学
		异常捕获	程序的调试	融入式教学
8	类及模块	类的定义	从现实世界抽象出类,定义类的属性和方法	举证式教学
		模块的使用	下载及安装第三方模块	举证式教学
9	文本处理	字符串处理	《红楼梦》小说人物统计	融入式教学
		文本分析	文本的 N-Gram	探究式教学
		正则表达式	分析老舍小说中的用字	融入式教学
		分词及词云	《全宋词》的词云	融入式教学
		情感分析	电商用户评论分析	融入式教学
10	网络爬虫与应用程序接口	爬虫获取信息和分析	舆情分析	举证式教学
			招聘信息的获取与分析	举证式教学
11	图表展示及综合应用	图表展示	新冠病毒感染疫情大数据分析	融入式教学
		地图展示	人口分布地图	融入式教学
		数据获取、分析、展示	综合应用	合作式教学
12	电子表格 Excel 专题	大数据分析	多角度分析酒店住宿信息	探究式教学
13	软硬件基础知识	信息安全	网络信息安全	融入式教学

以下列举几个具体案例：

（一）二进制与中华传统文化（案例1）

人类对世界本元的探索永无止境。中国古代很早就提出阴阳八卦以及五行学说，其本质都是对世界的编码。以《周易》为开端的阴阳八卦将世界分成阴阳两种状态，以横线的中断与否形象表达，是全人类的创举。由于阴阳两种状态表达空间有限，逐步演进出三条横线中断与否表达的八卦，甚至还有以六条横线表达的六十四卦。

阴阳可以理解为1个比特（bit）的两种状态，有文献证明，这种思想深刻影响了德国哲学家、数学家、早期机械计算机重要发明家之一戈特弗里德·莱布尼茨（Gottfried Leibniz），其思想也对后来的乔治·布尔（George Boole）产生深刻影响，为信息技术的最终形成提供思想指引。

通过该实例,学生可了解中国古代的文化以及中西文化的交流发展,增强文化自信。

(二)汉字信息化进程(案例2)

汉字由于数量多、笔画复杂,较长时期内被认为不适应信息时代,甚至被认为是中国信息化的绊脚石,不少仁人志士为此作出不懈努力。首先,是汉字输入编码的突破,即利用普及的标准键盘快速输入汉字,如五笔字型、北大智能ABC,以及现代较为流行的搜狗输入法等,目前已没人认为汉字输入成为问题,无论是在台式机、笔记本电脑或是各种移动终端。其次,是汉字字型的快速计算,由于汉字笔画多、字数多,在放大或缩小时需要进行大量计算,是汉字在电脑高质量显示或印刷输出时的严重阻碍,北京大学的王选先生经过不懈努力,发明先进算法解决了该问题,并在此基础上形成印刷产业,告别铅与火、迎来光与电。现在,在自然语言领域,汉字信息化也同样取得显著成效,包括语音识别、语音合成、分词处理、情感分析、知识图谱等领域。优美的汉字传承古老而现代的中华文化,焕发着瑰丽的光彩,王选先生的精神也在字里永恒。

通过该实例,学生可学习王选先生胸怀祖国、服务人民、勇攀高峰、敢为人先的科学家精神。

(三)《全宋词》的词云(案例3)

国家提出"新文科"建设战略,通过信息技术的支撑,使一些文科专业学习的便利性得到提升,而社会计算、金融科技、空间计量经济学、技术哲学、计算语言学等新兴文科专业、方向的兴起,更加突出新文科的特征:综合性、跨学科性、融通性。

在《全宋词》词云的教学案例中,通过对《全宋词》的文本读取、分词、词云统计(图1),让学生不仅学习相关的知识和技术,还提高学生学科交叉应用的能力,体会中华优秀传统文化的魅力,增强文化自信。

图1 《全宋词》词云

(四) 人口数据的图表(案例4)

在人口数据的图表教学案例中,通过人口数据的饼状图(图2)、柱状图、地图等不同形式的呈现,学生不仅能学习数据展现的相关技术,还提高了对"家事、国家、天下事"的关心,增强社会责任感。

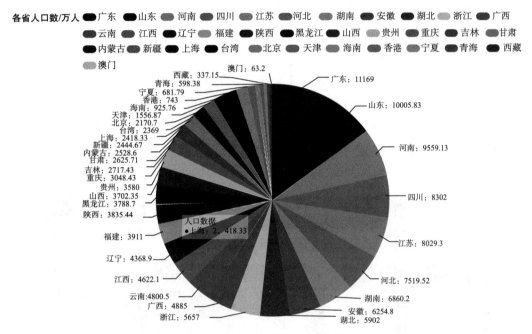

图2　用饼状图表示人口数据

(五) 递归算法及在绘图中的应用(案例5)

递归算法是最能体现计算思维的一种算法,其与数学的演绎方法、物理的实证方法等不同,具有鲜明的特点,如何让学生掌握好这一算法是教学中的一个重点及难点。

在教学过程中,通过科赫分形图(图3)、树形图(图4)等直观的示例,让学生掌握这种算法的特点及实现步骤,同时融入课政思政,让学生体会技术与艺术交融之美,有感于自然规律的简单与深刻,增强学习兴趣,也增加对大自然和生活的热爱,有助于完整人格的塑造。

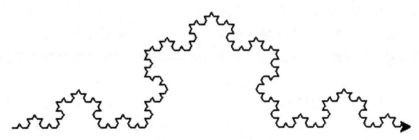

图3　用递归算法绘制的科赫分形图

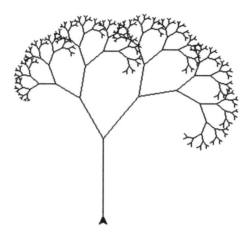

图 4　用递归算法绘制的树形图

学生在学习过程中,能得到学习的乐趣,例如,图 5 是在"递归算法"一节中学生通过程序绘制的图形,体现了他们的用心和创意。

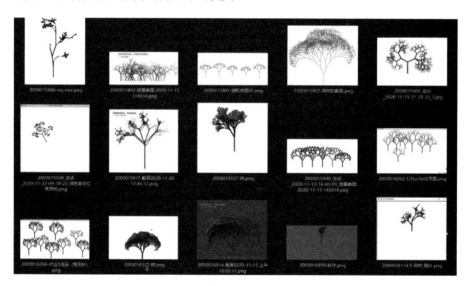

图 5　学生绘制的树状图

（六）信息安全与党的二十大精神相结合（案例 6）

在讲解计算机基础知识、计算机病毒的防护、信息加密、个人信息的保护等教学内容时,授课教师将课程与党的二十大精神结合起来。在二十大报告中,"安全"一词出现之多,可见其重要性。课程教导学生不仅要从技术的层面了解信息安全的知识、掌握信息安全的基本技术,更要从思想的高度认识信息安全乃至国家安全。国家安全是民族复兴的根基,社会稳定是国家强盛的前提。必须坚定不移贯彻总体国家安全观,把维护国家安全贯穿党和国家工作各方面全过程,确保国家安全和社会稳定。课程教学要在全面加强国家安全教育、增强全民国家安全意识和素养、筑牢国家安全人民防线等方面作出努力。

四、课程评价

计算概论 C 是一门受众广的公共基础课,本课程从原来的文科计算机基础发展而来,在课程内容、教学形式方面都进行了一系列的改革和演进,加入课程思政元素是改革的一部分。课程主要在各个知识点的讲解、举例、练习和作业过程中,通过思政元素的有机融入,让学生在掌握学科知识和技能的过程中,体会科技与艺术交融之美,了解学科交叉、新文科的趋势,掌握科学及工程的思维方法,培养严谨、耐心的品质,增强文化自信和家国情怀。

该课程得到学生的欢迎和肯定,在课程评估中得分较高,大部分老师的得分在 95 分以上。在平时练习过程中,学生在 Open Judge 中进行练习,在该过程中锻炼自身的耐心和细心,对人格的培养也十分有利。在教学过程中,郭炜等老师还利用慕课来辅助教学,学生通过慕课平台进行预习、复习,与全国各地的学生互相交流。在新冠病毒感染疫情期间,该课程还专门针对不能来校上课的学生开设网课班,也受到学生的欢迎。

五、总结与思考

课程思政是新时代背景下党中央加强高校思想政治工作的新要求,要以立德树人为导向,以坚定的政治方向为核心,将明确的德育元素融入课程的知识传递过程中。计算概论 C 是人文社科专业学生的计算机公共基础课,覆盖人文、社会科学、经济与管理等多个院系,同时该门课程又是文科学生的理工类课程,具有典型的文理结合的特点,所以在其中进行好课程思政教育尤为重要。

课程思政的建设需要教师自身对思政内容进行持续学习,不断深入理解与挖掘思政元素并与课程内容融会贯通,以立德树人为主线来修订教学内容体系。本课程团队教师参加了北京大学组织的课程思政的相关培训,还参加了教学发展中心组织的课程思政教学交流。授课团队内部也经常组织交流,并且与全国同行相互沟通。唐大仕老师在校内进行"计算机基础 Python 教学的几点思考"的交流,在全国高等学校计算机基础教育研究会举办的成都会议中进行介绍,还获得该研究会"2021 年度计算机基础优秀教师奖"。

计算机技术仍在日新月异地发展,这些知识的应用与思维创新会不断面临新的挑战。一方面,要加入知识体系之外的延伸与应用示范;另一方面,要引导学生在固有知识体系上开拓创新的思维,同时贯彻科教兴国战略方针,让学生充分了解国家重大科技需求,围绕需求来规划与调整授课内容,通过导向驱动来培养学生对课程的兴趣。教学以学生为主体,要充分发挥学生个体的主观能动性。在整个授课过程中,要引导学生主动思考,由学生用探究、讨论、编程实践等不同方法在头脑中主动构建新的知识点,培养学生分析问题、解决问题的能力。要通过大量案例,鼓励学生进行有效学习,在课程中设置数、文、图多方面的应用示例,帮助学生更好理解教学中的知识点,培养学生学科融合的思维。

本课程教学方法多元化,采用线上和线下教学相结合的方式,增加自主设计型小组作业,提高学生团队合作意识;设置作业学生互评环节,激发学生的学习兴趣。同时使用 Open Judge 与作业相结合的方式,其中,Open Judge 对学生起到很好的练习作用,作业可以让不同专业的学生将所学知识与自己的专业相结合,有利于培养学生的创新精神和专业报国的情怀。

现代工学通论

一、课程概况

（一）课程信息

现代工学通论为北京大学工学院本科基础专业必修课程，主要面向工学院一年级本科生和全校其他相关专业的本科生。适用学时为每周 2 学时，共 32 学时。

（二）课程简介

本课程由活跃在教学研究前沿的各领域教授和专家为学生讲解学科概论、研究重点和学习方法，帮助工学院本科新生理解现代工学基本概念和基础知识，了解现代工学各领域的历史、现状和发展趋势。现代工学通论的开设目的在于使学生多维度、全视野地理解现代工程领域各个方面的基本知识，提高学生对工程学科的认识理解水平，锻炼学生认识、理解、分析与表达问题的能力，为学生以后的学习、科研和工作奠定良好的基础。

课程的教学形式多样，主要有：①由各工程行业的专家给学生作专题报告；②实践教学；③学生小组针对某一工程方向进行综述演讲；④个人项目报告。首堂课开宗明义，被称为"工学第一课"，备受学生欢迎。另外，现代工学通论包含新生入学教育的内容，践行"工道自然成，学为家国梦"的育人理念。

（三）授课团队简介

现代工学通论由工学院段慧玲院长主持，授课团队包括陈正、张婧、段慧玲、孙智利以及工学院各本科专业代表教师。

课程负责人段慧玲，北京大学工学院院长，长江学者特聘教授，国家自然科学基金杰出青年科学基金获得者，美国机械工程师学会会士（ASME fellow）。以第一完成人获国家自然科学奖二等奖、中国青年女科学家奖、美国机械工程师学会 The Sia Nemat-Nasser 奖、全国三八红旗手等多项奖励；2022 年获北京市教学成果奖一等奖；作为负责人获批北京大学"机器人工程"本科专业，并于 2020 年开始招生。

二、课程育人目标

根据课程的特点,将理想信念教育、中华优秀传统文化教育、中华优秀传统美德、职业文化、工匠精神、革命传统教育、国防教育、劳动教育等融入专业课现代工学通论的教学中,引导学生树立正确的世界观、人生观和价值观,坚定不移走中国特色社会主义道路,坚定"四个自信",增强使命担当,矢志不渝听党话、跟党走,争做社会主义合格建设者和可靠接班人。

习近平总书记指出,科学家精神是科技工作者在长期科学实践中积累的宝贵精神财富。人才培养是北京大学工学院发展的重中之重,现代工学通论课程深入践行为党育人、为国育才的初心使命,落实全员全过程全方位的育人要求,践行"工道自然成,学为家国梦"的育人理念,继承和发扬老一辈科学家胸怀祖国、服务人民的爱国精神。

现代工学通论课程面向工学院大一新生,将帮助新生"扣好人生第一粒扣子"。该课程由活跃在教学研究前沿的各领域教授和专家为学生讲解学科概论、研究重点和学习方法,帮助工学院本科新生理解现代工学基本概念和基础知识,了解现代工学各领域的历史、现状和发展趋势,并通过实验操作等方式使学生进一步加深对工学领域的理解,在未来的科研道路上找到自己的方向,为科技报国奠定良好的基础。该课程涉及方向包括力学、能源、医学等和人类发展、社会发展息息相关的领域,如能源领域碳中和技术路径探讨、医疗机器人介绍与机械设计方法、航空发动机研发中的一些理论基础问题等。

本课程根据各阶段教学内容特点,采用不同的教学方法,主要包括:①课堂讲授,授课教师通过简明、生动的口头语言向学生传授现代工学基础知识,并有机融合思政元素;②课堂讨论,在教师的指导下,学生以全班或小组为单位,围绕现代工学的最新进展和热点问题展开讨论,各抒己见,通过讨论或辩论深入认识相关问题,激发学生的学习兴趣,提高学生的专业认同感;③实践教学,组织或指导学生到实验室、航空博物馆、先进制造工厂等地进行实地观察、调查、研究和学习,培养学生勇攀高峰、科技报国的信念;④自主学习,为了充分拓展学生的工学视野,培养学生的学习习惯和自主学习能力,锻炼学生的综合素质,给学生布置工学大作业,让学生利用网络资源自主学习、寻找答案,提出解决问题的措施,并撰写学习小论文,从而锻炼学生提出问题、解决问题和科技写作的能力。

三、课程思政案例

(一)张信荣:热力学挑战与温室气体利用(案例1)

在专业知识部分,张信荣老师立足我国能源政策背景,深入浅出地分析作为一名科研工作者,如何基于时代背景进行创新研究(图1)。张信荣老师详细讲解了热能利用的发展。纵观人类对能源的利用史,利用化石燃料燃烧释放的热量加热水产生水蒸气的基本工作方式并未改变,热力学效率仍处于比较低下的水平,大量的能量以热的形式被排入大气,一方面造成能量的极大浪费,另一方面大量的热释放也会产生温室效应等负面影响。如何利用这部分未经任何利用却排入大气的热量是一个巨大的课题,同时也具有巨大的潜力和研究价值,从热的本质出发进行研究是突破目前热效率上限的根本途径。最后,张信荣老师对如何有效利用、转化排放的二氧化碳这一研究方向进行了具体的阐述。张信荣老师巧妙地将思政元素融入对能源领域知识的概述中,通过自身研究成果服务于2022年北京冬奥会的案例,诠释了"学为家国"的工道文化。

图1　张信荣讲授现代工学通论课:热力学挑战与温室气体利用

课程蕴含的思政元素及教学方法、教学特色与创新如下:张信荣老师从能源领域的专业知识讲解出发,结合自身科研成果服务2022年冬奥会的案例,将工学专业教育融入科技报国、服务社会的思政教学元素,做到立德树人、润物无声。

(二) 吕本帅:航空航天与气动声学(案例2)

在专业知识部分,吕本帅老师通过图片和动画展示,生动介绍航空航天的发展历史,并结合自己的研究方向介绍航空航天领域中的气动声学问题,如超声速飞行的音爆现象、航空发动机的喷流噪声以及无人机旋翼噪声等问题,激发了学生对航空航天领域的兴趣(图2)。吕本帅老师用多个鲜活的案例阐释了"中国航天精神",在耳濡目染中让学生产生情感的共鸣和精神的认同,并立志起而行之。

吕本帅老师谈到,中国航天人砥砺"咬定青山不放松"的意志,勇挑"千钧重担",实现了一个又一个历史性跨越。在困难和挫折面前,中国航天人不悲观、不动摇,满怀信心地战胜困难和挫折,向着既定的正确目标迈进。吕本帅老师最后鼓励学生,在攀登航天事业的高峰中,每个航天人都是锐意进取的"奋斗者",是逐梦远航的"追梦人"。

课程蕴含的思政元素及教学方法、教学特色与创新如下:教学方式上,课程结合专业

图 2　吕本帅老师讲授现代工学通论课：航空航天与气动声学

的讲解、生动的视频和有趣的互动,用航天模型的实物传授科学知识,比普通科普更加深刻,比专业课程通俗易懂。教学内容上,该课程结合航空航天发展历史、专业研究中目前面临的问题,以及一代代航天人接续奋斗的故事,将思政元素有机融入知识传授中,将思政元素真正融入课堂。

航天发展历史与专业研究的问题解读,激发了学生对航空航天领域的兴趣,中国航天人接续奋斗的故事激励工学院新生从"航天精神"中汲取精神力量,持续奋斗、矢志不渝,在新时代建功立业。

（三）实践教学（案例3）

在段慧玲院长的带领下,现代工学通论授课团队根据工学学以致用、知识并进的学科特点,结合一流科技领军人才和卓越工程师的培养远景,广泛筹措资源,与29基地、中国航天工业沈飞集团、文昌卫星发射中心等国防相关单位和企业建立联合课程实习基地,通过多种实践学习形式,让学生身临其境地感受到工学大有可为。具体做法如下：

（1）与国防相关单位建立联合实习基地,通过走访新时代科技重镇,坚定科技报国决心。由陈正副院长带队赴辽宁省沈阳市开展思政实践课程,从"以史为鉴、开创未来""工业重镇、大国腾飞""寻访基层、乡村振兴"三个维度出发,深入国家关键战略领域、重点行业与乡村一线实地参访调研,激励学生投身强国事业,如图3所示。

航空航天系教师带领学生到达文昌卫星发射中心,让学生身临其境,增强民族自豪感,如图4所示。

图 3 中国航天工业沈飞集团实习实践学习

图 4 文昌卫星发射中心实践学习

（2）开放实验室，让学生在动手实践中感受学科魅力，激发学科兴趣。开放的实验室包括：①主要用于研究航空航天领域的叶轮机械实验室、风洞实验室、安静飞行实验室及爆轰实验室。让学生在了解航空航天工业前沿科技的同时受到爱国主义的教育。②可用于极端条件的复合材料结构相关的智能材料与无损检测实验室、微结构与微流体实验室，教师为学生讲解该领域科技前沿和科技难题，如图 5 所示。③眼底成像实验室、光声成像实验室由专人讲解，学生可以亲自体验眼底成像，并获得自己的电子版图像，还可以体验其他成像技术及医学传感器设计等，如图 6 所示。④机器人实验室为学生演示"会跳舞的机器人"，通过编写仿真程序、捕捉并模仿人类动作，两位机器人为大家呈现了一场精彩的舞蹈表演，学生零距离地感受到了与人工智能互动的乐趣。在穿戴式机器人实验室（图 7）和水下机器人实验室实践教学时，教师向学生介绍实验室研究情况、研究内容，并请学生一同参与实验。

图 5 材料实验室

图 6 眼底成像实验室、光声成像实验室

（3）开展师生座谈会、专业介绍、科技小游戏等，使学生在轻松愉快中了解工学研究。"橡皮筋弹射纸飞机"小游戏中，学生自行研究设计纸飞机模型，最终进行模型弹射距离比赛。游戏前三名将分别获得"歼20""歼15"及"歼10"飞机模型，第四名至第二十四名则获得其他模型和飞机模型U盘等奖品。

生物医学工程专业通过在走廊中架设投影播放生物医学工程系介绍，布置展板展示实验室科研成果，安排师生会面交流等方式让学生了解学科情况。

图 7 穿戴式机器人实验室

机器人工程专业的教师展示专业实验设备、培养方案、创新成果、师资力量等内容，帮助学生对机器人专业开设的各类课程形成清晰的认知，对专业的个人及行业前景抱有正向积极的情绪，产生对于机器人专业的独立思考。陈伟老师为学生介绍机器人工程专业成立概况和发展规划。麦金耿老师为学生介绍本专业的教学计划和实践模块。学生积极参与交流，分享自己爱好机器人专业的初衷。

四、课程评价

（一）学生评价

"通过这节通论课，我学习到很多关于碳中和的知识，我们要重视碳中和带来的革命性变化和挑战，才能够切实把握碳中和发展趋势，抓住人类向绿色、低碳和零碳转型机遇的人才能在未来立于不败之地。"

"听了王老师这堂碳中和技术路径探讨课，我觉得不能仅仅把碳中和作为国家要求的一项工作来看待，无论是企业还是社会，都有必要对碳中和的未来进展进行深入研究分析。"

"王老师生动形象地为我们讲授了多种碳中和技术路径，让我了解到碳中和与每一个人的生活息息相关，气候变化是当前全球面临的重大挑战，中国要尽早从传统工业文明走向现代生态文明，尽快实现碳达峰碳中和的目标。"

"通过这次通论课,我了解到了机器人研究的重要性。从大到小,从刚到柔,各种各样的手术机器人协助医生缓解病痛,延续生命之花。我们工学人当为此贡献一份力,为人类健康工作50年。"

"通过这次讲座,我第一次意识到机器人技术的研发与应用对于现代医学的发展起到了革命性、颠覆性的作用。而我们工学人可以在这一对全民健康有着深远影响的领域施展自己的才华。"

"这次讲座让我了解到医疗机器人的广泛应用和广阔前景。科学家们不断探索,尝试新材料、新方法,只为许诺患者一个光明的未来。我们新工科人也应心怀大'我',不断探索未知。"

"在王老师的精彩介绍下,我们看到了医疗机器人在医疗中发挥的不可或缺的力量和无穷的潜力,一代代工学人必将为人类的健康作出贡献。"

(二)同行评价

现代工学通论课程的思政教育举措获得了兄弟院校的正面评价,举例如下:现代工学通论课程通过课堂讲授及实践教学等方式,既使学生了解工科的历史和发展,也通过各领域专家的言传身教为学生树立榜样,使学生对科技强国更有使命感和责任感。该课程勉励学生心中既要有"我和我的祖国",也要有"人类命运共同体",成为可以服务国家、服务人民、创造历史、引领未来的工科新青年。

(三)社会评价

"北京大学周培源科学家精神教育基地"入选中国科学技术协会、教育部、科技部、国务院国资委、中国科学院、中国工程院、国防科工局七部委发布的首批"2022年科学家精神教育基地认定名单"。现代工学通论课程是科学家精神教育基地建设的重要组成部分。现代工学通论课程在课堂讲授和实践过程中大力弘扬科学家精神,激励学生继承和发扬老一辈科学家胸怀祖国、服务人民的优秀品质,秉持深厚的爱国情怀,用精湛的学术造诣、宽广的科学视野为祖国作出重大贡献。

五、总结与思考

课程要继续在以下几方面加强:

1. 浸润式思政教学

授课教师要根据本人的专业领域,结合国家重大需求,在课程教授过程中融入思政元素,做到思政教育"润物细无声"。

2. 改进教学方法

根据不同的专业内容发展、调整授课形式。例如,航空航天部分可在课堂中演示航空模型,结合模型开展更形象生动的教学。在讲授专业知识的同时,可讲授本领域中著名科学家的故事,以他们几经波折毅然回国、为了国防事业隐姓埋名等人生经历为主线,将思政教育渗透其中。

3. 加强授课教师思政教育

高素质的教师队伍是提高课程质量的前提和基础。授课教师要深入理解科技兴国、科研强国的意义,不忘初心、牢记使命,引导学生在建设下一个百年奋斗目标的时代大潮中勇担重任,在实现中华民族伟大复兴的道路上继往开来。

4. 讲好课程第一讲

现代工学通论是面向大一新生的课程,对于刚步入新的人生阶段的学生,课程将继续提高思政内容的广度与深度,将国家最新政策路线融入课程中,特别是与教学科研相关的国家需求,如坚持"四个面向"——面向世界科技前沿、面向经济主战场、面向国家重大需求、面向人民生命健康,鼓励学生与祖国同呼吸、共命运,肩负起历史责任。

层序地层学

一、课程概况

(一) 课程信息

层序地层学课程是北京大学地球与空间科学学院石油地质专业研究生必修课程,每周2学时。授课对象是石油地质专业硕士生、直博生和少量博士生。党的二十大报告明确提出,要把握好新时代中国特色社会主义思想的世界观和方法论,坚持好、运用好贯穿其中的立场观点方法。作为推动中国特色社会主义事业发展的重要阵地,深刻领会党的二十大精神,将其融入高校课程思政教学中,是广大教师义不容辞的责任。针对目前国家能源安全问题,习近平总书记在2018年、2019年分别批示要加大油气勘探开发力度、控制对外依存度,并于2021—2022年三次考察能源企业,提出"石油能源建设对我们国家意义重大""能源的饭碗必须端在自己手里"。因此,石油地质学面向国家战略,是北京大学培养能源及相关领域领军人才的依托学科,目标是培养一批具有社会主义核心价值观、高度的爱国情怀和民族使命感的高层次创新人才投入我国的能源建设。因此课堂是贯彻教育部"把思想政治教育贯穿人才培养体系,全面推进高校课程思政建设"要求的最佳时机和平台。

(二) 课程简介

层序地层学是将沉积体系域放在地质时间框架下研究的一门学科,它的理论基础是海平面的变化在地质历史上是有旋回性的,这种旋回性使得沉积层序具有"韵律性"和可预测性。这门将地层学和沉积学结合起来的学科自20世纪80年代形成以来,迅速发展为基础地质领域的一个重要研究热点,不仅在能源勘查方面具有重要指导意义,同时在进行区域地质对比、大陆边缘地质和地层学与沉积学理论研究方面也受到越来越多的重视。课程将从介绍经典的Exxon碎屑岩模型入手,详细阐述层序地层学的核心理论,探讨沉积叠加和可容纳空间的关系,引入重要的界面(如层序界面、最大海泛面等)概念,在此基础上介绍沉积体系域。在课程讲述过程中,将紧密结合地震、测井和野外露头观察的相关资料,培养学生综合应用地质资料的能力。课程还将介绍河流相、浅海相、三角洲相、深海相以及碳酸盐台地相的层序地层学框架,同时进行野外实习,让学生通过实测剖面,结合课程理论学习,尝试建立层序地层学模型。

本门课程参考国内外层序地层学相关的教学资料,中英文结合授课,打破传统的以老师讲授为主的模式,强调教学互动,注重学生参与感。课程包含相当数量的课堂讨论、练习、实验、剖面实测与报告,旨在提高学生综合利用地质知识的能力、动手实验能力以及科研口头与文字表达能力。本门课程被评为北京大学首批课程思政示范课程,并作为案例在学校进行多次汇报。

(三) 授课教师简介

董琳,北京大学地球与空间科学学院副教授,本科、硕士就读于南京大学,博士就读于弗吉尼亚理工大学,曾任英国石油沉积学与地层学研究员,2012年起回国任教。研究方向为新元古代－早寒武纪沉积与地层学研究、地球早期生命研究,以及用定量手段解决演化方面的问题、盆地分析与非常规油气系统研究,主持和作为骨干参与自然科学重大基金、面上基金、国家重大专项等课题,研究成果均发表在国内外高水平杂志上。曾于2014年获北京大学青年教师教学基本功大赛理科组一等奖,曾获优秀教案奖,多次获北京大学教学优秀奖,2020年获嘉里集团郭氏基金树人奖等。教授课程包括本科生和研究生必修课行星物质科学、沉积岩石学、层序地层学以及全英课程 Elementary Sequence Stratigraphy 等。

二、课程育人目标

层序地层学是一门面向石油地质专业新入学硕士生和博士生的专业必修课,是开展专业教学并融入思政元素的良好平台。参与课程的学生大多刚从本科毕业进入研究生阶段,他们经过大学阶段的学习和生活,形成了一定的世界观、价值观和人生观,但对世界、国家和自我的认识还在发展中,因此授课教师的正向指引有至关重要的作用,要在教好专业课的同时,重视"全人"教育,即注重科学思维方法的训练和科学伦理的教育,培养学生探索未知、追求真理、勇攀科学高峰的责任感和使命感,培育学生精益求精的大国工匠精神,激发学生科技报国的家国情怀和使命担当。

授课教师一向认为,课堂的主体是学生,教师在教课过程中要做到忘我与奉献。每一堂好课,都需要教师根据学生的情况,量体裁衣、精心准备,既要有丰富的知识讲授,又要有科学思维方法的训练,更重要的是需要教师用有吸引力的语言和有趣的方法(如做练习、实践、课堂讨论等)传递知识。好的课堂绝不是依靠教师单方面灌输,而是通过教师与学生、学生与学生之间频繁互动的方式推动的。所以,每一节课的背后,都需要教师长时间精心的准备和现场根据学生情况的随时调整。授课教师通过学生课前分享、课堂讨论与练习、动手操作等方式,激发学生学习兴趣,适当借鉴"翻转课堂"的模式,让学生变被动为主动。

同时,课程思政不是在课堂上单独讲思政,而是将思政元素"润物细无声"地融入专业课教学中,其中既需要教师精心设计关于科学思维方法与实现手段的训练,还需要恰当添加时政元素,紧密结合国家目标,让学生在学习专业知识的同时,自然而然认识到自己的责任担当,激发学生的家国情怀,实现"全人"教学。

三、课程思政案例

在课程设计与讲述中,授课教师注意在适当环节关注历史和时政,不仅重视知识的教授,更加注重育人,以期全面加大人才培养力度。现将具体实施方案和典型案例总结如下:

(一)课前五分钟学生演讲,引导学生把国家、社会、公民的价值要求融为一体,树立爱国情怀

爱国主义教育并不是在专门的思政课上才能进行,渗透在平时的教育中,才能够"润物细无声"。因此,在课前五分钟,授课教师提出请学生做一个与中国石油历史或现状相关的演讲(5分钟内)。学生精心准备,认真倾听和讨论,在短时间内取得很大收获。

例如,李彤同学针对中国石油工业史展开回顾,特别讲述中国石油工业甘肃玉门油田艰难起步的情形。当时的生活条件异常艰苦,物质匮乏,然而玉门石油人硬是在这样的条件下,建成了新中国最大的油田,甘肃玉门油田成为第一个石油工业基地,担负起"出产品、出人才、出经验、出技术"的历史重任(图1)。倾听演讲的学生无不为之动容,结合当时中美贸易摩擦、华为面临的严峻形势(2019年底)与授课教师展开简单讨论,坚定了民族自豪感和自信心。学生纷纷表示,越是困难,越要团结,越要展现"中国力量"。

图1 李彤同学在课前五分钟演讲的内容

2022年的课程中,学生与时俱进地选择俄乌战争、智慧油田、能源转型等题材作为分享主题。学生分享内容翔实,资料丰富,懂得如何用流行语言有趣地讲述时事热点。授课教师也从这一环节中学习良多,真正做到教学相长。

(二)结合所授内容,紧密联系时政,培养和践行社会主义核心价值观

一名好的教师,不仅要有过硬的学识基本功,也需要适当使用技巧和方法使课程生

动有趣,并融入正确的三观教育。例如,在陆相岩系层序地层体系与油气储藏关系这一章节中(图2),陆相岩系因为各向异性大,加上河道变迁相对频繁,整个体系非常复杂。无论是教师讲述还是学生理解,都存在难点。

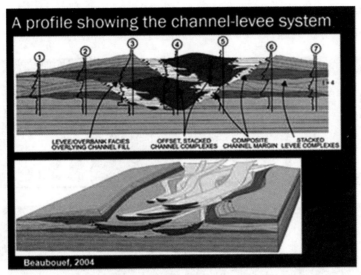

图2　陆相岩系层序地层体系与油气储藏关系

经过仔细思考和设计,授课教师创新性地尝试在讲述这部分内容时引入中国陆相页岩油方面的信息,让学生明确目前中国陆相页岩油具有巨大的勘探潜力,在2020年国家提出的六保目标之一"保粮食能源安全"上,页岩油勘探可能会起到至关重要的作用。针对中国陆相页岩油的油藏机理和埋藏条件,地质学家也面临各种挑战,授课教师结合美国在页岩气革命之前如何见到曙光迎来页岩油气大规模开发的背景知识,坚定学生信念,明确只要有信心,坚持做好相关研究,中国油气界也必将迎来页岩油勘探开发的大爆发时刻。这样结合时政的课堂讲述,不仅使学生对所学知识及其应用领域有更深刻的理解,更加强了学生的民族自豪感和历史使命感。

(三)巧妙设计课堂,训练科学思维方法,培养探究能力

对于理工学科而言,科学思维方法的训练与探究能力的培养是育人环节中关键一环,这种培养需要从学生初入研究大门时抓起。授课教师希望培养学生的全局与超前思维能力、逻辑抽象与形象思维能力、自主与团队实践能力,并将这些科学素质的培养与课程思政教育有机融合。

针对培养目标,授课教师在每学期课程中设置两次头脑风暴活动。例如,在讲述准层序这一章节时,介绍完准层序的基本定义和鉴定特征后,授课教师会展示与基本定义不相符的实际例子Lofer旋回层[图3(a)],同时总结地质学家几十年来对这一问题的争论,并请学生思考自己在野外观察和教科书中看到的与定义不符的例子,鼓励学生踊跃发言,进行辩论。此教学环节意在引导学生学会独立思考、勇于质疑权威,根据自己的观察和扎实的工作总结规律,提出创新性观点。

在讲述准层序的叠置方式时,授课教师先提出一些迷惑性问题,如"相对海平面的下降是不是一定会导致海岸线向海的方向迁移""海进是不是一定能推出相对海平面上升"[图 3(b)],请学生分组讨论[图 3(c)]给出一个初步答案,再让学生利用超轻黏土进行手工制作[图 3(d)]来检验自己的观点。在这样的过程中,学生自然而然懂得如何在科学研究中提出问题、分析问题,以及动手解决问题,表达能力和团队协作能力也得到提高。

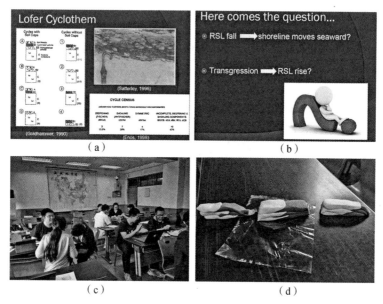

图 3　课程资料与课堂实录

类似这样的头脑风暴环节将"基础知识"升华为"科学问题",在学生心里埋下科研志趣的种子,通过培养学生科学的认知方法与探究能力,让科学哲学思维这一思政元素在学生心中生根、发芽、壮大。

(四) 利用答疑时间,深化职业理想和职业道德教育

与学生的交流不应仅限于课堂,授课教师的办公室、微信、邮箱、电话等工具对学生是完全开放的,学生随时有问题,随时得到反馈,增加了对课程的兴趣和对授课教师的信任。授课教师善于抓住学生的闪光点,鼓励学生热爱自己的专业,并相信自己可以做好,形成良性循环。

宋同学是 2019 年秋季层序地层学班上的学生,他对课程展现出很强的兴趣,并时常在课下和老师沟通。经过交流,授课教师发现该同学对日后的职业追求并没有明确的规划,在一次微信交流中,授课教师抓住他表现出色、兴趣浓厚的时机鼓励他在专业上继续努力。之后,师生保持交流,可以看出该同学在专业学习上走得踏实稳健。令人欣喜的是,之后宋同学以优异的成绩取得硕士学位,并且加入中国石油勘探开发研究院成为一名研究人员,满怀信心为祖国的能源事业努力奋斗。

再如,张同学在课程期间生病动手术,因此落下不少功课。尽管有课程录像,但是她

依然希望老师当面补课。授课教师毫不犹豫答应,关心病情的同时承诺可在办公时间随时答疑。

可见,对学生的职业素养与职业道德的教育并不仅仅局限在课堂的思政教育里,同时,教师忘我无私的职业奉献和精益求精的工匠精神是可以通过行动来传递的。

(五)深刻领会党的二十大精神,将实践性原则有效融入课堂

授课教师牢牢把握实践性原则,丰富将二十大精神融入思政育人的实践形式,结合课程特点,设计野外实习环节,将课堂教育延伸到实践中。在完成剖面观察与实践的课程任务之余,授课教师带领学生分别参观长庆油田"好汉坡"和冀东油田"人工岛",两个油田各具特色,参观过程邀请一线油田工人带队交流。

在长庆油田,学生们了解了中国第一大油气田的发展历史,每个人都爬上"好汉坡",体会当初油田工人的艰辛与豪迈,也深切感受到新时代油田的迅速发展。这样的课堂实践,将专业学科知识的学习统筹到保障国家能源安全的宏大叙事中,引导学生胸怀中华民族复兴的使命意识,不断夯实专业素养,练就真本领。在冀东油田,学生们参观了重点节能低碳示范区建设项目——南堡4号人工岛密闭集输改造工程项目,在一线工人详细讲解和示范操作的过程中,学生们积极提问,真正从与一线工人的亲密接触和实地参观中理解了"坚持绿色发展,推进可持续发展"的必要性,纷纷表示一定践行绿色发展理念,尊重自然、顺应自然、保护自然。

四、课程评价

融入思政元素的课程受到学生欢迎,课程最后发放一份问卷针对课前演讲、课堂头脑风暴和无人岛参观(2021年6月,参与课程的全体研究生前往唐山市冀东油田进行参观,学生感受一线工人的工作场景并实地交流学习)进行调查,学生普遍反馈非常好。部分摘录如下:

"上课形式非常棒。讨论、交流和实践都让知识更加鲜活。"

——张晓玉(2021级硕士生)

"今年是建党100周年,课程融入思政元素,非常赞,既提高了同学们的兴趣,也丰富了课堂,使我们在掌握专业知识的同时感悟历史,做到又红又专。"

——夏金凯(2020级直博生)

"课前演讲能丰富我们地质相关的知识;头脑风暴通过形象生动的模型搭建与课上的知识点融合,让我们更深刻地理解海侵海退的沉积模式;参观无人岛等实践活动让我们近距离接触未来将从事的工作,对以后的发展有良好的启示作用。"

——彭谋(2021级硕士生)

"老师上课饱满的热情、充沛的精神和认真严谨的态度深深打动了我,此门课程必将成为我研究生课程中的高光点。"

——彭渝婷(2021级直博生)

此外，非常幸运有机会在北京大学、授课教师所在地球与空间科学学院以及校际同行交流时进行课程思政分享，以下是部分同行及社会评价：

"董琳老师将课程思政的元素很自然地融入日常教学，上课用心，参观无人岛的活动组织得非常好，从各方面提高了石油地质专业学生的能力。"

——金之钧（北京大学能源研究院院长，地空学院教授，中国科学院院士）

"董琳老师在层序地层学的课程思政方面做得非常好，润物细无声，不刻意。她的课堂关注每一个学生，用有趣的方式讲授知识的同时，注重提高学生的科学思维能力，互动性强。她饱满的热情无时无刻不在影响学生，非常受学生欢迎。"

——刘平平（北京大学地空学院，助理教授）

"董琳老师关于课程思政的分享有重点，又有能直接借鉴的措施，学到很多。"

——刘晨（北京大学艺术学院副院长，助理教授）

"总觉得地质学和课程思政是两条平行线，很难融合在一起。董琳老师做到了，而且融合得非常自然，值得学习和借鉴。"

——史宇坤（南京大学地球科学与工程学院，教授）

"董琳老师以培养学生的社会主义核心价值观、家国情怀和使命担当、精益求精的工匠精神，加强学生科学思维为目标，在讲授课程的同时加入思政元素，有方法和技巧，设计用心，取得良好成效。"

——郎咸国（成都理工大学沉积地质研究院，教授）

五、总结与思考

在教授课程的同时，加强学生工程伦理教育，培养学生精益求精的大国工匠精神，激发学生家国情怀和使命担当，是每一个教育工作者的责任与目标。

在树立明确的育人目标后，方法就显得尤为重要。如何将课程思政元素以春风化雨的方式融入课堂是值得每一位一线教师认真思考的问题。在一线教学战线上的实战经验，使授课教师认为在课程中融入思政元素和学科知识讲授不仅不冲突，而且相得益彰。除以上举例的"课前演讲""头脑风暴""结合时政""课堂延伸"等方法外，授课教师还在摸索"有设计的翻转课堂"和"在实践中学习课程"等方法，已取得初步成效。

此外，在整个课程思政的实施过程中，授课教师认为最关键的一环是要始终牢记学生是教学的主体，教育的终极目标是育人。因此，与学生及时沟通、交流，听取学生的反馈和建议是非常必要的。每一级学生的特点和需要不同，因此需要与"时"、与"人"俱进，随时调整教学手段和方法，为每一级学生量体裁衣，制定出最适合他们的教学方案。用一成不变的方法教授不同的学生是教学大忌。学生在课堂上青春洋溢的笑脸、求知若渴的眼神、健全的人格和健康的心态是教师追求卓越教学的动力。

作为一名人民教师，使命就是立德树人，贯彻党的二十大精神，为培养有理想、有温度、有情怀、有实力、有干劲的青年人才贡献全部力量。

综合自然地理学

一、课程概况

（一）课程信息

综合自然地理学是在掌握各部门自然地理学（如地貌学、气象气候学、水文学、植物地理学及土壤地理学等）的基础上开设的一门综合性课程，是北京大学自然地理与资源环境专业核心课程，授课对象为大三下学期学生，适用学时为54学时。

（二）课程简介

北京大学是中国综合自然地理学学科的策源地。20世纪50年代后期，苏联学者伊萨钦科来华讲授自然综合体、自然区划和景观学的进展，该讲学进修班后来在北京大学林超教授的领导下进行集体讨论，确定了"综合自然地理学"的学科名称。60年代，为适应学科发展的需要，陈传康教授编写了中国第一本《综合自然地理讲义》。1980年，北京大学和东北师范大学联合创办了中国第一个综合自然地理研讨班，由陈传康教授和景贵和教授主讲。此后，中国各大学地理系相继开始了综合自然地理学的教学。

课程从自然地理环境的组成、要素、功能和时空结构等方面阐述自然地理环境的整体性。首先，探讨自然地理环境的空间地理规律（包括地域分异规律和组合规律）和时间演变规律；其次，探讨区域尺度的自然地理等级单位的研究，重点介绍自然区划的理论与方法；再次，探讨局地尺度的自然地理等级单位的研究，重点介绍土地分级、分类、分等的原理和研究方法；最后，从人地关系思想的发展及可持续发展的角度探讨人类与自然和谐共生的辩证关系。此外，课程系统总结综合自然地理学的研究前沿，主要包括土地变化科学、生态系统综合评价以及景观生态学等方面的内容。2020年，课程资料获评北京高校优质本科教材课件；2021年，课程入选北京大学课程思政示范课程。

（三）授课教师简介

蒙吉军，北京大学城市与环境学院副教授，博士生导师。长期从事综合自然地理学、土地资源评价与管理、土地利用变化及其效应、生态系统综合评价与管理等方面的教学和科研工作。从1999年起担任本科生综合自然地理学、土地评价与管理和研究生土地科学原理课程主讲,并一直主持本科生自然地理综合实习课程。主持完成国家自然科学基金面上基金项目、国家科技支撑计划课题(联合主持)5项,获教育部科技进步奖一等奖、北京市高等教育教学成果奖二等奖。在 Land Use Policy, Land Degradation & Development, Science of The Total Environment, Ecological Indicators,《自然资源学报》《生态学报》等国内外期刊发表文章140余篇。出版《中国开发区土地资源优化配置研究》《综合风险防范——中国综合生态与食物安全风险》《综合自然地理学》《土地评价与管理》《自然地理学方法》等著作和教材。近年来,先后获得北京市高校优秀辅导员(2008)、教育部基础学科拔尖学生培养计划2.0优秀管理人员奖(2021)等称号和荣誉。

二、课程育人目标

(一)课程人才培养目标

综合自然地理学课程人才培养的目标是通过本课程学习,让学生掌握认识自然环境整体性的基本理论与研究方法。具体来说:①从系统和综合的角度,认识地球表层的整体性和差异性;②理解自然地理环境的形成发展、演变规律及其与人类活动的关系;③掌握自然地域系统综合研究的分析方法,尤其是现代地理信息技术的应用;④理论与实践结合,培养野外综合自然地理实践的能力;⑤树立可持续发展观,培养解决区域资源环境问题的能力。

(二)课程思政总体理念

综合自然地理学是一门含有丰富思政元素的专业课程。在学习专业知识的过程中,春风化雨地浸润相关的思政教学,不仅能使学生全面认识中国地理国情,增强爱国热情,还能让学生关注中国发展与资源环境问题,增强"美丽中国"建设的历史使命感。

具体来说,在自然地理环境整体性教学中,树立地理环境各要素之间内在联系的思维,贯彻区域发展的整体性与差异性教育;在自然地理环境的空间规律教学中,贯彻"一带一路"、区域差异发展、科学发展观的国情教育;在综合自然地理区划教学中,认识中国区域差异的内在规律,贯彻"美丽中国"建设、生态文明建设的不同路径思政教育;在土地类型教学中,认识中国土地资源的基本特点及存在问题,开展山水林田湖草生命共同体建设及资源与环境保护等国情教育;在全球变化等内容的教学中,认识人类活动对地理环境产生的深远影响,开展人类命运共同体教育;在京郊野外实习教学中,认识北京自然地理特点、湿地及其生态系统服务重要性,尤其是通过对延庆世园公园的考察,开展可持续发展、"绿水青山就是金山银山"的绿色发展观及"人与自然和谐共生"等方面的思政教育。此外,在教学中,通过对黄秉维、林超、赵松乔、陈传康、郑度等老一辈著名地理学家的介绍,引导学生学习他们服务人民的爱国精神、踏实严谨的科学精神,以及不畏艰辛、砥砺前行的工作热情,树立不断创新、报效国家的决心。

(三)课程内容融入思政教育的总体设计及创新点

本课程每周 3 学时,课程内容融入思政教育的总体设计如表 1 所示。

表 1 课程内容融入思政教育的总体设计

教学周	知识点	思政元素(结合专业知识解读)	教学方法
第 1 周	综合自然地理学的发展和趋势、综合自然地理学的任务和意义	学科发展历史趋势;洪堡、道库恰耶夫、林超、陈传康、黄秉维等著名科学家的贡献;美丽中国与生态建设/修复	课堂讲解与讨论
第 2 周	自然地理环境的整体性(组成、能量转换、物质交换)	系统理论与耗散结构理论;索恰瓦、普利高津等科学家的思想	课堂讲解与讨论
第 3 周	自然地理环境演化的方向性、节律性和稳定性	自然地理环境变化的规律;对全球变化的关注;人类活动的影响	课堂讲解与讨论
第 4 周	空间地理规律(分异因素、不同尺度分异规律)	自然地理环境分异的能量来源;地理地带周期律	课堂讲解与讨论
第 5 周	地域分异规律相互关系、地域组合规律	全球视野,"一带一路"合作倡仪的意义;青藏高原空间分异的特殊性;生态屏障——三江源保护的重要意义	课堂讲解与讨论
第 6 周	世界各大洲空间规律讨论	了解各大洲内部地域差异与分异规律;深入认识共建"一带一路"高质量发展的意义	分组汇报、讨论
第 7 周	综合自然区划的内涵、原则与方法	地理学研究的两大思维:区分与分类;区域差异在国家区域发展战略中的重要意义(如黄河流域生态保护和高质量发展、粤港澳大湾区建设、长江经济带战略、长三角一体化发展、推动京津冀协同发展等)	课堂讲解与讨论
第 8 周	综合自然区划的等级系统、景观	区划等级系统建立的依据;中国在国际上开展自然地理区划取得的在世界领先的成就	课堂讲解与讨论
第 9 周	土地分级、分类和分等	土地分级、分类和分等的科学思想;中国古代的卓越成就;中国现代土地资源研究成就;中国土地资源现状及存在的问题	课堂讲解与讨论

(续表)

教学周	知识点	思政元素(结合专业知识解读)	教学方法
第10周	土地调查、土地类型演替与土地生态设计	2021年完成的第三次全国国土调查,摸清了家底及存在问题;土地生态设计与山水林田湖草系统的建设	课堂讲解与讨论
第11周	土地变化、土地质量与土地利用持续性	全球变化;土地利用变化的时空格局、驱动力及生态环境效应;中国土地利用持续性	课堂讲解与讨论
第12周	生态系统服务、生态安全	生态系统服务;国家生态安全战略及其布局	课堂讲解与讨论
第13周	生态脆弱性、生态风险、生态承载力	我国生态脆弱区的分布;世界各国生态足迹状况及可持续性水平;中国自然资源生态承载力的时空格局	课堂讲解与讨论
第14周	景观、景观生态学的主要内容、基本原理	景观生态学、地理学思想与生态学思想的碰撞;理查德·福曼(Richard Forman)、肖笃宁等著名生态学家的观点;景观生态规划与设计的意义	课堂讲解与讨论
第15周	人类与自然地理环境(人地关系地域系统、思想演变、可持续发展)	人地关系哲学思想的演变;人与自然和谐共生理论;蕾切尔·卡森(Rachel Carson)等著名生态伦理学家的生平及卓越贡献;《中国21世纪议程》	自学与讨论
第16周	北京延庆盆地野外实习	紧密结合理论学习,在延庆盆地、官厅水库、野鸭湖以及世园公园等地,开展认识北京自然地理、空间分异、间山盆地、湿地、人与自然和谐共生等内容的实习;深入对可持续发展、美丽中国和二十大精神的理解	野外现场教学与讨论,提交实习报告
第17周	课程论文及讨论	对自己家乡所在省区进行自然地理综合分析和区划;学会应用基础地理信息数据、各类遥感数据、野外调研数据、统计监测数据等大量地理数据开展地理空间分析的基本方法,具备独立分析问题和解决问题的能力,掌握综合研究的方法	课堂汇报与讨论,提交演示文稿和课程论文

在上述课程内容融入思政教育的总体设计中,创新点体现在以下几个方面:①通过显性教育与隐性教育相结合,建立与训练学生的地理学综合性思维;②将国家意识、文化自信、人格养成等思政教育导向与课程内容和技能学习有机融合,培养具有家国情怀的青年人才;③将二十大精神融入课程内容,理论与实践有机结合,落实"立德树人"的根本任务。

(四)教学理念与课程教学方法

综合性是综合自然地理学课程最显著的特点,因此在教学中要始终贯彻培养学生综合性思维、综合分析能力,全面提升学生地理学素养的教学理念。让学生理解并掌握自然地理学的综合性思维方法,学会用综合性思维分析区域特点,从问题的综合、方法的综合、尺度的综合到理论的综合,培养学生分析问题、解决问题的能力。

基于上述教学理念,针对不同的教学内容,本课程设计了多种教学方法:①课堂讲解:课堂讲解是基本的课程教学方法,结合生动、形象的课件设计,通过系统的讲解,为学生建立完整的课程知识体系;②课堂讨论:每节课后提供拓展阅读材料,下节课开始前,通过引导、启发学生,开展师生互动;③主题讨论:结合课堂教学内容,提前一周分配讨论主题、明确讨论要求,安排两次主题讨论(分别在期中前和期末前)(图1);④野外实习:利用周末在延庆开展野外实习,紧密结合理论学习,开展认识北京自然地理、空间分异、间山盆地、湿地、人与自然和谐等内容的实习(图2);⑤专家讲座:针对自然地理学前沿和热点问题,邀请国内外专家举办讲座,并积极引导学生与专家展开热烈研讨;⑥方法训练:向学生提供全球各类地理信息数据(如 DEM、气温、降水、植被、NPP、NDVI、土壤类型、土地覆被/利用、夜间灯光等),引导学生自主选择主题和方法,开展地理学研究方法的训练。

图1 课堂讨论汇报(2021)

图2 野鸭湖实习(2014)

三、课程思政案例

土地类型是综合自然地理学的核心内容之一,选取土地类型作为课程思政教学案例具有代表性和典型性。教学内容主要包括:土地的概念、性质和功能;土地分级的概念、分级系统、基本单位;土地分类的概念、分类系统、土地类型调查。课程通过局地地理学(地段地理学)研究的核心导入对土地问题的关注,进而结合自然地理学的尺度概念和类型思想,展开土地分级与土地分类的研究。其中,土地分级和土地分类是教学重点与难点。下面,以上述内容为案例,展示课程思政教学的实施和开展,并剖析课程所蕴含的思政元素。

（一）通过自然地理学的尺度性理解，让学生建立地理学思维

空间尺度的划分是综合自然地理学的核心内容。在自然地理区划理论学习的基础上，启发学生在区划的最小单元（景观）内，进一步揭示其空间地理规律。自然地理环境是由一些大小不同、等级有高低、复杂程度有差别、相互有联系、特征有区别、分布范围彼此有交错重叠的地域单位组成的复杂和多等级的镶嵌体系。自然区划研究自然地理等级单位的划分问题，而土地类型也研究自然地理等级单位的划分问题，只是单位的等级不同、尺度不同。前者是区域地理研究的内容，后者则是局地地理研究的内容，由此可以看出局地地理学和区域地理学的主要区别和联系。一般来说，大范围自然区域的划分属于自然区划的研究范畴，小范围自然地段（土地分级单位）的划分属于土地类型研究的范畴。自然区划单位面积较大、结构复杂、独特性明显，能反映一个区域全面的自然特征；而土地类型单位面积较小、结构简单、相似性突出，只能代表所属区划单位的某一自然片段。

（二）通过启发讨论，让学生形成对土地概念的正确理解

启发学生对引起地方性分异规律的因素与表现进行讨论。以自己熟悉的校园、家乡等地为例，归纳引起地方性分异的局部因素，如地貌部位的差别、小气候的差别、岩性土质排水条件的差别以及人类活动的影响。地方性分异有系列性、微域性及坡向性三种规律。观察周围环境，归纳分析影响耕地、城市建设用地等不同土地利用方式的因素，让学生认识到土地是一个综合自然地理概念，"土地"的综合概念源于劳动者对地理环境的综合认识，是地表某一地段包括的地貌、岩石、气候、水文、土壤和植被等全部因素在内的自然综合体，进而对土地的性质和功能有正确理解。土地具有自然综合性、空间尺度性、动态演替性、利用价值性、社会经济性、永续利用性等性质。作为自然资源的土地，除传统意义上的提供粮食外，还兼具生态、社会、美学等多功能性。

（三）通过梳理土地研究历程，对学生开展不同方面的思政教育

分享中国古代灿烂文化，例如，公元前5世纪《禹贡》对土地进行三等九级的评价，《周礼》将全国土地划分为山林、川泽、丘陵、坟衍、原隰等五类，以及公元前3世纪《管子·地员篇》将土地分为十八类，根据土地对农林生产的适宜程度，把十八类土地分为上土、中土、下土三等，形成三等十八类九十物的土地评价系统，这是世界上最早的为合理利用土地而出现的土地分类和分等系统。介绍新中国成立以来土地研究取得的重要成就，尤其是《中国1∶100万土地类型图》《中国1∶100万土地资源图》和《中国1∶100万土地利用图》的编制是中国土地科学研究的里程碑，增强学生的文化自信。通过梳理国外学者在景观学、土地类型学、景观生态学以及土地评价方面的研究，让学生树立全球意识，明白"他山之石，可以攻玉"的道理。

（四）通过土地利用效果与地貌的关系讲解,让学生理解土地分级的内涵与实践意义

陆地表面可区分出许多在自然特征上相对一致的土地地段,在其范围内进行某种土地利用,效果大致是相同的。例如,陕北黄土高原地区的黄土墚地顶部(墚盖地)坡度一般小于5°,土壤为绵土,侵蚀方式为面蚀和溅蚀,在利用上也比较一致,主要是种植杂粮,因此一块具体的墚盖地可被视为一块基本的土地地段。墚盖地之下为缓坡墚地,坡度一般为5°~10°,土壤虽也为绵土,但侵蚀方式以细沟侵蚀和浅沟侵蚀为主,在这种土地地段上虽仍可种植杂粮,但产量不如墚盖地,在有条件的地方应考虑退耕种植林草。缓坡墚地之下为陡坡墚地,坡度一般在25°以上,土壤仍为绵土,但侵蚀方式明显加重,以切沟侵蚀和重力侵蚀为主,这种土地地段已不适合农业耕作,如已开垦必须考虑退耕。墚盖地、缓坡墚地和陡坡墚地不仅在空间分布上紧密相连,而且具有物质和能量上的联系,在土地利用上必须将它们作为一个整体考虑。因此,一块具体的墚盖地、缓坡墚地和陡坡墚地可组合为一个较大的土地单位——黄土墚地。

（五）通过对土地分类的原因、方法、依据的思考,培养学生综合性思维

由于自然地理环境的复杂性,在一个区域范围内的土地个体单位数目众多,通常的做法是:将个体土地单位按质的共同性或相似性进行不同程度的抽象概括与归并,就可发现它们分属不同的土地分类单位。这些土地类型单位都是抽象的,分类级别越低,分类标志的共同性或相似性越多;分类级别越高,分类标志的共同性或相似性越少。由于土地个体单位是多级的,要对各级别的土地个体单位进行分类,因此土地分类单位也具有多级序的特点。编制、拟定分类系统,通常采用顺序法和两列指标网格法两种方法。顺序法就是按科、属、种的顺序直接列出各级分类单位;两列指标网格法就是以纵列表示地貌形态(自上而下由高到低列出各种地貌面),以横列表示土壤和植被类型(自左至右由干旱至湿润,由旱生到湿生),纵横两列交叉构成一个网格,形成一种土地类型,如图3所示。两列指标网格法充分体现了自然地理环境中各要素的作用不是均等的,尤其是地貌和植被(或者土壤)往往是决定不同土地类型的关键要素。

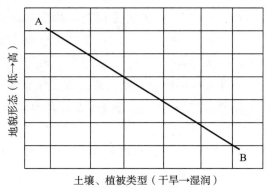

图3 两列指标网格法示意图

（六）通过著名地理学家林超、赵松乔先生的成就分享，让学生学会如何做人做事

北京大学林超教授是中国综合自然地理学奠基人，在他的领导下"综合自然地理学"的学科名称得以确定。他完成的作为大学教材的《中国自然地理区划大纲》成为我国第一个全国性的综合自然区划方案；他展开北京山区土地类型的研究，提出具有中国特色的土地分级系统。他对中国地理学、中国地理高等教育、中国地理学会、中国地理学界的国际合作等诸多方面均作出过卓越和特殊的历史贡献。他于1949年以中国代表团团长和中国地理研究所所长的身份出席在葡萄牙首都里斯本举行的第十六届国际地理联合会世界大会，代表中国地理学会申请加入国际地理联合会并得到批准，开创了中国地理学会走向世界的新纪元。在翔实地考证了关于世界第一高峰命名的国际之争的基础上，他提出为珠穆朗玛峰正名的科学和人文历史依据，珠峰的命名被我国正式使用。林超教授一生成就杰出，他不仅是中国现代人文地理学开拓者、中国综合自然地理学奠基人，更因其在地理学界古今、中外、文理、理论与方法、科研与教学、独立研究与团队领衔皆通被誉为"地理学大师"。

赵松乔先生长期从事综合自然地理、农业地理和外国地理的研究，对土地类型、自然区划、区域自然地理，特别是干旱区、半干旱区地理研究较深。他主持完成了《中国1∶100万土地类型图》和《中国自然地理区划方案》的编制。他研究领域广泛，强调地理学的综合研究，强调地理学的应用方向是服务农业和生态环境建设。赵松乔先生认为，地域分异规律是地理学研究的基础和从事地理研究的出发点；土地类型和自然区划是综合自然地理研究的重点；自然地理过程是引发自然环境变化的关键；生产潜力则是地理服务于国民经济建设的基本依据。

通过对两位学者的成就分享，学生能感受到老一辈科学家满腔的爱国情怀和孜孜以求的科研精神，学习如何做人、如何做事。

（七）通过土地资源调查，对学生开展国情教育

土地资源调查是土地类型研究的核心内容之一，也是摸清区域土地资源的重要途径。1980年以来，我国相继开展了三次土地资源调查。2021年8月底，自然资源部发布第三次全国国土调查结果（下称"三调"）。三调在第二次全国土地调查成果的基础上，全面细化和完善全国土地利用基础数据，满足生态文明建设、空间规划编制、自然资源管理体制改革和统一确权登记等各项工作的需要。调查按照国家统一标准，在全国范围内利用遥感、测绘、互联网等技术，统筹利用现有资料，查清各类土地的所有权和使用权状况。三调结果显示，全国耕地19.18亿亩，10年间，耕地减少了1.13亿亩，耕地减少的主要原因是农业结构调整和国土绿化。全国共有8 700多万亩即可恢复为耕地的农用地，1.66亿亩可以通过工程措施恢复为耕地的农用地。目前的耕地数量控制在国家规划确定的耕地保有量目标任务内。此外，三调结果显示，我国生态建设取得了积极成效，10年间,生态功能较强的林地、草地、湿地、河流水面、湖泊水面等净增加 2.6 亿亩。但生态建设格局在局部地区还不稳定,一些地方还暴露出生态建设盲目、生态布局不合理等问题。通过三调结果,分析我国土地资源的基本特点及存在问题,让学生加深对国情的认识。

(八)通过课程野外实习,加深学生对"人与自然和谐共生"的理解

习近平总书记在党的二十大报告中提出,推动绿色发展,促进人与自然和谐共生。绿色发展是以效率、和谐、持续为目标的经济增长和社会发展方式。人与自然和谐共生是 2021 年世界环境日中国主题,旨在进一步唤醒全社会对生物多样性保护的意识,牢固树立尊重自然、顺应自然、保护自然的理念,建设人与自然和谐共生的美丽家园。野外实践是综合自然地理学人才培养的基本要求。课程选择北京市延庆野鸭湖湿地和世园公园作为实习地点,加深学生对北京自然地理格局、郊区地方性分异、土地类型及土地功能的认知,尤其是通过延庆世园公园实习让学生亲历"人类和谐家园"建设的典范(图4)。

图 4　延庆野外实习(2021)

延庆地处北京市西北部,距北京市区 74 千米,是首都北京的北大门,属于华北平原向山西高原、内蒙高原的过渡地带。延庆盆地北、东、南三面环燕山、太行山和八达岭,西临官厅水库。野鸭湖位于妫水河入官厅水库尾闾,为永定河与妫水河交汇处,由官厅水库和妫水河干支流及其周边沼泽、季节性泛滥地组成,是北京最大的湿地自然保护区,也是北京唯一的湿地鸟类自然保护区。通过实习,让学生了解八达岭山地地方性分异、坡向性分异的特点,掌握野外识别土地类型单元的方法,认识湿地及其生态服务功能。

世园公园是 2019 年中国北京世界园艺博览会举办地,利用妫水河畔的地势地貌和水系特点,营造"让园艺融入自然、让自然感动心灵、让人类与自然和谐共生"的山水大花园,充分汇集世界各国最新的园艺创新资源,充分展示人类科技文化创新的最新成果,全

面反映进入21世纪以来全球绿色创新、科技创新、文化创新的新趋势,反映世界各国人民追求绿色生活、建设美丽家园的新常态。课程通过安排学生在世园公园实习,增强学生对"山水林田湖草生命共同体"建设的深入理解。

四、课程评价

长期以来,综合自然地理一直是北京大学自然地理专业的重要研究方向,综合自然地理学课程也一直是自然地理与资源环境专业的必修课程。在传承前辈创立的学科体系的基础上,结合学科发展的趋势,课程在内容建设上也渐趋成熟且具时代特色。授课教师在深入研究相关教材的基础上,结合综合性大学特点,基于自然地理环境系统(整体性)来组织课程内容体系,按照要素组成、时间演替、空间结构(地域分异、地域组合)、自然区划、土地类型等方面构建了合理的结构体系。教学内容紧跟学科前沿和国家战略需求,注重理论联系实践,开展区域综合分析与课程野外实习。另外,课程为学生提供便捷的学习平台,建立了内容丰富的课程教学网站。

20余年来,蒙吉军副教授一直为北京大学相关专业学生讲授该课程,通过不断地探索与积累,他精心编写的课程教材《综合自然地理学》先后入选"十一五""十二五"普通高等教育本科国家级规划教材,2018年获评北京大学优秀教材,2019年入选"第二届全国优秀地理图书:普通高等教育教材"(全国唯一入选的综合自然地理学教材)。课程教材出版以来,使用院校范围不断扩大,受到广大师生的高度认可。

近年来,学生对综合自然地理学课程评估一直为优。"蒙老师的课算是我这学期课程中的一股清流,全程开摄像头终于有了上课的感觉。老师也时刻关注同学们的学习情况"(周厚华,2020);"这是我本科阶段的最后一门课,留下超级美好的回忆,谢谢老师和助教"(周宇珂,2021);"一定会向学弟学妹们多多安利这门优质课程"(刘能胜,2021)。2019年,蒙吉军副教授获得北京大学教学优秀奖(本科生)。2021年,本课程获北京大学数字化教材建设立项。

五、总结与思考

教学内容方面,经过20余年的教学探索,综合自然地理学教学内容已随着学科的发展,在传统的地域分异、自然区划和土地类型基础上有了很大程度的扩展与更新,尤其是和全球变化、生态建设、生态文明、可持续发展紧密结合起来,构建了学科传承、体系合理、内容新颖、追寻前沿的课程内容。受教学课时的限制,目前尚需进一步精简教学内容,精准区分课堂讲授和课后自学的内容。另外,要加强对学生地理数据处理分析能力的训练,与课程论文结合起来,全面提升学生综合素养。

教学方法方面,课程近年来一直坚持网站的建设和完善,包括教师介绍、教学目标、教学计划与进度、教学课件、扩展阅读材料、思考题、课程作业、历年精华作业展示、课程考核方式、资源环境数据库、专业词汇与地理学家索引等,为学生提供更为方便、内容全面的学习平台。另外,根据教学内容,本课程设计了课堂讲解、课堂讨论、主题讨论、野外实习、专家讲座和方法训练等多种教学方法。目前,尚需加强引领学生进行有效的文献阅读,活跃课堂讨论氛围。

思政元素方面,因现有教学中涵盖诸多思政元素,使得本已内容饱满的课堂教学在时间上显得更加紧迫。随着课程思政建设的进一步推进,需要对课程内容与思政元素进行精准匹配分析,进一步优化、筛选和取舍思政元素,使课程教学既能满足专业教学的要求,又能达到课程思政教育的目的。

第三篇

医学类

人体解剖学

一、课程概况

(一) 课程信息

人体解剖学课程为北医临床医学(8年制、5年制)以及预防医学等专业本科生的专业必修课,适用学时为88学时。

(二) 课程简介

人体解剖学是北医相关专业的核心课程,是研究正常人体形态结构的科学,主要学习人体各系统器官的形态、结构、位置、毗邻及临床意义。在传承百年教学经验的基础上,课程实现了"五位一体"的人体解剖学创新教学。通过线上线下、课上课下、小班教学、虚实结合、课程思政等方式,打造全环境下的教学育人闭环,形成人体解剖学课程思政教学新体系。课程夯实了医学最基础的专业知识,并实现了立德树人的全人教育目标。课程获国家级线下一流本科课程、教育部课程思政示范课程、教育部双语示范课程、国家级精品课程、北京市重点优质课程等。

(三) 授课团队简介

人体解剖学课程带头人张卫光教授,现任北医基础医学院人体解剖与组织胚胎学系常务副主任,获"教育部课程思政教学名师""北京市高校教学名师"等称号。

人体解剖学授课团队成员有张卫光、郭琦、陈春花、方璇、刘怀存、丁慧如、闫军浩、王珂等负责专业和思政的8位老师,课堂教学量年平均大于150小时。本团队教学理念先进,获"教育部课程思政名师及团队"荣誉称号,教学成果曾获《人民日报》等媒体报道。

二、课程育人目标

人体解剖学课程思政的总体理念是通过强基和强动手能力,培养实用人才;通过加强科研思维的训练,培养领军人才;通过课程思政培养德才兼备的医学生。

人体解剖学以课程为基础,以立德为目标,以人才培养为大计,从多维度进行课程思政的总体设计和创新发展。在课程中充分挖掘专业课程中蕴含的思政元素,讲身边前辈,启发奋进,全力将课程思政融入器官系统整合课程的医学教学改革当中。开展以感恩遗体捐献者为先导的思政教育教学改革,并贯穿于每名医学生的解剖学习过程中,使医学生学会感恩。通过建立国内首面遗体捐献者感恩纪念墙和组织清明节感恩追思等一系列感恩活动,让学生亲身感受,实现思政教育"润物细无声"。建设人体解剖学博物馆和标本馆,逐步形成北医解剖教学的课程思政新精神,在招生宣讲、开学典礼、新生教育中,通过对校史及学科发展历程的讲解,进行课程前的思政教育。团队自主研发开创北医人体解剖学线上课程思政教学平台,拓展课程思政的新范式,挖掘百年学科发展历程,并进行数字化、信息化和智能化建设;联合东西部六所兄弟院校,牵头建设虚拟人体解剖教研室,在全国范围内形成了良好的课程思政示范效应,为国家培养德才兼备的医学生。

三、课程思政案例

北医人体解剖学教学不仅注重培养医学生的动手观察能力和自主学习能力,还着重开展贯穿全程的医学人文和思政教育,包括感恩无言良师的系列活动、走访遗体捐献者家属、在课程网站上设立线上思政专栏、编写课程思政教学大纲、在解剖课堂中增加课程思政内容等,延伸教育的深度,提高学生的人文思政素养,实现教书育人的培养目标。

(一)开学第一课(案例1)

"有这样一门必修课,它庄严肃穆,又生动严谨。每一个身披白衣的战士都曾在这里解读医学,剖析生命,守在死的边缘,摆渡生的希望。三全育人,贯彻思政,百年积淀,焕发出与众不同的课程魅力。"这就是人体解剖学。

北医人体解剖学的第一堂课在解剖陈列馆拉开序幕(图1)。静静陈列在这间屋子里的,还有北医老院长胡传揆教授。1986年胡传揆教授去世时,大家在他的办公室里找到了一份遗嘱,上书"遗体不火化,不留骨灰;病理解剖后尽量利用其他组织及骨架,以利教学"。生前,胡传揆教授致力于皮肤性病的防治研究,鞠躬尽瘁;溘然长逝后,他将遗体捐献给医学事业,虽身死而未已。

解剖课上,学生使用的人体标本都来自遗体捐献者,捐献者们奉献出自己的身躯,帮助学生掌握人体知识。他们的无私精神深深地感动着一批又一批的学子,被尊敬地称为"大体老师"和"无言良师"。

图 1　开学第一课

"要记住大体老师的姓名和面容,他们是长辈,是不会说话的老师,带领你们踏上医学之路的开端。我们没有理由不尊敬他们。因为他们的品格远远高于我们。"这是在人体解剖学课程中,医学本科生学习的第一节课,也是所有医学生的必修课。一代代北医解剖人秉持着厚道与医者仁心,以精益求精、严谨细致的教育精神,将人体解剖学课程与"有温度、有深度"的育人观传递给一届又一届的莘莘学子。在课堂上,授课教师们以身作则,在细微之处彰显着对大体老师的敬意。取放标本时,需要佩戴手套,轻拿轻放;课前要向大体老师鞠躬致谢(图 2);甚至不慎触碰到,都会条件反射地道歉……授课教师的言传身教,使每一位学生都认识到,人体解剖学是一门神圣的课程。随着一节节解剖课的潜移默化,老师在学生心中种下的种子,将陪伴他们整个医学生涯。

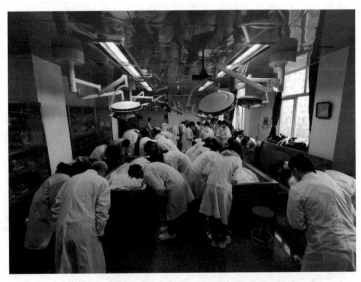

图 2　人体解剖学课前向大体老师鞠躬致谢

（二）一堂特殊的解剖课（案例2）

人体解剖学以感恩大体老师推动课程思政，形成一种解剖教学的新精神。2020年新冠病毒感染疫情期间，作为"向生命致敬 感恩无言良师"主题活动的一部分，北京大学同步直播了一堂面向公众的解剖课，把解剖学课程真正与感恩遗体捐献融为一体。

课程由张卫光教授主讲，带领学生追思祭奠大体老师、坚定学医初心。中国科学院院士韩济生，医学部党委副书记徐善东，医学部学生工作部、团委、基础医学院的老师们，在校医学生代表，基础医学院全院学生以及来自全国各地的10.6万名观众共同上课（图3）。不同医学院校的学生和北医学生一起，重读医学生誓言、重温医者初心。

图3　一堂特殊的解剖课

课程开篇讲授解剖学在中国的百年历程和遗体志愿捐献的历史，感恩为北医捐献遗体的胡传揆院长、马旭院长、饶兴将军、王嘉德教授等大体老师（图4）。课程还讲到大体老师之所以将自己的遗体捐献给医学，是为了让医学生励精图治、妙手回春，肩负起社会责任。

图4　张卫光教授带领师生共同追思无言良师

一直关心解剖学科发展和北医年轻学子成长的北医老前辈许鹿希教授专门为这堂课写下了寄语,在现场被代为宣读。在寄语中,许鹿希教授回顾了解剖学的历史,讲述了解剖学在医学中的重要地位,结合科学技术的新发展,提出了新的学习途径。同时,许鹿希教授希望同学们不要忘记,"人类医学科学领域的每一点进步都依赖于无数同道前辈们的努力工作和奉献"。

看到学生面向每一位大体老师鞠躬致意,捐献者代表深感欣慰(图5),"今天的同学们,因父辈和同道们的奉献学到知识、练就本领、培养情操;明天,当我患病需要医治时,就会得益于由这些医学生成长起来的医生们;将来,在我百年之后,我也将自己交给医学生们学习实践,新一批学生们再成长起来,又会惠及后人。我们和你们,就这样生生不息,生死相依。"

图5　捐献者代表发言

北京大学第三医院运动医学科医生、2012级临床医学8年制学生邵嘉艺同大家分享了自己和解剖之间的故事。在感恩的同时,他也表示将像习近平总书记给北京大学援鄂医疗队全体"90后"党员的回信中所说的那样,在自己的医疗工作中,铭记党和人民的嘱托,秉承奉献的精神,尽救死扶伤的义务和责任,为祖国的医药卫生事业作出一点力所能及的贡献。

北京大学基础医学院2017级本科生王子祺当时正在线上进行局部解剖学的学习,她回到学校,参加了这堂特殊的解剖课。"无言良师,授吾医理;敬若先贤,临如活体。"王子祺回忆了自己初次在课堂上见到大体老师时的情景,表达了对大体老师的敬佩和对遗体捐献者家属们的感激(图6)。"作为医学生,对他们最好的报答就是学会治病救人的真本领,不负'健康所系,性命相托'。"在2020年突如其来的新冠病毒感染疫情中,北医人在第一时间驰援武汉,给北医学生树立了榜样,在特殊的时期,医学生对医学精神有了更加深刻的体会。

图 6 北京大学基础医学院的王子禛同学发言

课程最后,师生朗诵感恩大体老师的原创散文。全体师生及参与直播的同学向大体老师默哀致敬。"健康所系,性命相托。当我步入神圣医学学府的时刻,谨庄严宣誓……"在北医老前辈、基础医学院韩济生院士的领誓下,线上线下的医学生在庄严的气氛中,重温医学生誓言,再次领悟学医初心(图7)。

图 7 韩济生院士(右)带领全体医学生重温医学生誓言

现场的教师和学生集体向大体老师默哀,走入解剖楼,向胡传揆、马旭两位捐献遗体的北医老院长和纪念馆内的所有遗体捐献者鞠躬、献花。

这场特殊的解剖课,不仅让医学生了解遗体捐献的情况,明白大体老师的珍贵,引导学生珍惜学习机会,激发他们对大体老师及遗体捐献者家属的崇敬之情,使他们进一步领悟医学人文精神,将大爱精神延续到未来的行医之路,还为观看直播的公众提供了一次深入了解医学教育的机会,直播过程中满屏的"致敬""感恩""泪目"彰显着社会对医学教育和发展的理解与支持。

(三) 清明节解剖祭(案例3)

北医的感恩遗体捐献者活动可以追溯到百年前的"解剖祭"。新时代赋予新内容，1999年，北医成立北京市红十字会遗体捐献接收站，2007年起每年清明节组织学生到长青园追思，2011年在大学校园里设立遗体捐献者感恩纪念墙，直到现在，北京大学基础医学院每年清明节期间都会举办"感恩无言良师"主题系列活动，追思为医学事业作出无私奉献的大体老师，表达学生的感恩缅怀之情。

长青园追思。清明节期间组织学生代表到北京市长青生命纪念园，悼念为医学教育作出贡献的志愿遗体捐献者们(图8)。

图8 长青园追思

解剖楼祭奠。清明节当天，解剖楼西侧遗体告别厅公开对外开放(图9)。遗体捐献者的家属来到这里，祭奠逝去的亲人。课程组织学生志愿者进行接待服务工作，不仅是引导家属缅怀亲人，更是引导学生亲身感受，积极思考。

图9 解剖楼遗体告别厅祭奠

参观解剖教学博物馆重温历史。每年清明节,授课教师带领学生参观标本陈列馆和解剖楼一层大体老师遗物展馆,向学生介绍各位"老师"背后的故事;讲述胡传揆院长和马旭院长生前为医学事业作出卓越贡献,逝后也献身医学、捐献遗体支持医学教育发展的事迹;介绍北医解剖学的起源与发展、每年一度的传统活动以及北医遗体捐献接收站的发展等。大家会在参观前共同向大体老师鞠躬、献花(图10)。

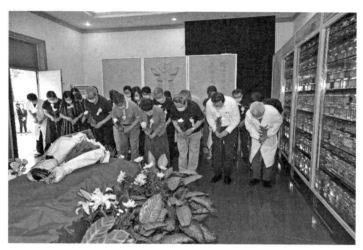

图 10　向大体老师鞠躬、献花

征集缅怀文字。在医学部主干道征集医学生们对大体老师的缅怀文字,这些文字会由负责人收集留存,并交到大体老师的家属手中,以慰藉家属们的思念之情。

走访遗体捐献者家属。教师带领学生深入遗体捐献者家中进行家访,了解他们背后的故事,表达感恩之情。感恩活动受到北京卫视等媒体的广泛关注,产生良好的社会反响。

师生定期擦拭感恩纪念墙。在人体解剖学教学中,专业教师、学工教师和医学生定期擦拭遗体捐献者纪念墙和纪念盒(图11),培育北医解剖精神和解剖课程思政文化,打造全环境下的教书育人闭环。

图 11　擦拭感恩纪念墙

(四）北大医学研究生遗体捐献志愿服务队（案例4）

多年来，人体解剖学课程始终以感恩遗体捐献者的理念，对学生进行课程思政教育。在遗体捐献者奉献精神的感化下，程全成、丁慧如、方金玉、孙艳荣等研究生正式申请参与遗体捐献服务和遗体防腐处理工作，最初成立了北大医学研究生遗体捐献志愿服务队，吸引了众多学生加入，现已形成了一个覆盖人体解剖学、病原学、生物信息学、外科学、耳鼻喉科学等多个专业的20人团队。

该研究生服务队全方位、全流程地组织和参与了北医的遗体捐献工作，平均每年接待遗体捐献者三四十人，为百余位遗体捐献者及家属讲解捐献流程，解答捐献中的各种疑问，主动参与遗体捐献工作站的遗体防腐处理工作。从最初在老师的指导下观摩、学习，到最终参与到遗体防腐工作中的配置固定液、灌注防腐、后续遗体保存、编号登记等各个环节（图12），志愿服务队近年来已经完成了60余例遗体防腐处理。志愿服务队在参与遗体捐献工作的过程中也积极参与到了"北大脑库"的建设中，从联系家属到尽可能在最短的时间内运输遗体以减少脑组织的降解，到脑组织取材，再到最后的仪容整理复原，他们在工作中积累丰富的经验，并总结发表研究论文。

该志愿服务队常年随时准备遗体的接待，经常工作到凌晨，逐渐形成了感恩、关爱、团结、奋进的志愿服务队团队精神，也把遗体捐献者的大爱无疆和无私奉献深深镌刻在了心里。他们牢记"健康所系，性命相托"的医学生誓言，践行医者的初心使命，立志坚守医学最特殊的解剖学科，树立社会主义核心价值观和人生观，为我国的医学教育和医学发展贡献力量。

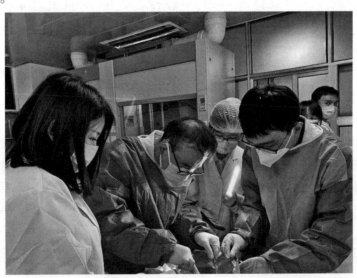

图12 工作中的北大医学研究生遗体捐献志愿服务队

(五）教学方法

以学生为中心，推行小班课的教学方法，突显教师的思政主力军作用。在解剖教学中,将学生活动纳入教学,促进第二课堂和第一课堂的融合,通过课堂互通、微信互动、课后互联等方式,增进师生互动,加深师生感情,增强互信,不仅能突显教师的思政主力军作用,而且能够充分调动学生的学习积极性,启发学生主动思考。

完善传统的教学方法,增加线上课程思政内容,实现人体解剖学课程思政的混合式教学。充分挖掘人体解剖学教育教学过程中的思政元素,开展线上线下课前、线下课上和线上课余的一系列课程思政教学实践,将思政教育融入人体解剖学课程中的每一个节点。

大力发展课前的课程思政教育,延伸教育的深度。人体解剖学课程是北医最具特色的医学课程之一,在招生宣教、开学典礼、新生教育期间,带领学生走进人体标本馆,通过线上线下讲解校史及学科发展历程,介绍北医艰辛的发展历程,是人体解剖学课程思政教育的重要内容,也促进了课程思政理论研究。

全面推进课上的思政教育,拓宽教学的广度。教书不忘育人初心,注重以学生为中心,践行教育教学一体化。在解剖课堂、清明节期间,借助对遗体捐献者的追思、医学学子的事迹和临床病例等,培养学生尊重遗体捐献者的观念和爱伤意识,增加社会责任感和治病救人的信念感,将医学生的价值塑造、解剖知识传授和能力培养紧密融合。

组织课余的思政教育实践活动,增加医学的温度。通过国内首面高校遗体捐献者感恩纪念墙的设立、线上线下感恩遗体捐献者等活动的组织,将对遗体捐献者的追思等融入人体解剖学课程的每一个教学节点,开展更深层次的北大医学发展和党建教育,实现立德树人、教育教学一体化的全人教育。

收集和整理思政素材,建设线上课程思政教学平台。借助国家级本科线下一流课程、北京市重点优质课程等的建设,全面建设线上人体解剖学课程思政教学平台,增设"思政情深""百年解剖史话"和"解剖老故事"等专栏,通过解剖学科讲述、遗体捐献者的线上祭奠、"大爱无疆"的思政征文等活动,实现了人体解剖学课程思政的贯穿教学"全过程"和"全方位"的目标。

紧扣人体解剖学教学和思政教育,编写融入课程思政的人体解剖学教学大纲和教材,全面梳理教学和课程思政目标,形成新的课程思政教学大纲,将思政教育贯穿人体解剖学教学的全程。张卫光教授主编出版《系统解剖学(第4版)》教材(2019年),完成《临床实地局部解剖学》教材的编写,在教材中增添感恩教育、名师大家、院校风采、案例分析等人文思政内容,延伸了教材的深度,培养了学生的医者情怀,促进了医学生的全面发展。

四、课程评价

(一)学生评价

学生学习状态大为改善:开展课程思政以来,从课堂出勤率和学生学习状态上明显可见,医学生的学习目的更加明确,学习的积极主动性明显提升,平均学习成绩明显提升。王鼎予同学等在第五届全国大学生基础医学创新论坛暨实验设计大赛获奖,并获北京大学"五四"奖章。

学生社会责任显著增强:课程内容始终彰显人文底色,学生对自己的社会角色有了更清晰的定位,责任感和使命感增强。2020年年初,面对突如其来的新冠病毒感染疫情,北医王奔等众多90后医生和护士白衣执甲,义无反顾地冲向武汉前线,投身到疫情阻击战当中,这些年轻医务工作者的具体行动就是思政教育的最好体现。

学生反馈好:学生评价,"真正的死亡是被遗忘,大体老师们不会逝去,他们守护着解剖的三尺讲台""教会我们感恩,我会尽我所能关心照顾身边的每一个人""授课方式新颖别致,注重人文和互动,氛围轻松愉快"。

(二)同行评价

中国解剖学家许鹿希教授:新的课程思政教学大纲贯穿人体解剖学教学的全程,教师团队的教学计划得到优化,教学内容得到丰富,课程思政教学成果显著。教师从专业型人才转变为复合型人才,全面提升教师自身的素质。

中国解剖学家、中国解剖学会副理事长、山东大学齐鲁医学院刘树伟教授:北京大学医学部解剖学系从事人体解剖学教学与科研历史悠久,成果显著,并积累了丰富的课程思政教学经验,打造出了一支整体综合素质高、有敬业精神、教学效果好、有着现代教育理念的课程思政优秀教学团队。

中国解剖学会副理事长、北京协和医学院马超教授:北京大学人体解剖学课程思政教学创新性强,尤其是线上思政和AI教学中的课程思政给我留下了极深的印象,感恩遗体捐献者的活动深深植入了学生的心里,值得推广。这支课程思政的教学团队不忘初心,在人体解剖学工作岗位上传承和创新,是我们学习的榜样。

(三)社会评价

社会反响良好:《人民日报》、新华社、中央电视台、北京卫视、《健康报》和《环球时报》等(图13)对本课程的感恩思政追踪报道及大量线上媒体和网站的转发,引起了非常好的社会反响及示范辐射效果。2019年,微信公众号"感恩无言良师爱心接力"参与突破10万人次,2020年,"一堂特殊的解剖课"线上感恩追思活动观看突破12万人次。

图13 新华社、《健康报》和《环球时报》等媒体的报道

原创的教学资源在全国范围内应用广泛:《系统解剖学(第 4 版)》等教材独具思政人文特色,备受国内医学院校师生的喜爱,使用率极高。建立的课程思政线上平台和虚拟教研室点击量达 11 万人次,传播面广,反响较好,促进医学生的全面发展,促进国内解剖学科的共同发展。

五、总结与思考

人体解剖学是最古老的医学课程之一,课程思政是医学教育的要素。北医基于人体解剖学开展的一系列课程思政教育活动,以感恩遗体捐献、梳理学科发展史等为切入点,采用线上线下混合式的创新教学方法,展开贯穿基础医学教育的全课程思政教学实践工作,践行教育教学一体化,以素质教育推进教学改革,增强医学生学习的积极性、主动性和使命感。教学成果丰硕,广受师生的好评及社会的认可,具体表现如下:

形成一种人体解剖学课程新理念:以"立德树人"成果为导向,落实到每一个解剖学的章节。在人体解剖学教学中,着重开展贯穿全程的医学人文和思政教育,将医学生的价值塑造、解剖知识传授和能力培养紧密融合,实现课程是基础、德高是目标、人才是大计的学科、立德、树人"三位一体"的课程思政教学新理念。

形成一个线上线下混合、虚实结合的教学新方法:建立人体解剖学工作站,完善线上解剖学课程思政教学平台,增加高清解剖微课堂和人体标本馆。将现代化的教学方法带进课堂,自主研发人间脑神经核的三维构筑、虚拟现实模拟手术解剖等,将 3D、VR、AR 等现代化教学系统用于解剖学的教学,增加学习的沉浸感、立体感。研究成果获批多项实用新型专利。

形成一个人体解剖学课程新体系:人体解剖学课程已经实现"课程+思政、线上+线下、课堂+课余、传统+网络、传承+创新"多维度结合,打造出了一个全环境下的教育教学育人闭环。

形成一个教育教学评价新概念:在原来单一的考试评价体系基础上,增加了平时表现、线上闯关、标本认知等环节,结合师生间的互动、互评和互通,使学生逐渐树立学习人体解剖学不为考试,为救死扶伤、为社会责任、为医学进步、为我们的初心的观念,向着数代教育者为之奋斗的立德树人目标努力,我们永远在路上。

口腔修复学

一、课程概况

(一) 课程信息

口腔修复学课程为北京大学口腔医学(8年制、5年制)学生的专业必修课,适用学时为208学时(理论/实践:54/154学时)。

(二) 课程简介

以杰出人物为榜样,激励学生追求卓越:在教学中注重挖掘口腔修复领域前辈名师的先进事迹,树标杆、强引领,以中国口腔修复学科自己的故事启智润心、铸魂育人。

以医学人文为特色,引导学生敬畏生命:全面培养学生的医学人文品格和"以人为本"的职业观,使其树立起对生命和健康的敬畏意识,学会维护和尊重患者的权利,厚植仁心仁术的职业道德观。

以传统文化为底蕴,厚植学生爱国情怀:口腔修复学课程涉及生物力学等内容。在讲授知识中,通过类比教学引入中国古代和现代的桥梁、建筑介绍,增强学生的文化自信和爱国情怀。

厚植大健康理念,树立为人民口腔健康服务终身的职业精神:以习近平总书记关于卫生与健康的重要论述和讲话精神为指引,在口腔修复学教学中融入"大卫生、大健康"理念,引导学生具有强烈"预防"意识,为人民口腔健康事业高质量发展贡献最大力量。

课程所获相关奖项:国家级一流本科线下课程(2019年),中国学位与研究生学会医药学研究生精品课程(2018年),北京大学优秀教材奖(2018年),口腔修复学教研室获北京大学优秀教学团队(2020年)、医学部优秀教学团队(2020年)、医学部师德先进集体(2016年),课程及教学团队分别获北京市课程思政示范课程、教学名师和团队称号(2022年),口腔修复学课程虚拟教研室获批教育部首批虚拟教研室建设试点(2022年)。

(三) 授课团队简介

授课团队由周永胜、刘云松、谭建国、张磊、潘韶霞、杨亚东、韩冬、吕珑薇组成。

授课团队(负责人周永胜)积极推动口腔修复学教学改革,先后获得多项教改项目,发表教学论文数十篇,先后获多项省部级教学成果奖一等奖等。口腔修复学线下课程获评国家级一流本科课程;团队还建设完成线上口腔修复学本科课程和线上线下虚拟仿真实验课程,获批虚拟仿真实验教学创新联盟实验教学优质创新培育课程一门,并承担教学创新课题一项;通过合作研发完成国际首个混合现实口腔修复牙体预备模拟器及相应教学软件。团队负责人以主编、副主编身份编写多本国家级规划教材、北京市高校优质本科教材。同时,授课团队还建成中国学位与研究生学会医药学研究生精品课程口腔修复学等。

二、课程育人目标

口腔修复学的教学目标是基于口腔颌面的解剖形态和生长发育特点及生理功能,结合生物力学原则、医学美学原则,讲解如何基于恢复正常形态与口腔生理功能进行牙体缺损、牙列缺损、牙列缺失、颌面缺损等疾病的修复,从而使咀嚼器官得到保健,并促进全身健康。为努力培养德智体美劳全面发展的中国口腔医学事业的建设者和接班人,本课程将通过讲课、示教、前期实习和生产实习等环节,使学生掌握口腔修复学的基础理论、基本知识和基本技能,具备服务于国家和人民口腔健康事业的扎实能力。同时,本课程十分注重课程思政融合,在每一章节、每一节课、每一次实习的教学中,均加入思政内容,包括增强和提高医学人文精神、职业精神和道德,培养国际视野及为国家口腔医学事业奋斗终身的职业理想等。本课程还将从口腔修复学发展简史、发展历程中的重要人物、医患沟通中的患者告知程序与技巧、口腔疾病与健康的关系、科学和医学的局限性、生命的本质等方面,向学生讲述中国科学故事、中国口腔故事、北大口腔故事、北大口腔修复故事等,做到课程思政两融合,将立德树人根本任务落到实处。

三、课程思政案例

(一)牙列缺损的固定局部义齿修复(案例1)

授课教师:周永胜(教授、主任医师)
学时数:2学时

1. 教学内容分析

牙列缺损是指牙列中部分牙齿的缺失。固定局部义齿又叫固定义齿、固定桥,是指靠粘接剂或固定装置将义齿与缺牙两侧预备好的基牙或种植体连接在一起,可以修复牙列中一个或几个缺失牙的修复方式。固定局部义齿是牙列缺损修复的重要内容。本部分首先从牙列缺损概述讲起,让学生对牙列缺损的概念有整体认识;其次,通过对不同修复方式的介绍,引出固定局部义齿这种修复类型;最后,分别从固定局部义齿的定义、特点、组成和类型等方面逐一展开讲授。通过与种植义齿对比,辩证地阐述固定义齿使用逐步减少、种植义齿使用显著增多的原因,提高学生的辩证思维能力,拓展学生的学科发展国际视野;在适应证讲解过程中,通过对赵州桥选址及悠久历史的讲解,形象阐述如何选择适应证,通过展现赵州桥的悠久历史,增强学生的文化自信和历史自信。

2. 教学目标

①了解牙列缺损的定义、危害和修复方法。②掌握固定局部义齿的定义、特点、组成和类型。③体现思政与教学内容的双融合。④培养学生兼顾传统和创新的意识,拓展国际视野和增强立足国内自立自强的能力。

3. 医学人文素养和课程思政目标

掌握牙列缺损的不良影响和危害,有利于学生掌握及时为患者修复缺失牙的必要性和临床意义,避免牙列缺损给患者带来更大的损害,培养爱伤观念和职业精神;掌握固定局部义齿的优缺点和适应证,保证学生能够进行正确的临床思辨,为患者提供最佳的设计方案;在适应证讲解过程中,融入赵州桥的历史,形象阐述如何选择适应证,展现文化自信和历史自信;在讲解固定局部义齿和种植义齿的应用情况时,培养学生的国际视野。这节课的人文素养目标就是建立学生精益求精、以患者健康为目标的医学人文思想,增强学生的文化自信意识。

4. 教学重点难点

固定局部义齿的类型及适应证;如何提高辩证思维能力和文化自信。

5. 学情分析

学生在开始本章节学习前,已经通过学习,对口腔修复相关流程有了初步了解,为本章节的学习打下基础。固定局部义齿类型较多、设计结构相对复杂,需要教师通俗易懂的讲授,并且通过图片等多种新型教学手段帮助学生理解教学内容。

6. 教学设计思路

教学设计强调七个"易":①理论讲授与临床病例结合,理论联系实际,使学生"易听";②多种新型教学手段辅助教学,使学生"易知";③讲授加入英文重点词汇和总结,使英文术语"易学";④课堂师生相互提问,形成互动,使学生"易懂";⑤课尾有总结和关键问题提问,使学生"易记";⑥理论讲授与课后操作穿插进行,使学生"易用";⑦课程融入思政,培养医学人文品格,使学生"易明"。

7. 教学过程

具体教学过程如表1所示。

表 1　牙列缺损的固定局部义齿修复教学过程

教师	学生	设计意图
生动引入：牙列缺损图片→引出牙列缺损定义→病因	兴趣引发：通过临床图片对牙列缺损产生兴趣，思考什么是牙列缺损，什么原因导致牙列缺损→引出牙列缺损定义、病因	引出牙列缺损定义、病因，提高学生的辩证思维能力和引导学生思考如何尽早帮助患者预防牙齿缺失，提高生活质量，体现仁爱的医者精神
形象说明：用图片+示意图说明牙列缺损对口颌系统的危害→引出牙列缺损修复方式	进一步引导：通过图片+示意图对牙列缺损的危害有了很明确的认识，思考怎么治疗→对治疗方法产生好奇	形象理解牙列缺损的危害；增强爱护患者的意识，提高增强患者预防意识的能力；增强作为医师的责任感；引出牙列缺损修复方式分类
引出主题：比较可摘修复和固定修复类型的不同→引出固定局部义齿的定义、特点、适应证	引出主题：通过了解不同的修复方式提出疑问，思考应该如何选择修复方式→期待适应证的讲解	通过对比，提高学生的临床辩证思维能力；增强医学生的爱伤理念；引出固定局部义齿的定义、特点、适应证；增强学生以患者为中心的理念意识
通过图片和示意图引发学生兴趣，启发学生对固定局部义齿组成、类型和适应证的学习	学习重点：通过临床图片启发学生思考固定局部义齿组成，应该用哪种固定修复方式→固定局部义齿组成、类型和适应证	提高学生的临床辩证思维能力；增强医学生的爱伤理念；增强学生以患者为中心的理念意识，思考如何从患者出发选择最佳修复类型；引出固定局部义齿组成、类型和适应证

（续表）

教师	学生	设计意图
在讲解固定义齿或固定桥的适应证时，通过融入赵州桥的历史和成就，形象阐述如何选择适应证及基牙，如何做好固定桥设计	启发学习：通过赵州桥的设计和历史成就启发学生思考固定局部义齿的基牙和适应证是什么，应该如何通过设计基牙等提高固定义齿的长期成功率→重视固定义齿的适应证选择和设计	在适应证讲解过程中，融入赵州桥的历史和成就，非常形象地阐述如何选择适应证和基牙，如何保证长期成功率，展现中国文化自信和历史自信
对比传统固定义齿和现代种植义齿发展的脉络，了解临床辩证思考过程中，如何兼顾传统与创新的关系，通过了解种植义齿的发展过程，讲解牙齿缺失修复的国际新理念	通过与种植义齿对比，学生能辩证地理解固定义齿使用逐步减少、种植义齿使用显著增多的原因，提高学生辩证思维能力，拓展学生对学科发展的国际视野，了解在临床工作中，如何兼顾传统与创新的关系	增加介绍种植义齿的历史和优缺点，以及能逐步代替固定义齿的原因，通过对国际相关研究进展的介绍，拓展国际视野，增强学生创新能力，兼顾传统和创新
课程总结：通过提问的方式，启发学生回忆课程所学，进一步将知识条理化、系统化	知识点梳理：通过问题回答，回忆当堂所学，将知识点条理化、系统化，利于学生记忆重点英文专业词汇	通过提问，促进记忆和强调重点；通过中英文对照讲解，提高学生阅读英文专业书籍或文献的能力，体现中西方知识结合，相互促进提高
扩展阅读：推荐课后阅读书目	扩展阅读：课后阅读，拓宽知识面	为学生提供重点参考书，鼓励学生努力拓宽知识面，巩固课堂所学

(续表)

教师	学生	设计意图
▶▶▶下节课的预习内容 □ 固定义齿的适应证 □ 固定义齿修复的生理基础 □ 固定义齿的固位及力学方面的考虑 布置预习	预习新内容	促进学生温故知新,提高下一堂课的学习效果

(二)牙体缺损的固定修复原则(案例2)

授课教师:刘晓强(副教授、副主任医师)

课时数:2学时

1. 教学内容分析

牙体缺损固定修复时要遵循力学原则、生物学原则和美学原则,三原则贯穿于牙体缺损修复治疗的每个过程。这三原则又是矛盾的统一体,过分强调其中的某一原则就会影响其他原则的实现。本节在前一节讲述力学原则的基础上,重点讲述生物学原则和美学原则。

本次课程将从复习牙体缺损修复的三原则开始,巩固学生对于牙体缺损修复原则的整体认识,在此基础上,介绍生物学原则,包括修复过程中尽量保存患牙牙体硬组织、保护牙髓组织、保护牙周组织。其中修复体的边缘形态是本节课的教学重点,边缘不仅涉及固定修复的生物学原则,还将影响修复后的远期效果、边缘密合度等。学生需要理解边缘设置的意义、不良边缘将产生的后果。同时,刃状边缘、斜面、无角肩台、有角肩台也是经典修复学中的四大边缘类型,需要学生融会贯通。讲解具体内容时,可采用模型示意图、几何分析图让学生更好地理解不同边缘形态。

在课程中穿插最新科技进步下衍生的数字化修复流程和新型陶瓷材料介绍,向学生展示最新牙体缺损修复中应遵循的生物学原则和美学原则,培养学生的创新精神和国际视野。

2. 教学目标

①掌握牙体缺损的生物学原则概念,保存患牙牙体硬组织、保护牙髓组织、牙体预备边缘的形态、牙体缺损的美学原则概念。②了解为了保护牙髓,牙体缺损修复中应注意的问题、烤瓷熔附金属全冠和全瓷冠的美学要求。③熟悉修复体边缘的密合度。④体现思政与专业内容的双融合,培养学生的创新精神和科技自立自强的决心,增强国际视野,提高学生的临床思辨能力。

3. 医学人文素养和课程思政目标

结合最新科技进步下衍生的数字化修复流程,向学生展示数字化牙体缺损修复中应遵循的原则。培养学生的爱伤观念和以预防为主的观念,使学生意识到过度预备、未保护牙髓组织将产生的问题,引导学生思考如何采取更好的方法保证修复符合生物学原则。介绍口腔材料和技术的发展,尤其是我国自主研发的材料和技术在不断进步,增强学生的民族自信心和文化自豪感,培养学生的科技创新意识,同时增强国际视野。

4. 教学重点难点

牙体缺损修复的生物学原则,修复体的边缘形态,辩证思考固定修复三原则的关系;提高学生的文化自信心和科技创新意识。

5. 学情分析

学生在学习本节课之前,已学习口腔修复学概述,对于口腔修复学这一学科有了基本认识,并且学习了牙体缺损固定修复原则中的力学原则,为本节课的学习打下基础。关于"原则"的讲述,理论性较强,学生在理解上有一定难度,因此,需要教师结合图片、示意图、临床与生活实例等方式进行讲述,做到通俗易懂,以便于学生理解。

6. 教学设计思路

教学设计体现三"强":①强基础,注重讲授基本理论知识,为学生学习后续章节打下良好基础;②强应用,将理论与知识和临床病例相结合,使学生尽快掌握临床思维;③强人文,课程中注重融入思政元素,培养学生的人文精神。

7. 教学过程

具体教学过程如表2所示。

表2 牙体缺损的固定修复原则教学过程

教师	学生	设计意图
课程回顾:复习牙体缺损修复的三原则,巩固学生对于牙体缺损修复原则的整体认识	本次课程将从复习牙体缺损修复的三原则开始,巩固学生对于牙体缺损修复原则的整体认识	牙体缺损修复的三原则是对立统一的,过分强调其中的某一原则会影响其他原则的实现,因此需要培养学生辩证思维和宏观思考能力
生动案例:不良修复体和良好修复体的临床图片对比→引出生物学原则的意义和要求	通过临床图片对牙体缺损固定修复的生物学原则产生兴趣,引出生物学原则的意义和要求	由临床实际病例导入生物学原则的意义,培养学生的专业精神和爱伤观念

(续表)

教师	学生	设计意图
通过临床案例讲解牙体缺损修复中对牙体硬组织、牙龈和牙周组织的保护意义和要求	通过病例图片、示意图等，学习牙体缺损修复生物学原则的意义，进而对具体诊疗要求产生学习欲望	通过临床实际案例，培养精益求精的医疗态度和仁爱的医者精神
在讲解修复体边缘设计中，通过示意图、文献研究、临床与生活实例等方式，通俗易懂地阐释修复体边缘类型及临床适应证。在此过程中，介绍我国自主研发的全瓷材料和数字技术的发展对牙体缺损修复的影响、在国际学科发展中的地位，培养学生的科技创新意识和国际视野	通过图片对修复体边缘类型有明确认识→结合每个类型的特点，思考各类型分别适用于哪些临床情况→了解新材料新技术带来的变革	在讲解修复体边缘类型的过程中，融入我国现代科技成就，体现文化自信心和民族自豪感，培养学生的科技创新意识，同时拓展学生的国际视野
介绍我国口腔美学的发展史以及北京大学在其中的重要贡献，结合临床精美图片，介绍牙体缺损固定修复中的美学原则	通过回顾历史，加深对美学原则的认识；通过临床精美图片，提升口腔美学素养	通过我国口腔美学发展史和北京大学口腔医学院在口腔美学专业发展中的重要贡献，提高学生爱国、爱校、爱专业的情怀，同时培养学生的美学素养
课程总结：以知识点梳理的方式，启发学生回忆课程所学，进一步将知识条理化、系统化	梳理知识点，回忆当堂所学，将知识点条理化、系统化，利于记忆	通过全面回顾和强化重点内容，使学生掌握知识点，提高学生思考问题的全面性和辩证性

（续表）

教师	学生	设计意图
扩展阅读：推荐课后阅读书目 《口腔修复学》 《口腔固定修复的临床设计》 《Fundamentals of Fixed Prosthodontics》 《Contemporary of Fixed Prosthodontics》	扩展阅读：课后阅读，拓宽知识面	为学生提供重点参考书，鼓励学生努力拓宽知识面，巩固课堂所学

（三）烤瓷熔附金属全冠修复（案例3）

授课教师：吕珑薇（副教授、副主任医师）

学时数：2学时

1. 教学内容分析

烤瓷熔附金属全冠修复是口腔医学生应该重点掌握的内容，尤其应重点掌握适应证和适应证选择中的注意事项、烤瓷熔附金属全冠的结构和每部分的作用与设计要求。本节课在教学内容的安排和设计方面进行了创新设计，例如：在课程讲授当中，结合便于记忆的合成词或短语，引导学生学习归纳烤瓷熔附金属全冠的诸多特点；通过修复体间的对比，让学生快速理解烤瓷熔附金属全冠的优缺点和应用方式；结合临床病例联系实际，在适应证与禁忌证的讲解过程中引入不同的病例分析讨论。讲授课程中，巧妙融入思政内容，尤其是结合党的二十大报告和习近平总书记在二十届中共中央政治局第三次集体学习时发表的重要讲话，提高学生对"以人民为中心"理念和"中国式现代化"的认识，提高学生对"基础研究"的重视程度；对陶瓷材料的历史进行讲授，提升学生民族自豪感与爱国主义情怀，让学生感受到肩负着未来推动学科发展和投身中国式现代化建设的使命，鼓励学生"立大志，明大德，成大才，担大任"。

2. 教学目标

①掌握烤瓷熔附金属全冠的定义、适应证与禁忌证、基本结构与功能、临床操作流程。②熟悉金瓷结合机制、烤瓷熔附金属全冠的优缺点；了解烤瓷熔附金属全冠的发展历史、技工制作流程、牙科陶瓷材料研究的进展。③通过病例分析烤瓷熔附金属全冠的适应证，培养学生的临床思维，通过临床操作流程的讲解培养学生牙体预备、比色等临床操作能力。④在专业知识讲授中有机融入思政元素，培养学生的临床思辨能力和追求创新的精神，培养学生热爱基础研究、实现科技自立自强的决心，时刻以患者为中心，为人民口腔健康作出最大贡献。

3. 医学人文素养和课程思政目标

通过讲授陶瓷发明史,增强学生民族自豪感;通过讲授如何合理选择瓷类修复体,引导学生"以患者为中心",从自己的本职工作、身边小事做起,实现党的二十大报告提出的"以人民为中心"的发展思想,用自己的实际行动践行党的二十大精神;树立医德仁爱之风,引导学生全面设计治疗方案,耐心沟通,严谨操作,培养医学人文品格;通过讲解在现代瓷修复材料方面我国与先进水平的差距,激励学生立志于基础性研究,培养学生立志高远,成为中国式现代化建设的栋梁之材。

4. 教学重点难点

烤瓷熔附金属全冠的定义、基本结构与功能以及临床操作流程等内容是该节课的重点难点问题。同时,本节课课程思政融合的难点和重点表现为:结合党的二十大报告,让学生理解如何在未来的职业生涯中实现以人民为中心的发展思想,如何通过自身努力着力于现代瓷修复材料的研发,在科技自立自强实践和中国式现代化建设中作出应有的贡献。

5. 学情分析

学生在学习本节课之前,已学习铸造金属全冠的内容,但对瓷材料的了解不够。因此,在教学中应注意如下几点:第一,应让学生理解烤瓷熔附金属全冠与铸造金属全冠的不同,并利用铸造金属全冠的知识理解烤瓷熔附金属全冠的金属内冠设计和制作要求。第二,应结合学生日常对瓷、玻璃材料的感性认识,让学生科学地了解瓷修复材料的力学特征和颜色特征。第三,应重点讲授金属和瓷的结合,如何利用金瓷结合的原理合理设计烤瓷熔附金属全冠,以确保烤瓷熔附金属全冠的长期成功。第四,应结合口腔固定修复原则和铸造金属全冠的牙体预备特点,讲授烤瓷熔附金属全冠的预备要点。通过上述内容的对比和讲解,学生才能更好地理解烤瓷熔附金属全冠修复中的学习重点和难点内容。第五,此阶段学生已经初步了解和学习了党的二十大报告和习近平总书记在二十届中共中央政治局第三次集体学习时发表的重要讲话精神,因此,在讲解瓷材料的历史过程中,既让学生感受中国瓷材料发展的悠久历史、历史贡献,也让学生了解现代我国瓷材料发展的差距与不足,培养文化和科技自信的同时,鼓励学生积极从事材料基础研究,解决"卡脖子"问题,为中国式现代化作出应有的贡献。

6. 教学设计思路

通过问题引导,将教学主线内容、重要知识点和课程思政连接起来,通过启发式、对比式、互动式和归纳式教学,以板书、教学模具、视频录像等为载体,生动讲授烤瓷熔附金属全冠相关内容。

7. 教学过程

具体教学过程如表3所示。

表3 烤瓷熔附金属全冠修复教学过程

教师	学生	设计意图
烤瓷冠正面观　烤瓷冠口内观 课程导入：由赵本山、宋丹丹主演的小品引出课程主题"烤瓷熔附金属全冠"（以下简称"烤瓷冠"）将患者的疑惑作为3个问题来贯穿课程主线：是烤瓷冠没有把牙完全包住吗？烤瓷冠的背面为什么是"黑"的？背面的黑色显露，是刷牙时把瓷刷掉了吗？	启发学生思考烤瓷冠的定义和结构	用熟悉的小品片段吸引学生的注意力，引发"什么是烤瓷冠"的思索；引入一段真实患者的故事，提出大众对于烤瓷冠常有的疑惑
讲解：瓷器是中国的伟大发明。瓷器的发展始于汉代（约公元前200年），至宋代（约公元1000年）达到鼎盛时期，闻名世界	激发学生的民族自豪感，同时注重传统文化与优势技术的发扬光大和与时俱进	通过讲解瓷材料的发展历史，让学生感受中国瓷材料发展的悠久历史与对世界瓷材料发展作出的卓越贡献，培养文化自信和科技自信
讲解：现代口腔修复瓷材料的发展与制作工艺主要源自国外，具有我国自主知识产权的牙科陶瓷材料研发与国外存在差距。期望学生关注牙科陶瓷等材料学基础问题，踔厉奋发，解决材料学中"卡脑子""卡脖子"问题	鼓励学生从临床实际问题出发，积极投身于牙科陶瓷材料等基础性科学研究中，突破临床和口腔材料学的瓶颈问题；要"立大志，明大德，成大才，担大任"，肩负起推动口腔医学学科发展的使命	以学习贯彻习近平总书记在二十届中共中央政治局第三次集体学习时发表的重要讲话精神为出发点，激励学生积极从事基础性科学研究，从而使学生积极面对差距，勇于创新，立足牙科陶瓷材料等基础问题，研发具有我国自主知识产权的材料，实现科技自立自强
临床操作流程：问诊检查与适应证的选择→★牙体预备→取印模→★比色→制作临时冠→试戴与粘接（技工制作流程） 重点讲解：与铸造金属全冠对比，讲解烤瓷冠的牙体预备和比色；复习铸造金属全冠内容的方式，对取印模、临时冠制作、试戴与粘接等步骤进行讲解	使学生意识到仔细问诊、耐心检查、明确患者主诉的重要性；全冠修复需要进行一定量的牙体预备，必须严格掌握适应证的选择，注意尽可能地保存牙体组织；帮助学生形成严谨的逻辑思维，使其规范操作	通过绘制临床操作流程图，一方面帮助学生理解和记忆烤瓷冠的临床操作流程，另一方面启发学生在每一种修复体的学习过程中都应先理清临床操作思路，培养临床思维

(续表)

教师	学生	设计意图
重点讲解:在牙体预备中如何规范操作,如何保护牙体组织,如何体现爱伤观念	规范性地掌握烤瓷冠的牙体预备量、牙体预备方法和牙体预备流程,学习预备中如何最大限度地体现生物学原则、力学原则和美学原则,如何做到以患者为中心	建立和巩固学生的爱伤观念,通过规范操作最大限度地保留患者牙体组织,为患者提供最佳治疗方案和最优健康服务。让学生从更高层次理解,如何从自己的职业出发,以优质口腔健康服务去实践党的二十大报告提出的坚持以人民为中心的发展思想
病例分析:通过双侧上中切牙失髓变色的病例讨论与烤瓷冠修复前后的效果对比,引发学生对修复类型选择、材料种类选择的思考;提醒学生在口腔修复过程中一定要注意患者个性化的需求(如修复体的颜色、外形等),注重患者的参与	通过病例分析使学生意识到,作为医学生,应当充分理解患者的心理和需求;同时,严格把握适应证,充分了解不同修复类型与修复材料能够达到的不同效果,培养学生的人文素养与沟通能力	培养学生换位思考的医学人文精神;对治疗流程和效果具有全面认识,能够与患者充分分析不同修复方案的利弊,提升学生的医患沟通能力
课程总结:以知识点梳理的方式,启发学生回忆课程所学,进一步将知识条理化、系统化	通过问题回答,回忆当堂所学,记忆重点内容和英文专业词汇	通过提问强调重点,促进学生记忆;通过中英文对照讲解,提高学生阅读英文专业书籍或文献的能力和将中外知识融会贯通的能力
参考书 1. 周永胜主编.口腔修复学.第三版.北京大学医学出版社,2020. 2. 周永胜,佟岱主编.口腔修复工艺学.第二版.北京大学医学出版社,2020. 3. 赵铱民主编.口腔修复学.第八版.人民卫生出版社,2020. 4. Rosenstiel SF et al. Contemporary fixed prosthodontics (5th edition), 2015. 扩展阅读:推荐课后阅读书目	扩展阅读:课后阅读,拓宽知识面	为学生提供重点参考书,鼓励学生努力拓宽知识面,巩固课堂所学

（续表）

教师	学生	设计意图
思考题与课后作业布置： ①烤瓷冠为什么要有金属内冠？②从烤瓷冠外表面的什么位置能够直接看到金属？为什么这样设计？③烤瓷冠的瓷层为什么采用分层设计的方式？④如何在未来的职业发展中践行党的二十大精神？	促使学生温故而知新	通过思考题和课后作业，使学生主动思考和复习，巩固课堂所学，为后续课程学习奠定坚实基础

四、课程评价

教研室注重数字化教学评价和持续改进，以评价为引导，持续提高课程教学质量。对课程准入、教学效果、培养质量等进行严格审查和定期评估，形成学院领导—教学督导组—教研室—学生共同参与的联动督导机制。教研室十分重视学生对教师和教学内容的评价，应用数字化手段，实现实时评价、即刻评价、意见随时收集、建议时时采集，显著提升教学反馈的效率，发现问题更及时，解决问题更高效。

中华口腔医学会会长俞光岩教授，副会长刘洪臣、陈吉华等教授评价本课程为国家培养创新型口腔修复学人才作出卓越贡献，作为国家临床重点专科，在课程思政方面起到引领作用。学生对本门课程的评教结果为优秀，在本学院同期开设的17门课程中，多次名列第一。

课程思政教学改革成效、示范辐射效果显著，思政元素进课堂、进教材、进头脑的课程思政改革取得示范性和辐射性效果，表现在：口腔修复学课程获批国家级一流本科课程；教研室主编的《口腔修复学》《口腔修复工艺学》等教材强化思政元素，分别获评北京高校优质本科教材课件和北京大学优秀教材；课程获评北京市和北京大学课程思政示范课程，获批北京大学口腔医学院课程思政研究课题等；口腔修复教研室多次获北京大学优秀教学团队称号，多名教师获评北京大学及北京大学医学部、口腔医学院教学优秀奖、优秀育人奖等。通过国家级课程、示范课程、教材、教学论文应用推广以及全国教育教学会议，北京大学口腔修复学课程思政成果形成了卓越的辐射和示范效应，带动了全国口腔医学课程思政工作的快速发展。

五、总结与思考

北京大学口腔医学学科历史悠久、底蕴深厚，创建至今，始终坚持"为党育人、为国育才"，持续推进健康中国建设。为努力培养德智体美劳全面发展的中国特色社会主义口腔医学事业建设者和接班人，本课程全面融入思政教育，做到"时时育人、处处育人、人人育人"。

改进思路如下:教材、课堂教学、修复操作训练需进一步深入挖掘蕴含的思政教育资源,优化课程思政内容;进一步强化现代数字技术与口腔修复教学的深度融合,课程思政教学内容需立体化呈现,进一步体现课程思政内容的鲜活性、思想性、前沿性与时代性;增强不同学科间的课程融合,增强学科间教学内容的连贯性;进一步丰富数字化口腔修复标准病例库、习题库建设,增强学生理论联系实际的学习和训练效果,将学生的价值塑造、知识传授与能力培养相统一;将虚拟现实(VR)和增强虚拟现实(AR)技术应用于口腔修复学教材建设和课堂教学,提升课程思政教学和医学人文素养培训的效果;开发多学科融合课程,突出课程思政教学内容在不同学科之间的融合,提升知识体系连贯性;进一步改进数字化评估体系,提高对课程思政效果评估的实时性、精准性。

护 理 研 究

一、课程概况

（一）课程信息

护理研究课程为北京大学护理学术型硕士的专业必修课，适用学时为36学时。

（二）课程简介

课程聚焦如何实施高质量护理研究这一主题，以提出研究问题、用科学方法回答问题、课题申报与伦理审查、论文写作与评阅为内容框架，以学生发展为中心，通过开发和整合多元化思政资源平台，灵活运用案例剖析、项目设计、合作学习、拓展学习等多模态教学方法，创设自主、探究、合作式学习环境，挖掘创新潜力，厚植科学精神，激发家国情怀，重塑专业自信，引导学生以"四个面向"为指引，凝练护理领域的科学问题，并运用经典和跨学科研究方法进行科学探究，为学生独立实施高质量研究奠定坚实基础。本课程被评为北京市课程思政示范课程，授课教师和团队获教学名师及团队奖。

（三）授课团队简介

授课团队由护理学及交叉学科的中青年骨干组成，具体包括王志稳、吴雪、王翠丽、王艳、周宇彤、万巧琴、许蓓蓓、李楠，均有主持教学、科研课题以及发表多篇高水平论文的经历。

课程负责人王志稳，教授，北京大学医学部循证护理研究中心主任，主持多项国家级及省部级课题，主编和副主编教材与专著17部，发表论文150余篇。带领团队开发融在线课程、虚拟仿真项目、案例库于一体的多模态教学资源，整合创新与实践平台，实现研究与实践有效衔接。

课程所获相关奖项：国家级一流本科课程、北京市课程思政示范课程、北京市教学成果奖二等奖；指导的学生获北京市科普大赛三等奖，论文被评为北京市优秀毕业论文、北京大学优秀博士论文。

二、课程育人目标

课程以立德树人为根本目标,以学生发展为中心,以能力培养和价值塑造为导向,将培养科学精神、科学思维、创新意识、自主探究和跨学科合作潜力,激发家国情怀、专业自信和责任担当作为课程思政建设重点,为培养能独立进行高质量护理研究、担当起引领未来专业发展的卓越护理人才奠定坚实基础。具体育人目标如下:

家国情怀:引导学生聚焦全球护理领域的热点问题,面向重大需求及科技前沿,以解决瓶颈问题为导向提出研究问题,激发学生的家国情怀和推动学科发展的责任感与使命感。

道德修养:以社会主义核心价值观为指引,聚焦学术诚信,塑造诚信求实的道德修养,引导学生自觉遵守科学研究中的道德规范与行为准则。

科学精神:培养学生具有勇于探索、开拓创新、协作开放、理性质疑、精益求精的科学精神;鼓励学生基于形象思维提出创新想法,厚植逻辑性、系统性和评判性科学思维方法。

职业素养:引导学生建立专业自信,养成敬佑生命、以人为本的职业素养,为其担当起引领护理学专业未来发展的时代重任夯实基础。

三、课程思政案例

(一)学位论文的评审要点及问题剖析(案例1)

1. 课程思政元素

具有家国情怀和全球视野;具有开拓创新、协作开放、理性质疑、精益求精的科学精神,以及逻辑性、系统性和评判性科学思维方法;具有诚信求实的道德修养;具有敬佑生命、以人为本的职业素养。

2. 教学过程

第一,布置课前任务(图1)。

确定分组,准备案例:以小组为单位,检索1篇硕士学位论文,搜集1个学位论文警示案例。

知识准备:浏览课程平台提供的《研究生学位论文写作指南》、学位论文警示案例。

第二,设置翻转课堂。

解析学位论文评审要点(20min):授课教师结合课前任务,回顾学位论文的结构,解析学位论文的评审要点,展示学位论文匿名评审问题汇总,以评审统计数据为依据,引导学生关注在学术道德、创新成果方面存在的问题【思政元素:诚信求实的道德修养、开拓创新的科学精神】。

小组案例学习(30min):如图2所示,以小组合作学习方式针对课前检索到的学位论文案例,从选题、立项依据、理论框架、研究方法、结果与讨论、伦理原则等方面剖析优劣。授课教师观察、指导和释疑,引导学生评判性接纳他人观点【思政元素:协作开放、理性质疑的科学精神】。

图1 课程平台布置的学习任务

图2 小组案例学习

案例展示与启发式点评(50min):学生分组进行案例展示(图3),授课教师针对案例中蕴含的关键知识点、尚存的问题及技术瓶颈进行启发式点评,提出进一步的思考点,并通过课程平台提供拓展资源、科研实践平台资源相关信息,激发学生自主探究和创新拓展的意识,引导学生利用第二课堂进行拓展学习【思政元素:勇于探索、开拓创新的科学精神】。

针对选题,引导学生以"四个面向"为指引,辨析选题的重要性、创新性及学术价值【思政元素:家国情怀】;针对立项依据、问题提出、理论框架、论点及论据,引导学生辨析论文各部分的逻辑性【思政元素:逻辑性、系统性和评判性科学思维,理性质疑的科学精神】;针对研究方法和结果,引导学生剖析其与研究问题的契合度、研究方案的严谨性【思政元素:逻辑性和系统性科学思维,精益求精的科学精神】;针对论文尚存的方法学瓶颈,引导学生聚焦世界科技前沿,运用跨学科技术解决瓶颈问题【思政元素:全球视野,勇于探索、开拓创新的科学精神】。例如,针对学生展示的《广场舞对老年轻度认知障碍合并抑郁症状患者的干预效果研究》这一论文案例,引导学生思考如何运用跨学科技术,探究广场舞改善认知功能和抑郁的关键机制;在新冠病毒感染疫情防控期间,引导学生思考如何利用虚拟现实技术设计替代性干预方法。以医学伦理原则为依据,剖析论文中可能出现的伦理问题及对策。例如,针对《基于移动医疗App开展2型糖尿病患者延续护理的卫生经济学研究》这一论文案例,引导学生反思网络信息安全问题及对策,并从资源利用角度剖析健康公平性问题【思政元素:敬佑生命、以人为本的职业素养】。

图3 案例展示与启发式点评

学位论文警示案例分享与反思(5min):分享和反思学位论文警示案例,激发学生作为北大学子在净化学术氛围中应有的责任和担当【思政元素:诚信求实的道德修养】。

(二)护理领域跨学科研究案例分享(案例2)

1. 课程思政元素

具有家国情怀、责任担当;具有勇于探索、开拓创新、协作开放、精益求精的科学精神;具有专业自信、敬佑生命、以人为本的职业素养。

2. 教学过程

教师分享跨学科研究案例(50min):针对护理领域的问题,分享医工交叉学科研究案例,注重引导学生关注国家重大需求和人民生命健康,凝练出护理领域的科学问题。例如,在分享"科技赋能策略:基于知识图谱的失智照护方案智能推荐系统"案例时,从二十大报告提出的"实施积极应对人口老龄化国家战略,发展养老事业和养老产业"切入,聚焦失能失智人群,针对该群体在"多学科专家持续指导"方面的刚性需求,结合"发展普惠型养老服务"等国家战略目标,剖析现实中"因经验丰富的多学科团队不足,制约专业支持服务的普惠化,导致供需失衡"这一痛点问题。然后,引导学生基于痛点问题凝练科学问题(图4),使学生重新思考护理学科在解决国家瓶颈问题及护佑人类健康中的价值,从中建立专业自信【思政元素:家国情怀、责任担当、专业自信】。凝练出科学问题后,引导学生感悟跨学科技术在解决护理领域科学问题中的必要性,以及在护理领域的特定情境下对创新跨学科技术的推动作用【思政元素:勇于探索、开拓创新、协作开放的科学精神】。

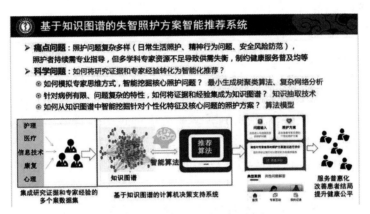

图4 跨学科案例分享:凝练科学问题

授课教师在分享"科技赋能策略:基于知识图谱的失智照护方案智能推荐系统"案例时,引导学生感悟人工智能算法在解决"多学科专家不足制约健康服务普惠化"这一瓶颈问题中的作用,以及失智照护病例有限、问题复杂的特殊情境对人工智能算法提出的挑战,进而推进人工智能算法的演进;在分享"医嘱录入系统人机交互在患者安全中的应用及机制研究"案例时,引导学生思考运用眼动、脑电技术,精准探究人机交互的神经、脑机制问题,注重引导学生在思考护理学专业内涵的同时守正创新,将跨学科研究技术应用于护理领域,探究护理人员与现代仪器设备交互过程中的行为学现象及机制,培养学生开拓创新的科学精神。

小组合作学习(30min):以二十大报告在"推进健康中国建设"中提出的"促进优质医疗资源扩容和区域均衡布局,坚持预防为主,加强重大慢性病健康管理,提高基层防病治病和健康管理能力"为切入点,围绕"如何利用科技手段赋能慢性病患者、照护者及基层健康管理能力,实现专业健康服务普惠化"这一问题,学生通过小组合作学习,结合自己的研究方向,尝试凝练科学问题,并思考可能用到的跨学科技术。授课教师观察、指导和释疑,引导学生提出创新想法,并感悟小组成员不同观点碰撞的重要性【思政元素:勇于探索、开拓创新、协作开放的科学精神】。

案例展示与启发式点评(20min):重点展示聚焦的人群及现实问题、凝练出的科学问题、可能用到的跨学科技术、小组学习中遇到的困惑。授课教师在点评时,对学生提出的创新想法给予鼓励和肯定,引导学生以《智慧健康养老产业发展行动计划(2021—2025年)》等文件为指引,进一步思考移动终端、可穿戴设备、互联网平台等智能设备在居家、社区、机构等慢性病防控场景的集成应用,以及在知识图谱、计算机决策支持系统、养老服务机器人等智能化产品研发中涉及的材料学、信息科学、卫生经济、社会伦理等多视角问题,拓展和开发学生的视野与创新意识。提供"未名青年学者论坛""北大生物医学论坛""未名护理领军人才项目"等拓展资源平台,激发学生利用第二课堂和学位论文训练,继续进行自主探究【思政元素:勇于探索、开拓创新的科学精神】。

四、课程评价

(一)学生评价

学生在评课及访谈中提及课程使其开阔视野,启发独立思考和自主探究的好奇心,让其意识到团队协作的重要性,领悟到科学研究中的逻辑性科学思维方法,部分学生评价,课程使其正视差距,激发其专业自信、家国情怀和责任担当。学生参与创新科研实践的数量和质量提升,在面向研究生的"未名护理领军人才项目"中,跨学科研究比例升高,并实现发明专利"零的突破"。

部分学生评价,"案例剖析、小组讨论和点评启发我独立思考,开阔了视野""意识到小组成员观点互补的价值,对别人提出质疑时一定要有据可依""领悟到PICO问题对引领立项依据写作、结局指标选择、结果呈现、论点表述的重要性,领悟到什么叫严谨性和逻辑性""通过风险预测模型、多元分析方法、跨学科案例的学习,我意识到自己不懂的还有很多,科研的水很深,需不断学习,努力寻找跨学科伙伴一起开展研究""老师在课上借用故事和案例,引导我们思考,与其他学科相比护理研究还存在哪些差距,与国际相比还存在哪些差距,如何能让自身变得更强"。

(二)同行评价

每学期有12~20名来自全国各地的访问学者和进修教师旁听课程,在座谈中,他们认为该课程的模块化内容安排、探究式教学方法、启发式点评、活跃的讨论氛围、思政元素的有机融入令人印象深刻。

(三)社会评价

本课程在北京大学课程思政培育沙龙、北京大学各附属医院、全国医药学研究生课程思政建设研讨会、全国护理专业课程思政示范课程工作坊以及全国多个兄弟院校分享课程思政建设经验;通过开展示范公开课、举办"一流课程设计与建设研讨班""护理科研方法与实践进阶研讨班"等途径,将教学理念和课程思政建设经验辐射至全国30个省市9万余人次;将教学理念植入北京大学医学部-澳门理工大学护理书院相关课程建设,助力国家粤港澳大湾区护理人才培养。

通过院校协同模式,整合现有的科研与创新实践平台及项目资源,将其用于研究生科研实践第二课堂活动中,联合医院构建出的"院校协同助推知识转化模式"已进行著作权登记,实现科学研究"问题源于实践、成果服务于实践"的有效衔接,相关成果获中华护理学会第七届科技奖一等奖。

五、总结与思考

(一) 拓展课程思政资源的内容与形式

课程现已构建出用于课堂学习的经典教学案例,用于拓展学习的资源库(护理领域标志性研究案例、跨学科研究案例、护理专利集锦、科技奖获奖项目集锦、科研小白成长记、大咖养成记),以及包括未名护理领军人才项目、国家级科研项目、未名护理学术论坛、学院创办的 Interdisciplinary Nursing Research (INR) 英文期刊等在内的科研实践平台,但这些资源与课程的衔接机制尚有待完善。今后将与校内研究中心、跨学科研究团队、知名期刊等进行多元化合作,构筑稳态化研究与创新实践平台,将课程融于创新实践。

发动学生共建课程思政资源,搜集身边素材拍摄微视频,开发课堂互动小游戏等,从内容和形式上丰富课程资源,使其更贴近学生特点和时代特色,提升课堂教学的互动性和挑战性。

(二) 打造精品课程思政案例及在线资源

经过实践,课程已初步形成 3～4 个典型思政案例。今后,针对该课程的每个重点内容模块,将继续打造精品课程思政教学案例,固化和传承经验。同时,依托北大医学研究生规划教材和出版基金,将凝练出的课程思政教学资源、思政元素融入方法路径嵌入教材中,打造精品教材;依托北京大学护理学院国际课程资源建设项目,建设护理研究英文在线课程作为本课程的配套资源,拓展学生的国际视野。

生 物 化 学

一、课程概况

（一）课程信息

生物化学从分子水平研究生命活动的本质，是生命科学和医药学专业学生的必修课程。该门课程为线上线下混合课程。授课对象及学时为临床专业（5 年制）学生，54 学时；药学专业（6 年制本硕连读）学生，64 学时。

（二）课程简介

该课程结合专业特点和学生培养目标，深度挖掘知识点相关的思政元素，采用以学生为主体的现代混合式教学方式和思维导图、主题报告、专题讲座等多种教学活动，结合多样化评价方式，为不同专业的学生量身定制了价值塑造、能力培养、知识传授三位一体的线上线下混合式教学课程。该课程获教育部产学合作协同育人项目（编号221003880110600）、北京大学教学新思路 2.0 优先项目和医学部在线课程建设主任基金专项资助，入选 2020 年北京大学教学优秀案例，并通过 2021 年首批北京大学课程思政示范课程认证，获北京大学第十届、第十一届创新教与学应用大赛一等奖，相关文章获北京大学第三届和第四届创新教与学论文比赛一等奖。

（三）授课团队简介

授课团队由易霞、马利伟、倪菊华、云彩红、俞文华、贾竹青组成。

课程负责人：易霞，博士，北京大学基础医学院生物化学与生物物理学系副教授，PBL中心骨干，教学基本功竞赛辅导专家组成员，北京大学医学部教学发展中心研修导师，中国生物化学与分子生物学会教学专业委员会（青年委员会）副主任委员。目前从事衰老相关疾病的转录后调控机制、课程与教学方法研究。主持完成多项国家自然科学基金项目，作为骨干参与国家自然科学基金委重大集成项目和科技部国家重点研发计划各一项，主持教育部产学合作项目一项。文章发表于 *Nucleic Acids Research*，*Genes &*

Development 和 *Journal of Biological Chemistry* 等。作为第五完成人,其研究成果获 2008 年度国家自然科学奖二等奖、北京市科学技术奖二等奖、教育部自然科学奖一等奖和 2007 年度中华医学科技奖一等奖。教学上先后获北京大学第九届青年教师教学演示竞赛(医科类)第一名、北京高校第七届青年教师教学基本功比赛二等奖和最受学生喜爱奖、北京大学教学优秀奖、北京大学创新教与学应用大赛一等奖和创新教与学论文比赛一等奖等多项奖励。

二、课程育人目标

生物化学理论和技术已渗透到生物学各学科乃至药学和临床医学的各个领域。作为生命科学和医学相关专业学生最早接触的专业课之一,生物化学为学生开启生命科学的大门,引领学生探索生命的奥秘。一方面,基于专业特点和需求,以学生发展为中心开展定制课程,结合生物化学知识与生命现象、生活和疾病的联系,引导学生夯实基础,自主学习和学以致用;另一方面,通过身边科学工作者的研究经历和诺贝尔奖故事等引导学生运用科学思维、培养科学素养,勇于质疑和创新协作。我们期望通过教师对生命和疾病的理解,对自身学习、生活、工作和科研中失败和困难、成功和喜悦的感悟,从共情的角度"润心无声"地引导学生去了解和理解自己的专业、发现自己的优势和适合的职业,并为将来作出规划;引导学生正确面对失败与挫折,热爱生活,珍视生命。课程也希望从更高的层次,通过教师以学生发展为中心身体力行打造定制课程,引导学生做事要以人为本,有精益求精的工匠精神;希望通过中国科学家和身边科学家的贡献、奋斗精神和经历,引导学生树立家国情怀、民族自豪感和爱校荣校意识,引导学生诚实守信,大胆创新协作,习道悟道领道,以为医药学发展作贡献为己任。

三、课程思政案例

(一) 设置"共战疫情,中国加油"专栏(案例1)

2020 年,因课程开课初期正值新冠病毒感染疫情严峻且全民抗疫时期,授课团队于正式开课前一周在超星学习通线上平台开设"共战疫情,中国加油"专栏(图1),积极进行疫情相关知识的科普宣传,关注学生心理需求,帮助学生及时了解新冠病毒相关医学知识,指导学生科学防控病毒感染,安抚学生情绪,引导学生居家不聚集,认真学习,为疫情作贡献。课程之中,结合疫情防控的良好态势、国家的有力举措和各行各业人民的担当,引导学生尊医重道,勇于担起医学生的社会责任和北大青年的时代使命。

(二) 生物化学发展简史(案例2)

相关知识点:生物化学发展简史。

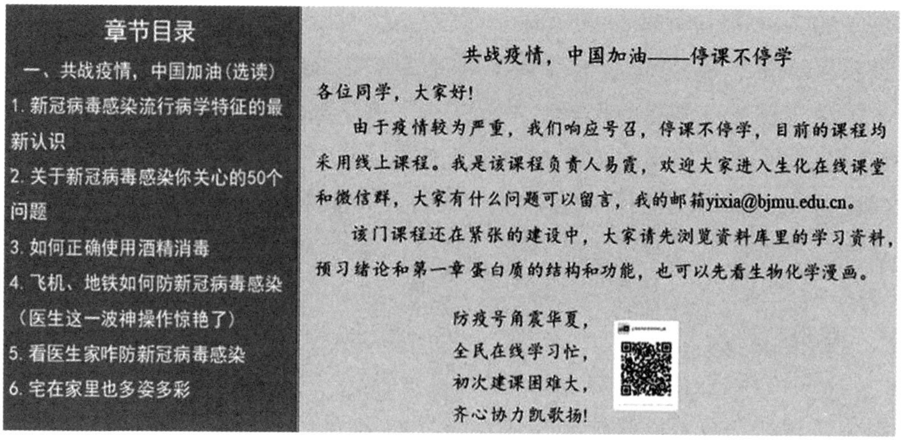

图 1 课前动员

思政元素和预期目标：以生物化学发展为主线，旨在帮助学生较早建立对学科的整体认知，培养学生国际视野，激发学生学习动力，以增强国家竞争力为己任；以中国科学家在生物化学相关研究中的贡献和事迹培养学生的家国情怀和民族自豪感，结合教师自身对上述科学家的崇敬和对科研的感触，引导学生初步理解科学研究的特点和意义，培养学生的科学素养和职业素养。

教学内容：以时间轴为序，从19世纪叙述生物化学阶段，到20世纪上半叶动态生物化学阶段、20世纪下半叶分子生物学（机能生物化学）阶段，再到21世纪的高通量实验技术（基因组、转录组、蛋白质组、糖组、代谢组学等）阶段，介绍生物化学发展的动态变化、标志性事件和目前进展及广泛应用，引导学生自主学习生物化学中的诺贝尔奖内容。

介绍我国生物化学和营养学的奠基人之一吴宪教授。他于1931年首次提出蛋白质变性学说，并挑战权威提出了广泛应用于临床生化检测的血液系统分析技术。

讲述第一个人工合成结晶牛胰岛素的历史。1965年中国科学院上海生物化学研究所、北京大学化学系（邹承鲁小组）和中国科学院上海有机化学研究所的科学家，排除万难、共同协作，历经6年9个月的艰苦工作，突破科研瓶颈，合成了世界上第一个人工合成结晶牛胰岛素。这是我国生物化学发展史上的重要里程碑，实现了人工合成蛋白质的伟大目标，开创了人工合成生命分子的新时代。

通过介绍北京大学第三医院乔杰院士与北京大学谢晓亮教授、汤富酬教授研究团队共同完成的"利用极体高通量测序结果精确推演出母源基因组信息"成果入选"2014年度中国科学十大进展"的事例，强调分子生物学技术在临床中的应用和多学科创新协作的重要性。

讲述我系创始人刘思职、童坦君和尚永丰三位院士在生物化学研究和学科建设中的贡献，分享他们的敬业与专注精神对授课教师的影响和启发，培养学生的科学素养和职业素养。

教学方法与实施：该部分内容以教师课堂讲授和图片展示为主，直播录制回顾。

通过讲述生物化学与分子生物学发展历程、当前进展和应用,介绍在国际相关领域作出重要贡献的科学家,在线上拓展资源平台提供文献,引导学生自主学习生物化学中的诺贝尔奖内容,拓展学生国际视野,激发学生学习动力和提高学生创新能力。

我国科学家在人工合成结晶牛胰岛素方面作出了突破性贡献,教师除从全球视野讲授其重大意义,激发学生爱国热情、民族自豪感外,还通过布置小论文,引导学生自主阅读文献了解胰岛素的发现和胰岛素类药物的研究进展,并就存在问题、展望和感想激发学生兴趣,引导学生学会溯本求源、自主学习、发现和解决问题。在"蛋白质的结构与功能"章节,教师进一步讲授胰岛素结构,帮助学生提升对胰岛素结构和功能的理解认知,引导学生夯实基础和发现自主学习中的不足。

教学特色与创新:在生物化学发展史中,除介绍生物化学中的代表性事件和国际学者外,还重点强调中国科学家在生物化学中的贡献,尤其是重点强调在当时艰苦的环境下,中国科学家在发现胰岛素过程中的协作奋进及该事件的划时代意义。此外,通过授课教师对本校和身边科学家的专注和敬业的所见所闻所感,引导学生培养职业素养和科学素养。

(三)糖代谢和脂代谢(案例3)

相关知识点:糖和脂肪之间的联系和调节,糖如何转变成脂肪,酮体的生成与利用。

思政元素和预期目标:引导学生学以致用,认识预防重于治疗的意义,指导自己和家人合理饮食、科学减肥、健康生活。

教学内容:以不当减肥、饮食失调诱发的1型糖尿病酮症酸中毒病例为导引,指导学生检索资料学习糖尿病常见类型和发生机制,利用所学的糖代谢和脂代谢知识讨论为什么年轻人会得糖尿病、病例中年轻糖尿病患者酮症酸中毒的可能诱因、出现尿糖和尿酮的机制。结合绪论课中胰岛素的发现、研究进展和应用等内容,帮助学生了解需要长期打胰岛素的糖尿病患者的不便,关爱和理解身边的糖尿病患者。在整体代谢章节结束后,请学生课下检索资料,结合目前形形色色的减肥方法,利用所学的物质代谢知识给出科学的减肥方法并说明其中的生物化学机制。通过这个案例的学习和讨论,指导学生在掌握基础知识的同时学以致用,合理饮食、科学减肥、健康生活。

教学方法与实施:教师讲授基本知识点,学生自主学习和进行整个物质代谢的思维导图绘制,课程组织学生结合所学过的代谢相关知识,选择自己感兴趣的话题撰写主题报告,并分小组进行汇报和讨论。引导学生检索资料,结合现在形形色色的减肥方法,给出科学的减肥方案并说明其中的生物化学机制。

教学特色与创新:在讲授糖代谢和脂代谢的过程中,通过临床病例,引导学生认识糖尿病的发病机制、病因、临床表现和饮食注意事项,利用绘制思维导图引导学生自主学习,进行知识的整合和联系,通过主题报告培养学生发现问题、解决问题、检索文献、写作、表达和协作等综合能力。

四、课程评价

（一）学生评价

我们对2020级临床专业学生就课程效果和思政内容进行了问卷调查,回收有效问卷126份,问卷回收率为100%。对生物化学使用的课程思政案例,学生认为有必要提及的生物化学课程思政案例如图2所示,其中包括有机磷中毒机制与解救(东京沙林毒气事件)(65.4%)、痛风及其生化机制(61.4%)、胰岛素的发现和发展(60.6%)、三聚氰胺毒奶粉和疫苗失效事件(59.8%)、糖代谢和脂代谢与减肥的主题报告(56.7%)、中国科学家在生物化学领域的贡献(55.9%)等。

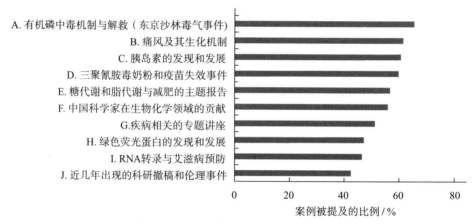

图2 学生认为有必要提及的生物化学课程思政案例

至于学生选择这些案例的原因(图3),学生认为这些案例有助于促进知识的拓展;激发兴趣;引导其认识某些疾病,健康生活;帮助其更了解和理解自己的专业;引导其理论联系实际,学以致用;也有助于培养科研思维、探索精神和质疑精神等。

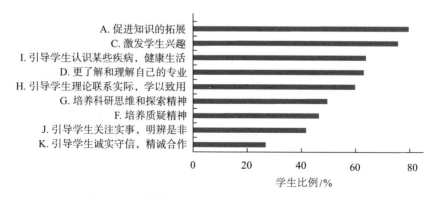

图3 生物化学课程思政案例对学生影响的调查结果

此外,99.2%的学生认为生物化学课程能够满足自己的学习需求;99.1%的学生对课程提供的学习资料满意;93.7%的学生认为授课教师授课的态度认真。学生反馈的关键词为"认真、为学生考虑、贴心、负责"等。学生留言,"在超星学习通上生物化学课的学习资料是我认为最丰富,最翔实的""最感动的就是老师们站在学生角度为学生考虑的态度和做法,让我感觉很温暖""上生化课永远可以感受到老师们的耐心和热情,以及对我们的殷切期盼,这为我们的学习带来了正能量"。从学生的反馈中,教师也体会到融合知识、感情、真情和关心的课程思政对学生的引导作用和影响巨大,体会到思政的意义和重要性。

(二) 同行和专家评价

该课程通过了首批北京大学课程思政示范课程的认证,课程负责人多次被邀请在全校、医学部为北大教师进行示范展示和在超星平台与全国教师进行分享和交流。北京大学新思路教改项目评审专家对生物化学中思政课程的建设给出 9.2 分的好评,认为该课程利用学科优势与思政结合,具有很好的创新性,有推广价值。专家们也建议加强课程思政在生物化学混合式教学中的社会主义核心价值观、人生观的效果比较研究,这也是该课程未来继续研究的方向之一。

五、总结与思考

课程思政最基本的要求就是要给课程铸魂,即遵循人才成长规律和思政教育规律,充分挖掘课程中蕴含的各类思政教育元素,更好地服务于立德树人的目标。生物化学蕴含着丰富的思政教育素材,深入挖掘这些素材,以自然的方式传达给学生,对全面提升学生的能力、素质和品格有潜移默化的作用。目前,针对临床专业的生物化学混合定制课程有助于引导学生夯实基础、学以致用。思政案例的设计与实施有助于引导学生认识某些疾病并注重预防,有助于学生理解自己的专业,培养科研思维和探索精神,但在引导诚实守信和精诚合作(26.8%)上略显不足(图 3)。可能的原因是学生处于本科二年级,刚刚接触医药学相关基础知识,对科学研究处于懵懂状态,还不能充分认识到这些科学研究的意义,不能认识到科学素养(热爱、质疑、创新协作、诚实守信等)的重要性,不能体会科学研究的艰难和成功后的喜悦和自豪。因此,我们需要深入挖掘基于临床疾病的基础研究中的思政要素,深入浅出地设计案例内容,用更丰富的教学策略与方法更好地激发学生兴趣和引导学生培养科学精神和职业素养。

此外,如何有效评价课程思政效果一直是课程思政研究的热点和难点问题,对学生综合能力和素养的评价,还有待于后期对学生的发展,包括二级学科的学业情况、入职后的岗位胜任力等进行进一步了解、追踪、反馈和评估,这也将是今后考核课程思政长远效果的一个研究方向。

急诊医学概论及新进展

一、课程概况

（一）课程信息

急诊医学概论及新进展课程为北京大学医学部本科生的专业选修课,适用学时为 18 学时。

（二）课程简介

课程内容：急诊科为健康危机者提供全面、紧急和便捷的医疗服务,以避免死亡和残伤的发生,是挽救生命的重要部门。急诊医学作为一门专科,除与临床医学其他专科一样具有各自的特点外,其本身在服务模式、诊断认识规律和治疗处理原则等方面有自身的特殊规律。本课程通过介绍急诊医学的历史、工作模式、常见急危重症处理、人文伦理问题,使医学生获得对于急诊医学(包括国内外急诊医学体系差异)的初步了解,并且初步掌握心肺复苏技术。

课程特色和创新：课程将理论知识讲授和实践技能培训相结合,重点介绍急诊医学领域内医疗、教学、科研的新进展和常见急症的现场救治,并不定期更新课程内容。设置话题或引导学生以问题为中心进行小组讨论,以加深对相关学习内容的理解。利用标准化视频、视练同步、情境模拟等方法,结合仿真模拟人进行单人和多人心肺复苏技能的培训。

（三）授课团队简介

课程负责人马青变教授,北京大学医学部急诊医学系副主任、北京大学第三医院急诊科主任。整个授课团队由来自急诊科的长期在医疗、教学、科研领域一线工作的骨干教师组成。团队成员有马青变、郑康、李辉、王斌、郑亚安、葛洪霞、李硕、张玉梅、郭治国、怀伟、杜兰芳、刘韶瑜、李姝、田慈、高勇。

二、课程育人目标

我国教育的根本目标是培养社会主义的建设者和接班人,立德树人是教育的中心环节,思想政治教育应该贯穿教育的全过程。

医学教育看似以艰深的专业知识和复杂的专业技能为主,实则蕴含丰富的思政元素。急诊医学是一个年轻的学科,其诞生、成长、发展的历程展示了几代急诊人孜孜不倦、求实探索的精神。急诊医疗行为,一方面要坚持严谨的科学态度和救死扶伤的专业精神,另一方面还要考虑患者和家属的社会属性,体现医疗的"温度"。课程介绍急诊医学的前沿进展,使学生认识到只有不断拓宽视野,才能使医学科学不断进步和发展。国内偏远地区的医疗现状,时刻提醒着大家未来还有很多工作要做。

急诊医学概论及新进展课程将专业知识、专业技能和思政元素有机地结合起来,内容涵盖科学精神、职业素养、家国情怀、全球视野、专业伦理等,在知识传授和能力培养的同时,实现全方位育人目标。

三、课程思政案例

(一)急诊特殊患者救治中的医学和伦理问题(案例1)

(1)介绍传统定义上"三无人员"的概念。三无人员也称"特困人员",三无指无生活来源、无劳动能力、无法定抚养人或法定抚养人不具备抚养能力。

思政教育:让学生对我国国情有一个理性的认识,了解到虽然随着国家的发展富强,人民的生活水平不断提高,但仍有一些人因为各种原因缺少基本的生活、医疗、居住等保障。激发学生的家国情怀,使学生体会到努力学习、认真工作不仅是为了实现个人的自我价值,更重要的是国家的发展需要每一个人的努力和付出。只有国家发展和壮大,在经济、教育、科学、军事等各个领域的实力全面提高,才能够真正消除"三无人员",让每一个人的基本需求得到保障。建设世界上规模最大的医疗卫生体系,保证人民群众病有所医,是医疗从业人员未来的工作目标。

(2)介绍在急诊科经常接诊的特殊患者中,除传统意义上的"三无人员"(或特困人员)外,还可能包括患者无自主意识、无家属或陪同人员,以及家属无民事行为能力等。

思政教育:让学生体会到在真实世界中,无论性别、年龄、身份和地位等,每个人都有可能在特定的情境下成为在急诊科就诊的特殊患者。让学生体会到每一位到急诊科就诊的患者,无论有无意识、有无家属、有无经费,都应该得到及时的救治,树立"珍爱生命"的正确价值观和"救死扶伤"的职业素养。

(3)重点介绍急诊医生在接诊特殊患者时面临的问题,如图1所示。进行课堂讨论:你在面对某类患者时会怎么办?为什么?你会有什么顾虑?重大医疗决策由谁决定?(挑选2~3名学生简单讲述自己的想法,引发大家的思考)讲解医疗相关法律法规对于此类患者救治的规定。

图1 急诊特殊患者医疗中面临的问题

思政教育:使学生了解相应的法律法规有明确规定,对于患者本人意愿无法表达且近亲属意愿无法获得的情况下,医务人员有权利也有义务按照医疗流程和医疗原则对患者进行救治,绝不能因为无人签收知情同意书而延误诊断和治疗。一方面与前面内容相呼应,让学生树立珍爱生命的正确价值观和救死扶伤的职业素养;另一方面让学生树立遵纪守法的法律意识,鼓励学生学习和了解相应的法律法规,真正做到知法、懂法、守法。

(4)介绍临床实践中对于患者欠费的解决方法,包括政府补贴、患者补缴等。强调北京大学第三医院从未出现过因患者欠费,最终需要主管医生垫付医疗费用的情况。

思政教育:使学生了解政府已经设立专门针对欠费情况的补贴政策,而且医院也不会因抢救患者生命导致的欠费而追究主管医生个人责任。通过展示相关的政策文件、结合真实的案例,让学生了解政府有专门的应急救治制度,而且该制度是真实可行的,从而让学生认识到社会主义制度的先进性、中国共产党全心全意为人民服务的宗旨,从而更加热爱祖国、拥护中国共产党的领导。

(5)结合实际案例,介绍在实际的临床工作中,患者或家属后期补缴费用的情况,通常比例都很高。

思政教育:通过患者或家属后期补缴费用的真实案例,让学生体会到人性本善,人与人之间要相互信任。教育学生在生活中应当待人真诚、信守诺言,使学生建立文明、诚信的道德标准。同时也让学生感受到,即使经历了数千年的风风雨雨,中国人民仍然保持着中华民族的传统美德,从而提升学生的民族自豪感并激发其爱国热情。

(6)针对如何面对医疗风险组织讨论,让学生发表自己的看法。引用习近平总书记的重要讲话,重温希波克拉底医学誓言,再次强调医务人员的初心和使命是救死扶伤。

思政教育:"不忘初心,牢记使命"是习近平总书记向全体共产党员发出的响亮号召,同时也提醒着每一位医务工作者,救死扶伤是医务工作者的天职。医学誓言也时刻提醒我们,患者的健康是首先要考虑的事情。通过重温总书记的重要讲话和医学誓言的核心内容,让学生重新体会作为医务工作者的初心和使命,珍爱生命、尊重生命,树立救死扶伤的职业精神。无论面对什么样的问题和困难,患者的生命和健康始终是最重要的,医务工作者必须抛开所有顾虑,全身心地投入患者的诊断和治疗工作中。

(7) 介绍国外的"好人法"及其对社会的影响。介绍国内最新发布的被称为"中国好人法"的民法条款,强调医务人员的"作为"会受到法律的保护和支持,而"不作为"会受到法律制裁。

思政教育:通过介绍国外的先进制度和管理方法,结合国内对于法律条款的修订,使学生开阔视野,理解通过合理吸纳国外的先进经验实现"中西结合、洋为中用",最终能为我国的进步和发展起到重要的推动作用,在未来的学习和工作中也需要不断学习国外的先进经验、知识和技术等,为祖国的发展作出贡献。同时,强调学生必须树立法律意识,关心时事,了解最新的法律法规,做到知法、懂法、守法。

(8) 分享授课教师亲身参与的抢救实例(刀刺伤案例和运动会心脏骤停案例),结合时下国内其他城市的案例进行讨论。

思政教育:结合真实的案例,展现医务人员在面对患者无法表达个人意愿、无法获得患者家属知情同意、无人缴纳医疗费用等复杂情况时,始终秉持着救死扶伤的初心,积极救治患者,并没有因为医疗风险、医疗责任、医疗费用等问题而有所顾虑、延误诊治。让学生体会到救死扶伤是医疗从业人员的天职和使命,在任何情况面前,抢救生命都是首要的任务。

(二) 淹溺(案例2)

(1) 简单介绍国际复苏联盟,介绍国际复苏联盟对于淹溺的定义。

思政教育:通过介绍国际复苏联盟,使学生了解在当今社会,在专业领域内各个国家都会积极开展国内和国际的学术交流和合作,很多跨国联盟和协会的组建,都是为了统一对某一疾病的认识,形成最佳的、规范化的诊断和治疗策略,从而提高各成员国的整体救治水平。让学生建立全球视野,认识到在科学技术领域里国内和国际交流的重要性,只有吸纳各方的先进经验和技术,才能促进学科的快速进步和发展。

(2) 简单介绍中国的《淹溺急救专家共识》及其对现场急救工作的指导意义。

思政教育:通过介绍专家共识的指导意义,使学生树立严谨和科学的职业精神。所有的医疗行为都应该基于既往的研究证据和经验的系统化总结,应该遵循相对统一的标准或流程去执行,这样才能在保证医疗质量的同时保证患者的安全。任何医疗行为都不允许"随心所欲"或"想当然"。

(3) 介绍淹溺的病理生理学机制。介绍欧洲复苏协会提出的淹溺生存链(图2)。

思政教育:欧洲国家通过多年的研究成果积累和救治经验的总结提出了淹溺生存链,该生存链很好地诠释了淹溺救治过程中的关键环节和各个环节之间的相关联系。一方面,使学生体会到欧美发达国家在医学科学领域中所处的先进地位,有很多理念、方法值得我们学习,让学生意识到除关注国内医学领域的成就外,还必须要关注国外的前沿进展,这样才能始终把握学科发展的方向。另一方面,也需要让学生认识到我国在某些领域仍然与发达国家存在不小差距,必须努力学习、奋发图强,才能不断提高我国的医疗技术水平。

图 2 淹溺生存链

（4）介绍淹溺的预防和现场急救方法。列举经典的错误急救方式，以"控水"为典型案例，结合溺水后的病理生理过程，说明"控水"无意义的原因和可能造成的不良后果。

思政教育："控水"是广为流传的溺水救治方法，但是却是经典的错误方法。通过实例让学生逐步建立理性的怀疑精神，尤其是在未来的工作和学习的道路上，必须要避免"人云亦云"的态度，树立对于任何事情都应该大胆怀疑、小心求证的科学精神。同时再次强调循证医学的重要意义，所有的诊疗行为都必须有可靠的研究证据作为支持。

（5）介绍淹溺合并心脏骤停时的现场救治流程。强调不推荐单纯按压的心肺复苏，而且不同于常规心肺复苏的 C-A-B 流程，淹溺患者的心肺复苏应该按照 A-B-C 的顺序进行。

思政教育：通过淹溺患者与其他患者心肺复苏实施方法的差异，使学生了解医学科学的严谨性和专业性。即使是相似的临床情况，处理流程也可能完全不同。同样的技术动作，实施的顺序发生改变，对于患者的意义可能完全不同。通过此例，让学生树立严谨的科学精神和尊重科学的职业素养。

（三）我们的抗疫故事（案例3）

（1）介绍授课教师所在的第三批援鄂医疗队出发的背景。

思政教育：新冠病毒感染疫情期间全国各地均派出医疗队支援武汉，北京大学第三医院先后共派出三批医护人员。讲述该案例，一方面让学生体会到在中国共产党领导下，全国人民是一家，一方有难、八方支援，从而塑造拥护中国共产党的领导，爱祖国、爱人民的家国情怀；另一方面也让学生体会到救死扶伤是医务工作者的使命和天职，树立在大灾大难面前、在国家需要时勇于冲锋陷阵的时代精神。

（2）介绍医疗队成员在武汉抗疫期间的工作表现。结合具体案例重点突出医疗队成员不畏艰险、迅速投身于医疗工作的事迹。

思政教育：结合具体实例，重点突出医疗队成员不顾个人安危、以患者为中心积极投身于医疗工作的事迹。引导学生通过鲜活的事例切身感受身边的老师、同事在当时对新冠病毒感染缺乏深入认识和了解的情况下，勇敢面对未知风险的精神，培养学生勇敢和无畏的精神。

（3）介绍医疗队医护人员的日常工作内容。

思政教育：如图3所示，通过真实和具体的实例，让学生了解到即使是在治疗新冠病毒感染疾病的病房，医务人员从事的工作和平时也是一样的，无论是高难度的技术操作，还是日常的生活护理，都对患者的康复至关重要。引导学生树立一丝不苟的职业精神，认识到在任何情况下，医疗工作中的每一个环节对结果都会产生至关重要的影响，细节决定成败。

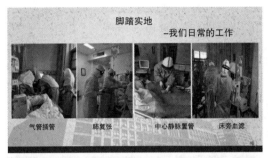 

图3　医疗队医护人员日常工作

（4）介绍医疗队在工作中面临的主要困难，如护目镜内的水蒸气影响视野、身着防护服导致大量出汗、疲劳等。同时介绍医疗队针对上述问题采取的措施，包括一些小的"发明和创造"。

思政教育：通过真实的案例，一方面展现医疗队成员面对困难毫不退缩的精神和毅力，帮助学生树立在面对任何困难时，都能够迎难而上的坚毅品格；另一方面也让学生了解到在面对困难的时候，需要开动脑筋想办法，利用科学的方法解决现实的问题。

（5）分享在援鄂期间医疗队医护同心协力面对疫情、相互支持的案例。

思政教育：通过真实的经历和授课教师的切身感受，让学生体会到在疾病面前，医患永远都是同一个战壕里面的战友。无论何时，医生、护士、患者、家属都必须相互信任、相互支持，尤其是在面对复杂的疾病和危险情况时，相互信任和相互支持尤为重要。一方面，让学生树立爱伤观念，真正认识到在医疗实践过程中面对的不是一个器官、一个系统，而是一个个活生生的、有血有肉的人，因此必须同时关注患者心理和生理等多方面的问题。另一方面，也要让学生体会到虽然近年来针对医患关系的负面报道较多，但是在现实中绝大部分的患者和家属都对医务人员报以最大的信任和支持，而面对这种信任和支持，医务人员必须回报以高质量的医疗和护理。

(6) 介绍医疗队在援鄂期间的会诊、病例讨论、文献学习、诊疗流程等(图4)。

思政教育:让学生了解在医疗实践工作中,必须依靠科学的精神和科学的方法。尤其在新冠病毒感染疫情早期,全世界对此都缺乏足够的认识和了解,医疗队持续追踪世界各地的研究进展,组织专家针对每一个病例进行讨论,认真分析每一个人提出的意见和建议,最终确定患者的诊疗方案,使学生体会到严谨的医学精神,建立尊重科学的态度。

图4　医疗队在援鄂期间的病例讨论、文献学习、诊疗手册等

(7) 介绍医疗队成员在国内和国外新冠病毒感染疾病救治技术交流中的贡献。

思政教育:使学生认识到在面对新冠病毒感染疫情时,整个世界是命运共同体,各个国家的命运是密切相关的,没有任何一个国家能够置身事外。在这个时候,知识和技术是无国界的,全世界的医务工作者都团结起来、密切合作,积极分享和交流经验,遏制疫情在全球的蔓延和发展。引领学生逐步建立全球视野和世界命运共同体的意识。

(8) 总结援鄂医疗中的经验和体会。

四、课程评价

部分学生评价如下:

"我看到了武汉抗击新冠病毒感染疫情时急诊医生的奋不顾身,也看到了中美医疗体系的差异,更了解了美国医学教育体系的特点,同时看到了对急诊医疗中伦理学和人文关怀越来越多的重视。急诊医学概论及新进展这门课让我学到了很多急诊相关的知识,也对急诊医生多了一份了解与敬畏。"

"我将在医疗服务中公平、正直地对待每一位患者。对不同年龄的患者我会给予同样的对待,不会因患者的身份、地位、年龄而有所区别。现在依然有很多疾病是无法被治愈的,医生看到一个个鲜活的生命,却发现有的无法救治,眼睁睁看着生命走向凋零,一定无比痛苦。但是,失落并不代表着绝望。我坚信,医学是非常有意义的事业,即使未来面对这样的情况,我也会继续下去,再一次倾尽全力去救助下一个生命。"

"田慈老师和高勇老师身上都体现着作为急诊科医务人员的担当与责无旁贷的精神,体现着他们舍我其谁的伟大气概。令我深深佩服的,不仅是老师们作为'最美逆行者'的使命担当,更多的是他们作为医者给予患者的深切呵护和将患者放在第一位的医者仁心。"

"对于地广人稀的西藏地区来说,很多牧民来到就近的医院或许就要花费几个小时,很可能错过急救的最佳时间窗口。我相信,一批又一批的援藏医疗队前赴后继,一定会为西藏医学带来更多的光明,也希望将来我能成长为一名可以胜任援藏任务的医生。"

"这场改变很多人人生的疫情,对医生来说是最为残酷的战争,对我这个医学生来说更是一场充满教育甚至洗礼意义的大课。我记得老师的课上有这样一句话'生命至上、人民至上,使命在肩、竭忠尽智',很多时候,这是一句没有实感的话,但是在这一次,这是可以触摸到的宣言,也是被实践的宣言。"

五、总结与思考

在医学教育中,一直都不缺乏思政教育。国内外医学发展的历史、经典药物的发现、医疗设备的发明、新理念和新技术的涌现、成功或失败的临床真实案例、喜极而泣或心惊胆战的经历教训……医学知识本身是艰深和枯燥的,但是和这些鲜活的案例结合在一起后,反而更容易在学生的脑海中留下深刻印象。可以说,每一位医学教育从业者,都在自觉或不自觉地对学生进行着思政教育。

医学教育课程思政建设的重点应该是让教师对课程思政有一个系统化的认识和理解,深刻认识和理解课程思政对于人才培养的重要意义,全面认识课程思政体系三个维度的内容。在此基础上,培养教师结合学科特点和教学内容挖掘思政元素和将思政元素融入课程教学的能力,从而实现"润物细无声"的思政教育。只有教师真正理解课程思政的意义和方法,才能够避免"为了思政而思政"的刻板行为,最终达到在知识传授和能力培养的同时,实现全方位育人的教育目标。

流行病学研究方法（Ⅰ）

一、课程概况

（一）课程信息

流行病学研究方法（Ⅰ）是流行病学研究方法系列课程中的第一门课程，是公共卫生学院研究生的必修课程，共计44学时。此课程前身为流行病学研究方法，考虑到学生的基础不同及研究生课程教学内容层层递进的特点，将该课程进行改革，拆分为流行病学研究方法（Ⅰ）、流行病学研究方法（Ⅱ）、流行病学研究方法（Ⅲ）三部分。其中，流行病学研究方法（Ⅰ）最为基础，为流行病学之灵魂。

（二）课程简介

流行病学研究方法（Ⅰ）讲解流行病学核心要素、研究方法主要类型及设计要点、偏倚的识别及控制等内容，为研究生科研能力培养提供基础。课程采用混合式、启发式教学方法，通过课堂讲授、案例教学、文献阅读、小组讨论与汇报等多种教学方法相结合的方式，借助多媒体、视频及教具等灵活呈现授课内容。本课程曾获评中国学位与研究生教育学会医药科工作委员会医药学研究生精品课程。

（三）授课团队简介

基于公共卫生学院流行与卫生统计学系在流行病学方向深厚的研究基础和一流的科研水平，该课程拥有极为优秀的授课团队，团队由10名资深的教授和中青年骨干组成，包括"吴阶平-保罗·扬森奖"获得者詹思延教授、英国皇家医学院公共卫生学院院士胡永华教授，以及刘民、吕筠、吴涛、高文静、唐迅、孙凤、余灿清、武轶群。授课团队曾获北京大学医学部师德先进集体、北京大学优秀教学团队等荣誉称号。

二、课程育人目标

围绕北京大学医学部的办学定位，以《"健康中国2030"规划纲要》为目标，从"大健

康、大卫生"视野出发,着力培养新时代复合型、兼容型、实践型公共卫生人才,本课程的思政育人目标重点如下:

第一,培养学生的科学思维、创新精神、诚信及团队协作意识,使其具备独立实施高质量研究所需的素质与能力;第二,培养学生独立开展流行病学调查、发现和控制健康风险因素、高效提供基本公共卫生服务的能力;第三,强化学生的人文素养和责任意识,培养学生的全球视野和家国情怀、专业认同、责任与担当、职业拓展能力,使其担当起引领未来流行病学乃至公共卫生专业发展的重任。

三、课程思政案例

(一)国内在流行病学研究方法领域作出重要贡献的科学家(案例1)

流行病学研究方法(Ⅰ)绪论课上,授课教师以伍连德为例向学生讲述中国公共卫生先辈在促进人民健康中作出的努力与奉献,并组织课间讨论,鼓励学生踊跃表达自己的感想,充分调动学生对于科学的流行病学思维方法的探讨,强化学生的人文和职业精神。

1910年12月,肺鼠疫在东北大流行,吉林、黑龙江两省死亡人数达39 679人,占当时两省人口的1.7%。当时清政府尚无专设的防疫机构,沙俄、日本均以保护侨民为由,要求独揽防疫工作,甚至以派兵相要挟。清政府派伍连德为全权总医官,到东北领导防疫工作。

1911年1月,伍连德在哈尔滨建立了第一个鼠疫研究所,并出任所长。当时他年仅31岁,但熟谙细菌学、流行病学与公共卫生学,堪当重任。他不畏艰险,深入疫区调查研究,追索流行途径,根据流行病学资料和细菌学检验结果首次提出此次流行的是极为凶险的肺鼠疫,可在人与人之间通过飞沫传播。因此,他鼓励人们佩戴口罩,主张以隔离鼠疫患者和限制人群流动为防控重点,并采取加强铁路检疫、控制交通、隔离疫区、火化鼠疫患者尸体、建立医院收容病人等多种防治措施,不久便控制住了疫情。

伍连德以其丰富的学识、卓越的组织才能与科学精神,不到4个月就扑灭了这场震惊中外的鼠疫大流行,被国内外誉为防疫科学的权威。

学生在听了伍连德的事迹后,内心充满了敬仰之情,增强了对公共卫生事业作奉献的信心和决心。

授课教师还讲述了苏德隆、蒋豫图、何观清、钱宇平等老一辈科学家的事迹。苏德隆是我国著名公共卫生学家、医学教育家和医学思想家,我国流行病学奠基人之一,新中国预防医学界首位一级教授,首批博士研究生导师,同时也是世界上首位全面阐明钉螺分布规律的学者,为我国的血吸虫病防治等公共卫生事业作出不可磨灭的巨大贡献。他提出的"怎样考验医疗方法的科学价值"在今天看来也是极为合理和极具科学性的。

接下来,授课教师介绍北京大学公共卫生学院流行病学教研室的历史沿革,以及老教授们的光荣传统及其为中国公共卫生教育作出的重大贡献,学生听了之后感到自己身为北京大学公共卫生学院的一员,应当延续光荣传统,为国家公共卫生事业的发展作出自己的贡献。

授课教师在讲授"公共卫生监测"内容前,引导学生自主学习在新冠病毒感染疫情防控领域开展的最新研究,并提出如何通过公共卫生监测取得疫情防控的胜利,引发学生充分的思考和讨论。在课堂上讲授基本理论后,着重介绍我国防控新冠病毒感染疫情的经验,通过具体的疾病监测策略和步骤,为学生分析我国取得疫情防控胜利的原因,用实实在在的数据和例子展示疾病监测的重要价值。

在课上,一句"我们搞传染流行病学的人,无法承受一天新增几万例的代价,咱们中国一定得把疫情遏制住",让学生看到了中国流行病学专家在保卫人民生命健康方面的决心和意识,也正是这种决心和意识,赋予了中国人民不同于其他国家人民的安全感。未来,从这个课堂上走出去的学生也将投身于促进人民幸福、保卫人民健康的事业中去,而其中的源动力有一部分就来源于教授们在课堂上传达的思想。

在讲到"病因推断"内容时,授课教师向学生讲述连志浩在调查察布查尔病病因过程中的事迹。多年来在新疆察布查尔锡伯自治县的锡伯族群众中流行一种疾病,称察布查尔病,主要临床表现是精神不振、头晕、上眼睑下垂、复视、眼球运动不良、吞咽困难、失语,但不发热、意识清楚,病死率高达43.2%,原因不明,发病多在春耕季节,严重影响当地农牧业生产,以致该病在当地民族干部和群众中引起恐慌。为此,1958年卫生部组织专家组赴当地调查。作为专家组中一名年轻的成员,连志浩深入群众中调查,灵活运用流行病学分布论的原理,通过描述察布查尔病的发病时间、地区、人群的"三间分布",成功寻找到锡伯族群众,特别是儿童、妇女喜爱的一种特殊食物——晒干的发酵馒头"米送乎乎"中存在的肉毒杆菌是察布查尔病的元凶,即该病病因是肉毒杆菌毒素中毒。这一发现打破了当时认为的只有食用腌制的肉食才会肉毒杆菌毒素中毒的理论,为肉毒杆菌毒素中毒研究开拓了新领域。在该病病因完全明确后,通过卫生知识的宣传和教育,当地居民改变了不良的饮食习惯,从此杜绝了中毒的发生,连志浩也由于在察布查尔病调查中作出的重要贡献而一举成名。这样生动翔实的例子,让学生深刻认识到流行病学调查中注重细节的重要性,为日后自己参与公共卫生建设提供坚实的基础。

在其他课程中,授课教师也屡次回顾我国在促进人民健康方面作出的努力,从"九五"到"十四五",国家都把人民健康放在第一位,制定切实可行的目标并且努力实现。通过对这些案例的学习和自主体会,学生提高了思想觉悟,提升了专业认同感。

(二)国际上在流行病学研究方法领域作出重要贡献的科学家(案例2)

授课教师在介绍流行病学起源时,讲述约翰·斯诺(John Snow)追踪霍乱起源的故事。1854年,霍乱来势汹汹,席卷英国,其中布劳德大街的疫情最为凶险。为了追查疫情,斯诺博士开始记录每天的死亡人数和伤患人数,并且将死亡患者的地址一一标注在地图上,形成点地图。经过分析发现,所有的死亡案例都发生在一个叫宽街的地方,附近的感化院和啤酒厂却几乎没有人死亡。于是斯诺博士走访了当地的每一户人家,最终将"凶手"锁定在宽街的一口公用水井上。

通过与附近居民交谈,他得知感化院和啤酒厂均有独立水井,而且啤酒厂的工人平常只喝啤酒不喝水,所以啤酒厂没有人感染霍乱。为了进一步证实自己的推断,他继续跟进地图中没有生活在宽街水泵附近的死亡案例。经过和死者家属进行信息确认,他发现大部分死者都常年饮用宽街水井的水。至此得出结论,真正传播霍乱的介质是被污染的水,因此当局下令拆除宽街的水泵,霍乱暂时得到了抑制。课后授课教师还引导学生就如何开展不明原因疾病的流行病学调查进行了充分的讨论,巩固课上所学知识。通过自主学习和讨论,学生了解了流行病学研究的初始思路,加深了对流行病学研究方法起源的理解。

授课教师在介绍队列研究时,特别强调超大规模队列在国际上是一种新的、有效的研究方法,我国李立明老师和英国牛津大学合作的CKB慢性病队列是国际上三大超大规模队列之一,为我国人群的慢性病研究提供了众多证据支持。该队列在国际顶尖期刊上发表高水平论文数百篇,提升了我国流行病学研究在国际相关领域的影响力。

(三)二十大精神与流行病学(案例3)

流行病学是研究人群中疾病分布和疾病发展变化的科学,在这个领域里,政治观念和政治思想非常重要,这在一定程度上直接影响人们的健康和安全。因此,党的二十大精神在流行病学相关课程的思政教育中发挥着极其重要的作用。以下是一个关于如何将党的二十大精神融入课程的思政案例:

新冠病毒感染疫情大流行是当今世界上最引人注目的公共卫生事件之一。授课教师通过分析病毒的传播途径、潜伏期、发病和传染率等,引领学生从公共卫生、人类健康等角度去探究疾病的发生、传播、防控等问题,让学生了解此次疫情对人类社会造成的严重影响。授课教师指出新冠病毒感染疫情以及其他公共卫生问题不仅仅是个人问题,也是全球问题。党的二十大报告强调"四个意识",即政治意识、大局意识、核心意识、看齐意识,旨在提醒我们当个人利益与人民利益、集体利益发生矛盾时,应以人民利益、集体利益为重,学生应意识到自己不仅承担着个人责任,而且还承担着集体责任,因为防止病毒传播需要每个人的参与。通过学习流行病学和了解相关领域的最新动态,引导学生理解和尊重社会公德,使学生更好地意识到自己为社会谋福利的责任,为培养医学生在疫情中发挥专业作用奠定基础。学生通过学习将更加理解人民公共健康的保障、全球健康共同体的建设等问题所涉及的价值观,并在未来的生活与工作中运用与实践。

授课教师还向学生传达了要坚持改革创新和科技创新的理念。在现代公共卫生医学中,将传统知识和先进科技协同应用已成为一种趋势。新冠病毒感染疫情的暴发让全世界深刻认识到了流行病防控工作的重要性,也推动了流行病领域创新精神的不断发扬。授课教师通过新冠疫苗的研发和上市案例讲述流行病领域的创新精神。传统的疫苗从研发到上市往往需要经历十几年甚至几十年的时间。新冠疫苗作为应对新冠病毒大流行的核心措施之一，从研发到上市仅经历一年时间，研发和临床试验前准备时间大大缩短，各期临床试验紧密衔接，同时建立应急审评审批机制等。在新冠疫苗上市后，国内外多个国家在短时间内组织开展了规模数十万人到数千万人不等的人群观察性研究，通过不同数据系统的互联互通，实现整合分析。这对我国健康医疗大数据的发展具有重要启示和推动作用。

在流行病学战场中，在党的二十大精神引领下的流行病学医学生将会是战斗中的英雄。融入二十大精神的教学模式可以培养出更多具有担当精神和奉献精神的医学人才，为我国的现代化建设和公共卫生事业的发展作出积极贡献。

四、课程评价

学生评价1：流行病学研究方法（Ⅰ）课程介绍了大量流行病学家的代表性事迹，生动有趣而又具有教育意义。从斯诺发现霍乱到连志浩发现察布查尔病病因，先驱前辈们的智慧与精神启迪了我们。此外课程还介绍了新冠病毒感染疫情下我国先进的防控策略和公卫老师们为疫情防控作出的贡献，言传身教，让我们更深刻地体会到公卫学院"公行天下，卫成健康"的精神与初心。

学生评价2：在流行病学研究方法（Ⅰ）课程的学习中，我有幸聆听了各位老师亲身讲授，了解了学科发展的历史，对公卫先辈们投身事业、用专业知识和坚毅精神发展祖国医药卫生事业和增进人民福祉的事迹十分敬佩，更坚定了我向先辈们学习的志向。我领略了学科的前沿进展和在大数据时代下学科不断焕发出的蓬勃生机，新一代公卫人在疫情之下基于扎实的专业基础和高度的社会责任感进行科学研究、积极建言献策，体现了北医公卫人的担当。我在专业上的收获是完善了流行病学思维，复习掌握了经典的流行病学研究设计（方法），为自己的科研探索打下了坚实基础。

同行评价：流行病学研究方法（Ⅰ）授课团队均为流行病与卫生统计学专业的研究生导师，年龄范围为40～60岁，师资力量配置雄厚，每位授课教师均有多年的授课经验，且获得过各项教学表彰。课程采用理论讲授、提问、小组讨论及汇报、文献阅读、自学等多层次、多类型的教学方法，实现了教师指导和学生自主性学习相结合、教学和学生的科学研究相结合的特色教学模式，充分调动学生学习的积极性和创造性，提高学生综合素质，旨在培养具有国际视角、批判思维和学以致用的公共卫生"领军人才"。

社会评价：流行病学研究方法（Ⅰ）课程具有悠久的历史、广泛的授课对象。除面向在校研究生外，还是全国多省疾控中心研究生课程班的骨干课程，近五年覆盖学生达200余人/年，具有广泛的社会影响力。课程内容结合最新研究文献，融入思政元素，为在职专业人员提升流行病学素养、职业责任感和自豪感搭建平台。

五、总结与思考

课程教学内容紧扣流行病学方法学总论部分,系统介绍流行病学研究思路与设计方法,近几年在教学内容上尤其重视流行病学研究方法在传染病流行病学应用的内容,如疫苗临床试验设计、效果评价以及疾病的预防策略和公共卫生监测等实践内容,可见本课程教学内容紧跟国家重大公共卫生需求进行及时调整,为培养国家需要的顶尖人才奠定基础。

教学方法上,课程考虑增加实习、实践内容并开展小班教学,通过研究实例的学习及设计或现场调查实践教学,帮助学生多维度深入学习流行病学研究方法的核心要素,同时开展线上线下混合式教学,实现课程资料网上共享。

思政元素方面,本课程正在建立课程思政案例库。拟针对不同的课程思政培养目标,如培养家国情怀、职业素养、品行修养等,设计具有针对性的课程思政资源内容,并结合图片、视频等展示。授课教师在讲授专业知识时,能够以润物细无声的方式将思政案例融入教学,引导学生把家国情怀熔铸成自己的精神坐标,将个人理想追求融入国家富强和民族复兴的伟大事业当中。

医学免疫学

一、课程概况

（一）课程信息

医学免疫学为北京大学基础医学、临床医学、口腔医学、预防医学、药学、护理、医学英语、医学检验等专业本科生的专业必修课，适用学时为 63 学时。

（二）课程简介

课程内容：医学免疫学主要研究免疫系统的组成、功能以及相关疾病的基本免疫机制，是发展有效的免疫学措施达到预防与治疗疾病目的的一门科学。它涉及医学多门学科知识，如组织解剖、生理生化、分子细胞生物学、遗传学、病理学以及临床医学等，是一门多学科相互渗透极强的前沿学科。

课程特色和创新：本课程的教学注重由浅入深，循序渐进。以免疫系统的组成与功能为基本内容，由结构到功能，以免疫应答为重点，适当介绍临床免疫基本概念和当前的新进展。理论课教授方式包括常规课堂讲授、文献阅读、网络课件浏览、实验室讨论等。

课程所获奖项：本课程是基础医学院免疫学系为医学部各专业本科生开设的一门基础医学课程，是由龙振洲教授和陈慰峰院士等老一辈免疫学家从 1986 年就开始建设的传统精品课程。该课程先后获得"北京市精品课程""国家级精品课程""国家级精品资源共享课程"和"国家级双语教学示范课程"等荣誉称号。

（三）授课团队简介

授课团队由王月丹、初明、王丽珺、张君、夏朋延、薛殷彤、徐晓军、王平章组成。

王月丹，北京大学基础医学院免疫学系副主任，教授，医学部生物医学实验教学中心副主任兼病原与免疫综合实验室主任。2017 年获首届北京市高等学校青年教学名师称号。

初明，北京大学基础医学院免疫学系副教授。2020 年获第四届北京市高等学校青年教学名师称号。

王丽珺,北京大学基础医学院生物化学与生物物理系讲师。2002年获北京大学理学硕士学位,其后一直在北京大学基础医学院生物化学与生物物理系任教,从事教学和科研工作。

二、课程育人目标

授课团队在医学免疫学的教学中,强调基础性、前沿性和时代性,以及教学与科研结合的成效,全程注重将课程思政作为教学工作的重点,以坚持中国特色社会主义道路自信、理论自信、制度自信、文化自信作为教学育人的主要工作准则。在教学过程中,既重视日常课程中思政内容的渗透,让学生在不经意间感受到思政建设的重要性,也强调运用适当的时机和案例,利用好课堂教学的主阵地,对学生进行弘扬社会主义及国家伟大复兴精神的课程思政教育,引导学生坚定爱党爱国的信念,积极投身于国家建设大业。在促进学生主动构建免疫学知识体系和提高自主学习能力的同时,树立学生的政治意识、大局意识、核心意识、看齐意识,以培养思想过硬、品德高尚、知识完备和技能精湛的高水平医学专业人才为目标。

在培养学生正确认识问题、分析问题、解决问题的能力,奠定学生坚实的医学免疫学理论知识基础的同时,注重运用中国特色社会主义课程思政的手段,坚定学生"以国家富强、人民幸福为己任,胸怀理想、志存高远,积极投身中国特色社会主义伟大实践,并为之终生奋斗"的信念和历史责任感,成为有信念、有梦想、有奋斗、有奉献的高级医学人才。

三、课程思政案例

(一)消灭天花的故事(案例1)

1. 案例内容

天花是一种非常古老的传染病,又是一种非常烈性的传染病,它的病原体是正痘病毒科天花病毒,可以通过病人皮肤病变的痂皮或者痘液,利用空气、接触或者被污染的物品进行传播。未经免疫的人群均为天花的易感人群,感染天花后几乎均会发病,出现发热和皮肤疱疹等天花症状,病死率高达25%~40%。感染天花后,幸存的患者虽然会留下皮肤疤痕等,但能够获得终身免疫,几乎不会再感染天花。在汉朝,天花经印度传入我国,并在我国广泛流行,仅有历史记录的天花大小流行就超过了1 500次,死亡人数不计其数。

同时,我国是有文字记载的最早使用疫苗进行传染病预防的国家。在我国晋代,葛洪就在其撰写的《肘后备急方》中描述,在被疯狗咬伤后,可以打死疯狗并取疯狗的脑组织涂抹伤口,预防狂犬病发生。这是最早记录在案的原始疫苗,虽然当时的人并不知道病毒的存在,也不知道如何分离、纯化和保存病毒,但其利用病毒快速增殖,容易发生变异产生减毒株的原理,与后来路易斯·巴斯德(Louis Pasteur)研制成功并被广泛使用的狂犬病减毒活疫苗的原理是完全一致的。这体现了我国人民在疫苗制备和应用中的智慧和经验,为我国人民利用疫苗预防天花奠定了基础。

在与天花进行斗争的过程中,我国人民发现,人体出现天花症状的严重程度并不是完全相同的,也存在着明显的差异,而这种差异不一定与感染者的体质和健康程度绝对相关,还可能与感染的天花病毒本身的致病力有关。基于这个原理,我国人民至少在宋代就已经懂得利用从轻症天花病人皮肤病变处得到的痂皮制造人痘疫苗。这是一种由致病力较弱的天花病毒制备而成的减毒活疫苗。利用人痘疫苗对未经天花病毒感染的儿童进行主动性感染免疫,对于天花的防御从被动逃避转为主动择机的接种,大大减轻了感染者的症状,降低了死亡率,预防了天花病毒的感染和流行。在种痘的过程中,我国古代人民还创造性地发明袍衣法、针刺法和鼻吹法等不同的接种方式,进一步提高接种人痘疫苗的有效性和安全性。这种利用疫苗接种预防天花的方法,不仅成为我国古代人民普遍应用的预防传染病手段,而且还广泛流传,进入日本、朝鲜和越南等邻国,并通过海上丝绸之路,传递到中东土耳其等国家,甚至被人带到英国进行使用,为后来牛痘疫苗的发明奠定了基础。

在牛痘疫苗发明成功的 10 年之后,该疫苗就流传至我国澳门、广州和北京等地被人使用,取得良好的效果。特别是在新中国成立以后,我国政府在中国共产党的领导下,以为人民服务为宗旨,特别关心人民的生命健康,大力推行传染病的预防控制措施,改善人民的医疗服务和公共卫生条件。1950 年,我国政府把牛痘疫苗纳入免疫规划中,进行全民免疫接种,仅仅用了 10 年的时间,就取得了巨大的成就。我国最后一例天花患者在云南省孟连县被治愈,比世界消灭天花整整早了 16 年。

1961 年开始,世界卫生组织在全世界推动牛痘疫苗的计划免疫接种,大大减少了天花病例数量,到 1976 年最后一例天花患者在索马里被治愈。1980 年,世界卫生组织宣布,天花从自然界中被消灭了,人类不再需要进行牛痘疫苗的接种。这标志着人类在与天花的战斗中取得了彻底的胜利,也是人类首次在与传染病的战斗中取得这样的胜利。在这场战斗中,我国充分发挥中国特色社会主义的优势,在国家经济发展水平并不高的情况下,完全依靠自己的力量,独自取得对天花的战斗胜利,创造在人口大国消灭天花的奇迹。这不但充分说明我国社会主义制度重视对人民健康幸福生活的保障,体现我国社会主义道路和制度的优越性,而且为世界各国特别是发展中国家消灭天花提供非常宝贵的经验,为人类消灭天花作出巨大贡献。

不过,天花的故事并没有就此完结。一方面,虽然自然界中的天花病毒已经被消灭,并且人类对实验室中保存的天花病毒规定了最终销毁的期限(到 1996 年牛痘疫苗应用 200 周年之际全部销毁),但临近最终期限,美国和俄罗斯两国的实验室仍未全部销毁各自储存的天花病毒样本,使人类消灭天花的故事并未完全画上句号,实验室泄露等人为错误导致天花流行的风险依然存在。另一方面,天花病毒在自然界中的"亲戚"——猴痘病毒和马痘病毒等动物性痘病毒也频频跨界感染人类。在2022年的猴痘病毒感染疫情中,感染患者总数已超过6 000人。这些痘病毒成为另一个"天花"病毒的风险也引起了人类的警惕,这也说明,人类与痘病毒和整个病毒界之间的战斗可能是一场持久的战争,而免疫学是人类赢得这场战争的最有力的武器。

2. 课程蕴含的思政元素

这个课程教学案例中蕴含的思政元素主要有:①体现中华传统医学文化的经验和成就。我国不仅是最早有文字记载的应用疫苗预防传染病的国家,而且也是最早使用疫苗有效预防烈性传染病的国家,这些成就有利于培养医学生对民族文化的自信心。②通过介绍天花疫苗的国际性交流,结合海上丝绸之路在天花疫苗推广中的作用,使医学生认识到国际交流合作在世界人民共同进步与发展中的重要作用和价值。③结合我国利用牛痘疫苗进行计划免疫消灭天花的过程,使医学生看到我国社会主义制度对于传染病预防与控制的优越性,以及选择走社会主义道路的正确性和历史必然性。④通过介绍个别国家尚未完全销毁天花病毒样本以及自然界中猴痘病毒等痘病毒可能引发感染甚至疫情暴发的风险,提醒医学生要树立与病毒进行长期斗争、预防和控制传染病、保卫人民生命健康的社会责任感和使命感。

3. 教学方法、教学特色与创新

在课程思政教学中,采用课堂教学的方式,以教师讲故事的方式讲述天花被人类消灭的历史过程,结合人类在缺乏现代生物学技术的年代,通过长期观察和经验总结等方法,逐渐研发出减毒活疫苗,并在实践中取得成功的过程,将课程思政内容与免疫学及其技术应用的基本原理有机地结合在一起,有助于医学生在掌握免疫学知识的同时完成好课程思政的学习目标,特别是结合我国消灭天花的过程和成就,使医学生树立中国特色社会主义道路自信、理论自信、制度自信和文化自信。

(二)"糖丸爷爷"的故事(案例2)

1. 案例内容

顾方舟,1926年6月16日出生于上海,我国著名的医学科学家、病毒学专家,中国医学科学院北京协和医学院原院长、一级教授。1944年9月至1950年9月,顾方舟就读于北京大学医学院(现北京大学医学部),在校期间,顾方舟积极投身革命,于1948年加入中国共产党,成为一名学生党员。1951年,顾方舟前往苏联医学科学院病毒学研究所病毒学专业学习,1955年获得博士学位。1958年回国后,顾方舟长期在中国医学科学院工作,先后担任病毒学研究所脊髓灰质炎研究室主任、医学生物学研究所副所长、中国医学院科学院院长和中国协和医科大学校长等职务。

顾方舟对脊髓灰质炎预防及控制的研究长达42年,是中国组织培养口服活疫苗的开拓者之一,是"中国脊髓灰质炎疫苗之父",也被大家亲切地称为"糖丸爷爷"。

1955年,顾方舟博士毕业回国后,正赶上江苏南通暴发脊髓灰质炎疫情,当时全市

1 600多人突然瘫痪,其中大多为儿童,死亡人数高达466人。疫情迅速蔓延到青岛、上海、济宁、南宁等地,生病的主要是7岁以下的孩子,一旦得病就无法治愈,疫情一度引起社会的恐慌。

当时我国每年有1 000多万新生儿出生,顾方舟知道,早一天研究出疫苗,就早一天挽救更多孩子的未来。1957年,31岁的顾方舟临危受命,在昆明远郊的山洞里建立实验室,开始脊髓灰质炎的研究工作。第二年,顾方舟从脊髓灰质炎患者的粪便中分离出脊髓灰质炎病毒毒株,为后续的免疫研究奠定了基础。考虑到当时我国的国情,顾方舟决定研究效果好、成本低的减毒活疫苗。

但是,保证疫苗的安全性是研究活疫苗面临的一大关键性问题。按照顾方舟的计划,脊髓灰质炎疫苗的研究分为动物实验和临床试验,临床试验又分为Ⅰ、Ⅱ、Ⅲ三期。在动物实验成功的基础上,顾方舟毅然选择自己第一个试用疫苗。冒着瘫痪的风险,他义无反顾地喝下一小瓶疫苗。一周后,他的生命体征平稳,没有出现异常。为了进一步研究疫苗对儿童的安全性,经过反复思考,顾方舟作出了一个艰难的决定,他瞒着妻子,给刚满月的儿子喂下疫苗,也获得了成功。在顾方舟的带动下,实验室一些研究人员也都让自己的孩子参加了这个试验。经历了漫长而又煎熬的一个月,孩子们一切正常,临床试验终于顺利通过。

由于疫苗的使用者主要是孩子,让孩子顺利服用疫苗也是一个需要解决的问题。为了解决这个问题,顾方舟将疫苗做成糖丸,不仅解决了孩子们不喜欢吃的问题,还使疫苗可以保存得更久。于是,陪伴数代中国人成长的糖丸疫苗诞生了。

在1994年发现最后一例患者后,我国至今未发生本土野毒株引起的脊髓灰质炎病例。2000年,中国消灭脊髓灰质炎证实报告签字仪式在卫生部举行,标志着脊髓灰质炎在中国被彻底消灭。

2019年1月2日,顾方舟因病在北京逝世,享年92岁。9月17日,国家主席习近平签署主席令,授予顾方舟"人民科学家"国家荣誉称号。

2. 课程蕴含的思政元素

这个课程教学案例中蕴含的思政元素主要有:①我国科学家爱党、爱国、爱人民的高尚思想境界,为了人民的生命健康勇于奉献的精神;②在解决人民健康问题时,不仅要考虑科学问题,还要结合我国的具体国情,不拘泥于国外的现有经验,敢于创新,走具有中国特色的预防和控制传染病的免疫学道路。

3. 教学方法、教学特色与创新

本节课程思政案例的教学,主要是通过授课教师在课堂讲述顾方舟研发脊髓灰质炎减毒活疫苗(糖丸)的经过,让医学生体会我国科研人员艰苦奋斗、为人民勇于献身的精神。在这个过程中,也要介绍我国科研人员结合中国特色,敢于创新,善于创新,积极探索适合中国国情的控制和预防传染病的免疫之路。

(三)陈慰峰院士的事迹(案例3)

1. 案例内容

陈慰峰,祖籍江苏省盐城市,1935年11月出生于上海,中国科学院院士,是我国著名的免疫学家和现代免疫学研究的开拓者。

青年时代的陈慰峰立志学医,决心为提高中国人民的健康水平而奋斗。1958年,他毕业于北京医学院(现北京大学医学部)医疗专业,并留校任教。1965年,北京医学院成立农村医疗系,陈慰峰带队到北京郊区培训农村医疗人员。后来,他又克服困难,徒步长征,从北京经河北、山西等地到达陕北延安,在这个过程中,他深入了解中国农村的生活情况,为广大农村基层人民看病,解决他们的医疗健康问题。

20世纪80年代初,陈慰峰申请加入改革开放后国家派出的第一批留学生计划,成为那一批留学生中年龄最大的成员。经过他的努力学习,1982年,陈慰峰获得澳大利亚墨尔本大学博士学位,并放弃国外科研机构的高薪工作回到母校,继续担任免疫学系的教师,并于1995年被选为中国科学院院士。

在理论免疫学研究中,陈慰峰系统揭示了胸腺髓质型胸腺细胞的功能发育程序,此程序障碍会导致免疫缺陷及自身免疫病。在应用研究中,他发现增殖T细胞分化为效应T细胞需要分化因子,白细胞介素12(IL-12)即为杀伤T细胞分化因子。在肿瘤免疫研究中,他克隆鉴定出众多肿瘤抗原,并在中国第一个研制出具有明确抗原靶点的肿瘤疫苗。他发现的肿瘤-胎盘(CP)抗原,开辟了肿瘤抗原的新领域并有应用潜能。

陈慰峰院士能够取得令人瞩目的科研成就,主要是由于他对科学研究工作的热爱和严谨治学的科学态度。即使到了70岁高龄,他依然工作在教学和科研的第一线,亲自做实验研究,并向本科生和研究生示范免疫学实验的操作技巧和要领。陈慰峰院士始终认为,免疫学是一门实验科学,离开实验研究,免疫学就会走向脱离实际的道路,无法科学地反映出免疫学的客观规律,所以,直到去世之前,他一直坚持亲力亲为,工作在免疫学研究的第一线。这也是他终生坚持实验研究、投身于免疫学的最好写照。

2. 课程蕴含的思政元素

这个课程教学案例中蕴含的思政元素主要有:①我国科学家为了祖国和人民的医疗健康事业,深入基层,为人民服务的爱国敬业精神;②坚持工作在第一线,保持实事求是、严谨治学的科学态度。

3. 教学方法、教学特色与创新

本节课程思政案例教学主要通过授课教师讲解免疫学技术的实验研究和应用的方式进行。结合免疫学技术在医学科学研究中的应用,将课堂理论学习与实验教学中的实践操作过程作为课程思政的载体。通过实际操作,体会老一辈免疫学家在免疫学实验研究中努力求实的科学研究精神。

（四）伟大的发现，出自平凡的观察（案例 4）

1. 案例内容

2004 年，王月丹老师受陈慰峰院士的委派，前往香港科技大学生物学系谢雍教授（时任香港免疫学会理事长）的实验室进行访问研究。在实验室里，每次培养细胞，谢教授都要每天亲自进行观察，对此，王老师产生了疑问，"难道是对我的培养技术不放心吗？"带着这个疑问，他找到谢教授请教。当他说明来意后，谢教授哈哈大笑着表示，这是他在美国养成的一个习惯。

谢教授当年通过吴瑞奖学金计划到美国康奈尔大学攻读博士学位，毕业后，进入洛克菲勒大学的斯坦曼实验室工作。这个实验室的负责人拉尔夫·斯坦曼（Ralph Steinman）教授早年是一位临床医生。在斯坦曼教授做实习医生轮转到病理科时，他需要在显微镜下观察病人的组织切片样本进行病理学诊断。当时还没有普及数码照相技术，拍摄照片的过程比较复杂且成本很高，除非具有非常重要的研究价值，组织切片的结果很少会被拍摄记录下来。但是，为了给临床医生诊断时作参考，病理科的医生需要对典型镜下结果进行绘图。某天，斯坦曼医生在绘制一位病人的皮肤组织切片的显微镜影像后，在休息时对绘制的影像进行认真观察。他忽然发现，在皮肤组织中，除常见的柱状细胞、立方细胞、扁平细胞、圆形细胞和纤维状细胞外，还有一种奇形怪状、伸出很多树杈状突起的细胞。这到底是什么细胞？有什么作用？

从那天起，斯坦曼医生一心扑在对这些奇怪细胞的研究中，并形象地把这些细胞称为"树突状细胞（Dendritic Cell）"。通过不懈的研究，斯坦曼医生终于弄清了树突状细胞的情况。树突状细胞是体内最重要的抗原提呈细胞，是人体初次免疫应答中唯一一种可以启动适应性免疫应答（特异性免疫应答）的抗原提呈细胞，对于机体的抗感染免疫和对肿瘤的免疫监视，均具有非常重要的作用。斯坦曼医生在树突状细胞研究领域发表了很多研究性论文，并成了洛克菲勒大学的教授。

由于这个原因，谢雍教授在斯坦曼实验室工作时，也养成了认真观察细胞形态变化的习惯。他对王老师说："伟大的发现，出自平凡的观察。"

在斯坦曼教授研究的基础上，人们对树突状细胞的功能进行了更加深入的研究，并于 2010 年研制出世界上第一款细胞免疫治疗产品——普列威（Provenge），该产品获得美国食品药品监督管理局的批准，用于前列腺癌的治疗。该产品的有效成分就是树突状细胞。

为了表彰斯坦曼教授对树突状细胞研究的贡献，2011 年瑞典卡罗林斯卡医学院授予斯坦曼诺贝尔生理学或医学奖。可是，斯坦曼教授在公布获奖名单前夕因病去世，成为诺贝尔奖历史上唯一一位去世后仍获奖的科学家。

2. 课程蕴含的思政元素

这个课程教学案例中蕴含的思政元素是：科学研究应该脚踏实地，不能好高骛远，平凡的观察也能产生伟大的研究成果。

3. 教学方法、教学特色与创新

本节课程思政案例教学主要通过事件的亲历者讲述自己的真实经历,介绍世界著名免疫学家的研究经历,结合观察免疫组织细胞的实验教学,推动课程思政与免疫学研究性实验教学相结合的课程思政教学模式,鼓励学生沉心进行基础性免疫学研究,在平凡的研究中追寻伟大的发现。

(五) 党的二十大对疫情防控的精准科学部署和指导(案例5)

1. 案例内容

党的二十大报告指出,面对突如其来的新冠病毒感染疫情,我们坚持人民至上、生命至上,坚持动态清零不动摇,开展抗击疫情人民战争,通过总体战、阻击战最大限度保护了人民生命安全和身体健康,在统筹疫情防控和经济社会发展上取得重大积极成果。二十大新闻发言人孙业礼在2022年10月15日回应新冠病毒感染疫情防控相关问题时表示,中国始终坚持人民至上、生命至上,把人民生命安全和身体健康放在第一位,这是一切防控举措的根本出发点和落脚点。

根据二十大精神,以人民至上、生命至上的原则为指导,国家卫生健康委等很快发布了《新型冠状病毒感染诊疗方案(试行第十版)》,在这个方案中补充了抗原检测作为新冠病毒感染的诊断手段。抗原检测方便、快速,价格便宜。利用抗原检测的方法,人们可以自行在家进行新冠病毒感染检测,省时省力,又能避免聚集和减少病毒传播。在疫情防控政策调整后的防疫阶段,抗原检测发挥了非常重要的作用。

我国使用的新冠病毒抗原检测试剂主要采用胶体金免疫沉淀技术,该方法的原理是利用胶体金颗粒标记抗新冠病毒抗原的抗体(金标记抗体),附着在试纸上,当含有新冠病毒抗原的样本(咽拭子或者鼻拭子浸出液)点加到试纸上,与特异性的金标记抗体结合后,就会在特定的位置形成沉淀线,同时在质控位置也会形成沉淀线,即两条明显的、肉眼可见的条带,呈阳性,也就是俗称的"两道杠"。如果样本中没有新冠病毒抗原,结果呈阴性,则只能在质控位置形成"一道杠"。

胶体金免疫沉淀技术是日常快速便捷检测的常用方法,主要用于抗原或抗体的定性检测,该方法操作简易、结果判定明确、肉眼即可进行,适用于患者自检。在日常生活中,该方法也可以用于流感等传染病的辅助诊断或用于早孕HCG的检测。

2. 课程蕴含的思政元素

这个课程教学案例中蕴含的思政元素主要有:党的二十大强调我国抗疫政策的出发点是人民至上、生命至上,在诊疗指南的制定和修改完善过程中,充分体现了把人民生命安全和身体健康放在首位的出发点和落脚点;随着疫情的变化,我国不断调整防控措施和改进防控的免疫学技术,使之越来越精准和有效,最终带领全国人民走出疫情。

3. 教学方法、教学特色与创新

本节课程思政案例的教学主要是通过授课教师讲解胶体金免疫沉淀技术的实验研究和应用的方式进行。结合胶体金免疫沉淀技术在医学科学研究中的应用,将课堂理论学习与实验教学中的实践操作过程作为课程思政的载体。通过实际操作,让学生充分认识二十大精神在指导我国人民抗疫过程中,不断推动科学防疫政策和技术改善所取得的成就,体会党和国家在疫情防控中坚持人民至上、生命至上的原则的正确性、科学性和前瞻性。

四、课程评价

(一)学生评价

对该课程学生进行一次随机电子问卷调查统计(39人),结果显示:82%的学生认为课程需要开展思政教育,其中23%的学生认为思政教育非常有必要;87%的学生认为医学免疫学课程开展的课程思政对自己产生了影响,其中43%的学生认为对其产生了较大的影响;95%的学生对医学免疫学开展的课程思政教育表示满意。通过对结果的分析可以看到医学免疫学课程思政建设是卓有成效和非常有必要的,学生能够认同医学免疫学开展的课程思政教育,并且认为从中汲取到了相关的知识,获得了一定的进步。

学生的文字和访谈反馈摘录如下:"王老师讲的'糖丸爷爷'的故事令我印象深刻,作为一名党员我也要在今后的工作中向顾爷爷学习,不怕苦,不怕累,做有益于国家和人民的事情。""作为一名科研工作者应该为人民谋幸福,为人类科学谋发展,坚持以人为本,坚持以实际应用为本。""这门课的老师在介绍免疫学科学知识的同时,还介绍了相关科学史,让我们了解在每一项科学发现的背后都有无数科学家的身影,他们往往都具有不畏艰辛、锲而不舍的工作热情,我要向他们学习。""我印象最深的是老师介绍里歇尔发现僧帽水母毒素引起狗超敏反应的故事,原来科学实验常会出现与预期实验目标不同的情况,这时候要反复求证,尊重科学,敢于说出自己的看法。""听了顾方舟教授愿意为了科研献身的大无畏精神,以及当时艰苦条件下为了验证糖丸疫苗的效果,他让自己和家人作实验品的故事着实让人感动。""科研工作者应该具有较高的专业素养,同时心系祖国、有理想、有信念、有担当、勇毅、果敢。""一个人的科学经验越广泛,他的科学素养越高。科研工作者应该有:第一,良好的科学品格,具有强烈的科学创新的欲望;第二,扎实的科学功底,特别是独立思考的一般能力,具有独立的人格;第三,较高的道德水平,具有强烈的社会责任感;第四,驾驭科学成果的能力,能理智地运用科技为人类和世界造福。"

(二)同行评价

来自包头医学院等多所国内医学院的免疫学进修教师在听完医学免疫学课程后,对课程中的思政内容感到非常认可。他们说,课程在绪论中,介绍我国古代对于疫苗应用的探索,可以鼓舞学生学习历史和中华古代传统文明的士气,有助于五千年医学文化的传承;在 T 细胞的发育研究中,介绍陈慰峰院士严谨的科研态度和努力奋斗的科学精神,有助于学生未来在科研道路上的继续成长;在免疫学应用中,介绍"糖丸爷爷"顾方舟教授的故事,给学生上了一堂生动的爱国主义课,使学生认识到为了党和人民的健康事业,需要有舍身奉献的大无畏精神。这些老师也纷纷表示,回到各自学校后,会继续向北京大学学习,积极开展免疫学的课程思政建设。本课程的思政建设内容也得到了听课的教学督导专家的认可,认为医学免疫学的课程思政内容与教学内容紧密融合在一起,成为教学的有机组成部分,不可分割,体现了中国特色社会主义医学教育的特色和风格。本课程线上内容中的课程思政建设也得到了来自新乡医学院等国内多所医学院教师同行的认可,他们在教学过程中应用了部分相关案例,取得了良好的教学效果。

(三)社会评价

在本课程的教学实践中,授课团队对课程思政的内容和工作进行了总结,并撰写和发表探索性研究论文 5 篇;与此同时,本课程的思政内容还通过线上教学平台向社会开放,并在《活出健康:免疫力就是好医生》(授课团队成员王月丹担任该书副主编)这本书中总结部分课程思政的案例内容,该书获得"2020 年中国好书"等奖项,具有很好的社会影响。

五、总结与思考

课程思政一直是医学免疫学课程中的重要建设内容,在教学过程中,授课团队通过列举人类利用免疫学工具与传染病进行斗争的历史,介绍著名免疫学家严谨治学和爱党、爱国、爱人民、勇于献身的科学研究事迹,以及展示新中国在党的领导下利用计划免疫等科学措施在传染病控制领域取得的伟大成就,使本课程在向医学生传授基本免疫学理论和研究技能的同时,增强医学生爱岗敬业的科研素质和社会责任感,帮助医学生树立正确的职业观、人生观和价值观。这些课程目标在对学生进行考核(包括课程思政考核)时和在学生学习情况反馈中都达到了满意的效果。

在教学实践中,授课团队也发现一些不足之处,可以进一步改进。一方面,目前的课程思政主要基于授课教师的课堂教学内容或线上补充资源,形式比较单一,受教师授课水平和学生学习关注度的影响比较大;另一方面,虽然设定了课程思政的教学目标,但是在考核等评价环节的手段还比较少,形式还比较单一。因此,在医学免疫学课程思政的学习过程中,学生的主观能动性还需要进一步调动,要让学生主动接受课程思政的教育内容并内化,使之成为自己学习、工作与成长的必备要素。在今后的医学免疫学课程思政建设中,还需要进一步丰富课程思政的教学形式,全方位、全过程地引导学生主动学习课程思政的内容,充分理解和主动完成课程思政学习的目标。

医药政策专论

一、课程概况

(一)课程信息

医药政策专论课程为药事管理硕士和博士一年级学生的基础理论课,同时面向其他对医药卫生政策感兴趣的研究生,适用学时为 36 学时。

(二)课程简介

本课程通过教师讲授、案例学习、小组报告与点评等教学活动,使学生熟悉我国重要的医药政策产生的背景、政策内容,了解我国重要的医药政策的实施效果、基本经验、存在问题及相应的完善措施,包括医药卫生体制改革与药物政策改革、国家药物政策与基本药物制度、药品创新与药品价格政策、药品采购与报销制度、药品监管科学、药品合理使用政策等,让学生了解我国医药政策的前沿和热点问题,掌握分析问题、解决问题的思路和方法。

(三)授课团队简介

授课团队由史录文、管晓东、陈敬、海沙尔江·吾守尔、傅孟元组成。

史录文,教授,课程负责人,博士生导师,北京大学医药管理国际研究中心主任。主持国家级及省部级多项科研课题,获北京大学医学部优秀访问学者指导教师、师德先进个人等荣誉。

管晓东,副教授,博士生导师,北京大学药学院药事管理与临床药学系主任,国家药品监督管理局药品评价中心药物警戒研究与评价重点实验室学术委员会委员,《医学新知》第七届编辑委员会编委。

陈敬,副教授,北京大学医药管理国际研究中心研究员,中国医药新闻信息协会儿童安全用药分会委员。为本科生和研究生讲授药事管理学、药事法律、医药政策专论等课程。

海沙尔江·吾守尔，助理研究员，北京健康促进会医药经济与综合评价专家委员会副主任委员，北京大学医药管理国际研究中心研究员，中国研究型医院学会感染性疾病循证与转化专业委员会委员。

傅孟元，北京大学药学院药事管理与临床药学系博雅博士后，哈佛医学院访问学者，主要研究方向为基层医疗机构合理用药、老年及慢性病患者合理用药、医生处方行为干预。

二、课程育人目标

立德树人是高校的根本任务，而"培养什么人、怎样培养人、为谁培养人"则是教育的根本问题。《关于深化新时代学校思想政治理论课改革创新的若干意见》提出，要深度挖掘高校各学科门类专业课程蕴含的思想政治教育资源，"发挥所有课程育人功能，构建全面覆盖、类型丰富、层次递进、相互支撑的课程体系，使各类课程与思政课同向同行，形成协同效应"。课程思政是落实高校立德树人这一根本任务的关键，应在教学过程中充分挖掘课程内容的思政元素，将知识传授、价值塑造、能力培养三者有机、紧密地结合起来，培养学生成为德才兼备、多方面协同发展的优秀人才。

党的二十大报告提出，"育人的根本在于立德"。本课程牢牢坚持社会主义核心价值观和中国特色社会主义理论，落实立德树人的根本任务，使学生对医药政策历史沿革、国内外前沿和热点问题有深入全面的了解，对医药领域的基本国情有较为深刻的认识，对"推动健康中国建设"有更深的领悟。特别是通过讲述药物合理使用、原研药与仿制药审评审批、抗生素滥用和靶向肿瘤药公平可及等方面的国内外现状及相关政策经验，学习其中体现的科学思维方法、求真精神、民主精神，加强学生的社会责任感和使命感，提高学生的爱国意识、大局意识和核心意识。课程以生动的案例介绍引领学生围绕国家医药卫生体制改革进展和时事热点展开讨论，引导学生积极思考，掌握分析问题、解决问题的思路和方法，培养学生身为药学人所应具有的主动探索、不断追问、深入思考、精益求精的科学研究精神和创新精神，引导学生关注并探索对国家、对社会有价值的科学问题，促进"加强品德修养、增长知识见识"的育人目标的实现。

三、课程思政案例

（一）低价基本药物如何保障供应（案例1）

甲巯咪唑是治疗甲状腺功能亢进症的一线药物，自2009年纳入国家基本药物目录，由各省集中网上招标采购。然而，由于长期市场价格偏低，企业缺乏生产积极性，2013年国产甲巯咪唑（又称他巴唑）在全国范围内出现供应短缺问题，引起社会广泛关注。2014年1月，国家卫生计生委、国家发展改革委、工业和信息化部联合发布《关于做好甲巯咪唑生产供应工作的通知》,将甲巯咪唑列入第一批定点生产试点品种,组织企业迅速恢复生产,并要求各级医疗机构按最高零售指导价(5 mg×100 片,4.9 元/瓶)销售甲巯咪唑,确保药品稳定生产、供应及时、合理使用。

本案例的思政融入点包括:通过问题思辨,培养学生理性思考能力,使学生从患者、企业、政府等多角度深入思考如何通过基本药物制度实现药品公平可及,理解我国医药政策改革及实施中体现的科学思维方法、民主精神等,体会"把保障人民健康放在优先发展的战略位置,完善人民健康促进政策"的二十大精神,引导学生关注中国国情,学会基于中国现实结合理论分析问题,增强制度自信。

1. 案例描述

(1) 事件概述:甲巯咪唑一盒难求

李女士来自山东济南,2010 年被诊断患甲状腺功能亢进症,在医生的指导下购买并使用抗甲亢药甲巯咪唑片。李女士表示,国产甲巯咪唑片"很便宜,2 块 5 一瓶,一瓶 100 片,一天 6 片,能吃半个多月"。

2013 年春,李女士甲亢复发,医生为其开了甲巯咪唑。然而,李女士的家人走遍济南市 20 多家药店也找不到一盒甲巯咪唑片。药店工作人员称,国产甲巯咪唑片已经断货,而进口甲巯咪唑片(商品名"赛治")继而出现供应不足。无独有偶,甲巯咪唑片在北京、河北、陕西、江苏、福建等地均出现严重缺货现象,引起了社会的广泛关注。

(2) 背后原因:低利润影响生产企业积极性

甲巯咪唑是治疗甲亢的首选药,自 2009 年纳入国家基本药物目录,由各省集中招标采购,最低中标价只有 1.48 元/瓶(5 mg×100 片)。由于长期市场价格偏低,企业难以从中获得利润,缺乏生产积极性,各原料药厂家陆续停产或半停产。

2013 年 3 月,唯一维持生产的北京燕京药业有限公司(以下简称"北京燕京药业")因原料药 GMP 证书到期停产改造,原料药断供造成制剂相应停产,国产甲巯咪唑片断货,进而导致进口甲巯咪唑片也供不应求,甲巯咪唑在全国范围出现"药荒"。

(3) 应对措施:定点生产保障供应

国家食品药品监督管理总局(2018 年撤消)和北京市食品药品监督管理局对北京燕京药业 GMP 证书的有效期按原标准进行了延续,对库存 0.31 吨甲巯咪唑原料药检验合格后,允许投入制剂生产。工业和信息化部与北京市经济和信息化委员会安排补助资金支持甲巯咪唑技改项目,帮助北京燕京药业快速恢复生产。北京燕京药业于 2013 年 7 月初恢复甲巯咪唑制剂生产,10 月底恢复原料药的生产供应。改造后的生产线月生产原料药可达 500 kg,每月可稳定生产 1 亿片甲巯咪唑片,基本能够满足国内市场需求。

2014 年 1 月,《关于做好甲巯咪唑生产供应工作的通知》提出将甲巯咪唑列入第一批定点生产试点品种,将北京燕京药业作为甲巯咪唑原料和制剂定点生产企业,并要求各级医疗机构按最高零售指导价(5 mg×100 片,4.9 元/瓶)销售甲巯咪唑。

2015年2月,《国务院办公厅关于完善公立医院药品集中采购工作的指导意见》(国办发〔2015〕7号)发布,要求实行药品分类采购,对临床必需、用量小、市场供应短缺的药品,由国家招标定点生产、议价采购,保障基本药物供应。

2015年3月,工业和信息化部等四部门联合发布《关于基本药物定点生产试点有关事项的通知》(工信部联消费〔2015〕69号),正式公布"甲巯咪唑片(5 mg)"等四个品种定点生产药品的中标生产企业、供货区域及统一采购价格,要求各地做好生产供应和采购使用工作,提出"政府办基层医疗卫生机构应全部配备使用定点生产品种,各级公立医院及其他医疗卫生机构也应优先配备使用定点生产品种",并要求相关地区工信部门对定点生产企业的生产供应情况进行监测,保障药品稳定生产和有效供应,满足医疗卫生机构需求。

如今,甲亢患者们购买甲巯咪唑片已不再是一件困难的事。

2. 教学方法与教学设计

(1) 教学方法

本节内容采用案例教学、讨论式教学和启发式教学相结合的方式。

(2) 教学设计

第一步:案例+讨论。描述和展示甲巯咪唑缺货案例第一部分"事件概述",引导学生尝试分析甲巯咪唑缺货背后的可能原因。

第二步:案例分析+启发。展示案例第二部分"背后原因",与学生共同探讨解决方案。

第三步:问题+讨论。教师总结,结合现实,提出问题,让学生结合案例第三部分"应对措施"及相关资料分组讨论:①如何平衡基本药物的可获得性与可负担性?②国家药物政策的组成要素与政策目标间的关系是什么?(图1)③中国基本药物制度存在哪些问题?(图2)④药品短缺可能有哪些原因?⑤纳入国家基本药物目录对药品使用存在哪些影响?

组成要素与政策目标间的关系			
组成要素	目标:可获得性	质量	合理使用
基本药物的遴选	×	(×)	×
可负担性	×		
药品财政	×		
供应系统	×		(×)
药品监管		×	(×)
合理使用			×
研究	×	×	×
人力资源开发	×	×	×
监测和评估	×	×	×

注:×=直接联系;(×)=间接联系

图1　国家药物政策的组成要素与政策目标间的关系

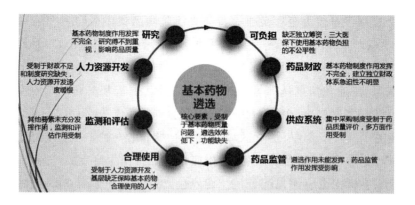

图 2　中国基本药物制度存在问题

3. 案例总结与反思

本案例以深化医药卫生体制改革过程中的基本药物甲巯咪唑供应保障问题为例,对基本药物与中国国家药物政策相关知识进行讲解,通过案例的分析与教学,让学生对抽象的基本药物在实践中的应用过程有更加直观的认识,引导学生从多角度思考如何通过基本药物制度实现药品公平可及、保障人民健康,引导学生关注中国国情,学会基于中国现实、结合理论分析问题,加强青年学生的社会责任感和使命感。在此基础上,通过引导学生围绕课堂所学案例开展课后研究和分组讨论、汇报,激发学生在自主学习中的创造性,培养学生身为药学人所应具备的主动探索、不断追问、深入思考、精益求精的科学研究精神。

(二)我国药事法律中假药、劣药等药品监管概念的界定(案例2)

以抗癌药"代购第一人"陆某某为原型改编的电影《我不是药神》曾在一夜之间掀起观影热潮,并引发人们对于天价药、仿制药、药品监管等话题的热议。陆某某患有慢性粒细胞白血病,需靠长期服用高昂的瑞士进口原研药——格列卫维持生命,同时印度也在生产这种抗癌药,价格不到进口药的五分之一,但由于未经时国家食品药品监督管理总局批准注册,在当时算作假药。在证实印度仿制药确有疗效后,越来越多的病友找到陆某某,使其渐渐从病患变为"代购者"。因代购仿制药,陆某某被湖南省沅江市检察院以涉嫌"妨碍信用卡管理罪"和"销售假药罪"提起公诉。

本案例的思政融入点包括:结合案例让学生理解我国药品管理法中假药、劣药的定义及药品进口相关知识,对案例背后反映的医疗体系中"看病难、看病贵"等问题有具体认识,并讨论我国法律之间"法"与"情"的关系,使理论学习与实践学习相统一,让学生掌握知识的同时,教育引导学生始终把人民群众生命安全和身体健康放在首位,提升综合素养和人文修养。

1. 案例描述

陆某某是一名来自江苏无锡的慢性粒细胞白血病患者,迫于格列卫的高昂价格,在得知印度生产低价仿制药后便从印度买药。随后,他通过网购的借记卡为很多病友代购这种药物,被称为抗癌药"代购第一人"。但正因为代购仿制药,他被湖南省沅江市检察院以涉嫌"妨碍信用卡管理罪"和"销售假药罪"提起公诉。此后,上百名白血病患者联名写信,请求司法机关对陆某某免予刑事处罚。最终,湖南省沅江市人民检察院决定向法院请求撤回起诉,称其行为不构成相应罪名,沅江市人民检察院在释法说理书里解释道,如果认定陆某某的行为构成犯罪,将背离刑事司法应有的价值观。

沅江市检察院认为,全面系统分析此案的全部事实,陆某某的行为是买方行为,并且是白血病患者群体购买药品整体行为中的组成行为,寻求的是印度赛诺公司抗癌药品的使用价值。陆某某通过淘宝网购买 3 张以他人身份信息开设的借记卡,并使用其中户名为"夏某某"的借记卡的行为,属于"使用虚假的身份证明骗领信用卡"的行为(《中华人民共和国刑法》第一百七十七条),但情节显著轻微,危害不大,根据《中华人民共和国刑法》第十三条的规定,不认为是犯罪。而且,陆某某购买借记卡的动机、目的和用途是方便白血病患者购买抗癌药品。除为病友购买抗癌药品支付药款外,陆某某没有将该借记卡账号用于任何营利活动,更没有实施其他危害金融秩序的行为,也没有导致任何方面的经济损失。

湖南省沅江市人民检察院在释法说理书中提出了全案事实呈现的四个基本点:一是陆某某的行为源起于自己是白血病患者而寻求维持生命的药品;二是陆某某所帮助买药的群体是白血病患者,没有为营利而从事销售或中介等经营药品的人员;三是陆某某对白血病病友群体提供的帮助是无偿的;四是在国内市场合法的抗癌药品昂贵的情形下,陆某某的行为客观上惠及了白血病患者。释法说理书认为,陆某某的行为虽然在一定程度上触及了国家对药品的管理秩序和对信用卡的管理秩序,但其行为对这些方面的实际危害程度,相对于白血病群体的生命权和健康权来讲,是难以相提并论的。如果不顾及后者而片面地将陆某某在主观上、客观上都惠及白血病患者的行为认定为犯罪,显然有悖于司法为民的价值观,有悖于刑事司法应有的人文关怀。

"从保障人权出发转变刑事司法理念,就是要重视刑事法治、慎用刑事手段、规范刑事司法权运行。既要强调刑罚谦抑原则,真正把刑法作为调整社会关系的最后的手段、不得已才运用的手段;又要严格规范执法,坚持程序与实体并重,严守法定程序,准确适用实体法律,坚持理性、平和、文明执法。"释法说理书认为,此案中的问题,完全可通过行政的方法来处理,如果不顾白血病患者群体的生命权和健康权,对陆某某的上述行为运用刑法来评价并轻易动用刑事手段,是不符合转变刑事司法理念要求的。

2019 年我国重新修订《中华人民共和国药品管理法》并与 12 月 1 日起施行,其中对假药和劣药作出了更为明确的规定。

同时,《中华人民共和国药品管理法》第一百二十四条明确规定:未经批准进口少量境外已合法上市的药品,情节较轻的,可以依法减轻或者免予处罚。

对此次修订进行解读:第一,从境外进口药品,必须要经过批准,这是本法所作出的规定,是一个原则。没有经过批准的,即使是在国外已经合法上市的药品,也不能进口。

第二,这次对假药、劣药的范围进行修改,按药品的功效来设计假药、劣药的内容,把未经批准进口的药品从假药里面拿出来单独规定,但不等于减轻了处罚力度,而是从严设定了法律责任。同时,违反规定,构成生产、进口、销售假药、劣药的,仍然按生产、进口、销售假药、劣药进行处罚。

本次修订还强调,各级政府、药品监督管理部门、卫生健康主管部门按照国务院三定方案的职责分工协作。监管部门在查处假药、劣药违法行为有失职、渎职行为的,要对直接负责的主管部门和其他责任人员依法从重处分。也就是说,不作为的要严格处置。违反本法规定构成犯罪的,还要依法追究刑事责任。

2. 教学方法与教学设计

(1) 教学方法

本节内容采用案例教学、讨论式教学和启发式教学相结合的方式。

(2) 教学设计

第一步:案例+讨论。展示电影《我不是药神》的片段,使学生了解陆某某案的始末,让学生对《中华人民共和国药品管理法》中假药、劣药等药品监管相关概念有更为清晰的理解。

第二步:案例分析+启发。结合案例讨论法院对于陆某某案的最终判决,使学生体会我国"法"与"情"之间的关系,以及此案例背后反映的医疗体系中"看病难、看病贵"等问题和本学科的价值体现。

3. 案例总结与反思

本节课通过抗癌药"代购第一人"陆某某的案例,对我国《中华人民共和国药品管理法》中假药、劣药的定义及药品进口相关知识进行讲解。同时,结合电影《我不是药神》及对陆某某决定不起诉的释法说理书,展现我国法律之间"法"与"情"的关系,陆某某案的出现是现有制度语境的产物,其在《中华人民共和国刑法》上的处理困境揭示了法律的形式逻辑与实质的价值判断之间的冲突,然而对于陆某某案的判决及释法说理书体现了中国司法的人文关怀。

四、课程评价

在课程结束一周后,对15名学生进行访谈。通过对访谈文本进行归纳得出结论:学生认为该课程使他们提升了科学精神、创新意识、全局意识,丰富了对我国及我国政策的认知,拓展了国际视野,加深了对国内外医药政策的认识,提升了专业认同感。

学生A和学生B在访谈中表示,这门课程帮助学生了解我国药事监管所处的新时代,理解药事监管的时代性。时代的发展有一个从量变到质变的过程,在量变中蕴含和孕育着质变,质变是量变的必然结果,同时又会开启新的量变。我国的药事监管经历了从量变到质变的过程,随着国家药事监管机构的不断调整变迁,药事监管的内涵也在发生翻天覆地的变化。我国药事监管机构的不断变化,正是由于我国把握不同时代的医药行业特点,直面每一个时代医药行业所面临的问题,掌握医药行业发展的规律,设置了符合不同时代特点和不同时代背景下行业特征的药事监管机构。通过对我国药事监管机构历史沿革、药学政策的梳理,可以感悟到,事物总是在历史前进的逻辑中前进、在时代发展的潮流中发展。

学生 C 和学生 D 在访谈中表示,本课程传递了保障人民群众用药安全的价值观,树立了为人民服务的信念。医药政策专论课程的核心内容为各项政策的介绍与梳理。为保障公民用药的安全、有效、经济、合理、方便、及时,国家依据相关政策、法律法规以及药事组织的相关管理措施,对药事活动实施必要的监督管理。其宗旨在于保证药品质量,保障人体用药安全,维护人民身体健康和用药的合法权益。制定并依据我国完善的医药政策,在药品的研发、生产、经营、使用等各个药事活动环节进行严格监管,确保药品质量,严防药害事件发生,最大限度保障人民群众身体健康,就是保障人民群众的根本利益,就是践行为人民服务。

医药政策专论课程的教学,是培养药学专业学生成为熟知国内外医药政策、具有高尚职业道德和牢固法律意识的医药行业从业者的重要途径,本课程致力于为医药行业培养心系人民群众、有理想、有道德的合格专业技术人才。

五、总结与思考

医药政策专论课程授课方式主要由课堂讲授与小组讨论组成,聚焦医药政策领域国际前沿研究问题,引导学生结合国内外典型案例和相关问题分组开展实践研究,基于文献资料拓展学习,并进行课堂汇报与讨论。通过专题介绍和讨论,本课程摒弃填鸭式应试教学,以基于问题的学习教学模式,将学术研究融入课堂,让学生在了解医药卫生政策前沿和热点问题的同时,掌握分析问题、解决问题的逻辑思维方法,培养学生主动探索、不断追问、深入思考的科学研究精神。